教育部人□
西南大学□

问学西□

张诗亚 ◎ 主编

基于字源的汉字
生成系统构建与
教学应用研究

Research on the Construction and Teaching
Application of Chinese Character Generation
System Based on Etymology

刘　翔◎著

科学出版社
北　京

内 容 简 介

汉字作为一种意音文字，字形是汉字的本体，以形见义是其本质特点，因而汉字教学的根本是汉字字形。当下的各种汉字教学方法从本质来讲大多是基于拼音的机械重复。这些方法无法利用汉字自身由具象到抽象的演变过程，无法以契合学生由具象到抽象的认知方式进行教学，导致了汉字与其发展历史、汉字与其所表述的事物的脱离。这对于学习、理解和运用汉字来讲，当然极其不利。

本书研究了汉字自身特点及其演变的规律，结合学习者学习汉字的规律，构建了基于字源的汉字生成系统的理论；在该理论的指导下，构建了字源汉字教学资源平台，生成了汉字教学需要的各种资源，在各级各类学校开展了一些教学实验，取得了不错的效果。

本书融合了基于字源的相关理论，以汉字教学实践为导向，具有较强的实践指导意义，适合汉字理论研究者、汉字教学研究者和一般教学人员参阅。

图书在版编目（CIP）数据

基于字源的汉字生成系统构建与教学应用研究 / 刘翔著. —北京：科学出版社，2017.12

（问学西南丛书 / 张诗亚主编. 第 2 辑）

ISBN 978-7-03-053502-3

Ⅰ. ①基… Ⅱ. ①刘… Ⅲ. ①汉字-教学研究 Ⅳ. ①H12

中国版本图书馆 CIP 数据核字（2017）第 135813 号

策划编辑：付 艳 汪旭婷
责任编辑：朱丽娜 苏利德 / 责任校对：韩 杨
责任印制：张欣秀 / 整体设计：楠竹文化
编辑部电话：010-64033934
E-mail: edu_psy@mail.sciencep.com

科 学 出 版 社 出版
北京东黄城根北街 16 号
邮政编码：100717
http://www.sciencep.com

北京九州迅驰传媒文化有限公司印刷
科学出版社发行 各地新华书店经销

*

2017 年 12 月第 一 版 开本：720×1000 B5
2017 年 12 月第一次印刷 印张：24 1/2
字数：440 000
定价：128.00 元
（如有印装质量问题，我社负责调换）

总　序

　　中国西南，自司马迁《史记·西南夷列传》始，便把其作为一个多民族的地区，以黄河文化开始的中华文化多地多元并存的局面，也慢慢整合为以中原黄河文明为主线的多民族文化共同体。西南，在这一进程中一方面不断与中原文化碰撞、交融，另一方面又保有其原有的文化生态。这种既共生又各具特色的局面从古至今基本未变，只是随着中原王朝向西南扩张的高潮而呈现出差异：自西汉始，通身毒国道，西南纳入中原版图，这一进程直到东汉文翁治蜀基本形成。东汉之后，随着三国格局的形成，蜀开始经略西南。隋唐时期是西南文化与中原文化的又一次大交融，此时广义的西南包括两广地区，是柳宗元、韩愈、刘禹锡等唐代文人被贬西南的缘故，使得儒学在西南深入根植。两宋时期，西南更是以其独特的地理人文优势成为南宋的大后方，支撑着南北对峙中的南宋王朝。元明清时期，自忽必烈完成云南行省，清政府派驻藏大臣之后，整个西南在政区上完全成了中原的一个不可再分的整体。抗日战争之际，西南因陪都的地位，更使之成为世界反法西斯的东方中心，其政治作用已为国之中流砥柱，又因大量教育、文化机构的西迁，西南的文化发展便有了翻天覆地的变化。从此，西南学兴矣！

　　此时，西南虽然完成了政治、经济、文化与中原的一体，却因其交通的不便、地理的阻隔，以及民族支系的磅礴，而始终保有多元的文化格局。这些不同的文明在人类整体文明进程中所处的阶段是不一致的——一些仍处在母系社会末期，另一些却已完全融入现代大都市——可以说，由母系社会一直到现代文明形成了一个阶梯状的发展系统。然而，这样的文化又必须在统一的国家里实行统一的义务教育，因此，如何根据不同民族文化的情况推行国家统一的义务教育，既要照顾文化的特质，又要考虑到学生的认知、文化的特点和背景的差异来推进义务教育，成为西南民族教育发展中一个不可回避的问题。在这种情况下，"问学西南丛书"应时而生。该丛书力求从不同民族的文化特色，不同学生的认知特点，不同学校的校园文化资源等诸多方面考虑，寻求一条切合"因地制宜、民族发展"实际的教育现代化道路。这是一个巨大的实践，其工程量之大，面积之广，涉及的民族之多，文化类型之繁是新的挑战，这也必将使得试图通过简单照搬西方、国内发达地区的教育发展模式、理论方法来推进西南民族地区教育的发展路径遭遇阻抗。对于西方、国内发达地区的教育发展模式和理论方法，一方面要借鉴参考，另一方面又必须把它化为与当地的特点、实际相结合的教育发展之途。这一任务摆在了西南学子的面前。

"问学西南"，这一问是探求，是寻访，是深入实践，是 field work（田野考察），是从活的教育实践中找到活的、具体的问题，继而求其学、求其理、求其道。如此，既结合实际对西南民族教育的实际推进、事业发展有所裨益，又对中国特色教育理论体系的建构有所帮助。更重要的是，使得我们的学生、教师能脚踏实地面向生活，深入到活的西南教育发展的实际中去亲试自己的能力，整合自己的知识，继而形成自己的研究平台、事业基础。只有如此，才能把学生的培养、教师的教学与学理的探究、研究结合在一起，这两者是一个整体，其源都在活的西南之中。

来自五湖四海的学生，其培养体系和学科背景十分狭隘。很多学生对西南最初的了解都是旅游式、观感式的肤浅认识。没有多次的深入、长久的沁入，不可能找到真实的问题，也不可能对其真正理解，更不可能成为自己学术研究的基础、沃土。这个过程对每个学子都是挑战，可以说，我们的学生都经历了这么一个并非轻松的过程。甚至，有的学生说过"开题总通不过，简直脱了几层皮"之类的话。诸如此类的话颇能反映实际。是要脱皮，脱掉从书本中来再到书本中去的做学问的"皮"；脱掉从单一学科、狭隘的视野获得的价值观，居高临下的指导，自以为优越的"支教"的"皮"。这层皮不脱，不能成为真正的研究者，也不能培养出脚踏实地的实践研究者。春蚕吐丝，是要经过若干次蜕皮的，这个过程不是简单的，会有痛苦，但是我们的坚持，我们的主张，我们的执著，我们长期以此为特色培养学生、发展队伍、开展研究……相信只要坚持下去，这一"问学西南"会有成果的，我们的学生也会实实在在地提升自己的能力。当然，我们现在做的还不够，离我们的目标还有很大的距离，但是，坚持下去一定会有收益。这一感受我们的学生都有。无论是来自西南以外地区，或是本身就在西南生长；无论是其他民族，或是西南诸多民族中的一员，其感受都是实在的、研究都是诚实的。尽管还很不够，甚至有的地方还很浅薄，但是，我们的"问学西南"开始了，第一步迈出了，我们相信只要实实在在地走下去、再走下去，就可以至千里。

是以为序。

张诗亚

壬申岁末于说乎斋序

序

　　如果以文字的发明作为一个文明的标志，那么世界上大家公认的便有五大文明。其中三种文明的文字，即距今 6000 多年的两河流域的楔形文字，距今 5500 多年到 6000 年的埃及的象形文字，以及距今 5000 年到 5500 年的恒河流域的图章文字，均已成为不再使用的死文字，这一现象引起了学界的高度重视。对楔形文字和埃及象形文字的解读，已得到了长足进步，而印度恒河流域的图章文字至今未得到解读。这些文字所象征的、代表的古文明，绝不同于现在居住在两河流域、埃及和印度恒河流域的民族文化。而另外两种文字，一种是腓尼基人的字母，被希腊人改变之后，又传到了古罗马成为拉丁语；而拉丁语又生发出了英语、法语、德语、斯拉夫语等若干世界的拼音文字。腓尼基字母虽不能说已完全死亡，但它的传承已发生极大的变异，现今的英语、法语、德语、斯拉夫语等拼音文字，绝不同于古代腓尼基字母，除了拼音相似外，其语义、字形，均发生了天翻地覆的变化。但中国的甲骨文则不同，其从发明①一直延传至今，字形、字义、字音，均未发生巨大变化，可以说是唯一流传下来的活的文字，换言之，华夏文明也是一直没有间断的一个活的文明。探究其中的道理，便可发现文字的生命力何以如此之强。

　　同样是象形文字的古埃及文字，为何却未得到延续？深究一下，会有很多发人深省的东西。古埃及的象形文字，虽然象形，但几乎停

---

① 一般公认为 3500 年到 4000 年前，在殷墟出土。

留在图画文字阶段，并未完成由象形向抽象过渡的演变。而中国的甲骨文则不同，它从完全具象到逐渐完成形而上的变化，这一转变打通了从具象文字向抽象文字转意的、变化的通道。

人类的思维常分为两大类：一是形象思维，二便是抽象思维。如何完成从形象到抽象，涵盖思维发展的主要类型，同时又使其能够由具象到抽象进而完成一个全环节的转换？这一转换至关重要，任何人类的符号，俱是从形象到抽象的过程。拼音因其拼、其形（除字母之本形之外），所表达的意蕴早已没有丝毫象形的含义；而甲骨文则不同，其既具象又抽象，这就使大脑的左右两半球得以均衡发展，得以连通聚合，进而形成全脑的深层思维。拼音字母的字义形象割裂、去掉以后，便只停留在大脑的左半部，这就使得常说的裂脑人、半脑人出现；这也是西方频频出现失读症的关键，而这种现象在使用汉字的人群中几乎是没有的。究其原因便是拼音字母使用者能拼出声音，却不知晓其背后的意义。背后的意义，正是由拼出来的抽象能贯通意蕴的形象，而这一点恰好是拼音文字根本欠缺的。

中国的文字改革往前追溯，直到20世纪20年代、30年代、40年代，汉字要走拉丁化道路、要改革成为强势运动。而认为中国落后是因汉字造成的这一结论，显然没有对症下药或是下错了药，因此，以改革汉字来解决中国进步问题实际上是南辕北辙。还好，也幸好，汉字因使用人群众多及内在机理的合理、文化积淀的深厚，才没有被一次又一次的汉字简化、汉字拼音、汉字注音等运动而改变。类似这样的情况也发生在越南。越南、朝鲜、日本等以前都用汉字，当他们因国小、没有深厚的文化积淀，去掉汉字后，便迅速实现了拉丁化；而中国地大物博，文化积淀深厚、历史悠久，汉字背后又极具合理性，能全面发展人的思维，于是在我国，汉字没有被拉丁化运动所擅改，应该说这是幸事，无须赘述。

汉字也因笔画的繁缛、字形变化不显著等，导致学习汉字存在诸多困难。如何应对这一挑战，使汉字便于学习，同时又能传承自己的文化、担负起将古老的华夏文明带入 21 世纪，以其特色推进民族发展便是问题的关键。

多媒体、互联网时代的到来，使这一挑战有了应对的利器。我们开展的一系列汉字语境原生境生成的实验和研究便是试图应对这一挑战的尝试。这一工作虽不能说已大见成效，但可喜的是这一尝试、这一努力已经有了一些可喜的、可资鼓舞的苗头，虽还幼小，但其长势喜人，可以预言其生命力强大，其发展势头是不可阻挡的。多媒体使其可以完成从形象到抽象的全环节转换，使其创生的形象的语境实现到抽象的升华，可以有一个换挡不脱节的形象展示过程。也就是说，可以形象地呈现生动的字义语境产生的情境，迅速的动漫变化使其实现符号化、抽象化的过渡。这一工作要由系统电脑程序编程来完成，不是一件易事。

刘翔的博士论文为从事这一研究奠定了一定的基础。刘翔开始全然不知甲骨文、不知汉字生成，后来以之作为博士论文选题，并展开研究继而完成博士论文，并形成汉字生成系统初步设计的成果，可资欣慰。这一工作不能说已经到头，应该说远未到头，还早得很；但这个头开了，这个基础奠定了，这个发展就有望了。因为这不仅仅是一个系统设计，也不仅仅是一个程序问题，这涉及了一个庞大的文字及其背后所承担的文明的继承、发展和弘扬、升华、扬弃的重任。汉字是一种极为成熟的、传承了几千年的文字，要改变大家的认知习惯，使之适合新形势下的学习，并非易事。这一工作既要完成系统本身的设计、应用的转换、链接，同时又要适应大家的习惯。要获得众口一词的赞誉，便需要实验，便需要反复提升、反复纠正。我相信只要坚持下去，这些都不是问题。

现在多媒体的应用、互联网的普及可谓日新月异，古老的汉字、悠久的华夏文明正面临这样一个千载难逢的机遇。能不能抓住它、能不能使之成为让汉字、让华夏文明得以跃升的新的机遇，便是我们所面临的挑战。我相信在我们的努力中、在我们的失败中、在我们的探索中、在我们的搏击中、在我们的创新中、在我们的开拓中，这个过程会取得成功的结果。

此书产生不易，从博士论文奠定基础，一直到博士毕业后的数年研究，最终在大洋彼岸的美国访学过程中得以完成。难得的是，刘翔身边还有一个可爱的女儿，小含章为刘翔的访学添了不少辛劳、麻烦，但更重要的是，她常常成为这一系统的第一个品鉴者、实验者、赞助者、支持者、批评者，这一点，应使刘翔辛苦之余颇感欣慰。

当然，这一切有待检验，有待有识之士、习用汉字的广大人群，乃至全球的华人来鉴定、评价。我相信在大家的关注中，它会成长。

是以为序。

张诗亚

2016 年 7 月 6 日

于旧金山伯克利

前　言

　　汉字教学是一个长期困扰教育界的问题。汉字教学最浅层次的目标就是达成汉字形音义的准确联结，即见形而知音义、听音而知形义。为此，汉字教学主要分为两大类：一类据形，一类据音。以"三百千"为代表的古代蒙学教材，发挥韵文朗朗上口、好读易记的特点，在较短时间内让儿童机械记忆大量汉字，并快速掌握大量关于自然、社会等基本常识。这种方法在学习内容以文言为主而相对单调的时代的确有效且可能。但在知识爆炸的近现代，却越来越不能适应时代的要求。于是，汉字教学开始了以儿童为本位、以培养听说能力为目的的改革。总的来说，虽然汉字全盘拼音化的思路最终被抛弃，但拼音作为汉字认知最重要的桥梁的地位却已成既定事实。

　　汉字认知从象形、象意、形声为主体转向拼音系统，表面上，通过拼音认识了汉字的读音似乎就"认识"了汉字，实现了"化繁为简"，方便了学习者学习汉字。实质上，这是一种认知方式的彻底改变。它使汉字认知由符合汉字的生成与人的认知特点的、从具象到抽象的方式，转向了按拼音规则进行的、由声而非形的抽象方式。这一转变，造成了汉字认知与汉字的本体——汉字字形的脱离，从根本上导致汉字与它所承载的文化脱离。具体来讲，就是汉字与物、汉字与历史、汉字与日常生活等关系的"三个脱离"。也正是由于这个原因，汉字教学费时多、周期长、见效慢、效果差。从本质上讲，是因为汉字教学只注重汉字的工具理性而忽视了其价值理性的结果。

如何解决这一问题，使对汉字的认知重新回到"三个联系"上来？只能从汉字本身以形为本体的结构特点出发，根据汉字的生成方式，重新建构汉字知识体系①和汉字教学体系②，实现符合汉字特点的汉字教学。本书正是基于此，拟探索结合拼音的汉字形音义生成③系统的认知建构，以从根本上解决"三个脱离"的问题。

要实现这一构想，不仅需要理论研究，更重要的是要完成从理论观念（核心是认知和汉字生成理论建构）到技术实现，再到应用设计，最后通过实验设计进行验证的全环节研究。为此，本书构筑了汉字生成系统理论，完成了基于此理论的平台设计，提出了基于此理论的应用模式，并有针对性地设计和实施了相关实验，以验证该理论及其实践的科学性和有效性。

本书的工作集中在四个方面：一是汉字生成系统理论的构建；二是字源汉字资源平台的设计与实现；三是字源识字教学资源生成；四是基于字源的汉字教学应用研究。从学科领域来看，本书是一个综合多学科的交叉研究，涉及教育学、心理学、计算机科学、语言学等。从教育技术学范畴来看，本书是一个教育技术领域的全环节研究。

在理论研究方面，本书着力于在整合相关理论的基础上，构建汉字生成系统理论；在应用实践方面，以相关理论研究为指导，以开发为取向，设计和实现了字源识字基础平台，并充分发挥信息技术的优势，生成用于支持字源识字的教学资源；同时，本书还将在汉字生成系统理论的指导下，提出字源识字的微观和宏观应用模式，并以多种研究方法初步论证其可行性和合理性。

就本书的两个重点而言，本书将首先在综合其他领域的相关理论

---

① 本书中体现为字源识字基础平台，特别是字源识字资源平台。

② 本书中体现为字源识字教学实践。

③ 这里的"生成"当然不是指汉字是由这个理论"产生"的，而是指这套理论试图反映汉字创造和发展变化的途径，并揭示构成汉字的部件与整字的关系，以"动态生成"的观点来看汉字的创造与发展演变。或者说，它试图模拟一个汉字如何产生、如何演变到现在的过程，以便使学习者以发展的观点看待汉字，而不是把它视为僵化的知识。

的基础上，构建汉字生成系统理论，并以此理论为指导，完成字源识字基础平台的设计与实现，使字源识字既有坚实的理论支撑，又有实践环节的支持。

就"字源识字教学资源的生成"这一难点而言，研究的主要工作体现在三个方面：一是如何选择适用于字源识字的材料；二是如何将这些材料数字化，使之成为教学、研究材料；三是这些教学资源应该如何为教学和研究提供支持。就"基于字源的汉字生成系统构建与教学应用研究"这一难点而言，本书将从微观和宏观两个方面研究信息技术支持下的字源识字模式，然后综合运用各种研究方法进行初步研究。

本书是综合研究，力图在字源识字综合理论的指导下，开发支持系统、生成系统资源，并将其融入教学实践，研究教师和学生如何利用系统进行教和学，以满足字源识字的微观和宏观应用模式的要求。

目 录

第一章 | 汉字生成系统与汉字教学

第一节　当前汉字教学领域中存在的问题

从相关领域研究者的文献和笔者的亲身体验都可以看到，不管是在国内小学还是在对外汉语教学中，识字教学普遍存在诸多问题[①]。

笔者从 2008 年 10 月开始，采用文献研究、与教师和学生访谈、课堂观察与分析等方法进行了识字教学方面的调研。结果显示，由于存在教师、教材、配套资源、教学管理等诸多原因，汉字教学普遍存在以下问题：教学理念比较落后，基本上只关注认知方面，即看学生是否认识和识记了汉字，而对于文化渗透和思维训练等基本上无从顾及；教学方法比较单一，基本上还是沿用数笔画、"加一加""减一减""换一换"、分析偏旁、编故事、做游戏这些传统的教学法；教学资源贫乏，基本限于教材及教学参考书，很少扩展。

一、教学理念方面的问题

教学理念方面的第一个问题是教学中没有科学地体现汉字自身的特征，忽视汉字形音义之间的联系，将汉字当成纯粹抽象的符号。

由于汉字是形音义的综合体，我们一般认为识字教学的任务就是要统一地掌握字的形音义，即要求认清和正确书写字形，读准字音，理解字（词）义；

---

① 例如，王宁在《汉字教学的原理与各类教学方法的科学运用（上）》中针对识字教学中存在的问题指出：由于关于汉字宏观理论的研究未能及早介入汉字教学，作为表意文字的汉字所具有的规律未能引起识字教学领域研究者的关注，随着教育工作的进展，在识字教学领域也产生了几个普遍的问题，有些地方似乎进入了误区。

在大脑中建立字的形音义的牢固联系，达到看见字形，能读出字音、明了字（词）义，听到字音、知道字（词）义，能写出字形的熟练程度。我们需要注意两点：一是这种达成汉字形音义固定联系的方法是多次重复读和写，即机械地重复；二是它所形成的汉字形音义的联系是一种机械的、无意义的联系。这种汉字教学把汉字当作纯粹的抽象符号，其形音义之间并不存在任何联系。

教学理念方面的第二个问题是忽视汉字教学目的的层次性，仅注意到了汉字教学目的中的"识字"功能。据笔者的访谈，很多小学语文教师有意无意地将"识字教学"等同为"认字教学"，没有意识到识字与学生文化素质的提升、观察能力的培养、思维水平的提高之间的关系；他们更多地关注识字教学工具层面的问题，而忽视了通过识字教学让学生了解中华文化、培养学生思维能力等深层次的问题。识字教学理念的落后导致识字教学定位层次太低，其后果是长期以来形成的机械重复式的汉字教学大行其道。

识字教学理念方面的第三个问题是忽视了汉字教学的系统性，特别是汉字形义的系统性。这一点与以随文识字为主流的汉字教学方法有很大的关系。虽然很多教师在教学中也注意形近字的辨析、同声旁字的归类，但还是缺乏有意识地利用汉字形义关系，将汉字放到一个系统中去组织教学的意识。

总之，识字教学理念的落后是当前识字教学中存在诸多问题的最根本的原因。

二、教学方法方面的问题

在汉字教学方法方面，最大的问题就是采用机械教学。教师由于缺乏文字学知识，难以有效地指导学生基于汉字本身的生成规律来识字。教师往往将汉字简单地视为抽象符号，按照传统的教学经验，沿用反复读准字音、数笔画、"加一加""减一减"等简单枯燥、缺乏理据的教学法，要求学生简单机械地朗读、听写、默写。课后布置大量反反复复的抄写与听写来巩固，不仅加重了学生的学习负担，使学生易于产生厌学心理，同时也加重了家长的负担，更重要的是这种教学方法将鲜活的汉字硬生生地变成了毫无生气的东西，使原本自然、有趣、充满探索乐趣的汉字学习变成了呆板、乏味、痛苦的重复劳动。

虽然有一些老师也在尝试字族识字、字理识字、字源识字等方法，却无从改变机械记忆法大行其道的主流。从实践来看，一线教师很少会有意识地反思自己所用的汉字教学方法是否合理和高效，也很少有人会主动改变自己的教学方法，毕竟，随大流教学是一种风险最小、投入最少的方式。

三、教学资源方面的问题

从教学资源的数量和质量来看，教学资源方面的首要问题是用于系统地支持汉字教学的资源比较贫乏。这种贫乏一方面是由于资源整合不够，信息孤岛的大量存在导致了使用不方便；另一方面是由于资源质量不高，不适于教学。

从教学资源的类型来看，第二个问题是用于支持符合汉字生成规律的教学资源严重匮乏。

随着字理识字、字族识字、部件识字等识字教学方法的推行，部分教师已经有了根据汉字理据进行汉字教学的意识，但是能够支撑这类教学的资源严重匮乏。造成这一现象的原因一方面是人们长期对这类资源的关注不够，导致了这方面的资源积累不足；另一方面是这类资源的生成较难，它不仅需要相关学科的知识积累，更需要信息技术的有效支持，这对于一般的资源提供者来说都不容易实现。

导致这些问题的原因当然是多层次、多方面的：宏观层面，如教育目标和教育政策的影响；中观层面，如识字教学理念的影响；微观层面，如教学方法的影响、教师素质的限制、教学条件的局限、教材体系等，不一而足。就教学方法及教学条件而言，微观层面的问题主要体现在方法和资源两个方面：一方面，目前推行的很多识字方法并不科学，没有遵循起码的教学规律[①]；另一方面，一些识字教学方法虽然比较科学合理，但由于缺少有效资源的支撑，不能有效推广和应用。

解决问题的策略有赖于所关注的研究对象的特点及其所属的研究领域，当然也包括研究者个人意趣之所在。作为有多学科交叉背景的教育技术专业研究者，笔者更倾向于从多学科综合的视野出发，对微观层面的问题进行研究。通过实地调研和文献研究，笔者认为基于汉字生成系统理论的汉字教学方法对于识字教学理论和实践的研究都会有所帮助。

---

① 识字教学作为教学的一种形式，从教学内容来看，应该充分遵循汉字本身的规律（充分利用汉字从形象到抽象的发展演变过程以及现代汉字的构形理据性）和汉字教学的规律（作为一种教学内容，识字教学应该通过字量、字种、字序的研究，确定字量、字种和字序，以科学地进行识字教学）；从教学对象来看，识字教学应该依据学生对汉字感知—理解—运用的认知过程，采取符合学习者从具象到抽象的思维发展特点来进行教学。

第二节　相关理论研究

汉字生成系统源于对已有理论的梳理和综合，汉字基础研究和教学研究相关的理论都是其理论基础。

一、汉字相关理论

字源识字的对象是汉字。与拼音文字相比，汉字具有鲜明的特点，这些特点有些是汉字独有的，有些则是作为文字这种符号系统所共有的。需要注意的是，不宜将这些"特点"作为所谓的"优点"来与其他文字系统进行比较。从辩证的观点来看，每一种事物的特点，必然同时兼有优势和缺陷，无视其缺陷而去谈优势不是一种科学的态度。

有关汉字的特点，已有很多研究者从多个侧面进行了研究。现根据字源识字从汉字理据出发、采用字源溯源和结构分析的方法来认识汉字这一特点，对汉字相关研究进行简单的梳理。

（一）汉字的一般研究

1. 汉字的性质

从语言功能来看，汉字是一种意音文字。

文字都具有"形—音—义"三个要素。分析汉字的性质也离不开这三个要素及其关系的划分。文字作为一种书写符号，其最终目的是表达意义，因而我们重点要关注的是"形—义"关系和"音—义"关系。换句话说，文字"以形示义"或者"以音示义"是我们关注的重点。

从文字的语言功能来看，文字可以分为表音和表意两大类。这两大类文字代表着文字发展的两个不同方向，大致与语言的结构原理相适应[①]。以前曾经有过文字优劣的争论，进化论的观点曾经大行其道，认为表意文字是文字发展的低级阶段，意音文字是文字发展的过渡阶段，表音文字是文字发展的高级阶段。这一观点甚至成了我国自 1949 年以后全面推行汉字改革，促使汉字最终向拼音化发展的理论基础。然而人们越来越质疑这种简单的划分，单从文化的多

---

① 徐通锵. 2007. 语言学是什么. 北京：北京大学出版社，135.

元性来分析，我们就很难接受拼音文字是终极目标这一观点。

从字形分析来看，汉字不能从形上直接看出其音，就这一点来看，汉字当然不是表音文字，它只可能是表意文字或意音文字。

徐中舒先生在《汉语古文字字形表》中，根据汉字的符号来源提出汉字仍是象形文字系统[①]。这种说法支持了汉字有表意成分的观点。对于这种说法，要注意的是对"象形"的理解。部分学者批评这种说法的理由是从现代汉字根本看不出具体的形象，因而认为这种说法是错误的。这种理解违背了徐中舒先生的原意。虽然现代汉字的确看不出它所代表的形象，但这并不表示现代汉字就没有象形的意味。通过汉字溯源，我们可以找到每一个汉字的字源，这些字源，即便是后起字，也可以通过汉字结构分析，对每一部分进行汉字溯源，最终找到其子字源，而这些子字源，绝大多数都可以找到其文字所代表的形象。这正是字源识字得以开展的前提和基础。

表意文字的发展和成熟有其历史的必然。就自源性的文字体系来说，如果语言社团的认知途径偏重于视觉，它的文字体系肯定就会向表意化的方向发展。汉字就是这样一种文字[②]。问题是汉字是否全部是表意文字？

表意文字在表达语言时遇到的最大问题主要体现在表意方法本身，在表达抽象含义时存在先天不足和使用表意表达意义会造成字数急剧扩大的问题。表意字以其视觉感知的形体传递听觉符号表达的信息，虽然在文字与语言并轨的道路上迈出了关键的一步，但二"觉"之间终究是有距离的，有些距离甚至无法弥合，因为很多意义难以用具体而可感知的视觉形象来表示，无法造表意字。而且如果所有的意义都得造表意字，那将是"造不胜造"，会给记忆造成无法承受的负担。

为了克服这些困难，人们想出了借字表音的办法，就是直接借用一个同音的表意字来记录语言中的另一个字。这就使文字的发展从表音的阶段走向意音并用的阶段，一般将其称为意音文字[③]。早期形声字中，大量的字是通过在假借字上加注音符形成的。音符并不只表音，也表义。这从字源方面为汉字是意音文字提供了证据。

通过以上论述，我们可以看出：汉字是一种意音文字。这一点决定了在汉字教学中，我们不但要重视以"形"达"义"，也需要重视"音"与"义"的关

---

① 徐中舒. 1980. 汉语古文字字形表序. 四川大学学报（哲学社会科学版），(4)：3-5.

② 徐通锵. 2007. 语言学是什么. 北京：北京大学出版社，135.

③ 徐通锵. 2007. 语言学是什么. 北京：北京大学出版社，123.

系。换句话说，从"字源"的角度来看，"字源"不仅仅指的是"形源"，也指"音源"。

2. 汉字的特点

（1）"以形示义"是汉字最重要的特征

汉字作为一般意义上的文字，是"形—音—义"的统一体；作为意音文字，它还具有"以形示义"的个性。在讨论汉字作为一种文字的共性和个性之前，我们有必要简单地谈谈汉语作为一种语言和汉字作为一种文字之间的关系。

语言与文字的关系，人们经常看到的定义是："文字是记录语言的符号系统。"这个定义不能说"错"，但应该说，不是很准确，它把一个复杂的问题简单化了。为什么呢？因为它只看到了文字是一种被动地记录语言的符号系统，没有看到文字在人类认知现实的途径中所具有的相对独立的地位、作用以及文字与语言相结合的复杂过程。[①]

语言与文字是两种不同性质的符号系统。语言是一种凭语音、凭听觉获取和传递信息的符号系统，话一出口，声音就消失，无影无踪，没有留下任何痕迹；而文字是一种凭图像、凭视觉获得和传递信息的符号系统，可以留于异时异地，供人们察看、解读，甚至可以让人们凭图像进行重新分析。这两种不同性质的符号系统，如被归入哲学的范畴，那么语言对应于时间，一发即逝；文字对应于空间，可以凭书画的形体在不同的时空中流转。它们体现了人类认知现实、获取信息的两条重要途径。[②]

由此可见，在语言记录工具没有发明以前，其声音的传承只可能有两种方式：一种是在交际中进行口耳相传；另一种则是借助文字进行规定。前者显然会受到很多因素的影响而出现不确定，因而会在不同时代、不同地点发生变化；后者则与文字本身的特点密切相关。对于拼音文字，由于其字形与拼音关系很密切，因而，即使由于时间和空间的不同而发生变异，其声音信息基本可以保存下来；对于表意文字，由于其字形与声音并不直接相关，要保存其发音就不能仅依赖于文字系统本身，而要依靠字书之类的文献，对读音做出明确规定才行。当然表音和表意也不可截然分开，如汉字就不单纯是一种表意文字，由于假借的大量使用，它也有表音的成分，只是汉字不能直接由形看出音罢了。

---

① 徐通锵. 2007. 语言学是什么. 北京：北京大学出版社，109.

② 徐通锵. 2007. 语言学是什么. 北京：北京大学出版社，109-110.

对于字义而言，由拼音文字的字形直接看出字义比较困难[①]，而对于表意文字，其本身就"以形示义"，因而由字形可以直接看出字义[②]。

从文字的本质来说，一切文字都是记录语言的符号系统，因而都是"形—音—义"的统一体，这是表音文字和表意文字作为文字的共性。不同的解释是从不同的角度去观察字的特点而形成的。

汉字作为汉语的一种书写符号，不但具有文字的一般共性，是"形—音—义"的统一体，而且作为意音文字，汉字具有"以形示义"的个性。正由于此，汉语的研究有悠久的历史，三位一体的字就是它的研究对象：音韵学研究字音，文字学研究字形，训诂学研究字的形音义之间的关系，其中的核心是"字义"。[③]

（2）汉字具有理据

理据是指文字系统可以通过文字的组成部分推断其字音和字义。长期以来，很多研究认为汉字有理据是汉字独有的现象，这一观点未必正确。

苏培成认为：文字是记录语言的符号，语言是音义结合的词汇语法体系。用文字来记录语言，就是使文字符号和语言成分建立起联系。这种联系可以是任意的，就是无理据的；也可以是非任意的，即有理据的。文字的理据就是字理。真正实用的文字都是有理据的。拼音文字的字母按照一定的规则拼合起来就能表示出词的读音，这就是它的理据。汉字不是拼音文字，是语素文字。它的理据表现为部件和字音、字义的联系。看到一个汉字，能够从它的部件联想到它的读音和意义，知道它代表的是什么语素，这样的字叫有理据。反之，看到部件不足以引发联想，这样的字就是没有理据。[④]从这一点来看，拼音文字也有理据，只是其理据不是侧重于"以形示义"，而是"以声示义"罢了。

汉字作为意音文字，其构成是有理据的，这也是我们进行字源识字的前提。如果汉字没有理据，也就谈不上所谓的字源。根据汉字所表现出来的语言

---

①　对于这一点，我们不能绝对来看，应该看到，拼音文字也有可以直接通过字形表义的可能。比如，英语的词根和词缀，都有比较固定的形，而这种形是可以表义的。当然也不能因此就抹杀表音和表意两类文字的本质差异，毕竟表音文字从根本上来说是以音表义，其使用者已经完全习惯了这种思维模式；而表意文字从根本上来说是以形示音，其使用者已经完全适应了这种物象化的思维。这也是这两类语言的使用者在学习另一种语言时所遇到的最大问题。

②　对于表意文字通过字形能够看出字义，这一点不能从表面理解。由于汉字的字形演变，现代汉字已经不像古代汉字那样比较象形，我们需要通过汉字字源溯源来获得现代汉字对应的古代汉字，以字形演变为中间桥梁，去分析现代汉字从字形上表现出的字义。

③　徐通锵.2007. 语言学是什么. 北京：北京大学出版社，23.

④　苏培成.1994. 现代汉字学纲要. 北京：北京大学出版社，81-82.

功能，其理据既来自其形，也来自其音。与拼音文字不同，它不能直接从字形拼出读音，而需要将其整体作为一个发音单位来理解，因而，虽然汉字的理据同时包括字形的理据和字音的理据，但作为一个以形为本体系统，囿于音的规定性的文字，汉字的理据主要体现在形上。

殷焕先曾总结道，篆书以上的早期汉字是字字有理性的，因为它还保留着较多的图画成分，不论是构形之时的理性还是后人赋予的理性，总之是有理性的。徐中舒先生指出汉字的字符来源是象形文字，这也是汉字理据的重要表现。王宁认为：古文字的理据是从基础构形要素开始、为每个字符独立具有、可以以具体的物象作为起点来解释。[①]这些都说明古文字在构形上是客观存在理据的，这种基于汉字构形的依据即汉字的"构形理据"。

我们从以下几个方面来分析汉字理据的客观存在。[②]

第一，汉字理据的来源。

汉字理据首先来自先民的具象思维。汉字理据有来源，既是先民生活和思维独特性的体现，又是人类思维共性的体现。汉字理据首先来自最初创造的汉字。

汉字的起源问题很复杂，学界至今没有定论；因为材料的缺乏，也许不可能有所谓的"定论"。我们只可能通过比较成熟的古文字（如甲骨文）去推测汉字起源的一些情形，并利用考古学和文字学的研究去间接证明。

《周易·系辞》说："古者庖羲氏王天下也，仰则观象于天，俯则观法于地，观鸟兽之文与地之宜，近取诸身，远取诸物。于是始作八卦，以通神明之德，以类万物之情"，又说"上古结绳而治，后世圣人易之以书契，百官以治，万民以察"。许慎承其说，在《说文解字·序》中对汉字的创造有如此说法："古者庖羲氏之王天下也，仰则观象于天，俯则观法于地，视鸟兽之文与地之宜，近取诸身，远取诸物；于是始作《易》八卦，以垂宪象。及神农氏，结绳为治，而统其事，庶业其繁，饰伪萌生。黄帝之史仓颉，见鸟兽蹄迒之迹，知分理之可相别异也，初造书契。"

且不论上文的论断是否科学，单就其所揭示的汉字的造字规律和思维而言，这的确合乎我们对汉字的理解。通过对现有文字的梳理，我们不难发现，对于象形字，古人造字的途径主要是：近取诸身，远取诸物。这充分反映了古人造字的思维方式是"取象"，而所取之"物"首先是人的自身，然后才是身边

---

① 王宁. 1997. 汉字构形理据与现代汉字部件拆分. 语文建设，（3）：4-9.

② 根据赵光论文整理，见：赵光. 2000. 原始思维对汉字构形理据的影响. 语言研究（S1）：105-107.

的事物。从汉字的构成来看，与人体直接或间接相关的字很多①。

由《周易·系辞》和《说文解字·序》可以看出，汉字的创造不是随意的，而是有意而为之的。汉字的产生，是先人经过认真的观察、仔细的体验，虑之于心、形诸笔端的结果。"盖圣人不空作，皆有依据。"这种"依据"是古人从语言表达的需要出发，根据华夏民族的生活习俗、心理观念，约定俗成的一种文字建构。这种建构是在字形与字义之间建立起一种联系。这种理据，受先民们当时的社会物质条件、生活场景、文化思想的规范、限定和制约从而较为客观地反映了他们当时的生活环境和意识形态。②

这种最初创造的汉字的"取象"思维，已成为汉字的基因，一直延续到后来的汉字中。这一点通过汉字古今词义的考察可以看出来。汉字经过了几千年的发展，音形虽然已经发生了很多变化，但在现代汉语双音词语素、成语的语素、方言口语、专有名词中，还保留着古义的痕迹。也就是说，从"活的"现代汉语中，还可以找到古语的资料。汉字古今词义虽然存在差异，但它们之间还保留着共同的特点或相关性。

实物表象的经历有效地塑造了这样一种先民思维定势：某种信息和意义，每每须附于某种实物形态，通过特定的物象才能获得存在。显然，这种思维定势对于汉字体态因子的创生所产生的效应，是怎么估价都不为过的。③

《说文解字·序》说："仓颉之初作书，盖依类象形，故谓之文。其后形声相益，即谓之字。文者，物象之本；字者，言孳乳而浸多也。"

许慎的这段话是根据汉字的特点进行识字教学（本文所讨论的字源识字）最重要的依据。后世的"字"源于初期的"文"，"文"由物象而来，"字"由"文"生成，亦即现代所谓的形声字。可见，理解汉字应该从早期的"文"（基本上是象形字）出发，利用字源分析各类汉字。

正是由于汉字与先民的生活有密切的关系，汉字研究就不能仅仅局限于书斋里，应该结合文字学、考古学和人类学的研究进行综合分析。这方面已经有了一些研究成果。例如，台湾学者许进雄的《中国古代社会：文字与人类学的

---

① 如黄晋书在《汉字·字源篇》中，罗列出 200 个意符母体字，其中与"人"有关的即达 67 个。见：黄晋书. 2006. 汉字·字源篇. 上海：学林出版社，118. 我们总结出的汉字基础部件计有两百多个，其中，与人有关的也有近三分之一，可见，"远取诸身"的确是汉字产生的一个重要维度。

② 赵光. 2000. 原始思维对汉字构形理据的影响. 语言研究（S1），105-107.

③ 刘志基. 1999. 汉字体态论. 南宁：广西教育出版社，7.

透视》①、美国学者杨晓能的《另一种古史：青铜器纹饰、图形文字与图像铭文的解读》②、瑞典学者林西莉的《汉字王国》③。

第二，汉字理据的表现。

上文已经谈到，古文字的理据主要表现在其根在象形（文），后起的"字"由"文"组合而成，因而也可以追溯到象形上。

现代汉字由古代文字演变而来，其理据性要从分析研究汉字的内部结构开始。苏培成指出，内部结构是指与字音、字义有联系的汉字构成成分的组合，字符是其基本单位。从字符类型来看，现代汉字有意符、音符和记号三类字符，这三类字符两两组合，可以生成六类字。其中，意符、音符和整字的字义、字音有联系，是有理据的；记号和整字的字义、字音没有联系，是无理据的。也就是说，会意字、形声字是有理据字，半意符半记号字、半音符半记号字是半理据字，独体记号字、合体记号字是无理据字。④

根据李燕和康加深的统计⑤，在《现代汉语通用字表》收录的 7000 个通用汉字中，形声字共 5631 个，占通用字总数的 80.5%，有绝对优势，而形声字由音符和意符组成，其声旁、形旁与字音、字义密切联系，是汉字理据性的重要表现。此外，会意字、半音符半记号字和半意符半记号字的音符、意符也与整字的字音、字义有关联，同样具有理据性。⑥

汉字中的形声字数量占绝对优势正是汉字理据存在最重要的标志。形声字的产生是对假借字进行有理据改造的结果。汉语的基础性编码机制是有理据的，具体表现为字的意义结合的理据性。以形表意的造字方法凸显造字的理据，与字的理据性结构原理相符合。理据主要是通过视觉（形）途径获得的，因而在表意与假借并行的意音文字时期，讲理据的表意字的结构原理最终取得了主导权，对表音的假借字进行表意化的改造。改造的方法就是在一个表音字的旁边加注表示意义类别的标志，即通常所说的"形旁"或"义符"；与此相对，原来的表意字也可以借助表音的方法，加注一个音同或音近的字，即一般

　① 许进雄认为中国古代文字绝大部分是象形、象意字，它们反映了创字时的风土人情与思想观念，提供了很多地下考古所不能反映的情况。此书以象形、象意文字为中心，配以考古、人类、民俗、历史等学科，探索了古人生活与思想的许多实况。见：许进雄. 2008. 中国古代社会：文字与人类学的透视. 北京：中国人民大学出版社.

　② 杨晓能. 2008. 另一种古史：青铜器纹饰、图形文字与图像铭文的解读. 北京：生活·读书·新知三联书店.

　③ 〔瑞典〕林西莉. 2008. 汉字王国. 李之义译. 北京：生活·读书·新知三联书社.

　④ 转引自：赵妍. 2006. 现代汉字的理据性与对外汉字教学. 语言文字应用，（12）：20-22.

　⑤ 陈原. 1993. 现代汉语用字信息分析. 上海：上海教育出版社.

　⑥ 转引自：赵妍. 2006. 现代汉字的理据性与对外汉字教学. 语言文字应用，（12）：20-22.

所说的"声旁"或"声符"。这样，语言中就出现了把表音和表意两种方法结合起来的字，即产生了形声字。形声字的产生使汉字最终发展成为一种科学的、完善的文字体系。[①]

（二）汉字教学因素及其关系

汉字作为汉语的表达形式，是"形—音—义"三者的统一体，其中，字义是最核心的要素。作为教学内容，我们关注的就是这三个要素。理解这些因素及其关系，对于我们在识字教学中把握汉字的核心和关键、合理安排教学内容和教学顺序有重要的指导作用。

1. 形义关系

由于汉字是意音文字，"以形示义"的特征决定了汉字的形义联系相当强。

相关心理学实验表明：字形是通达字义和字音的基础。在再认[②]条件下，汉字的字形在信息的提取和存储中有着重要的作用[③]。由于再认是层次较低的心理过程，因此字形可能是通达语音、语义的基础。

问题是："以形示义"是直接的，还是需要语音作为中介？心理学实验表明：由形直达语义是可能的。由于对音近和义同判断的反应时没有明显差异，由于在义同判断中形似的干扰大于音近的干扰，因此在再认条件下，人们有可能从字形直接提取意义，而不必经过语音的中介作用。我们至少可以认为，对成人被试来说，从字形直接通达字义是人们加工信息的一种可能的通道。这一结果使我们倾向于接受"双编码"的假设，即人们同时使用字形编码和字音编码。在提取意义时，人们既具有"形—音—义"的通道，也具有"形—义"的通道[④]。在再认条件下由形直达语义而不经由语音可能性的存在，再次说明"形"对汉字的重要意义。汉字的字形在信息的提取和存储中有着重要的作用。

中国香港学者黄震遐在对中文失语问题的研究中，从神经心理学的角度提供了文字信息处理中存在的两条通道的某些证据。他发现有些病人在汉字处理过程中能理解字义但不一定能读出字音，有的能读出字音不一定能找出字义。根据有关的研究资料，他得出结论："无论哪一种语言系统，人脑在处理文字信

---

① 徐通锵. 2007. 语言学是什么. 北京：北京大学出版社，125.

② 再认是外部刺激与内部存储信息的匹配，也就是说，需要提取的信息就在外部刺激物中。典型的例子就是选择题。

③ 彭聃龄. 2006. 汉语认知研究——从认知科学到认知神经科学. 北京：北京师范大学出版社，43.

④ 彭聃龄. 2006. 汉语认知研究——从认知科学到认知神经科学. 北京：北京师范大学出版社，43.

息时都可能采取字形直取字义和转经字音取字义两种方法。"这种设想可能更符合人脑存储和提取文字信息的特点。①

2. 音义关系

心理学实验表明,语义任务中出现了与语音有关的脑区的激活,而在语音任务中没有发现与语义有关的脑区的激活。这说明在进行语义判断时,语音出现了自动激活,这种激活可能有助于语义判断。而在进行语音激活时,语义参与较少,所以没有显著激活。②这一实验结果说明,语义激活在语音激活之前,也就是说,在音与义的关系上,语义可自动激活语音,而不是相反。这一结果与汉字的形音义三者的激活顺序的实验结果完全一致。

这一关系说明,音是否是汉字识别中必须经过的环节值得进一步研究。进一步讨论,对所谓"认识"汉字的标准可能都需要做深入的思考。是否能够读出汉字的字音就算是认识了汉字?抑或不能读出字音但能写出字形、能讲明其意义,是否应该算识字?

3. "形音义"三者的关系

在回忆③条件下,字形与字音的编码对提取语义信息都有重要的作用。④回忆是比再认层次更复杂的心理过程,有实验结果表明:在需要更多内部心理加工的过程中,字形与字音都对语义有作用。更进一步,有心理学实验表明,低频汉字形音义激活的时间进程是:字形最先激活,字音和字义的激活同时进行。⑤这再次说明在较为复杂的汉字识别过程中,字形首先被激活,字义至少不迟于字音被激活。这一点充分说明在汉字信息加工中,字形是最重要的要素。

这一结论对指导识字教学的顺序有重要的意义。汉字教学应该首先关注字形,由形析义,最后才是语音。

为什么"形音义"三者会是这种关系?

汉字认知首先是一个知觉过程,在这个过程中,首先要从视觉刺激中抽取出汉字的特征进行加工,因此字形必然成为汉字加工的第一个阶段。这种加工

① 彭聃龄. 2006. 汉语认知研究——从认知科学到认知神经科学. 北京:北京师范大学出版社, 43.
② 彭聃龄. 2006. 汉语认知研究——从认知科学到认知神经科学. 北京:北京师范大学出版社, 156.
③ 在回忆过程中,刺激或提示被送往长时记忆中,期间必须从长时存储处搜索和提取信息,然后加强联系并巩固,解码返回工作记忆。典型的例子是默写。
④ 彭聃龄. 2006. 汉语认知研究——从认知科学到认知神经科学. 北京:北京师范大学出版社, 43.
⑤ 彭聃龄. 2006. 汉语认知研究——从认知科学到认知神经科学. 北京:北京师范大学出版社, 77.

不受字频因素影响。^①当字形信息加工到一定程度以后，这种信息会传递到与之相关的语义、语音系统。^②

如何解释高频字与低频字在语义与语音加工上的差异？

（1）过度学习

可能的原因是：由于阅读的主要目的是通达语义，加上高频字的过度学习，因此汉字形义之间的联结强度有可能大于形音之间的联结强度，从而导致了高频汉字字义激活早于字音的加工。而对于低频字而言，由于学习的程度不如高频字强，形义、形音之间的联结程度没有表现出哪一种占优势，因此低频字识别时，字音与字义的激活同时进行。所以，汉字学习程度不同所导致的形义、形音之间联结强度的差别，可能是造成高频字和低频字语音、语义激活时间进程不同的一个原因。^③

（2）汉字本身的特点

此外，汉字中形声字占绝对优势的特点也可能导致语义激活不迟于语音激活。汉字属于表意文字，形旁表意是其显著的特征，故形旁对汉字语义的激活有重要的影响。虽然汉字的字形（声旁）也表示一定的语音，但总的来讲，汉字形与音的对应关系不如拼音文字中形与音的对应关系紧密。汉字的这些特点，有可能使汉字语义的激活不迟于语音的激活。^④汉字是一种表意文字，从汉字的亚词汇单元或亚字单元，如笔画和部件，不能直接提取出整个汉字的读音，因此，从知觉上来说，汉字形义的联系可能比形音的联系要强。一些语言认知的研究结果也发现，从汉字提取语义要比提取语音更容易。^⑤

（3）结论可能与实验的方法（同一性判断）有关

对字形的同一性判断可以直接基于视觉分析。当视野中两个刺激具有近似的图形特征时，人们可以很快做出同一性判断。在这种情况下，音义的干扰几乎没有作用。^⑥这说明，对字形的判断优先于对音义的判断，而由字形提供的直接感觉信息和对字形的初级知觉加工尤为重要。

---

① 即对高频字和低频字而言，字形都首先被加工。
② 彭聃龄.2006.汉语认知研究——从认知科学到认知神经科学.北京：北京师范大学出版社，77.
③ 彭聃龄.2006.汉语认知研究——从认知科学到认知神经科学.北京：北京师范大学出版社，77.
④ 彭聃龄.2006.汉语认知研究——从认知科学到认知神经科学.北京：北京师范大学出版社，77.
⑤ 彭聃龄.2006.汉语认知研究——从认知科学到认知神经科学.北京：北京师范大学出版社，151.
⑥ 彭聃龄.2006.汉语认知研究——从认知科学到认知神经科学.北京：北京师范大学出版社，41.

（三）汉字字形分析

字形即汉字的外形，即单个汉字在空间中展现出来的形貌。字形是汉字的核心，汉字的本体是字形①，汉字的个性是"以形示义"，因而汉字构形分析是识字最重要的手段。

由于教学的需要，多位研究者对教学中的汉字拆分原则、拆分单位、拆分层次等进行了研究。综合起来看，虽然看起来结论不同，但相通之处甚多。

1.重视字形分析的原因

（1）字形的重要作用

汉字在不同的时空中，字形与字义仍保持相对一致的事实说明，字形对于保持字义有着重要的意义。

从古代汉语到现代汉语，一个字的读音虽然古今不同、各地有异，但字形和字义必须相同或基本相同，因而形成了汉语高度统一的书面语。②可见，对于汉字而言，它不仅仅作为记录汉语的工具附属于汉语，它本身也有一定的独立性。汉字记录的主要是汉语的书面语言。从语言的功能来讲，其核心是语义，正是由于汉字的相对独立性，对于汉字来讲，最重要的就是汉字的字义。汉字的字义更多的是与形，而不是与音联系在一起的。这说明了字形对理解字义具有举足轻重的作用。

（2）汉字重字形与中国传统的思维模式有关系

中国哲学以"直觉的概念"为出发点，不表示任何演绎推理的概念，因而使用的语言富于暗示，言简意丰。③

中国传统抽象思维理论有"比类取象"和"援物比类"两个论断。所谓的"比类"就是指由此及彼的联想，就是比喻例证，通过事物间的横向比喻来解决"取象"和"尽意"两个问题。用象征、比喻等曲折手法来记词是表意体系文字固有的方法，如同语言中的修辞手法——比喻、象征、借代等一样，是一件很平常的事。④

反证，"假借"的方法为什么最终为汉语社团所否定？原因就在于它将表意的汉字作为纯粹表音的工作，离开了直觉思维轨道，不符合隐喻式的两点论思

---

① 汉字是记录汉语的视觉符号，它的音与义来源于汉语，字形才是它的本体。见：王宁. 2000. 系统论与汉字构形学的创建. 暨南学报（哲学社会科学），（2）：15-21.

② 徐通锵. 2007. 语言学是什么. 北京：北京大学出版社，138.

③ 冯友兰. 1985. 中国哲学简史. 北京：北京大学出版社.

④ 徐通锵. 2007. 语言学是什么. 北京：北京大学出版社，138，189.

维方式。[①]

如前所述，在心理学实验中，在再认条件下由形直达语义而不经由语音的可能性存在，说明汉字的字形在信息的提取和存储中有着重要的作用，"形"对于汉字意义非凡。

正是由于汉字字形的重要性，我们才重视汉字构形分析。

2. 字形分析的单位

不同的学者从不同的层次和侧面对汉字字形分析的单位提出了诸多不同的说法，厘清这些说法有助于找到字源识字分析字形的单位。

（1）基础单位：笔画

笔画是汉字书写的笔形单位，是汉字书写规范化的产物。其自身大抵无形可像，无理可说，仅是构成部件形体的最基本单位。

汉字加工过程中有显著的笔画数效应，笔画越多，加工速度越慢，错误率越高，且和字频无交互关系。这说明笔画是汉字加工的基本信息，无法越过。[②]命名实验和真假字实验都表明，笔画数多的汉字的加工时间要长于笔画数少的汉字，这表明在汉字的加工过程中，存在着对其特征（如笔画）的分析。特征的多少影响着加工进程，因此笔画数越多，反应就越慢。[③]这一点是笔画作为汉字加工的一个层次的证明。汉字的笔画数效应表明，笔画可能是汉字视觉加工的最小单元。汉字从检测笔画开始，然后在更高的层次上进行处理，最后达到对字的整体识别。[④]

这一点对于汉字的教学顺序有重要的指导作用。它要求我们在教学生识字时，必须先要教会学生基本的笔画。当然，在教笔画时，也应该遵循从具象到抽象的思路，可以以一些字为例子，通过引导学生观察文字的形体演变，了解笔画的由来，建立初步的笔画与文字的关系的一些感性认识。

（2）亚字单位

亚字单位即介于笔画和汉字之间的单位。一般可以这样理解：亚字单位由多个笔画组成，具有一定的书写顺序和外观，表示一定的意义。从字源识字的需要出发，考察亚字单位是否合理，需要从完备和有理据两个方面考虑。对于不同的应用，根据不同的理解，学者们关注的亚字单位不同，但绝大部分学者都支持"部件"这一说法。以下就各类亚字单位与部件的关系逐一说明。

---

① 徐通锵. 2007. 语言学是什么. 北京：北京大学出版社，138，208.

② 彭聃龄. 2006. 汉语认知研究——从认知科学到认知神经科学. 北京：北京师范大学出版社，34.

③ 彭聃龄. 2006. 汉语认知研究——从认知科学到认知神经科学. 北京：北京师范大学出版社，32.

④ 彭聃龄. 2006. 汉语认知研究——从认知科学到认知神经科学. 北京：北京师范大学出版社，27.

A. 部首

部首是字书编撰中所使用的概念，若干字共有某一构造成分，则归为一部，编书时就让共有的构造成分打头，称部首。部首有两种作用，一种是仅作为检字工具[①]，另一种是作为意义划分的部首[②]。

部首不是作为构字的要素提出来的，而是在同一类字中寻绎出一个共同的表意单位以统辖同部首字的全体。

造字法原则的部首为许慎首创，注重结构分析[③]。检字法原则的部首是造字法原则的部首的简化形式，数量少了一半有余，只注重检字的快捷，其中有些是合体字，有些只是常见的笔画组织，无音无义。

可见，作为部首，不能用来表示所有的字是最大的问题；其次，部分部首合并了多个不同意义的亚字音导致了部首理解方面的歧义；此外，部分部首还存在无意义的现象，对于文字的理解并无实质意义。[④]

B. 形符和声符

形符和声符是在对形声字的结构分析中所使用的概念，并不适用于汉字构造的其他三书，而且它们往往由两个或更多个部件组成。

C. 偏旁

偏旁包括形旁和声旁，只适用于合体字结构的分析，不适用于独体字结构的分析。

经过隶变时部件的黏合，加上受行书连笔的影响，原来的古文字基础构形元素，产生了形体的粘连，有合二为一甚至合更多部件为一的现象。[⑤]因此，在古文字的多部件合体字里，理据可以一直贯穿到最后一个层次；而在现代汉字里，理据大多保留在一级部件的组合中，越到后面的层次，保留理据的数量越少。后来的偏旁、部首分析法，就是适应现代汉字这一特点而产生的。[⑥]

D. 字原

"字原"之学是在研究《说文解字》部首的基础上形成的。《汉字·字原

---

① 即所谓检字原则的部首。

② 即所谓造字原则的部首。

③ 《说文解字》中的部首字有些是独体的文，但更多是合体的字，并没有分析到部件的层次。限于体例，《说文解字》的部首字并未囊括所收字的所有部件，即不可能由这些部首组成所有《说文解字》中的汉字。

④ 很多部首的命名和使用会导致对汉字的误解。例如，本该归入"从"字部首全部归入"方"部就很荒谬；再如"彳"名叫"双人旁"，但跟"人"却一点关系都没有；"玉""王"不分，"月""月"不分等，会导致诸多误解。

⑤ 例如，"辶""共""西""更""退"等字。

⑥ 王宁.1997.汉字构形理据与现代汉字部件拆分.语文建设,（3）：4-9.

篇》这部字原学尝试之作，通过对字典的穷尽式分析，借鉴训诂学和语音学的丰硕成果，综合多学科之见，找出母系类别义涵字原 200 个字，子系形意声韵字原 960 个字，并可由这 1160 个字原组合出几乎所有的汉字。母系字原和子系字原基本上源于早期古代汉字，是汉字基因。

考察其组成，可以看出，"字原"其实是由部首加上一些独体字而形成的。其问题在于未达到最简化。这一点从其字原数量有 1000 多个就可以看出来。

E. 字身和字首

台湾的朱邦复创造出了汉字编码的"中文字母法"。他认为，汉字可归纳为 300 个字首和 2000 个字身，任何一个汉字均由这些字首和字身所组成。据此他又进一步提出了"汉字基因"说。字首和字身的概念是"汉字基因"的基本概念，基本类似于形旁和声旁。但通观其释义，部分与汉字字源并不相符，因而能否始终用这两个概念，或者是否有必要引入这两个概念也值得商榷。

F. 字素

字素的功能是构字，是构成汉字的形与音义相统一的最小的结构要素，包括有构字能力的独体字、除独体字以外的汉字偏旁、汉字常用部件。

G. 部件

部件也是汉字构字分析术语。它与字素的差别在于它具有层级结构。字素可以理解为部件的第一级，即直接部件。[①]

（3）对字形分析单位的总结

汉字分析应该到哪一层次，不是一个绝对的问题。它需要根据拆分的目的来定。对于汉字教学和信息处理，需要不同的部件集合和处理方法。

对于汉字教学而言，我们需要利用汉字的文化，讲究汉字的理据。只有部件的音义与整字代表的词的音义有关联时，才能帮助识记汉字，因此，在教学中部件应界定在字符这一层次。[②]为强调形与义的关系，应以音义为纲、以形为纬，依源归纳，再指出异化的发展脉络[③]，这一点对于字源溯源有重要的指导意义。

信息处理中注重规范和科学，强调适合计算机处理，因而宜以形为纲、以音义为纬，按形分别归纳，再在归入的同形部件中说明来源。

---

① 即王宁所谓的直接部件。
② 万业馨.2001. 文字学视野中的部件教学. 语言教学与研究，（1）：13-19.
③ 王宁.1997. 汉字构形理据与现代汉字部件拆分. 语文建设，（3）：4-9.

3. 字形分析的原则

王宁认为，科学的汉字讲解就是要在不违背汉字构形规律和演变规律的前提下，对构意直接、明确的字加以准确讲解或对需要经过推源再来讲解的汉字推源后再来讲解。在讲解个体汉字时，要把它放到汉字构形系统①中去，找到它应有的位置再来讲解，以免讲了一个，乱了一片。②对汉字的无理据拆分需要遵守一定的规则，这个规则就是"正字法"。

汉字的字源分析主要通过构形分析来展现，如何将汉字构形分析的思想体现到本书中，是一项重要任务。

4. 字形分析方法

（1）字形分析法分类

汉字字形分析方法按是否有理据可以分为：理据分析和无理据分析。前者重视从汉字的"形—音—义"三者的联系出发分析汉字构形，后者单纯从形出发分析汉字构形。

根据王宁的意见，汉字的理据分析可以分为构意分析和构形分析。构形分析包括采用哪些构件、数目多少、拼合方式等；构意分析指构形体现了什么构字意图，带来了哪些意义信息。可见，王宁的构形分析针对的是现代汉字字形分析，而其构意分析则是针对早期汉字各部件的构形关系的分析。

对构形和构意，苏培成有类似的概念。苏培成在"现代汉字构字法"③中提出，要区分造字法与构字法，并认为造字法指的是"字源"的分析，构字法指的是"现状"分析。由此可见，苏培成的"造字法"类似于王宁的"构意分析"，"构字法"类似于"构形分析"。

陶晓东的"现代汉字字形结构研究的三个平面"④在造字法和构字法之外，又提出了构形法。构形法主要运用在现代汉字的教学法和汉字的计算机应用中，用于帮助人们认识汉字的外形结构，根据实际应用的需要对汉字的外形结构做分析，以对字形结构规律有更透彻的了解。可见，构形法是无理据汉字字形分析法。

---

① 汉字构形系统是指由处在相互联系之中、具有特定形体和功能的各构字成分所构成的整体。构形系统的核心是构字成分及其联系。构字成分指单字的构成成分，我们称作构件，这是构形系统的要素。构件之间的联系是构形系统的结构。见：王贵元.1999. 汉字构形系统及其发展阶段. 中国人民大学学报，（1）：104-109.

② 王宁.2002. 汉字教学的原理与各类教学方法的科学运用（下）. 课程·教材·教法，（11）：23-27.

③ 苏培成.1994. 现代汉字的构字法. 语文文字应用，（3）：71.

④ 转引自：王均.1996. 语文现代化论丛第二辑. 北京：语文出版社，70.

本文采用"构意分析"和"构形分析"两个概念作为汉字字形分析方法。

（2）构意分析法

构意分析主要运用字源分析。虽然古代汉字的一个重要特征是其字形结构不固定，我们不能仅仅停留于表面现象，更应关注的是古代汉字中蕴藏的构字部件间的关系及其所表现出来的汉字的意义是固定不变的，这也正是所谓的汉字的构意。不论是从横向看同一种字体的不同字形，还是从纵向看不同字体的不同字形，古代汉字构意很少变化都是其重要特征，这也正是汉字理据存在的重要表现。从汉字发展演变的总体来看，汉字形体虽然发生了很大变化，但这些形体的变化都比较规则，通过字形溯源可以确定。大多数汉字其实只是字形发生了变化，但其构形只是外观发生了变化，其体现出来的构意由古至今基本保持不变。

（3）构形分析法

王宁将汉字构件分为表形构件、示音构件、标示构件三类，这三类部件的组合，形成 11 种构字类型，对于汉字构形分析有重要的指导作用。[1]因为"这11 种构形模式，大约可以涵盖自甲骨文以来的可以分析构意的各类字形。"[2]所以这种构形分析法对汉字演变各阶段的字形分析均适用，对汉字溯源有重要的意义。表 1-1 是王宁所列的 11 种汉字构形模式。

表 1-1　汉字构形模式

全功能构件+0	零合成字	独体字	象形
表形构件+标示构件	标形合成字	准独体字	指事
表义构件+标示构件	标义合成字		
示音构件+标示构件	标音合成字		
表形构件+示音构件	形音合成字	合体字	形声
表义构件+示音构件	义音合成字		
示音构件+各类构件	有音综合合成字		
表形构件+表形构件	会形合成字		会意
表形构件+表义构件	形义合成字		
表义构件+表义构件	会义合成字		
各类构件（无表音）	无音综合合成字		

---

① 王宁. 2002. 汉字构形学讲座. 上海：上海教育出版社，66.
② 王宁. 2002. 汉字构形学讲座. 上海：上海教育出版社，66.

（4）字形分析合理性

构意分析主要采用六书体例进行，其主要内容是汉字字源分析。运用字源分析法，要达成对一个汉字的正确认识和理解，需要溯其本源，力求掌握其本义，探求它的引申义、假借义。这种方法因其系统性和科学性理应成为字源识字的指导方法，而不是拘泥于古籍。字源分析法重在客观性，分析时往往又有同类事实材料系统地论述同一结论，因而其论断可信。

正是由于字源分析要求相当严谨，不允许没有根据地以主观臆想去解释一个字，因而字源分析需要相关人员有比较深厚的文字学基础，并能够充分利用各种证据去解释和说明字源。

与字源识字相对的是一些否定字源分析的学者推崇的"致用""有助于国人扫除文盲"，以及在拉丁语系国家推广汉字的"析字法"。例如，安子介主要用会意法，结合自己的独特理解，进行"劈文识字"；一些教师在识字教学中广泛采用基于联想的"流俗文字学"；一些所谓学者对汉字进行"新解"等。这些"研究"从表面来看也正确，甚至有趣，易于接受，因而受到一些人的认同。作为语言教学工作者，我们教授的应该是比较科学而可靠的知识。怎么判断识字教学的内容是否科学？我们应该有几条简单的判断标准：首先要看这种分析是否符合常识。汉文反映先民生活的方方面面，我们应该从其生活的条件①出发，去理解汉字。如果不满足当时人们生活的常识，那这种理解就是不正确的。其次还要看是否符合逻辑。汉字作为成熟的文字体系，其产生和发展有内在的逻辑，不符合这种客观的逻辑，其理解当然有问题。最后，还要看对汉字的理解是否成体系。汉字是体系严密的文字，不能为了解释的需要去曲解汉字，一个字符在一个汉字里面怎么讲，在另一个汉字里面当然也一般应该那么讲，如果出现太多的特例，只可能说明解释不成体系，或不可靠。

5. 部件

各类亚字单位对于汉字字形分析都有一些帮助。但如何从汉字系统本身的系统性、理据性出发，研究汉字系统如何表征和理解，以培养学生汉字结构意识，养成从具象的思维去理解汉字的习惯，以有效地支持字源识字是一个很值得关注的问题。

---

① 如先民生活的地理条件、历史条件、文化传统等。

（1）部件的产生

部件是汉字信息化需要的产物，它是为了解决汉字键盘输入而对汉字进行穷尽式切分的产物。它既继承了"六书"结构分析的理念，又化解了现代汉字形、音、义之间的矛盾，曾受到学者的普遍关注。

（2）部件的定义

正如前面所述，汉字的构形分析有层次问题，因而，部件也是一个层次性的定义，包括形素（基础部件）、过渡部件、全字等几个概念。当一个形体被用来构造其他的字，成为所构字的一部分时，我们称之为所构字的部件[①]。我们把汉字进行拆分，拆到不能再拆的最小单元，这些最小单元就是汉字的基础构形元素（基础部件），我们称之为形素。[②]在依次拆分的汉字中，处在全字和形素之间的构形单位，被称为这个字的过渡部件。[③]

（3）部件存在的依据

A. 心理学上的依据

心理学实验表明了部件效应的存在：对部件频率高的汉字的识别要优于部件频率低的汉字；如果一个假字的部件常在真字的同样位置出现，对这个假字的判断时间长于对真字的判断，就容易出错。部件数和笔画数一样，对汉字加工也有影响：部件数越多，加工时间越长。这些研究都表明，部件也有可能是汉字加工的一个单元。[④]

部件的频率效应提示我们在进行部件教学时要首先考虑教高频部件，部件的位置效应提示我们要培养精确分析汉字结构的习惯。

B. 文字学上的依据

相关学者对甲骨文字的形素、形位、构件及构件组合模式的全面考察结果表明：甲骨文是由有限的相对稳定的基础构件以一定的组合模式和组合层次形成了一定数量的单字，个体字符之间既不是孤立的，也不是杂乱的，而是按照一定的构形规律相互联系、相互区别，形成一个有序的符号系统。

甲骨文是最早成体系的文字，后起文字在字形上虽然有了一些变化，但其构形方式变化并不大。对甲骨文字形的分析结果表明，它是由"个体字符"（部件）按照一定的构形规律组合而成的有序符号系统。这说明通过文字学的研

---

① 王宁. 2002. 汉字构形学讲座. 上海：上海教育出版社，35.
② 王宁. 2002. 汉字构形学讲座. 上海：上海教育出版社，35-36.
③ 王宁. 2002. 汉字构形学讲座. 上海：上海教育出版社，37.
④ 彭聃龄. 2006. 汉语认知研究——从认知科学到认知神经科学. 北京：北京师范大学出版社，27.

究，部件是客观存在的。

（4）部件的作用

心理学实验显示，限制我们推理和思维的三个局限是有限的注意广度、工作记忆和长时记忆。[①]认知心理学认为，人的短时记忆有一个固定的容量。这个容量被称为记忆广度（span of memory）。工作记忆容量随个体年龄变化：小于 5 岁为 1～3 个，5～14 岁为 3～7 个，14 岁以上为 5～9 个。[②]这就要求我们在布置任务时，要根据学生的生理特点注意记忆的容量。

当工作记忆将一套资料感知为一个项目时，就会出现组块加工。组块是扩大工作记忆容量的有效方式。[③]通过被称为"组块"的加工，我们就可能增加工作记忆容量中的项目。[④]

从心理学的角度来看，部件作为一种组块对于提高记忆广度有重要的意义。相对于笔画，把部件作为一种组块识记汉字，减少了人们记忆汉字的工作量，提高了记忆的速度以及准确率。

记忆广度理论提示我们：一次教学的生字量应根据学生的年龄来确定。对于小学生，一次教授的生字数不能超过 7 个[⑤]；尽管工作记忆有功能负荷的限制，它可以处理的组块数量是有限的，但似乎能够用以组块的数目是无限的。教学生（或自己）如何进行组块，能够极大地加强学习和记忆。

组块理论对于字源识字教学也是一个有力的支持：部件可以被视为一种组块，直接部件是最基础的组块，过渡部件是组块的组块。利用基础部件，结合汉字理据，就减少汉字识记过程中的记忆容量，从而提高记忆的广度。

（5）部件的由来及数量

不同机构、学者利用不同的方法得到了不同的部件，现罗列如表 1-2。

---

① 〔美〕David A. Sousa. 2005. 脑与学习. "认知神经科学与学习"国家重点实验室脑，教育应用研究中心译. 北京：中国轻工业出版社，87.

② 〔美〕David A. Sousa. 2005. 脑与学习. "认知神经科学与学习"国家重点实验室脑，教育应用研究中心译. 北京：中国轻工业出版社，38.

③ 〔美〕David A. Sousa. 2005. 脑与学习. "认知神经科学与学习"国家重点实验室脑，教育应用研究中心译. 北京：中国轻工业出版社，89.

④ 〔美〕David A. Sousa. 2005. 脑与学习. "认知神经科学与学习"国家重点实验室脑，教育应用研究中心译. 北京：中国轻工业出版社，38-39.

⑤ 新近的实验结果表明，汉语短时记忆广度随词的熟悉性而增加，词频差异显著，低频单音词的记忆广度为 3.15 个组块，中频词为 5.68 个组块，高频词为 8.30 个组块。见：常宝儒. 1990. 汉语言语心理学. 北京：知识出版社，77-78.

表 1-2　几种不同的汉字部件信息表

学者或机构	对象	汉字量	部件数	备注
国家语言文字工作委员会与武汉大学	简化字和未简化的汉字集	11 834	648	成字部件 327 个（独体字 332 个），不成字部件 321 个
李公宜、刘如永	汉字信息字典	正体 7785 其他 3469	623	
国家语言文字工作委员会	信息处理用 GB13000.1 字符集汉字部件规范	20 902	560	
国家语言文字工作委员会	教学用汉字部件		540	

王宁经过对汉字的系统分析，采用先经过有理拆分，次参考字源拆分，最后纯按形体拆分的程序，从 13 000 个汉字得到 550～600 个单纯部件。[①]

李圃用"基本字素"表示部件。据粗略统计，已考释的殷商甲骨文基本字素约有 238 个，加上带字缀的字素 86 个，共有 324 个。到了东汉成书的《说文解字》篆书中，基本字素 404 个。这大致可以看出，自殷商经两周六国至秦汉，具有独立造字功能的基本字素也只有 400 个左右。[②]

参考表 1-2 可以看出：尽管针对的汉字对象不同，处理方法不同，得到的汉字部件不同，但汉字部件的数量基本上在 500～700。这可能说明了汉字部件数量的一个共性，也说明如果某一种亚字处理方式所得到的部件数量与此差异太大，可能就存在某种内在的缺陷。

早期的部件分析是为了解决汉字的键盘输入，因而受到电脑键盘数量的限制，形体小而数量少；这种拆分由于没有文字学的支撑，其最大特征就是重形体而轻理据，不适合用于识字教学。事实上，从目前的所有分析来看，汉字的有理据分析得出来的部件基本稳定在 600 个左右，基本不需要对汉字进行计算机拆分。现有多个汉字构形数据库[③]的成功应用已经说明了这一点。

从目前的情况来看，汉字的部件拆分基本上是通过手工拆分，一般只拆分到一级，然后通过直接部件再拆分为过渡部件（如果存在的话），再由过渡部件拆分到更低一级的过渡部件（如果存在的话），直到所拆分出来的部件都是独立部件为止。本书所用的部件拆分数据库和台湾的汉字构形资料库都采用了这种处理方法。

从实际需要来看，我们可能既需要汉字的直接部件组成，也需要汉字的基

---

①　彭聃龄. 2006. 汉语认知研究——从认知科学到认知神经科学. 北京：北京师范大学出版社，62.

②　李圃. 2000. 字素理论及其在汉字分析中的应用. 学术研究，(4)：102-110.

③　例如，台湾"中研院"的汉字构形数据库、SGD 汉字构形数据库。

础部件组成。这方面的讨论见下面字形描述部分的论述。

（6）部件与笔画的关系

马库斯·塔夫脱（Marcus Taft）和朱晓平的多层激活模型对笔画数效应及部件数效应能做出很好的解释。模型假定，汉字的加工分成笔画、部件、字等几个层次，每个层次内又包含许多彼此不同的单元。单元之间存在大量的联结。这种联结既存在于同一层次内，也存在于不同层次间；同层间相互竞争，异层间相互促进。当一个汉字以视觉方式呈现时，笔画单元将首先激活，接下来的激活将通过部件到达整字。当字的激活达到它的阈值时，这个字就被识别了。[①]这一模型为汉字识别的层次理论提供了很好的解释。

从高频字中分离出部件较之从低频字中分离出部件更困难，因此，笔画数效应和部件数效应更有可能在低频汉字中出现而不是在高频汉字中出现。[②]笔画数效应和部件效应因字频不同而存在差异，这说明研究笔画和部件有助于低频字的识别，高频字更倾向于整体识别，而低频字需要做特征分析。

笔者认为部件数效应的产生跟被试的背景知识有很大关系：如果被试部件方面的知识缺乏，在进行汉字加工时可能其部件效应就不明显。可见，部件效应的产生，可能更多的是学习的结果，而不是由遗传决定的。这也是我们认为部件教学应该从识字之初就开始的最重要原因。

6. 字形描述

从目的上来讲，字形描述可以分为教学用字形描述和信息处理用字形描述。前者的主要目的是通过描述组成汉字的部件及其关系，帮助学习者进行构意分析和构形分析，以提高识字教学的效率和质量，熟悉汉字思维；后者的主要目的是提供计算机分析和再现汉字字形的必要信息，以实现各类数据的查询和字形的自动显示，提高识字的效率。当然，这样区分只是为了便于说明。事实上，教学用字形描述也可以通过计算机来表征，因而也可以用于信息处理；而信息处理用字形描述只是在数据结构和内容设计上针对计算机程序处理做了优化，最终显示出来的字形结构和字形再现的结果也可以用于教学中。

为了便于明确字形描述的内涵，我们使用"汉字表达式"这一术语。

作为表达式，不外乎是表达式所涉及对象及其关系的描述。就汉字表达式

[①]　Taft M, Zhu X-P. 1997. Submorphemic processing in reading Chinese. *Journal of Experimental Psychology*, 23（3）：761-775；彭聃龄. 2006. 汉语认知研究——从认知科学到认知神经科学. 北京：北京师范大学出版社, 32.

[②]　彭聃龄. 2006. 汉语认知研究——从认知科学到认知神经科学. 北京：北京师范大学出版社, 27.

而言，它涉及两个方面的问题：一是操作对象，即部件；二是操作符，即部件之间的关系。

（1）教学用汉字表达式

从汉字教学的角度分析来看，汉字表达式主要讨论组成汉字的部件（操作数）之间的拓扑关系（操作码）。这种关系可以从形体组合关系和功能组合关系两个方面来讨论。各种不同的汉字表达式的区别一方面表现在部件选取的不同，另一方面也表现在对部件之间的拓扑关系的理解不同。区别的重点在后者，即拓扑关系的不同。

张普对部件的方位关系研究得很充分，提出了十一种关系，为汉字部件间关系的描述提供了很好的标准[①]；王宁在《汉字构形讲座》中对汉字部件的功能关系描述是目前看来最系统和最深入的分析方法[②]。二者均可供汉字结构功能分析参考。

汉字表达式是汉字部件与部件关系的一种表述，一般由操作数（部件）和操作码（结构类型）组成。由于汉字的系统性，根据汉字表达式可以递归地将汉字进行层次内的平面化拆分。下面对几种有代表性的汉字表达式成果进行简要介绍和评述。[③]

A. 表意文字描述序列

统一码（Unicode）联盟于 2000 年提出了表意文字描述序列（Ideographic Description Characters Sequence，IDS），作为 Unicode 4.0 标准。它的部件集不固定，而其组合结构类型固定为 12 种。

IDS 文法递归定义如下：

<IDS>：=<CJK 汉字>|<CJK 部件>|<二元结构类型符><IDS><IDS>|<三元结构类型符><IDS><IDS><IDS>

其中，二元结构类型符为：

<二元结构类型符>：=□|□|□|□|□|□|□|□|□|□

分别代表：左右、上下、全包含、上三包含、下三包含、左三包含、左上包含、右上包含、左下包含、覆盖十种形体结构关系。[④]

三元结构类型符为：

---

① 张普. 1984. 汉字部件分析的方法和理论. 语文研究，（1）：37-43.

② 王宁. 2002. 汉字构形学讲座. 上海：上海教育出版社，66.

③ 林民，宋柔. 2007. 汉字字形形式化描述方法研究. 计算机科学，（11）：185-188.

④ 此处需注意与王宁先生提法的区别。

<三元结构类型符>：＝▯|▯

分别代表：左中右、上中下。

例如，蛙可表示为：▯井蛙

或：▯井▯虫圭

或：▯井▯虫▯土土

正由于 IDS 部件集合不固定，因而对同一汉字的表述方法也不固定。由于引入了递归的概念，IDS 对汉字部件的拓扑关系区分基本是穷尽式的，对于其他汉字表达式有重要的影响。本系统也正是应用这一概念，对所有汉字进行了递归式的有穷拆分。

存在的问题：有很大灵活性，但缺少规范性，特别是其中"覆盖类型"给出的构形信息不完全，难以据此构建确定的字形。

统一码联盟调用 IDS 作为汉字表达式，说明它也看到了仅通过内码和字体的对应来处理汉字可能存在先天不足。使用 IDS 可以描述集外汉字，便于人们理解。其问题在于它仅提示了汉字的结构关系，无法从此结构关系的描述直接再现汉字，因而无法在信息处理中用来精确描述汉字部件之间的坐标位置关系。

B. 汉语文档处理语言

汉语文档处理语言（Chinese Document Processing Language，CPL）由台湾"中央研究院"信息技术研究所文献处理实验室在 20 世纪 90 年代开发，其目的是为古籍整理服务。其组合的结构类型有直连（⬘）、横连（⬙）、包含（⬘）三种，还有几种重叠形式。它确定出 1000 多个字根，表现出 4000 多个部件，涵盖了 50 000 多个字形，并使用 CPL 作为其研发的汉字构形数据库的字形描述语言。

例如，楹可表示为：木 ⬙ 盈

或：木 ⬙ （及 ⬘ 皿）

或：木 ⬙ （（乃 ⬘ 又）⬘ 皿）

CPL 不仅划分了结构类型，而且固定了部件，比较规范。

CPL 作为目前比较有影响力的汉字表达方式在缺字处理中得到了广泛应用。它作为开源系统，其构形数据库可供外界使用。它还配合相应的字形再现工具，能够实现基于 CPL 的汉字精确再现。

外界使用 CPL 开发的系统不少，比较有代表性的是台湾刹那工作室的易符。它可以方便地生成集外汉字。

C. 汉字数学表达式

汉字数学表达式由国防科技大学孙星明、殷建平、陈火旺等于 2002 年提出，其组合类型有 6 种：左右（lr），上下（ud），左下包（ld），左上包（lu），右上包（ru），全包含（we），固定出 505 个部件。

（2）信息处理用汉字表达式

信息处理用汉字表达式目前比较成熟的主要是字符描述语言（character description language，CDL），是由美国加州大学伯克利分校研究人员创办的文林研究所于 2003 年提出的。它采用可扩展标记语言（extensible markup language，XML）作为元语言，是基于笔画和汉字部件的字形描述系统。它的主要特点是将汉字递归地分解为部件的组合，最底层的部件是笔画。CDL 没有组合类型的概念。

它处理部件间位置关系的核心思想是：每个部件有一个隐藏的外包矩形轮廓，可以通过改变外包矩形斜对角顶点的坐标来达到移动和缩放对应部件的目的。小部件（可能是笔画）的外包矩形移动和缩放后成为大部件或整字。CDL 笔画集合是固定的，笔画的形状用笔画矢量表示。CDL 有固定的笔画集合但没有固定的部件集合，所以它描述字形有极大的灵活性，可以描述各种可以想到的汉字，可以表现异体字的特异性。另外，它对笔画的描述十分细致，不仅表示出了形状，而且表示出了走向和弯曲方向，所以可以用于汉字书写方法的教学。

例如，使用 CDL 表述"聽"（"听"的繁体字）字的结构：

```
<cdl char="聽" uni=e87d>
<comp char="耳" uni=e5e6 points="0,4,70,124"/>
<comp char="㠯" uni=e87b points="0,75,45,128"/>
<comp char="悳" uni=3941 points="71,0,128,128"/>
</cdl>
```

CDL 可以直接使用计算机绘制汉字，一方面可以方便地处理集外汉字，另一方面它还表现了动态的笔向，可用于汉字书写方法的教学。

笔者经过研究发现，汉字部件作为整字或作为其他汉字的一部分，其笔画的粗细并未发生成比例的变化。根据笔画矢量对部件进行缩放后，如何保证这一点，从 CDL 的实现来看还是未知数。

（3）本书所采用的汉字表达式

本书采用北京大学中文论坛所发布的汉字字形数据库（Sinogram Graphemic Database，SGD），它由 IDS 发展而来。[①]

---

① 北大中文论坛. 2009-11-1. 汉字字形数据库. http://okuc.net/sunwb/.

A. 组合类型

除了 IDS 的 12 种组合类型外，SGD 还新增了三种组合，其类型描述如表 1-3 所示。

表 1-3　SGD 汉字构形系统组合类型表

序号	IDS	字母表示	部件个数	含义
1	⿷	C	2	左三包含
2	⿱	D	2	覆盖
3	⿳	E	3	上中下
4	⿰	H	2	左右
5	⿺	L	2	左下包含
6	⿵	N	2	上三包含
7	⿴	O	2	全包含
8	⿸	P	2	左上包含
9	⿹	Q	2	右上包含
10	⿶	U	2	下三包含
11	⿲	W	3	左中右
12	⿱	Z	2	上下
13	⌐	J	2	右下包含
14	⊠	X	0	变体占位符
15	⍨	V	1	变体

V 代表变体，是"variant"的缩写。此类部件主要是指那些原本独立的汉字在充当构字部件时的特殊写法。例如，"郎"字，其左部就是"良"字在左右结构的合体字中充当居左部件时的变体。理论上一个字符可以有多种变体，但目前 SGD 只引入了一种单一的标识方式，即在正体字符前加标识符 V，如以"V良"标示"郎左"，以"V奂"表示"「睒」右"。

X 代表变体占位符，此类部件用于描述那些省字和无理部件。例如，度字从庶省，从又，庶省表述为"P 庶 X"，则"度"字的汉字表达式为："P P 庶 X又"。又如，"岛"字从鸟省从山，鸟省表述为"P 鳥 X"，则"岛"字的表达式为："PP 鳥 X 山"。

考虑到本系统的基础部件的连接关系可能有交叉的可能，我们暂采用 T 表示这种情况。例如，"秉"字，就可以写成："T 禾 B80"。[①]

---

① 其中 B80 代码编码为 80 的部件，见后面部件生成部分的论述。

B. 部件层次

SGD 仅处理直接部件。例如，"镁"的部件只有两个"钅"和"美"。

由于 SGD 已经处理完了所有 GBK 汉字的一级部件，利用计算机程序可以通过递归的方式获得其过渡部件。例如，"楹"可以拆分为："木"和"盈"；"盈"又可拆分为："夃"和"皿"；"夃"又可以拆分为："乃"和"又"。这样，就可以得到"楹"字的所有基础部件："木乃又皿"，它利用基础部件表达出来的构字式为："H 木［4Z［N 乃又］皿］"。

C. 对 SGD 的评述

SGD 提供了基于统一码的所有 4 万多个汉字的拆分，由于笔者在拆分时充分考虑到了汉字的构字理据，因而其拆分基本满足汉字有理拆分的需要。

此外，SGD 是少数几个基于统一码对外公开的构形数据库，为研究和教学应用提供了极大的便利。

当然 SGD 也有它的局限。首先，它使用的扩展字符集很多系统不支持，这样在开发和应用的时候就会很麻烦；其次，它只拆分到第一层，在进行识字教学时，不利于展示其层次结构；最后，它本身并没有部件之间的坐标关系，不能直接由此表达式生成汉字。通过本书的开展，这些问题部分得到了解决。

（4）汉字表达式的作用

第一，便于理解汉字构字要素及其关系。

通过汉字表达式，我们可以方便地看到汉字的构字要素及其组合关系，这有助于帮助学生建立通过部件理解汉字的意识。

第二，解决部分汉字不能用计算机输出的问题。

尽管汉字的字集越来越大，但不可能囊括所有的汉字。使用汉字表达式，可以将集外汉字以使用者可以解决的方式表达出来；配合适当的算法，还可以直接通过表达式还原汉字。

第三，深度挖掘计算机的构字功能。

汉字表达式便于计算机检索具有相同构字要素的汉字，深度挖掘计算机的构字功能，以便进行汉字归类教学和利用分类进行研究。例如，可以分析出"教、育、学、文、化"几个字里面都有一个共同的要素：人；再如，教学中可以分别查出以"车"和"斤"为构字要素的字，也可以根据［车∞斤］查出所有以"斩"为构字要素的字，这样便于在教学中进行归类。

这种方法在进行字源印证时特别有意义：可以找出不同汉字中共有的同一

构字要素，通过多个汉字的"构字要素—关系分析"来理解构字要素的意义，保证以合理而系统的观点来考察字源。

（四）与汉字"四定"有关的基本问题研究

汉字的"四定"问题即定量、定形、定音、定序。其中定量是指规定现代汉语用字的数量，以便学习和运用汉字，便于汉字信息处理；定形是指规定现代汉语用字的标准字形；定音指规范现代汉字的标准字音；定序是指确定现代汉语用字的排列顺序，做到字有定序。从汉字教学的角度来看，与四定有关的问题是：以什么标准来选择哪些汉字？以什么顺序来组织教学？

1. 字频

汉字字频是确定字序、字量、字种的基础。汉字的使用频率差别很大。随着其使用频率从高到低排列，其使用频率出现急剧下降，具体来说，一般认为，最高频1000字的覆盖率大约是90%，以后每增加1400字大约只提高覆盖率十分之一，这个规律叫作"汉字效用递减率"。

以清华大学发布的字频表为例，它记录了每个汉字的出现次数和万分比，根据万分比，我们可以按字频从高到低，计算汉字的累积万分比。最后，我们分别统计6763个汉字及2718个汉字的字频分布，见图1-1、图1-2。

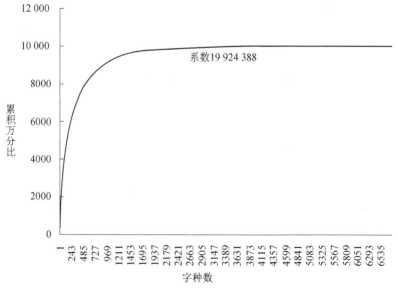

图 1-1　6763 个汉字字频分布图

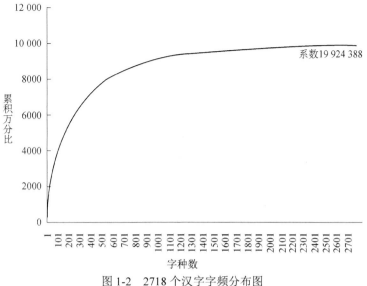

图 1-2　2718 个汉字字频分布图

从图 1-1 和图 1-2 的对比可以看出：2500 字时，累计百分比已达 99.24%，后面 4263 个汉字的累计百分比不足 1%。由此可以明显看到汉字的效用递减率。

虽然不同字频表统计结果有细微的差异，但这些差异其实都不大。图 1-3 是北京外国语大学发布的字频表与清华大学发布的字频表就 2718 个汉字的字频统计做的对比。

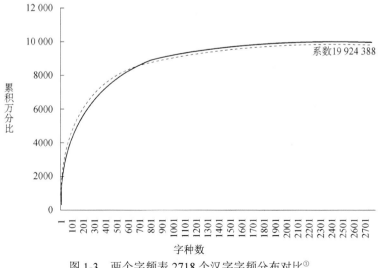

图 1-3　两个字频表 2718 个汉字字频分布对比①

———————————
① 其中虚线为北京外国语大学发布的字频表统计结果。

由图 1-3 可以看出：两份字表的字频变化趋势基本一致。

汉字效用递减率对于确定小学识字量有很重要的指导意义：不应该在小学花太多时间、费太多精力去教授跟学生生活关系并不大的字。

2. 字量

字量，也就是文字的数量，一般指某一特定范围内使用到的汉字数量。比如，1988 年 3 月，国家语言文字工作委员会和新闻出版署联合发布的《现代汉语通用字表》的字量是 7000 个。《通用规范汉字表（征求意见稿）》的总字量为 8300 个。

谈到字量，可能首先要确定的就是一般人使用的汉字量是多少。裘锡圭在“谈谈汉字整理工作中可以参考的某些历史经验”[①]一文中指出：从商代到现代，一般使用的汉字数量似乎并没有显著的变化，很可能一直在五六千。这一结论可以作为考虑总识字量的基础。也就是说，可以假定学生需要认识的汉字总量不超过 6000。

将范围缩小到小学教育中，考察一个小学生应当认识多少字，1～2 年级又该识多少字，是小学识字教学必须弄清楚的问题。从工具的角度来讲，识字的目的是给语文学习积累足够的识字量。如果识字量太少，则阅读和写作都会有困难；如果识字量过多，不但会增加学生的学习负担，学生还会因为识后不用而忘记，从而降低识字的效率。因而，科学、合理地确定小学识字的数量，是提高识字教学效益的前提。

何克杭在《儿童思维发展新论和语文教育的深化改革——对皮亚杰‘儿童认知发展阶段论’的质疑》[②]一文中，引用相关研究指出：我国心理学家曾对 10 个省市 2000 余名学前儿童掌握的总词汇量进行统计，结果表明 3～4 岁儿童的常用词有 1730 个，4～5 岁儿童的常用词有 2583 个，5～6 岁儿童的常用词有 3562 个。可见虽然汉字总量数额庞大，但掌握了 2000 个左右的常用字后，儿童已基本能够流畅地进行日常交流。

笔者认为，小学字量不宜太多，也不宜太少。2500 个左右是一个比较合适的数量。一方面，这个数量已被多年的教学实践证明；另一方面，研究表明，掌握了《现代汉语常用字表》中的 2500 个一级常用字，阅读的覆盖率已经可以达到 97.97%，加上二级次常用字 1000 字，覆盖率也就达 99.48%，为了这剩余

---

① 裘锡圭. 1987. 谈谈汉字整理工作中可以参考的某些历史经验. 语文建设，（2）：3-6.

② 何克杭. 2004. 儿童思维发展新论和语文教育的深化改革——对皮亚杰“儿童认知发展阶段论”的质疑. 教育研究，（1）：55-60.

的 1.5%的覆盖率，至少需要多花近一半的时间。①这在学生负担已经相当繁重的现在是不经济的。字量的多少并不是问题的关键，关键问题应看学生是否真正掌握了这些字，是否学习到了识字的方法，是否能够有意识地通过汉字本身的规律去学习汉字。

3. 字种

所谓字种就是所选择的汉字的集合。一般认为，1988 年国家语言文字工作委员会发布的《现代汉语常用字表》就是母语教育识字教学的标准。但由于该表一方面是根据成人汉字使用情况统计出来的结果，另一方面该表已经有二十多年没有修订，因而可能需要做一些订正。此外，识字，特别是小学低段的识字，还有一个重要任务，就是为以后的识字打下基础，因而字频不是选择字种的唯一标准，还应参考汉字的构字需要，选择一些不常用但构字能力很强的汉字作为识字的内容。

4. 字序

通常所谓的字序指汉字在辞书和各种索引中的排列顺序。一般有音序和形序。本文所谓的字序是指在字源识字理论的指导下所设计的汉字出现的先后顺序。汉字序化对于字源识字的宏观应用有重要的指导作用。汉字序化，即如何科学而合理地安排汉字教学的顺序。

由于不同使用者所使用的汉字的字频并不相同，为此，我们需要借鉴相关研究成果使汉字序化适应不同学习者的差异。

《现代汉语常用字表·前言》提出的拟订常用字表的选字原则是：①首先考虑字频，选取使用频率最高的字；②在使用频率相同的情况下，选取学科分布广、使用度高的字；③根据汉字的构字能力和构词能力，选取构字能力和构词能力强的字；④根据汉字的实际使用（语义功能）情况酌情取舍。可以看出，确定字序的原则不能仅考虑字频，从教学的角度来看，还要照顾教学的实际需要②和汉字的实际使用情况。

在确定字种及识字级别方面，其关键又是要首先明确教学用字的"基础字"。所谓"基础字"，就是指母语教育识字教学中最初应当学习并且能凭此奠定日后识字基础的一些字，大致相当于此前文字学以及汉字应用方面的"基本

---

① 后面 1000 字的使用频率低得多，掌握这些字所用的时间比掌握前面 2500 个常用字要多得多。

② 例如，对于字源识字来讲，虽然基本部件的使用频率并不高，但由于它们有很强的组字能力，因而也需要优先考虑。

字"等概念。王宁指出:"识字教学是分阶段进行的,每到一个阶段,教学方法和策略都要因积累的不同而发生变化。提高教学质量的关键是选择好初期积累的字,也就是选择第一批字来突破'零'。这一批字必须是比较容易的,是能够更有效地带动以后的学习的。确定这一批字必须根据汉字的属性,而且要根据汉字的多种属性综合确定。"

魏顺平等通过建立一个较大规模的低年级小学生作文语料库,完成了一份《小学生用字表》的制作[①],该表对于小学生汉字教学的序化有着重要的指导意义,对于设计汉字学习平台也有重要的参考作用。该研究还通过《小学生用字表》与《现代汉语常用字表》《成人用字表》对比,得出了小学生用字与成年人用字的共性以及小学生用字的独特之处,并依据这些发现提出了制定基础教育字表特别是编制低年级语文教材字表的建议[②]。通过对语料库用字的统计发现,449个汉字就可以覆盖全部语料的80%,809个汉字可以覆盖全部语料的90%,2075个汉字可以覆盖全部语料的99%。作者将覆盖全部语料的前2075个字界定为"低年级小学生常用字"[③]。

王宁在《汉字构形学》中提出要根据汉字的属性来确定识字教学初期积累的字表,并详细罗列了6个方面的标准[④]。同时根据此标准,提出了小学识字教学用的识字表。此识字表对字源识字也有重要的参考价值。

二、心理学相关理论

(一)发展心理学

让·皮亚杰(Jean Piaget)的儿童认知发展理论认为,在思维发展的直觉思维阶段(4~7岁),儿童认知活动的特点是:处于表象思维水平,是儿童的初

---

① 魏顺平,傅骞,何克抗. 2008. 低年级小学生用字情况调查与分析——以广东、北京两地6所小学为例. 语言文字应用,(3):81-89.

② 魏顺平,傅骞,何克抗. 2008. 低年级小学生用字情况调查与分析——以广东、北京两地6所小学为例. 语言文字应用,(3):81-89.

③ 魏顺平,傅骞,何克抗. 2008. 低年级小学生用字情况调查与分析——以广东、北京两地6所小学为例. 语言文字应用,(3):81-89.

④ 王宁提出要根据汉字的属性来确定识字教学初期积累的字表,选择字的条件是:①结构相对简单,即构件一般不超过2个;②构意明晰度高,即不含理据丧失的记号构件;③构字频率高,特别是表义构件的构字频度高,有利于带动第二阶段的学习;④一般先教书写自由语素的常用字,选择书写不自由语素的单字时,应同时选择经常与之构成双音词的另一个字进入初期积累字表;⑤初期积累字对应的词,应是6~7儿童口语中已经会说的,也就是音与义已经被学习者把握了的;⑥适当选择虚词,以便组句。

级思维阶段。随着儿童言语的形成和发展，动作在思维中的作用和地位逐渐下降，语言的作用逐渐增加，此阶段的儿童能够把实物象征符号和实物本身联系在一起，逐渐地向具体形象思维过渡，其思维也主要靠表象和具体形象来进行。

"具体形象性思维是指儿童的思维主要是凭借事物的具体形象或表象，即凭借具体形象的联想来进行的，而主要不是凭借对事物的内在本质和关系的理解，即凭借概念、判断、推理来进行的。"[①]

目前儿童入学年龄均在 5～7 岁，根据皮亚杰认知发展理论可知，这一阶段的儿童处于直觉思维阶段，即表象思维阶段。直觉思维是指主体凭借感觉、知觉、记忆等心理因素，通过与自然界的直接接触，由感觉刺激而进行思维，其特征是把对象当成它的自我感觉，除了主体的自我认知和感觉外，对象没有其他意义。因此，这一阶段的学习者最容易理解的材料必须具有直观性。

随着儿童言语的形成和发展，其思维方式将由直觉思维向具象思维发展。具象[②]思维是经过多次感觉、知觉之后，为人脑所摄取、所留存、所反映的客观事物的形象。它是在直觉思维的基础上对外界事物进行抽象描摹或是通过若干具体形象的组合进行联想，从而间接地把握所指称的对象的。

根据以上儿童认知发展和认知汉字的特点，在进行小学低段字源识字教学时，应顺应这些基本规律，从内容、形式、方法等方面加以考虑。内容上要从易到难、由简到繁、由浅到深；教学形式上要生动活泼，方法要灵活多样，使儿童喜闻乐见，易于接受和记忆。要特别注重创设丰富生动的认知情境，从直观形象的认知材料入手到掌握具有符号功能的汉字，使儿童既感兴趣又易学易懂，更重要的是充分挖掘汉字所蕴含的丰富内涵，促进儿童形象思维能力的发展以及向抽象思维能力的过渡与发展。低段字源识字教学提供汉字的原生图片并展示汉字的形体演变等，即在学生直觉思维阶段通过建立现代汉字与其原生语境的联系，帮助学生从汉字本源出发理解汉字的构造和意义，为复杂的识字活动架起一座座"桥梁"。

儿童对客观事物的认识，是从具体到抽象，从事物的外表到事物的本质，从事物的简单联系到事物的复杂变化，其思维特征是从形象思维优于抽象思维而逐渐过渡到以抽象思维为主。识字，尤其是识记字形，理解字义，就要按照

---

① 朱智贤，林崇德.1986. 思维发展心理学. 北京：北京师范大学出版社，440.
② 也叫意象，是物体、事件等在头脑中形象化的过程，是大脑存储信息的主要方式。意象有两种形式，一种是表象，另一种是想象。具体讨论见后面的章节。

儿童这一认识事物的心理思维特点来进行。这一原则的贯彻首先要从字形联系到具体事物，进而理解词义，再从具体到一般全面掌握该字。有条件的，要采用实物、模型、标本、幻灯、录像展示事物，或用动作表示、语言描绘等手段，引导学生联想概括思考，进行形象思维与抽象思维。

先民采用具象思维创造出了早期汉字。后起汉字基本上是由早期汉字组合而成的，因而这种组合方式也以具象思维一以贯之。

早期汉字都源于象形文字，因而可以以实物图片为原生物，再辅以简化后的字源图片，遵循与儿童心理规律一致的具象思维方式，过渡到早期汉字。

字源识字的操作模式是：实物→字源图→古文字→现代文字，即首先找到文字（象形、会意、指事等文字，形声字需要做拆分）所对应的实物[①]；其次，根据先民思维特点从实物简化出字源图片；再次，将此字源图片与古文字匹配；最后，由文字的形体演变到现代文字。

由此可见，字源识字从实物一步一步到现代文字的过程，就是从最直观的材料出发，一步一步引导儿童由形象到抽象的过程。它符合儿童认知规律的现状及认知发展。

（二）脑科学

现代脑科学研究的一系列新成果指出：右脑的功能在许多方面明显优于左脑，如具体思维能力、对错综复杂事物的理解能力以及形象记忆等。特别是右脑具有的特殊的直觉图像能力，有的称之为"脑映像功能"，这种功能最常出现在0~6岁儿童的右脑中，然后6~12岁出现较易，12岁以后越来越难，这是"能力递减"法则的作用。研究还发现，人脑储存的信息绝大部分在右脑中，并在右脑中准确地加以记忆。右脑信息储存量是左脑的一百万倍。思考的过程是左脑一边观察提取右脑所描绘的图像，一边将其符号化、语言化。小学低段字源识字教学可以利用这一时期右脑的特殊功能，在营造字源学习环境时，充分利用实物、图片来"架构"汉字学习的"桥梁"，提高学生识字的数量和质量，以期收到事半功倍之效。

儿童识字既要掌握字形本身的结构关系，又要建立与音、义之间的统一联系，这一过程充满着复杂的思维活动，是大脑两半球协同活动的产物。识字的过程可促进大脑两半球的协同学习，并提高右脑的综合思维能力和形象思维能

---

① 也叫"原生物"。

力。因此，对汉字的认知既能够促进儿童形象思维、艺术能力和创造性的发展，也能够促进儿童语言、抽象思维、逻辑推理等能力的发展。[1]因此，科学的汉字教学是可以有效地促进儿童的多向发展的。

脑科学研究告诉我们，婴幼儿思维发展的过程表现为，先有右半脑的形象思维，然后再学习语言，继而才出现左半脑的抽象思维。由此可见形象思维对于学生语言发展的重要作用。运用直观手段进行字源识字教学，就能通过胼胝体，使左半脑的抽象思维活动与右半脑的形象思维活动相互协调起来。由于右半脑接受的信息对其刺激所持续的时间比左半脑长，因而能够较快地进入记忆状态。

近百年来，人类对脑科学的研究取得了巨大成就。特别是罗杰·斯佩里（Roger Sperry）通过对"割裂脑"的研究所提出的大脑"双势理论"学说，认为左脑的主要功能包括语言、逻辑推理、抽象思维等，右脑的主要功能包括形象思维、艺术、创造性活动等。据研究，拼音文字是偏向大脑左半球的"单脑文字"，而汉字则是左右两半球并用的"复脑文字"，它对大脑左右半球都产生认知作用。

日本心理学家认为，人脑对拼音文字与非拼音文字的处理分别由两个不同的部位来执掌，汉字具有"左视野优越性"。而左视野传入的信息主要由右脑处理，右脑又主要储存"图像"，所谓形象思维主要由右脑完成。这又说明了汉字的表意与形象思维具有天然的联系。

（三）心理学

1. 心理学对字源识字教学模式的支持

刘鸣指出，当代认知心理学研究指出，汉字学习过程中的主要心理特征就是视觉表象。在学习汉字字形时，视觉图形的刺激是学生最能接受的一种方式。为了提高汉字字形学习水平，必须增强和培养学生视觉表象的操作能力。[2]

刘鸣还指出，汉字是表意文字。汉字的认知学习与学生的形象思维有密切的关系。[3]这个观点的主要论据表现在三个方面：第一，汉字表意不表音，而表意功能又主要是借助象形、指事和会意等方法来实现的，因此，许多汉字的学习掌握就必须依靠形象思维的操作才能很好地完成。第二，汉字字形的教学总

---

① 李静. 2004. 全息汉字教育——促进幼儿发展的有效途径. 学前教育研究, (Z1): 35-37.

② 刘鸣. 1993. 汉字分解组合的表象操作与汉字字形学习的关系. 心理学报, (3): 241-249.

③ 刘鸣. 1993. 小学生视觉表象发展水平与汉字字形学习的关系. 心理发展与教育. (9): 7-10.

是按照分解（拆形）—组合（拼形）的顺序来进行的，这在客观上要求学生在头脑中对汉字各组成部分（偏旁部首）进行复杂多样的表象操作加工，而这种表象操作活动必须遵循字形结构的配置规律，所以实际上它就是一种形象思维的活动过程。第三，人的大脑左半球主管语言文字、符号以及逻辑抽象思维等功能，而右半球则以空间形象、音乐旋律以及直觉思维等功能为主导。过去的研究结果都指出汉字在任何方式的认知情况下都与大脑右半球机能优势倾向相联系，所以汉字认知学习活动与形象思维活动、与大脑右半球的机能特性有着密切的关系。

汉字字形认知心理学研究包括感知觉研究、记忆研究、思维方面的研究。而字源法的作用恰恰就是让学生对汉字产生兴趣、提高学生学习汉字的记忆力、增强学生对中国人造字方式的思维能力。在汉字字形学习过程中，视觉刺激即汉字字形的本质。汉字字形的学习就是学生对字形的视知觉、记忆和思维的过程，而这种视知觉、记忆和思维的具体心理表现方式，就是汉字字形视觉表象的形成、储存和提取操作的过程。可以说汉字字形的视觉表象是始终贯穿于整个字形学习过程的最基本、最具特征的心理因素。

从文献综述中可以知道：汉字的形音义激活的先后顺序是"字形首先激活，字义不迟于语音的激活"。这一点与字源识字首先从形出发①，再讲字义②的顺序完全合拍。这可以作为字源识字模式在心理学上得到支持的一个力证。

此外，宋作仁通过研究儿童识字过程中形音义联系的形成问题，发现字形与读音之间，如果插入字义作中介，形成"形—义—音"的联系，就容易形成字形到字音的再现。③这一点可视为上述激活模式的一个证明，它对如何组织识字教学有原则性的指导作用：要求在进行识字教学时由形而义，最后讲音，这样形成形义音的联系，才能记得牢。

2. 心理学对字源识字教学方法的支持

（1）学习金字塔理论

20世纪60年代缅因州伯特利镇的贝瑟尔国家培训实验室（National Training Labs）提出的学习金字塔对字源识字的教学形式有启发。该理论显示了学生在所显示的不同教学方法指导下学习24小时之后，对新学习内容可回忆的

---

① 一般操作模式为：由实物图到抽象图，再由抽象图到古文字，最后由古文字到现代文字。

② 即汉字的字源释义。

③ 转引自：刑红兵. 2007. 现代汉字特征分析与计算研究. 北京：商务印书馆，84.

百分数从 5%～90% 不等。用耳朵听讲授，知识保留 5%；用眼去阅读，知识保留 10%；视听结合，知识保留 20%；用演示的办法，知识保留 30%；分组讨论法，知识保留 50%；练习操作实践，知识保留 75%；别人讲授，相互教，快速使用，知识保留 90%。由此可见，学习金字塔理论注重耳、眼、脑、口、手多种器官综合使用，与多感官教学有着异曲同工之效。

（2）记忆规律在字源识字教学中的应用

A. 利用遗忘曲线

艾宾浩斯遗忘曲线（Ebbinghaus' forgetting curve）表明，遗忘是一种先快后慢、先多后少、逐渐进行的过程。因此，复现是记忆保持的重要途径。一些关于复现率与记忆效果的实验结果也表明，二者之间有明显的正相关。所以，在汉字教学中，及时的复习对提高学生的记忆效率有重要的意义。

一些关于遗忘的实验研究表明，遗忘与识记材料的顺序有关，排列在开头和末尾的材料容易记住，而中间部分则容易遗忘，即所谓的首因效应和近因效应。在汉字教学中，对构形较复杂的生字应该分成几部分进行记忆，划分时应特别注意提取出来的中间成分是学生比较熟悉或已经掌握的构形或意义成分。这样学生就可以很容易地记住这个字。

汉字的记忆是一个反复朗读加上理解、分辨的过程。反复朗读就是提高字词的呈现率，理解、分辨则可以加深认知对字词处理的深度。因此，汉语字词的记忆取决于字词处理的认知层次和字词在学生脑海中的呈现率。笔者认为，在汉字教学中努力利用认知科学（如认知心理学）的新成果来改进教学方法，提高学生对字词处理的认知层次，并且在教案的编写中确保新教的字词可以在短时期内有较高的复现率，可以显著提高习得效率和记忆效果。

B. 记忆广度与组块策略

一般认为短时记忆的容量为 7±2。由于汉语中的单音词实际上就等于一个汉字，所以这个结果也同样适用于汉字。因此，在汉字教学中，一次性教授的生字量不能太多。同时呈现的生字太多，会使学生的短时记忆负荷过大，干扰短时记忆对新信息的处理、编码，反而影响学生的字词习得。

从认知心理学来看，在实际情形中，7（加 2 或减 2，依赖于个体、材料和其他环境因素）似乎是人们能在短时记忆中保持的最大基本单元，它被称为短时记忆的容量。[①]

---

① 丁锦红，张钦，郭春彦. 2010. 认知心理学. 北京：中国人民大学出版社，98-99.

如何提高记忆广度？①组块策略可以有效提高汉字记忆容量；②有意义学习。

有两个重要的方面会影响信息是被保存还是被拒绝，即"信息是否能被个体所理解"，以及"信息对个体是否有意义"。其实，教师对课程的设计和讲授，都是围绕这两个问题展开的。"信息是否能被个体所理解"这个问题是指学习者根据经验背景，是否理解学习的内容，学习内容是否符合学生已有的对世界的理解。"信息对个体是否有意义"这个问题指学习记忆的内容是否与学习者有关，指的是学习者凭什么要记住学习内容。①

C. 强调在练习中学习汉字

现代认知心理学认为，语言运用是语言习得的最高层次，其习得效率也最佳。虽然艾里·巴赫瑞克（Hairy Bahrick）的研究材料是以英语为主的拼音文字的语词，但由于巴赫瑞克的实验目标是了解人类记忆的一般原理，所以他的实验方法和实验结果也同样适用于汉语字词的记忆。因此，在字词学习中一定要强调通过练习来记忆和掌握字词。

三、其他学科对字源汉字教学的支持

（一）教育学

约翰·夸美纽斯（John Comennius）指出，"一切知识都是从感官的感知开始的。"②他主张尽可能地用感官去认识外部世界；实际观察是首要的，文字的学习是第二位的。他认为，经过直观而获得的知识是最可靠的，也最易于理解和记忆，因此，直观性原则是教学的一条"金科玉律"。根据从感性到理性的认识过程，加强直观教学是帮助学生更好地理解教学内容，提高教学效果的重要方法之一。贯彻直观性教学原则，可使学生获得鲜明生动的形象，把形象思维与抽象思维有机结合起来，从而使掌握的知识形象化。小学阶段是学生由具体形象思维向抽象逻辑思维过渡的阶段。姚本先在《儿童发展与教育心理学》中指出："低年级儿童的思维已开始具有抽象概括的水平，但水平是极低的，他学习掌握的概念大多是具体的，可以直接感知的，他们难以指出概念中最主要的、本质的东西，他们的思维活动在很大程度上还是与具体事物或生动的表象

---

① 〔美〕David A Sousa. 2005. 脑与学习. "认知神经科学与学习"国家重点实验室，脑与教育应用研究中心译. 北京：中国轻工业出版社.

② 〔捷〕夸美纽斯. 1984. 大教学论. 北京：人民教育出版社.

联系着。只有到了中、高年级，学生才逐步学会区分概念的本质与非本质属性，学会掌握初步的科学定义。但他们仍离不开直接经验和感悟知识，思维仍具有较大成分的具体形象。[①]"因此，直观性教学对小学语文教学意义重大。

从教学理论上说，字源识字由于重视从图到象形文字再到抽象文字这一教学线索，贯彻了形象直观的教学原则，使学生在对汉字实际材料的感悟之中把握汉字的特点及规律。从教学规律来说，字源识字利用构形分析，遵循了由简到繁、循序渐进、培养扎实的基本功这一原则。

（二）教育技术学

戴尔经验之塔（Dale's cone of experience）对字源识字中的各种媒体的运用有重要的指导作用。

与心理学中的"学习金字塔"类似，戴尔从教育技术的角度出发，在《视听教学方法》（*Audio-Visual Methods in Teaching*）中把各种视听教学的手段和方法概括为一个"经验之塔"去系统地描述，因此有人称为"经验之塔"理论。戴尔把学习得到的经验按抽象程度不同分为做的层次、观察的经验、抽象的经验三大类十个层次。他认为：

①最底层的经验即做的经验，是最直接、最具体的经验，越往上升，越抽象。这并非意味着所有的经验需要一个由底层到顶层的阶段，而是说明了各种经验的具体与抽象程度。

②教育应从具体经验入手，逐步过渡到抽象经验。有效的学习方法，应该首先给学生丰富的具体经验。

③教育不能只满足于获得一些具体经验，而必须向抽象化发展，使具体经验普遍化，最后形成概念。

④在学校中，应用各种教育教学工具，可以使教学更为具体、直观，从而使学生获得更好的抽象经验。

⑤位于经验之塔中层的视听教具，比用言语、符号更能为学生提供较为具体和易于理解的经验，它能冲破时空的限制，弥补学生直接经验的不足。

⑥如果把具体经验看得过重，使教育过于具体化，则是很危险的。

"经验之塔"理论对我们在识字教学中如何应用多种媒体实现教学，有重要的指导作用。

---

① 姚本先. 2002. 儿童发展与教育心理学. 合肥：安徽大学出版社，112-115.

（三）识字教学相关理论

识字教学中的分散识字研究对于字源识字的微观应用给予了识字教学方法上的指导。

语言认知心理研究表明，字词语义的心理储存是按从具体到抽象的社会生活经验的意义维度进行的，因此，分散识字教学注重按字义的字理联系指导学生进行识字活动，充分尊重儿童的思维发展水平特点，符合人类语言认知的一般规律。

分散识字教学法注重生字字义的情境创设，提倡在词中、句子中、课文情境中进行生字教学，使字不离词、词不离句、句不离篇章，使生字字义在生动形象的语言环境中凸显出来。分散识字教学的这种做法符合儿童从形象思维向抽象思维发展的规律，注重儿童思维的形象特点，便于儿童在新旧知识经验意义之间建立联系。

第三节　汉字生成系统理论的基础研究

一、汉字生成系统理论要达到的目标

汉字生成系统理论着眼于基础教育识字教学应用。考虑到汉字系统本身的复杂性，本书所确立的"汉字生成系统"并不试图解决所有汉字的生成问题。目前"汉字生成系统"主要针对基础教育识字教学的需要进行研究和设计，以帮助教师实现字源识字教学。

根据字源识字教学的需要，我们目前分析的汉字主要有以下几类：①有甲骨文和（或）金文的汉字；②字频在前2000的大部分汉字；③字理明晰的其他低频汉字；④声旁字。上述四类汉字常有交叉。因为所分析的汉字数量有限，我们只能实事求是地将该生成系统限制在一个较小的范围内。当然随着我们分析范围的扩大，该系统能够容纳的汉字将越来越多，最终希望实现对所有汉字的处理。

利用在汉字生成系统下实现的字源识字基础平台的支持，教师可以方便地找到与某个汉字形音义有关的其他汉字，以便在教学中扩展学生的视野，实现有意义的多次重复，帮助学生识记汉字；系统的数据还可以提供给学习平台调用，以实现汉字的自动化程序学习；教师还可以使用本系统提供的汉字书写功能来指导学生观察和分析汉字形体结构、熟悉汉字结构特征，帮助学习者掌握书写汉字的规范。

更进一步，教师可以利用本系统处理汉字教学和应用中的集外字，即实现缺字处理，这样便于教师在应用中自主"造"字，也便于使用集外字，或者利用本系统来"生成"错字，甚至利用本系统来实现对笔画的误写，以便帮助教师实现汉字笔画书写教学。利用平台数据还可以开发基于其他系统（如基于 IE 架构的 WEB 应用系统等）的缺字处理。

二、汉字生成系统理论的核心

目前已经有多种部件方案可供学习者使用，有些方案也是根据教学需要，对汉字形体进行分析拆分后的结果。但这种拆分是否基本符合汉字字源，则有待商榷。即使是国家语言文字工作委员会提出的汉字部件规范，也受到了很多人的质疑，重要原因之一就是人们对该规范拆分汉字的方法有一些分歧。事实上，该规范并没有对外公开它的汉字构形拆分数据库。这作为一个国家标准，是不太容易让人接受的。因为没有这个数据库，我们根本无从得知它到底是如何对每一个汉字进行拆分的，这样，我们也就有理由怀疑该规范拆分部件的合理性。单从规范提出的部件本身来讲，虽然大部分内容符合字源分析，但的确有部分部件看不出其由来，更不符合大多数文字学研究对部件的理解。

汉字之所以能够"生成"，原因在于汉字的"理据性"和"系统性"。有了理据，汉字之间、汉字的形音义各要素之间，才有了逻辑联系，所谓汉字生成才真正有了可靠的基础，它所表达的意义才科学，才能上升为知识；有了系统性，汉字的生成就不再是个别现象，而成为汉字体系化的特征，汉字生成"系统"才有了可能。汉字的理据性和系统性是通过汉字的字源研究体现出来的。因而，字源是汉字生成系统的基础。

本书试图在字源汉字教学资源平台已有信息的基础上，综合众家意见，根据汉字形体演变，利用构意分析，梳理出汉字的字源释义，以此作为本书字形分析的依据。用这种方法分析出来的汉字部件，虽然从表面来看个数可能会增加，但由于它完全符合汉字的字源释义，结合构意与构形分析，反而容易理解。

三、汉字生成系统理论的基础元素

我们追溯甲骨文和金文，对部分字理明晰的汉字进行字源分析，得到了汉字部件表，该表显示汉字的基本构形单位——基础部件数量有限。据目前的不完全统计，仅就原形而论，数量大约有 200 个；加上其他变形、省形、讹形等部件，数量在 400 个左右，这说明了"数量有限的基本构形单位是客观存在的"这一事实。根据笔画数较少的汉字统计出来的部件应该包括绝大部分汉字的部件，大多数常用字正是笔画较少的汉字，因而上述统计应该基本涵盖了汉字的常用部件。

已有研究表明，汉字部件的数量一般在 500～600 个，可见，多个研究都表明，数量有限的基本构形单位的确客观存在。正是这个原因，汉字生成系统的基础——字形生成系统才有可能存在；也正是由于此，基于字形生成系统的汉字生成系统才可能存在。

四、汉字生成系统理论的分析方法

汉字生成系统理论试图建构一套"形—音—义"统一的、计算机可以理解的汉字系统，因此，这些基于部件的汉字"形—音—义"数据应该如何存在，它们之间的关系如何表达，如何使内容可以被计算机理解，是该系统必须解决的问题。考虑到本系统是在字形分析的基础上扩展的，采用汉字表达式并扩展其表达的内容就自然成为整个系统最可能的做法。汉字表达式是汉字生成系统理论的灵魂。

利用汉字表达式，不仅可以完成对汉字构形的逻辑分析，即分析汉字由哪些部件构成，这些部件有什么样的关系，还可以完成汉字构形的物理生成，即实现汉字字形的自动生成，也就是汉字的动态书写。

在构形系统中，汉字表达式的操作数以汉字为单位，由于汉字生成系统描述的是汉字部件而非成字，虽然借用 SGD 的某些思想或可以避开这个问题，但毕竟不利于计算机理解。故本系统对汉字和所有部件进行了统一编码，解决了表达式不能处理非汉字的问题，实现了字形的逻辑分析；借助书写信息数据库，表达式可以加入部件的块坐标①，利用已有的部件的书写信息，通过编制程序，即可实现任意汉字物理上的生成（汉字书写）。

此外，作为汉字生成系统的灵魂，汉字表达式不仅可以完成汉字构形的分析和表达，还可以完成对汉字字义和字音的有效支持，当然，这需要对汉字表达式进行扩展。利用汉字表达式可以保存每个汉字部件在本汉字中的作用、类

---

① 即将部件视为一个平面块状结构，以其左上角和右下角两个点来表示其坐标。

型。如果汉字部件是表义的，则可根据现代部件与构意部件的关系，调用部件中相应信息来说明其表意的字源解释和相关字形演变等信息；如果汉字部件是表音的，则可记录其表音的类型，以实现对汉字及其部件的字音系统的生成。

五、汉字生成系统理论的表现形式

构形分析是根据现代汉字的字形，按汉字的构成进行分析的；构意分析用于分析古代汉字怎样由一些基本概念[①]来表达。从分析对象和目的来看，两者似乎没有交集，没有办法用一种形式表达。我们采取的做法是根据汉字字源分析，以构形和构意相结合的方式完成对汉字构形的分析。这种设计是汉字生成系统的基础。它将部件与整字的形音义关联到了一起，使汉字生成系统成为可能，见图1-4。

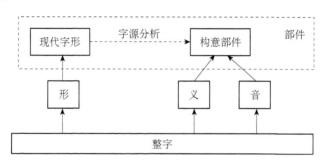

图1-4　部件与整字的形音义联系结构框图

这种做法需要根据现有的研究成果拟定汉字部件信息表，并以此作为分析的基础。

汉字每一级字形分析都需要根据汉字字源进行拆分。拆分的原则是只分析到直接部件这一级。直接部件可能来自汉字，也可能来自部件表。部件表的结构框架见图1-5。

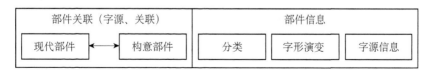

图1-5　部件信息结构框架

---

① 这些基本概念定型下来后，演变成为现代汉字部件，即我们所谓的"基础部件"。

其中现代部件是指根据现代字形按字源拆分出来的部件。构意部件指根据字源得到的未发生变化的部件。现代部件可能成字，也可能不成字；构意部件是古汉字经过规则变化后的现代部件。由于汉字形体的变化，部件之间产生了分化和合流，现代部件与构意部件是多对多的关系。部件信息一般针对构意部件，以此来解释现代部件在汉字中代表的意义。

其具体做法如下。

（一）构意分析

对汉字的构意分析应以汉字字源解释为准，以古文字所表现出来的共性为分析内容。汉字构意分析以拆分后构成该汉字的部件及其组合是否直接表达了该汉字的意义为标准，而不单纯按拆分的顺序或拆分出来的部件单位的大小而论。构意分析的目的在于找到汉字在古汉字阶段构成的部件及其相互关系，表现出来就是古代汉字的构形和字源解释。

（二）构形与构意的综合

汉字形体从古代汉字演变到现代汉字，大部分是有规律性变化的，因而大部分汉字的部件仅是字形外观的变化，所表达的意义并未发生根本性变化；但也有部分汉字部件在汉字形体演变中发生了一些变化，形成了汉字部件的分化（同一部件变形为字形不同的部件）和合流（不同部件变成了字形相同的部件），这就造成了古代汉字的构形可能与现代汉字构形不完全匹配。

实现构形与构意的综合和匹配的方法就是以古代文字为基础，来考察现代汉字的字形结构，即从古代文字出发，根据构意分析在字体演变过程中汉字各个部件是否发生了非规则性的变化。如果有，则需要指出原始部件（原形，用未发生变化的现代汉字字形表示）以帮助学习者理解现代的字形，也就是要形成现代汉字部件字形与古代汉字部件字形一一对应的关系。考虑到汉字形体演变中的分化与合流，这种对应关系是一种多对多的关系。部件信息表要根据这种需要进行专门设计，以反映这种对应关系。

正由于我们的构形分析是基于古代汉字字源进行的，所以对汉字的构形分析就不能拘泥于现代汉字字形，更不能以其他部件分析方法所提出的一些原则进行。例如，最不能遵循的一个原则就是"相交不能拆分"。因为古代汉字演变为现代汉字后，因为书写的关系，很多部件发生了形变、移位和粘连，如果按此原则，根本不可能对其进行以字源为基础、基于古代汉字的字形分析。比如，

"秉"字，像手持禾形，表示庄稼丰收，故是个会意字，完全可以拆分为"禾"和"彐"，而不能把它当作独体字。正由于此，这种追溯字源、构形与构意综合分析的方式更侧重于如何借助基本部件来理解汉字，而不拘泥于现代汉字字形。

正是由于我们基于汉字的基础部件对汉字进行分析，减少了由于拘泥于现代汉字字形不能拆分而产生众多"独体字"的不便，汉字部件的数量因此大大减少，这对于学习汉字有重要的意义。根据我们的统计，有意义的汉字部件大约有 360 个。这个数据大大少于一般部件集统计的 500 个左右。

当然，用这种方法来分析汉字构形，必然会产生一些现代汉字中不成字的部件，如何命名、如何表示这些部件，乃至如何在教学中使用这些部件都是值得研究的课题。我们认为，虽然这些部件可能不是汉字，但由于其源于具象，虽然经历了汉字形体演变，但在现代汉字中还可以看到其对应关系，因而它表达的意义仍旧清晰可循，理解起来应该不是问题。

第四节　汉字生成系统理论与汉字教学

一、汉字生成系统理论概述

（一）汉字生成系统概述

汉字是中国文化的基础，也是其核心。中国文化在其深层结构上是以"字学"（science of word）为核心的。之所以说是"深层"的，是因为字学似乎是中国一切传统学问的基础。中国传统式的学者，无论治经、治史、治诗，总要在"字学"上下一番功夫，才能真正站得住脚。[①]学习中国文化，最重要的是学习汉字。文字学和心理学研究都表明：字形是汉字的本体，因而学习汉字最重要的任务是掌握其字形和字音、字义的关系，特别是"形—义"的关系；要掌握字形，离不开汉字形体分析。继承传统文字学研究的当代文字学研究成果表明，汉字的构形分析和构意分析是汉字形体分析最重要的两种分析手段。而这两种分析手段的基础就是部件。本书正是以部件为核心，构建起汉字结构、字义、

---

① 叶秀山. 2000. 叶秀山文集·美学卷. 重庆：重庆出版社. 需要注意的是，上述文献对"字学"的英语翻译是"science of word"，这个翻译相当准确。从汉字是"形—音—字"统一体的角度来看，英语的"word"对应于汉语，应该是"字"，而不是"词"；英语的"phrasal"对应的才是汉语的"词"；而英语翻译一般都将"word"翻译为"词"，"phrasal"翻译为"短语"，这两个翻译看来有一些偏差。

字音、字用等多种信息的一体化系统。

根据文字学、文化学、心理学等学科的综合研究，笔者根据张诗亚教授的"汉字生成系统"理念，提出了汉字生成系统理论。该理论试图从汉字的字源入手，从"汉字由有限的笔画和部件构成"这一假设出发，利用文字学研究成果，按汉字字源梳理，逐一梳理特定汉字集①的每个汉字的构形和构意，以得到其部件集合。然后根据对古人"近取诸身，远取诸物"的造字思想的理解，将这些部件归类，以便于理解古人眼中的生活系统。再利用对部件之间关系的梳理，得到某类部件的关系，并以这种关系串联所有相关部件，以便为部件认知提供简化的思路。最后，根据现代汉字的书写信息，提取出这些部件的书写信息（因为有些部件是非成字部件），利用汉字表达式，完成汉字的字形表示和位置的精确描述。该模型同时提供汉字读音相关信息，以支持学习者理解汉字的读音生成机制。

汉字生成系统试图以汉字构形为基础，以科学而系统的方式解释汉字形音义之间的系统生成关系。从横向上看，它利用信息技术手段整合了汉字形音义三个要素，使其不再割裂开来；从纵向上看，它以生成的观点看待汉字的系统性，打破了将汉字作为静态材料研究的局限。其理论价值在于：引入了信息技术，实现了对汉字形音义的系统一体化综合分析，支持以动态生成的方式理解汉字的各个要素。

汉字生成系统以数据库技术为基础，通过分析汉字各方面的信息，设计各类相关表单和数据，并通过程序设计，实现各类数据的信息化理解和表示。

利用信息技术，该系统所生成的汉字相关内容都建立在对大量专业资料的相关研究基础上，可以为专业研究者提供权威而方便的材料，以进行相关研究。这些材料可以保证本书的权威性，从而保证整个汉字生成系统的质量，并便于我们开展下一步的研究工作。

该模型对于字源识字有重要的意义。首先，该模型对于字源识字的宏观应用有重要的指导意义。例如，利用该模型梳理得到的汉字基本部件集可以作为字源识字教学的基础，便于学习者理解在基础部件的基础上产生的其他部件。其次，该模型试图打通汉字的构形分析和构意分析，使汉字的分析不再局限于经验层面，而有了一套基于计算机技术的成果可用。再次，该模型所生成

---

① 本书的所谓"特定字集"主要是指独体字和声旁字两类字的集合。因为独体字是汉字的基础，而声旁字是学习形声字的基础，这两类字有一些交集。

的汉字动态绘制方式便于在识字教学中使用，因为它不仅可以显示汉字的笔画顺序，还可以根据需要，动态调整显示方式和外观，甚至字形的外观，这对于学生理解汉字有重要的意义。最后，该系统提供的读音信息可以帮助学习者利用读音以一个带一串，实现有效重复。

（二）已有研究基础

西南大学西南民族教育与研究中心长期关注字源汉字教学研究，在这方面已经有了较多的学术成果。2001 年，黄雪梅在张诗亚教授的指导下，完成了硕士论文《幼儿甲骨象形识字教学可行性研究》[①]，在幼儿甲骨文象形识字方面做了有益的探索，基本论证了借助甲骨文字的识字教学优于常规教学。2005 年，李静在张诗亚教授的指导下，完成了博士论文《幼儿汉字多元化教育研究》[②]，以字源相关理论为基础，分析了汉字形态中蕴含的教育资源，探讨了幼儿汉字教育的可行性和幼儿汉字多元化教育对幼儿发展的意义。2005 年，涂涛在张诗亚教授的指导下，完成了博士论文《汉字字源语境多媒体再现之教育研究》[③]，以儿童认知和汉字溯源理论为基础，提出了以多媒体技术为支撑的"汉字字源语境多媒体再现"识字教学体系，并通过在幼儿园的实验证实了这种字源识字切实可行。2013 年，任可心在导师吴晓蓉的指导下，与刘翔合作，在四川师范大学附属实验幼儿园进行了利用字源的汉字教学研究，完成了硕士毕业论文《字源识字法促进幼儿思维发展的实证研究》[④]；2014 年，吴晓蓉和任可心发表了《通过字源识字提高幼儿汉字理解与记忆的实证研究》[⑤]；2014 年，王晓莉在导师李珊泽的指导下，完成了硕士论文《儿童字源识字绘本的开发研究》。

涂涛教授长期从事多媒体字源识字研究，在他的指导下，相关研究者完成了一系列相关研究。李彭曦的硕士论文《多媒体字源识字教学系统在藏汉双语教学中的应用研究——以阿坝藏族地区为例》[⑥]，利用自己研究开发的基于多媒

① 黄雪梅. 2001. 幼儿甲骨象形识字教学可行性研究. 重庆：西南大学硕士学位论文.
② 李静. 2004. 幼儿汉字多元化教育研究. 重庆：西南大学博士学位论文.
③ 涂涛. 2005. 汉字字源语境多媒体再现之教育研究. 重庆：西南大学博士学位论文.
④ 任可心. 2013. 字源识字法促进幼儿思维发展的实证研究. 重庆：西南大学硕士学位论文.
⑤ 吴晓蓉，任可心. 2014. 通过字源识字提高幼儿汉字理解与记忆的实证研究. 当代教育与文化，(5)：42-49.
⑥ 李彭曦. 2008. 多媒体字源识字教学系统在藏汉双语教学中的应用研究——以阿坝藏族地区为例. 重庆：西南大学硕士学位论文.

体字源识字教学系统的藏汉双语教学软件，在四川省阿坝州藏区小学汉语教学中展开教学实验，使字源识字系统开始在民族地区得到应用；刁静的硕士论文《多媒体字源识字法在对外汉语教学中的应用研究》[①]在对外汉语教学中进行了初步尝试；革兆娥的硕士论文《基于多媒体字源识字法的小学语文教师专业技能训练研究》[②]跟踪了一些小学语文教师的专业发展；曲田的硕士论文《面向轻度智障学生的多媒体字源识字教学研究》[③]初步尝试在智障儿童汉字教学中应用字源汉字教学；李晓盼的硕士论文《民族地区多媒体字源识字教学设计研究——以凉山彝族为例》[④]是对民族地区字源汉字教学的深化；雷登兰的硕士论文《汉字"多媒体字源识字教学"绩效评价模型研究》[⑤]对字源汉字教学的评价模型进行了研究。王辉和涂涛发表的《多媒体字源识字教学法应用于民族地区汉字教学中的可行性分析》[⑥]深入讨论了字源汉字教学应用于民族地区的可行性。

笔者于 2007 年进入西南大学西南民族教育与心理研究中心攻读博士学位，2008 年，选择了字源汉字教学作为自己的研究方向。从 2008 年 11 月开始，在张诗亚教授的指导下，开始利用网络技术，进行了基于网络的字源识字平台的设计和开发。至 2009 年 11 月底，软件开发工作基本告一段落，平台数据的开发也基本完成，同时开始在部分教师中开展相关实验工作。2010 年，张诗亚和刘翔合著论文《汉字字源识字教学资源库的设计与实现》，详细介绍了平台的设计和开发，引起了一些相关研究者和部门的关注。2011 年，笔者发表了博士论文《汉字生成系统构建探索》。2011 年博士毕业至今，笔者一直从事相关理论和实证研究。

其他研究机构和研究者在字源识字理论探索与实践应用上也有大量的成果。20 世纪 80 年代，四川邻水师范学校李宣开展的"字源图解·注音·电教识字"的实验与研究，根据汉字的造字规律，选择有典型意义的部首和基本字，绘制成彩色图画幻灯片，再将与古文字接近的图画演变到现在的楷书字加以比较以便通达语义，加上注音，使形音义三者紧密结合。[⑦]这是利用现代教育技术

---

① 刁静. 2010. 多媒体字源识字法在对外汉语教学中的应用研究. 重庆：西南大学硕士学位论文.

② 革兆娥. 2011. 基于多媒体字源识字法的小学语文教师专业技能训练研究. 重庆：西南大学硕士学位论文.

③ 曲田. 2012. 面向轻度智障学生的多媒体字源识字教学研究. 重庆：西南大学硕士学位论文.

④ 李晓盼. 2013. 民族地区多媒体字源识字教学设计研究——以凉山彝族为例. 重庆：西南大学硕士学位论文.

⑤ 雷登兰. 2014. 汉字"多媒体字源识字教学"绩效评价模型研究. 重庆：西南大学硕士学位论文.

⑥ 王辉，涂涛. 2014. 多媒体字源识字教学法应用于民族地区汉字教学中的可行性分析. 湖北广播电视大学学报，（5）：110-111.

⑦ 李宣. 1986. "字源图解·注音·电教识字"的实验与研究. 教育理论与实践，（5）：46-48.

手段进行字源识字的早期探索。2007 年，张庆、朱家珑发表了《字源识字模式研究》一文，从字源识字模式的意义、内容、呈现方式和教学方法等多方面进行了论述。[①]2008 年，邓祥文在其硕士论文《幼儿字源识字教学新构想及可行性研究》中，提出了幼儿字源识字教学方面的新构想。[②]2008 年，彭万勇发表了《教学对外汉语汉字字源教学法论略》，讨论了在对外汉语中进行字源识字的可能性与实施方法。[③]2013 年，张蓓发表硕士论文《字源法与部件法的综合运用——以"跟我学汉语"为例》。2014 年，越南留学生张氏燕儿参加了笔者的字源汉字教学研究项目，通过与笔者合作，在邓章应老师的指导下，完成了硕士论文《基于字源的对越汉字教学实证研究》，这是迄今为止最完备、最有体系的基于字源的对外汉语汉字教学实证研究，得出了很多很有价值的结论。

这些研究成果为本书提供了很好的参考。一部分研究成果为本书提供了理论或实践基础，可以直接为本书所用；一些研究成果对确定本书的方向有相当的作用；一些研究成果不完善的地方是本书继续的基础。

二、汉字生成系统理论对汉字教学的意义

汉字自身最重要的特点是其理据性。原因在于它是一种意音文字，"以形示义"是其最重要的特征。正由于汉字理据的客观存在，汉字教学最重要的任务之一是揭示其形音义的内在联系，而不是仅以机械方式将汉字作为抽象符号来教学。汉字这一特点符合有意义学习的要求。对于学习者而言，有意义的学习远比无意义学习更容易、更能保持，且更能激发学习者的兴趣。

汉字自身的第二个特点是其系统性。汉字由若干部件拼合而成，部件与整字之间存在形音义的联系，体现出了汉字之间的系统性。这一点对我们组织汉字教学有重要的指导意义。学习者获得的知识都有一个内化的过程，需要学习者自己去建构。利用汉字的系统性，我们可以以汉字部件作为先行组织者，引导学生以其为支架，在教师的指导下，利用文字学的知识，构建合理的汉字系统，从而避免将汉字一个一个地孤立起来，而以系统化的方式展开学习。

汉字自身的特点之三是其演变过程符合学习者从具象到抽象的认知发展规律。汉字从早期图画文字，到已成系统的甲骨文和金文，再经历篆变和隶变，最终演化

---

① 张庆.2009.张庆文集（卷一）.南京：江苏教育出版社.

② 邓祥文.2008.幼儿字源识字教学新构想及可行性研究.武汉：华中师范大学硕士学位论文.

③ 彭万勇.2008.教学对外汉语汉字字源教学法论略.重庆文理学院学报（社会科学版），（6）：110-111.

为现代汉字，其总体特点是越来越抽象。汉字教学应引导学生从具象开始认识汉字，充分利用汉字演变的材料，按照从具象到抽象的认知发展特点展开教学。

汉字生成系统理论正是在准确把握汉字自身特点后形成的一套理论。它结合我国传统小学的研究成果，在信息技术的支持下，通过梳理汉字形义音的关系，实现了根据汉字的创造规律来呈现汉字信息的一套理论，并以此理论为基础，实现了相关信息的呈现。汉字生成系统理论是汉字教学的指导理论，依据此理论而形成的字源识字基础平台，可以支持符合汉字特点和学生认知发展规律的汉字教学实践。

（一）汉字生成系统理论对于汉字教学理念的作用

汉字生成系统理论以字源为根据，从汉字构形出发理解汉字，体现了汉字自身的特征；通过构形分析和构意分析的结合，有机地整合汉字形音义三要素的关系，避免了将汉字视为纯抽象符号的问题。

由于汉字字源中包含丰富的汉字文化信息，以这种方式组织教学，可以达成对汉字本身及其所包含的文化的认知，有利于在学习识字的同时自然地积累文化知识，并训练观察能力，提高思维水平，解决了汉字教学仅限于"识字"的问题。汉字生成系统以汉字网络的方式认知汉字，避免了以单独、孤立的方式理解汉字的问题。

汉字生成系统所指导的汉字教学以发展人的整体思维为中轴，学习文字，提升文化素质，奠基历史，掌握阅读写作。[①]这种从具象到抽象的教学方法既符合汉字自身从形象到抽象发展演变的规律，又符合学习者从具象到抽象的思维发展规律，能够有效地提高识字教学的效率和质量。

（二）汉字生成系统理论对于汉字教学方法的作用

汉字生成系统所建构的汉字教学方法是字源识字法。

字源识字从学生最容易接受同时也是汉字最基本组成元素的汉字基本部件开始，以符合古人认知世界的方式，借助早期象形性比较明显的古代汉字，利用汉字形体演变过程，将实物与现代汉字联系在一起，以帮助学习者识记汉字形体、联系汉字字音，并最终理解汉字意义，掌握汉字用法。

可见，字源识字教学方法可以有效避免目前在汉字教学中普遍存在的"机械教学"的问题。

---

① 该段文字是张诗亚教授对字源识字的宗旨的阐述，未发表。

（三）汉字生成系统理论对于汉字教学资源的作用

汉字生成系统所生成的汉字字源信息可以提供丰富的、儿童易于理解的汉字教学资源。这些资源从内容上讲包含实物（或实物图片）、汉字字源图片、汉字字形演变过程、汉字字源解说等；从形式上讲包含实物、图片、视频、文字等丰富的媒体信息。这些内容既可以支撑常规教学，也可以支持基于多媒体和远程网络的教学。

通过田野考察，笔者发现，字源识字在一线教学中实际上已经得到了部分应用，但这种应用基本上还处于"自发"和"自觉"的层面，没有上升到"理性"的层面；此外，用于支持字源识字应用的理论和教学资源还相当缺乏。汉字生成系统理论可以在理论层面提供有力的指导，使汉字教学从"自觉"走向"理性"。但仅有理论还不够，只有汉字生成系统理论通过技术实现，变成一线教学可以使用的平台和资源，汉字生成系统理论才能够真正对汉字教学起到实质性的帮助。

汉字生成系统所提供的基础资源能够全方位支持汉字教学。在调研中，笔者发现，部分教师已经在接触字理识字的基础上，认识到了利用汉字字源进行识字教学的意义，并做了一些有益的尝试。但由于用于支持字源识字的理论和资源的匮乏，实际教学活动开展得并不理想。基于字源的识字教学除了一般意义上的识字教学所必需的读音、笔画、部首、组词、字义等基本信息外，还需要用来阐释字源的实物图片、字源释义、演变过程图片、汉字构形等教学资源。这些教学资源，要求来源权威、表达准确、涵盖面广、易于理解和应用。这就需要利用信息技术工具去创造、加工、整理各种资料，并以方便易用的平台为载体，提供给教师使用。这不仅需要付出大量的时间和精力，而且对文字学和计算机技术要求高，不可能由一般教师个人承担。此外，在实际教学中，我们应该充分发挥信息技术的优势，"应用多媒体技术，创设识字语境，提高教学的直观性立体感，调动学生的多种感官参与记忆活动，从而提高学习效率和教学效果"[①]。

虽然在汉字生成系统理论的指导下，汉字自身的发展规律与儿童的认知发展规律可以在识字中得到和谐统一，但这种和谐统一的程度必然会因外部支持条件的不同而存在差异，这种差异会影响识字的效果。因而，应该尽可能地给识字提供丰富的支持。"信息技术以数字化为支柱，信息技术应用到教育教学过

[①]　张晓涛. 2008. 基于认知规律的汉字教学研究. 汉字文化，（6）：43-45.

程后，引起学习环境、学习资源、学习方式都向数字化方向发展，形成数字化的学习环境、数字化的学习资源和数字化的学习方式。"①信息技术作为信息社会最强有力的手段，在汉字生成系统理论的指导下，必然能够为识字提供强有力支持，这就是我们强调信息技术对识字支持的原因。

从目前的状况来看，识字教学领域虽然越来越重视信息技术的应用，但受制于识字教学的理念和信息技术对识字教学支撑水平的限制，信息技术对识字教学的支持还有待进一步研究。本书完成后所提供的字源汉字教学资源平台和学习平台原型可以供小学一线教师及学生使用，这对于提高识字的质量和效率都有重要的意义。

（四）汉字生成系统能够使汉字教学更加科学化

通过研究小学一线教师撰写的识字教学研究的论文，我们可以看到，很多小学教师已经有意识地在利用汉字字形联系其意义进行识字教学。但是，这种所谓的利用字形的教学往往是比较容易理解和更灵活、更便于操作的"流俗文字学"②。

虽然这种分析字形的方法应用方便，能够激发学生的兴趣，启发学生的联想，但毕竟不是科学的识字方法③，在小学使用应当慎重。小学是学生学习的起点，小学所学到的很多东西，将成为以后学习的基础。以不正确或恶俗的"知识"④来教

---

① 祝智庭. 2001. 教育信息化：教育技术的新高地. 中国电化教育，（6）：5-8.

② 例如，安子介的"劈文切字法"、萧启宏的"汉字全息教学法"，以及一些教师借助汉字文化学的启发而自创的"戏说汉字"等"流俗文字学"。这些所谓的分析汉字的方法很多都是从经验出发的，是只需要一些日常生活背景知识就可以编制和理解"戏说汉字"的内容，没有继承和利用文字学的研究成果，没有系统的观点，带有很强的随意性。

③ 金文伟提出识字教学的科学化应该体现在五个方面：①讲解汉字符合汉字科学——这是第一位的，因为科学是求真，讲实事求是。教学内容不符合科学，就不是科学的教育。②教法适合汉字的特点。③教法适合小学生的认知心理特点。对难学的字，不是牺牲汉字科学以迁就学生，而是创设好的方法帮助学生学好。④教学的同时传授汉字本身所负载的丰富的汉字文化知识。⑤解析汉字的形音义关系，使之成为阅读教学和习作教学的基础部分，使识字、阅读、习作三种教学相融相长，帮助学生迅速提高整体语文素质。他还特别指出，实现上述目标，使识字教学科学化的先决条件是：任课教师必须学习和掌握汉字学知识。见：金文伟等. 2009. 科学的识字教学离我们有多远. 小学语文教学，（3）：8-22. 王宁指出：如何判断对某个汉字的讲解是否科学？回答是：符合汉字构形属性的讲解，就是科学的讲解。违背汉字的属性，主观、随意地讲解汉字的构意，是对汉字科学的干扰。见：王宁. 2000. 汉字构形学讲座. 上海：上海教育出版社，22.

④ 根据许多思想家的论述，知识必须具备三个特征：被证实的（justified）、真的（true）和被相信的（believed）。学具有可重复验证、可证伪、自身没有矛盾的特征。可见，有效的知识应该具有一定程度的科学性，个人见解能否上升为知识，有赖于其见解是否具有科学性。

学生识字，即便能够达到识字最基本的目的[①]，但一方面由于并没有教给学生真正的关于汉字的正确知识，其教学的有效性本身就值得商榷；另一方面，丧失了让学生学习汉字背后的文化的可能性，其教学意义大打折扣。此外，用这种方法进行识字教学，学生不可能获得关于汉字本身的系统性的知识，不利于学生的记忆和运用。当然这种方法在培养学生的理性思维能力方面是否有效也值得怀疑。

产生这种现象的原因首先固然与教师的素质有关系：由于课程设置的缺陷，很多小学语文教师在校学习期间并没有接受严格的传统文字学训练，在利用传统文字学知识解释汉字时捉襟见肘，只好选择相对容易的"流俗文字学"。其次，即使他们具有利用传统文字学知识来辅助学生识字的意识，由于可供参考的资料不充分，要在教学中真正实施也非易事。最后，即使他们有意识、有参考资料可用，由于这些资料并没有很好地组织起来，是否有足够的时间去消化和整理资料以供上课时使用也成问题。

由于我国有丰富的文字学知识的积累，字源识字在资料的积累上足够丰富。根据教学的需要，利用信息技术的支持，生成可供教学使用的资源，教师可以方便地利用该资源进行字源识字教学。字源识字的应用是对流俗文字学的摈弃，它完全可以替代这些不科学、不规范、不合逻辑的识字方法，解决流俗文字学在教学应用中所带来的一系列问题。通过对外汉字教学中的"新说文解字"评述[②]，可以看到，之所以会出现"新说文解字"，资源的不足是很大的一个原因。字源汉字教学资源平台和学习平台正好填补了这一空缺。因而，研究信息技术支持字源识字具有重要的意义。

三、基于汉字生成系统理论的汉字教学实践：字源识字

汉字生成系统理论作为一种理解汉字体系的理论，建构在四个基本认识上：①字源是汉字生成的依据；②构形是汉字生成的核心；③部件是汉字生成的单位；④汉字表达式是汉字生成的产物。

以汉字生成理论指导下的字源识字，必然与这种理论的构想协调一致：其教学思想符合汉字生成系统理论所强调的系统性，其流程符合汉字生成系统理论的生成性，其操作符合汉字生成系统理论对汉字的解构。以此理论为指导的

---

① 识记汉字的形音义，从而认识识字这一目标。

② 李香平. 2006. 对外汉字教学中的"新说文解字"评述. 语言教学与研究，（2）：31-34.

汉字教学方法即字源识字。

（一）字源识字概述

1. 概念界定

字源即汉字的来源。讨论来源当然有一定的目的。在识字教学这一核心任务下讨论字源，其目的在于利用汉字的理据帮助识字。从文字是形音义三者的结合来看，汉字的理据应该表现在这三个方面。由于识字教学最基本的目标就是要认识汉字的这三个方面，并形成三者之间的联系；而最终要达成对汉字的理解，其核心则是对汉字"义"的掌握。因而，这三个方面的关系，落在最后，关键就是以形求义和以声求义。就以形求义而言，字源研究的是汉字的"形源"；就以声求义而言，字源研究的是汉字的"声源"。由于汉字是一种表意文字，汉字的形是汉字的本体，研究字源一般关注其"形源"，研究汉字的"声源"也是为了研究其"形源"，因而，一般所指的字源即汉字的形源①。从字源分析出发，所谓字源识字，即以汉字字源信息为主要材料的识字方法。张庆指出："字源识字"顾名思义，就是"通过追溯汉字的本源，分析汉字的结构，利用汉字的构字理据识记汉字的方法。"②

笔者认为：字源识字从汉字所生发的文化出发，基于对汉字由形象到抽象的发展演变规律和对学生由具象到抽象的思维发展规律的认识，采用多种方式追溯汉字字源，使学生在对汉字字源理解的基础上，了解汉字及其背后的文化，掌握汉字字义、读音与应用，从而形成汉字思维的一种识字方法。简言之，字源识字即以字源为基础的识字教学方法。

基于汉字生成系统理论的字源汉字教学认为字源是汉字教学最本质的依据，汉字教学应以字源为中心开展，因而更注重在教学中贯彻系统性，而不是零碎的材料的应用。

2. 字源识字历史

字源识字并不是一种新的识字方法，它产生的历史很长。"周礼，古者八岁入小学，保氏教国子先以六书"③，说明早在周代，人们可能就以"六书"条例

---

① "字源就是最早字形，即每个字构成初期的造字意图，也就是汉字的形源。"见：王宁. 2000. 汉字构形学讲座. 上海：上海教育出版社：6.

② 张庆. 2009. 张庆文集（卷一）. 南京：江苏教育出版社，48.

③ （东汉）许慎. 1963. 说文解字. 北京：中华书局.

来教学生识字了。李斯等人编写的《仓颉篇》，有将同声旁或同形旁的字编在一起的体例。《仓颉篇》可看作秦代利用汉字的形旁、声旁作为识字线索的识字课本。字源识字真正有意识地被用于识字教学中，则是在东汉许慎写成了《说文解字》之后。这本书以"六书"为条例，系统分析了 9000 多个汉字，是分析汉字结构特点的集大成之作，至今是人们识字的权威依据。到了清代，出现了大量以《说文解字》为中心的识字蒙学课本①。近代学者章太炎精于文字训诂之学，他于 1906 年在日本东京主办国学讲习会，为日本留学生讲解《说文解字》，力主利用《说文解字》知识以助识字。20 世纪 50 年代初期，近代学者傅东华主张字源识字，即"寻溯现行汉字形体的来源，尽可能地追到它们的图像阶段为止，以期各自的原形都视而可识，无待说明。然后将它们的演变形态依次列举，一直衔接到现在的形体，使得现在形体中的一点一画都能显出它的意义来，以作识字教学过程中掌握字形的帮助。"②傅东华详细论述了字源识字的操作方法和流程，为其用于教学中提供了切实可行的指导。

已有研究表明，汉字的本体是字形③，可见，研究和使用汉字的出发点和归属都是其字形。所谓"字源就是最早字形，即每个字构成初期的造字意图，也就是汉字的形源。"④字源识字正是利用追溯字源来帮助识字的一种方法。

3. 汉字理据是字源识字的基础

之所以能够将字源作为识字的一种手段，是因为字源存在的客观性，即汉字的理据。有学者指出："汉字的理据，受先民们当时的社会物质条件、生活场景、文化思想的规范、限定和制约从而较为客观地反映了他们当时的生活环境和意识形态。"⑤这是汉字产生的理据，也就是古代汉字的理据。现代使用的汉字，其中的大部分是由古代汉字发展来的，由于几千年来文化的传承，虽然这些字也有一些变化，但总体上的理据客观存在。王宁在"汉字构形理据与现代汉字部件拆分"一文中从历时态和共时态分析了现代汉字理据大量保留的证

---

① 如王筠的《文字蒙求》。王筠针对"人之不识字也，病于不能分，苟能分一字为数字，则点画不可增减，且易记而难忘矣"的现象倡导字源识字："苟于童蒙时，先会知某为象形，某为指事，而会意字即合此二者以成之，形声字即合此三者以成之，岂非执简御繁之法乎？"见：王筠. 1962. 文字蒙求. 北京：中华书局，1.

② 张庆. 2009. 张庆文集（卷一）. 南京：江苏教育出版社，49.

③ 汉字是记录汉语的视觉符号，它的音与义来源于汉语，字形才是它的本体。王宁. 2000. 系统论与汉字构形学的创建. 暨南学报（哲学社会科学），(2)：15-21.

④ 王宁. 2002. 汉字构形学讲座. 上海：上海教育出版社.

⑤ 赵光. 2000. 原始思维对汉字构形理据的影响. 语言研究（S1）：105-107.

据，说明了现代汉字理据的存在是客观事实。[①]

4. 追溯字源的方法

追溯字源必须用多种证据和方法还原先民的生活情境，只有这样，才能熟悉其思维特点，以此理解汉字构字意图，并通过汉字形体演变，结合现代汉字构形，理解汉字的字义，熟悉其背后蕴藏的文化，进而形成系统的汉语思维习惯。

张诗亚教授提出的"三足鼎立"的研究方法[②]对于指导如何追溯字源有重要的指导作用，认为应该充分利用各类文献、考古研究成果和人类学考察成果三类立体化的资源来进行识字教学。我国有悠久的小学历史，在如何利用文献进行文化溯源方面，已经积累了大量的资料。这些材料经过加工和整理后，可作为字源识字教学和研究的材料。考古和人类学考察这两种方式对于字源识字有重要的意义。一方面它可以与文献得来的资料相互证明和补充，从而能增强对汉字字源解释的说服力；另一方面，这两种方法所获得的资料具有真实性、形象性，对学习者有意义，因而容易被学习者理解，是识字教学的重要教学资源。

5. 识字教学的目标层次

识字教学目标有多个层面，王宁将识字教学的最终目标分为三个层次：一是积累一定数量的汉字，达到形音义全面把握；二是在符合汉字表意性、构形系统性的教学方法强化下，产生掌握汉字的科学方法，以达到不教而终身识字；三是在对汉字有正确认识的前提下，强化民族文化意识，增进爱国主义情操。[③]笔者认为，识字教学的目标应从认知层面、思维层面、情感和价值层面等几个层面理解。最简单也是最容易达到的是掌握汉字的形音义，从而识记汉字；其次是通过识字，使学习者潜移默化地熟悉一些文化知识，接受传统文化的熏陶；再次是在识字过程中发展学习者的思维能力；最后也是最深层的目标则在于促进文化认同，进而上升为民族认同。

（二）研究总体框架

本书以汉字生成系统模型为核心，由理论建构、技术实现、应用设计、实

---

① 王宁. 1997. 汉字构形理据与现代汉字部件拆分. 语文建设，（3）：4-9.
② "三足鼎立"的研究方法指综合运用文献法、考古研究、人类学考察等各类材料，进行系统研究的方法。
③ 李海林. 2005. 语文教育研究大系（理论卷）. 上海：上海教育出版社，209.

验研究四部分组成。其总体框架如图 1-6 所示。

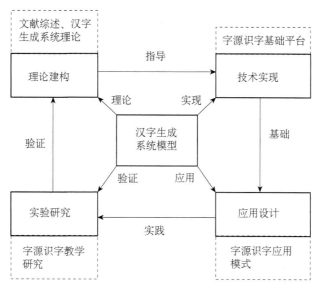

图 1-6　研究总体框架

通过系统地梳理汉字本身及认知规律两个方面的研究成果，本书找到了诸多能为汉字生成系统理论及其应用提供支撑的观点和材料。

在理论建构层面，本书提出字源是汉字生成的依据，构形是汉字生成的核心，部件是汉字生成的单位，汉字表达式是汉字生成的产物等一系列理论构想。根据这些构想，本书设计了以汉字字形为核心，利用汉字字源信息，以汉字构形分析和构意分析为手段，利用汉字表达式整合汉字形音义的汉字生成系统。该系统确定了因形音义联系而生成的汉字之间的关系，以及汉字内部形音义三要素之间的关系。该理论将古代汉字与现代汉字有机地联系起来，从纵向上演绎着古文字与现代汉字之间的一脉相承，从横向上诠释了汉字形音义间的内在联系，还原出一个鲜活的、立体的、丰满的汉字体系，有助于以科学的、立体的、动态的、交互的方式认识汉字。

在技术实现层面，本书在汉字生成系统理论的指导下，设计并实现了汉字字源识字基础平台。它由汉字生成子系统、字源汉字教学资源平台、字源识字学习平台、管理子系统四部分组成。平台完成了海量基础数据的整合及生成，并以基于 WEB 的界面对外提供服务，通过提供教学资源和学习工具两种途径给字源识字教学以有效的支持。利用字源识字基础平台中使用情况的在线调查问卷，研究了各类使用者使用平台的情况，证明了它可以有效地支持教师、学生及研究者的教学与研究。

在应用模式研究层面，本书提出了字源识字宏观应用模式和微观应用模式，并就这两种模式的特点、应用方式及操作等做了讨论。

在实验研究层面，本书以实验法和个案研究法为基本方法，对基于汉字生成系统理论的汉字教学进行了初步的实证研究，证明了基于该理论而提出的字源识字教学不但能有效提高识字教学的效率和质量，还能提高学生的观察能力、提升学生的思维品质、增强其汉字文化意识、培养学生对汉字的感情。研究成果诸如教师用字卡、教学用 PPT、教学模式、经典教学案例等可供直接使用和借鉴。

最后，通过总结汉字生成系统理论与实践研究的成果，本书提出后续的研究规划，以期更多的实践者加入，使汉字生成系统理论与实践的研究更深入、更系统、更完善，并推动汉字教学由工具理性回归到价值理性的本源。

（三）开展字源识字的有利因素

虽然字源识字目前并没有广泛应用，但客观地讲，字源识字的广泛应用已经出现了很多有利的因素。

1. 新课标对识字教学质和量的要求有利于字源识字的开展

中华人民共和国教育部 2001 年制定的《全日制义务教育语文课程标准（实验稿）》对于识字与写字的阶段目标明确规定：第一学段（1～2 年级）要求"认识常用汉字 1600～1800 个，其中 800～1000 个会写"。第二学段（3～4 年级）要求"累计认识常用汉字 2500 个，其中 2000 个左右会写"。第三学段（5～6 年级）要求"有较强的独立识字能力。累计认识常用汉字 3000 个，其中 2500 个左右会写"。

姑且不讨论上述规定的合理性，仅就数据分析可知，对小学第一学段来讲，按每周 10 节，每学期 18 周计算，每节课要完成 5 个字的识字量，其中，近 3 个字要会写。由此可见，识字教学的工作量很大。

新课标对小学阶段识字量仅有一个数量上的大致要求，实际是否能够达到这种要求则未必。朱智贤等以中国内地小学毕业生生字表中的 3075 字作为材料，测试小学一年级至初中三年级学生的识字量，结果表明：学生的识字量由小学一年级至小学三年级持续增长，小学四年级反而有下降趋势。[①] 为何会导致

---

① 朱智贤，林崇德.1986. 思维发展心理学. 北京：北京师范大学出版社，440.

这一现象的发生呢？笔者认为：虽然多数教材实行的是随文识字，但由于小学一年级到三年级的语文教学以识字为重点，教材和教师普遍重视识字教学，多少带有点"集中识字"的味道，学生在短时间内可以比较快地扩大识字量；到了四年级，教学的重点已转向阅读和写作，由于得不到及时巩固，低段积累的汉字反而忘记，这直接导致了识字量不增反减。这一现象背后，实际反映了普遍存在的低段识字方法的缺陷，即学生并没有真正识字，只是靠机械的方式记住这些汉字；学生因为并没有形成稳定的形音义联系而经常混淆汉字，同音替代的现象相当普遍。

根据笔者的调研，部分小学一线教师已经注意到了这个问题，并已将其原因归结到小学低段的识字教学方法上。根据这些教师的实践，利用字源可以有效地帮助学生减少写错字和别字的数量，这种经验完全可以推广到小学阶段的识字教学中去。根据文献研究，采用字源识字教学法，利用基本字素与汉字在意义上的关系，学生可以建立起汉字意义与其形体的牢固联系，这对于解决小学识字量大这一困难大有裨益。

2. 教学诸要素为字源识字的有效开展提供了良好的条件

从教学论的角度来看，教学要素包括教师、学习者、教学内容、教学方法几个因素。

（1）教师因素

对基础教育来讲，随着专业化的教师数量越来越多，越来越多的教师具有了文字学的基础[①]，没有文字学基础的教师也开始有意识地补充这方面的知识。同时这些教师开始有意识地研究各类识字教学方法，并试图在教学中应用。对外汉语教学更是如此。从事对外汉语教学的教师绝大多数不但有文字学基础，还熟悉信息技术，更有可能对字源识字发生兴趣。教师素质的提高为字源识字的开展提供了有利因素。

（2）学习者因素

虽然由于文化背景的不同，不同类型的学习者[②]有不同的认知特点和认知风格，但人类认知的共性——从具象到抽象的认知特点——是客观存在的。字源识字符合学习者从具象到抽象的认知发展规律，能够以比较小的代价取得比较

[①] 笔者的调查表明，语文教师有文字学基础的至少占一半。详细数据见字源识字资源平台应用情况问卷调查表的分析结果。

[②] 见关于学习者类型的讨论内容。

好的学习效果。

单就儿童这一学习群体而论，皮亚杰儿童认知发展理论已论证了儿童认知发展是由具象思维发展到直接思维，最终发展到抽象思维的过程。字源识字的实施正是基于儿童的这一心理发展特征而设计的。它根据不同阶段儿童的发展水平，在不同的教学阶段，采用不同的教学方法，教授不同的教学内容。从少年儿童的智力发展来看，小学低、中年级学生的思维基本处于具体的形象思维阶段，因而儿童的汉字教学应该从符合儿童认知发展规律的原则出发，注重方法。开始阶段应选择与现实生活紧密相关且字形结构简单、对称、表达事物名称的字，然后逐渐过渡到其他形体结构的字以及动词、形容词等。[①]

（3）教学内容

字源识字的教学内容是汉字本身，字源识字是一种符合利用汉字特点进行识字的教学方法。

首先，字源识字建立在汉字字形和字义的统一性基础之上。

汉字本身作为一种表意文字固有"以形示义"的特点，这决定了汉字教学应该以"形"为着力点，利用形义联系紧密的自然特点展开教学。这对于改变目前以"音"为中心、以对拼音的认读为基础的汉字教学有着重要的借鉴意义。以形为中心，正是字源识字的精髓所在。

汉字基本字素有限，合体字由基本字素和其他下级合体字组成的字形结构特征决定了汉字字形结构的系统性[②]。这种字形结构的系统性同时与字义密切相关，这决定了汉字的系统性与理据的客观存在。如上所述，汉字理据的存在是字源识字存在的基础。

早期汉字都源于象形文字[③]，"仓颉之初作书，盖依类象形，故谓之文。"后起汉字源于早期汉字，"其后形声相益，即谓之字"[④]。后起汉字的根就在早期汉字中，因而可以借助早期汉字具象思维的特点来理解后起汉字，所谓"文者，物象之本；字者，言孳乳而浸多也"[⑤]。汉字在组合结构上，初期的方式是象形组合，中期是音义、会义组合，后期也是音义、会义组合；在构件形体上，初期为象形，中期为亚象形，后期为音义符号；在构形理据上，初期为形体、结

---

① 高洪涛，刘振前. 2007. 试析汉字教学的心理学基础. 当代教育科学，（13）：42-44.

② 见关于汉字字形特点的相关论述。

③ 古文字的理据是从基础构形要素开始、为每个字符独立具有、可以从具体的物象作为起点来解释的。见：王宁. 1997. 汉字构形理据与现代汉字部件拆分. 语文建设，（3）：4-9.

④ （东汉）许慎. 1963. 说文解字. 北京：中华书局.

⑤ （东汉）许慎. 1963. 说文解字. 北京：中华书局.

构的象物性，中期为形体的部分象物性、音义组合关系，后期是音义组合关系。[①]这说明汉字的发展演变规律经历了象物、部分象物、音义组合等几个阶段。识字教学过程的设计符合汉字创造阶段的特点。[②]

探究汉字产生和发展的过程，其目的在于揭示汉字发展的客观规律，并使汉字教学与其一致。之所以将儿童学习语言与先民创造语言类比，是利用了生物学上的"重演律"。与先民创造汉字的过程类似，学习汉字的过程也需要我们在不同的阶段采用不同的方法学习不同的内容，也就是说，汉字本身的规律决定了汉字教学的阶段性。

正由于汉字以形为其本体，长期以来积累了大量可资教学利用的文字学资源，奠定了字源识字的基础。

其次，识字建立在心理学对汉语本身及汉语的认知特点的研究成果之上。

其一，脑科学研究表明，汉字是"复脑文字"，这一点决定了汉字的教学要兼顾形象和抽象两个方面。斯佩里通过对"割裂脑"的研究提出了大脑"双势理论"的学说，认为左脑的主要功能包括语言、逻辑推理、抽象思维等，而右脑的主要功能包括形象思维、艺术、创造性活动等。据研究，拼音文字是偏向大脑左半球的"单脑文字"，而汉字则是左右两半球并用的"复脑文字"，大脑左右半球都对汉字产生着认知作用。

其二，汉字的具象性特点适合"右脑学习"。日本心理学家认为，人脑对拼音文字与非拼音文字的处理分别由两个不同的功能区来执掌，汉字具有"左视野优越性"。而左视野传入的信息主要由右脑处理，右脑主要储存"图像"，即形象思维主要由右脑完成。脑科学的研究发现，汉字的表意特点与人的形象思维具有天然的联系，从具象到抽象的字源识字教学原则符合汉字本身的特点。

大量心理学的研究成果揭示了儿童汉语认知的特点，字源识字正是建立在这些研究成果基础之上。例如，张钦和张必隐在中文认知研究中发现，中文字词认知存在具体性效应。[③]具体性效应指的是具体词比抽象词识别得快。这对于我们合理安排字源识字的内容有重要的指导作用。由于早期象形字大多是名词，故选择早期象形字作为教学对象符合中文词的具体性效应。字源识字的第一阶段要解决基础部件的教学，而这些基础部件中绝大部分正是早期象形字。

[①] 王贵元.1991. 汉字构形系统及其发展阶段，中国人民大学学报，(1)：104-109.

[②] 见关于字源识字宏观应用研究部分。

[③] 张钦，张必隐.1997. 中文双字词的具体性效应研究. 心理学报，(2)：216-224.

（4）教学方法

对于字源识字而言，直观教学法是其教学遵循的重要途径；此外，它还借鉴了其他识字教学方法的成功经验，以便在一线教学中应用。

17世纪捷克著名教育家夸美纽斯在《大教学论》中提出了"直观教学法"，认为教师的作用是根据儿童的生理和心理发展的特点使教学变得容易、愉快、省力、省时、牢固、透彻。直观教学法具体地讲是应用模型、语言的形象描述，图文、挂图法、实物演示、多媒体、现场参观、视频等直观手段来组织教学。夸美纽斯把"直观性"作为一项教学原则正式提出后，直观教学便由教育者的不自觉活动转而成为一种自觉的有意识的教育行为。字源识字从汉字相关图片开始，关联早期古文字，再由文字演变到现代汉字的教学序列，利用相关图片，实现直观教学。

从古代来看，古人采用集中识字的教学方法作为教学的突破口，古人的做法是："先识字，后读书。"[①]从秦代的《仓颉篇》、汉代的《急就篇》到南朝的《千字文》、宋代的《三字经》《百家姓》等识字课本，都是先集中教会2000字左右，而后再去阅读各种书籍。这种方法从某种意义上说是符合语文学习规律的。清代文字学家和小学教育家王筠认为，教儿童先识字2000个左右，就可以打下初步阅读的基础。近些年来，我国在小学语文教学中推广的"集中识字"教学法，实际上就是对传统识字教学法的继承和发展。

现在比较流行的字理识字、部件识字、字族文识字等，从科学地利用汉字字源信息这一角度来看，都在一定程度上具有与字源识字相类似的共同点。它们的成功实践，为字源识字提供了理论和方法上的若干经验。虽然字源识字与它们有一些差别，但毕竟基本思路一致，只是在细节上有所差异，它们都借助教师们已经熟悉的识字方法并加以改进，同时提供丰富的辅助教学资源，因此，字源识字容易被广大教师所接受和喜爱。

3. 教学环境

教育信息化整体水平的提升为字源识字提供了良好的条件。

由于小学教师工作量比较大，不可能有太多的时间去准备教学资源，因而需要为他们提供丰富而易用的教学资源。有了信息技术的支持，教师可以方便地找到所需的资源，经过简单加工，即可应用于日常教学活动中，这极大地减轻了教师的劳动强度，避免了教师对字源识字的排斥。

---

① 黄宇鸿. 2004. 古代汉字教学方法探索. 广西社会科学，（8）：168-173.

信息技术不仅支持着教师的教，也有效地支持着学生的学。例如，教师可以布置一些课前的预习任务，让学生通过网络查找需要学习的内容；教学完成后，还可以布置一些课后作业，让学生去扩充知识。这些都可以有效地提高学生学习的主动性和积极性。

这方面的证明主要来自实践研究。虽然我们所设计的字源汉字教学资源平台并未对外宣传，但它自 2009 年 3 月开通以来，累计访问量已达 22 万多次。从教师反馈来看，该平台已在日常教学中获得应用。部分教师还将该平台介绍给学生和家长，供学生课余使用。从教师来源看，使用的人员不仅有国内小学教师，也有国外从事对外汉语教学的教师，甚至包括国外大学中文系的学生。可见，教育信息化程度的提升的确为字源识字的顺利展开提供了必备的信息资源。

（四）不同类型汉字教学的总体要求

根据王宁对汉字构字类型的研究，汉字构件分为表形构件、示音构件、标示构件三类，通过这三类部件的组合，形成 11 种构字类型[①]。根据字源识字的需要，我们需要对"独体字""准独体字""合体字"三种不同类型的汉字采用不同的教学方法。字源识字基础平台已有数据能够给不同类型的汉字字源识字教学提供各类丰富、准确、完备的资源。

1. 独体字

独体字一般是象形字，讲解独体字时要注意根据它所表示的物象，利用汉字的形体由具象到抽象的变化帮助学生识记现代汉字。

为了帮助学生理解汉字形体演变，可以在讲解独体字时，分析汉字各个阶段的文字与实物的关系，以充分利用实物，通过字形演变过程来理解和识记汉字。

例如，在讲解"兔"字时，就可以将实物图、古代文字演变到今文字的过程等放在一起。要注意引导儿童根据实物去分析文字的每一部分与实物的对应关系，如图 1-7 所示。这既可以锻炼儿童的细节辨析能力，又可以使文字与图像发生更紧密的联系，以加深对文字的记忆。

这类字的讲解顺序要根据设计来确定。如果是讲授型的课程，教师可以按"实物→古文字→文字演变→现代文字"的顺序讲述；如果是探究型的课程，教师可以反过来呈现材料，看学生在哪个阶段能够猜测出来汉字，即按"现代汉

---

① 王宁. 2002. 汉字构形学讲座. 上海：上海教育出版社，66.

字→形体演变（反序）→古文字→实物图"的顺序进行。在学生猜测正确后，一般需要再正序讲一次，以引导学生做更深刻的观察，使汉字和图像发生更紧密的联系。教师可以指着各种字形，让学生回答与实物的联系，以便让学生完成知识的内化后，形成长时记忆。

| 实物图 | 金文 | 甲骨文 | 篆书 | 隶书 |

图 1-7　"兔"字的字源分析

有些独体字是简化字，我们需要首先让学生通过繁体字来理解字源，再根据简化的类型，连接简化字与繁体字，使学生以繁体字为桥梁，达成对简化字的识记。例如，对"马"字的教学就是如此。

独体字是字源识字的基础，需要认真而细致的教学，以便为其他类型的汉字教学打下良好的基础。独体字教学要特别注意现在已经演变为记号的独体字的教学，以便学生理解现代汉字。教师可以灵活地使用多种教具，通过多种活动实施独体字教学。本书后面的研究将涉及一些实践性内容，供教师参考。

2. 准独体字

只要包含标示构件的字都是准独体字。对这类字的讲解，首先要引导学生观察汉字中包含的独体字，然后再引导学生观察标示部件，理解两者的构意关系，最后分析它们与汉字字义的关系，从而完成从部分到整体的汉字意义构建，如图 1-8 所示。

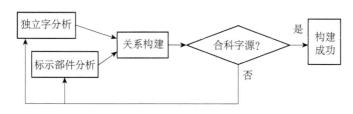

图 1-8　准独体字意义构建过程

3. 合体字

对合体字的讲解，首先应该根据字源信息对汉字进行构意与构形相结合的拆分，然后根据合体字是否有理据，选择不同的教学方法。

（1）有理据的合体字

有理据的合体字的教学方法与准独体字类似。教师首先要对独体字进行拆分，再分别让学生理解各部分的字源意义，然后再试图将各个部件的字源意义结合起来，尝试生成新的意义，如果这样理解的新的意义与汉字本身的意义很一致，其意义建构成功；否则需要根据汉字字义来修正意义，直到两者的连接自然、科学、完整为止。例如，讲解"降"字时，先进行字形分析：左旁的"阝"，甲骨文"𨽕"是表示高坡的"阜"；右旁是两个表示脚趾朝下的"止"字，综合起来看，"阝"就表示由阜上向下行。"降"的原义为"下降"，引申为"降落""降生""降低"等含义。

（2）理据发生变化的合体字

可以通过字形溯源，让学生了解汉字的原来构意，以获得对原来汉字理据的认知；再引导学生分析理据发生变化的原因，以便让学生了解汉字理据发生变化的原因、明了汉字现存理据。

例如，对"去"字的讲解，上面的"土"是"大"的变形，而下面的"厶"是"口"的变形。通过溯源，可以很清楚地看到它的字理，学生从该字的字形演变（见图1-9）可以清楚地看到其理据变化，并根据"大"与"土"的相似性、"厶"与"口"的相似性发现理据变化的原因。对这种字的合理解释，有助于训练学生的观察能力和分析能力。

甲骨文　　　　金文　　　　篆书

图1-9 "去"字的字形演变

（3）理据不明了或者没有理据的汉字

首先要遵守的原则是不能编造理据。对于这类汉字的教学，我们不应该死守理据，而应该直接告诉学生这就是一个无理据汉字，它由哪些部件组成，这些部件本来是什么意义。然后再以有意义、学生乐于参与的方式重复这些部件，以达成对这类汉字的学习。

我们要正确利用部分形声字以声兼义的情况，警惕将形声字都按形意字来解释的倾向，合理利用形声字的声旁和义旁，以达成对形声字正确而科学的理解。

平台提供了汉字字音、部件的查询，大大方便了形声字同部件、同字音字的归类，教师应该充分利用这些线索，利用学生已经学过的字，以旧带新，在重复旧知识的同时，让学生不知不觉地获得新知识。

例如，讲"睛"字，我们应该告诉学生这是一个形声字。利用平台查询的结果，可以方便地找到与"青"有关、发言包含"ing"的汉字：请、情、清、晴、青、静、精、靖、睛、蜻等，再根据以前学过的汉字，就可以利用旧字来提示字音。利用平台可以查找到大量与"目"有关的汉字，如着、看、想、眼、相、省、瞻、盹、睦、眶、渺、瞭、眸、瞥、瞅、睨、眩、瞟、湄、眛、睇、孀、瞠、睫、睿、眺、睑、眒。教师通过利用这些同声旁、同形旁的已学汉字，可以帮助学习者了解生字的意义和读音。

此外，教师还可以通过让学生有兴趣地重复生字，如造词、造句、利用字卡、抢答、书空等方式实现汉字的有意义重复，从而帮助学生识字。

（五）字源识字的优势

字源识字不但有助于解决如何合理、准确、快捷地进行识字教学的问题，更强调了在教学中如何对学习者进行文化渗透和思维训练。字源识字以发展人的整体思维为中轴，学习文字，提升文化素质，奠基历史，掌握阅读写作。[①]这一理念是字源识字的总体指导思想，阐明了字源识字在语言学习、知识积累、文化认同等方面的重要意义。字源识字在识字教学的几个层次上都具备明显的优势。它不仅有利于以较小的代价提高识字教学的效率，提高识字教学的质量，而且可以在识字教学中进行文化渗透，还可以提升学生的思维品质，最终达成对汉字及其文化的认同。

1. 从认知的角度来讲，字源识字可以有效提高识字的效率和质量

首先，从单个字来讲，它可以帮助学习者从字源出发，分析并识记汉字。由于这种分析科学、理性，能够与学习者的生活联结起来，且易于被学习者理解[②]，因而可以有效地提高识字的效率和质量。

其次，它便于建立相关汉字之间的意义网络，帮助我们理解和识记汉字。

---

① 张诗亚教授认为，数千年一以贯之的汉字既是华夏民族特定思维模式的产物，又是使华夏民族特定思维模式得以传承、发展的关键因素，因而主张汉字教学要起到肩负华夏民族文化传承的重任。正是基于此，他提出了上述字源识字的理念。

② 古人造字一般"远取诸身，近取诸物"，所使用的象形物现在还存在，可以从学习者的生活出发理解。

例如，对"息"的字源分析可以帮助我们理解"自""心""鼻""息"等字的字源以及它们之间的联系。利用字源识字，我们在识记汉字时不仅仅一个字一个字地理解，还以网状结构状态去理解一组相关汉字。

2. 字源识字可以帮助学习者积淀丰厚的民族文化

汉字中蕴藏着丰富的传统文化。已经有大量的汉字文化学方面的研究成果可以应用在教学中。通过字源识字教学，学习者不但可以将汉字放到其产生和发展的广阔背景中去理解，而且可以了解一系列与该汉字密切相关的文化知识，这对于开拓视野有着重要意义。经过长期累积的大量汉字文化知识，学习者在不知不觉间扩大了词汇量，训练了表达，增强了对汉文化的理解。例如，通过长期接触字形演变过程，学习者可以形成对古文字的无意识记忆，在将来有意识学习时，这些材料可能会使学习者产生"顿悟"式的学习效果。此外，这些材料还可以培养学习者对传统文化的亲切感，有利于传承民族文化。比如，学习者会欣赏印章、书法、国画等传统艺术。

3. 字源识字可以帮助学习者形成具象化思维品质

从思维品质训练来看，字源识字借助形体分析和古文字演变过程的分析，可以帮助学习者熟悉古人造字的具象化思维。

如何表达"气息"的"息"字？研究"息"的字源，可以给我们很好的启示：它是借助两个形象物"鼻"和"心"会意而成的。《说文解字》讲："息，喘也。从心，从自，自亦声。"即"心气自鼻而出为息，本义作'喘'讲。"通过分析"鼻"和"心"两个具象事物之间的关系，得到"息"的形体和意义，这一识字过程有助于发展学生的具象思维能力。

需要注意的是，每种方法都有其适用范围，不可能有一种方法能够解决所有问题。就字源识字而言，由于汉字理据的局限[①]，并不是所有的汉字都能够通过字源来理解。字源识字要解决的是帮助学习者通过掌握最基本的汉字部件，利用汉字构形，综合各种材料分析汉字，了解其形音义，熟悉其背后的文化，最终形成汉语思维方式和思维习惯。

（六）开展字源面临的问题

虽然教学各要素对字源识字的支持存在有利的一面，但仍存有一些不利的

---

① 汉字理据的局限表现为：①部分汉字没有理据；②部分汉字字源解释分歧太大，无法达成统一理解；③部分汉字的字源解释不容易被学生接受等。

因素。这些因素的存在影响和制约着字源识字的开展。

1. 汉字本身的局限

虽然汉字本身具备系统性，但也存在着一些限制字源识字应用的客观问题。主要体现在部分汉字没有或丧失了理据。

对于无理据汉字的教学，不应强求使用字源识字，而应采用其他日常教学中行之有效的方法，如部件识字、韵文识字等。但要注意一般不要使用基于随意联想的"俗文字学"，以免造成"讲错一个，弄乱一片"的后果。①王宁认为："即使是古汉字，也不是每一个字都能直接分析构意，少数难以分析构意的汉字，宁可存疑，也不要乱讲。"②

2. 教师素质的局限

据笔者的调查，仅有近一半的语文教师有文字学基础，这对于字源识字的推行当然是一个问题。教师教学任务繁重也是一个重要原因，很多教师疲于应对学校繁重的教学任务，不可能有更多的时间和精力去钻研创新，在这种条件下，推行字源识字无疑阻力重重。此外，教师对识字教学的意义也认识不足。很多教师满足于仅仅从认知的角度去理解识字教学的意义，而不能从思维和价值导向重视识字教学。这体现在：一方面，小学低段表面上重视识字教学，但由于方法和价值取向的问题，教师将大多数时间耗费在无效教学上，停留在表面的互动和热闹上，缺少内在的逻辑和教学价值；课后又以机械的方式要求学生识记汉字，不但影响了记忆的水平，更伤害了学生学习汉字的热情。另一方面，小学高段则基本上忽视了识字教学，教师止步于正音、正形，将识字的任务和责任直接甩给学生。殊不知，如果多下点功夫在识字教学上，正确引导学生学习汉字，完全可以为语文素养的形成带来巨大的裨益，反而能收到省时高效的教学效果。

笔者通过调查研究发现，即便是高级教师也存在上述问题，更别提其他教师了。这应该是一个普遍的现象。

3. 教学条件的限制

字源识字需要大量的资源，对教学条件要求也相对较高。比如，要查找相

---

① 王宁在《汉字构形讲座》中指出：汉字是个符号系统，随意拆分、胡乱讲解，不但违反汉字的实际，还会扰乱它的系统，使它更加难记难学……讲汉字，讲错一个，就会弄乱一片。见：王宁. 2002. 汉字构形学讲座. 上海：上海教育出版社，22.

② 王宁. 2002. 汉字构形学讲座. 上海：上海教育出版社，33.

关资源，教师得具有上网的条件，虽然经过多年努力，很多学校可以上网，但囿于校园设备、管理机制等因素的制约，很多教师不能利用校园网络上网，查找资料极不方便。再如，字源识字需要给学生展示古文字，需要打印一些资料，这需要提供打印机、墨粉、打印纸等办公用品，这在一般条件的学校当然不容易满足，更别说直接使用多媒体、网络进行教学了。在很多学校这些设备本身就稀缺，根本无法满足日常教学的需要。笔者走访的学校中，大都因为这些硬件条件的限制无法利用多媒体进行字源识字教学。

4. 缺乏合适的教学资源

条件好的学校开展字源识字，依然存在一个巨大的困难：难以获取教学资源。

虽然我们有很多文字学方面的资源可以利用，然而如何将这些运用到教学实践中却是一个极大的难题。首先存在资料选择的问题。正由于可供使用的资源太多，很多教师面临这些资源时才显得心有余而力不足，毕竟，教师的主要工作是日常教学，而不是研究。其次，即便有了比较适合教学的原材料，如何将其转换为教学可用的资源，也是一大问题。要将原料转化为教学中可用的资源，对于普通教师来说是一大难题。教学资源的缺乏，直接影响着字源识字的教学应用。

5. 缺乏系统的实证研究

字源识字虽然得到了一些教学应用，但目前还不是一种成熟的识字教学方法。因为这方面的实证研究还比较少，可供一般教师作为教学参考的资源还比较贫乏，还需要研究者深入教学一线，与教师展开合作研究。而这种实证研究周期较长，投入较大，非专业机构不容易实施。

第二章

面向字源汉字教学的汉字生成系统的设计与实现

第一节　汉字生成系统总体设计

一、总体结构

基于字源的汉字生成不仅仅是一种在字源的基础上关于汉字结构关系的描述（汉字系统结构的数据结构），还应包括利用此数据结构对一定数量的汉字集进行结构分析的结果（数据），还应包括利用此数据提供的服务，以便能够为教学和研究提供帮助。本系统的总体结构如图 2-1 所示。

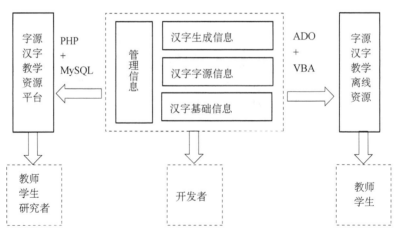

图 2-1　汉字生成系统总体结构

系统最核心的部分是数据。这些数据大体可以分为汉字基础信息、汉字字源信息、汉字生成信息、管理信息等。当然，这种划分更多的是从逻辑视角出发而进行的一种划分，并不完全对应系统的数据结构（表的功能设计和表的结构设计）。汉字基础信息是系统的最低层信息，提供汉字的核心信息（本处指汉字的字形和读音，用以区别不同的汉字）和一些扩展信息（如汉字的组合和意义等信息）。汉字字源信息是在汉字基础信息的基础上，针对汉字字源进行分析的信息，一般包括汉字字形演变信息、汉字释义、汉字相关图片等。汉字生成信息是在汉字基础信息和汉字字源信息的基础上，以现代汉字为研究对象，利用字源信息来分析汉字结构，力图还原其构型意义的相关信息。它大体包括汉字部件信息、汉字书写、汉字构形与构意分析等信息。管理信息是为了管理本系统对外服务而设计的相关信息，包括用户信息和权限管理信息。

系统以两种方式对外提供服务，一种以 B/S 模式，利用 PHP+MySQL 开发网站，提供对外服务，服务对象既有教师和学生，也包括研究者；另一种以 C/S 模式，利用 ADO+VBA 技术，生成以 PPT 为最终产品的教学材料，主要为教师和学生提供服务。

二、需求分析

（一）内容方面的要求

内容方面的要求体现在知识性、系统性和简约性三方面。

1. 知识性

并不是任何小学研究成果都可能转换为教学资源。小学研究成果作为一种教学资源，首先必须是一种知识。根据传统知识分析，知识具备三个特征：被证实的（justified）、真的（true）和被相信的（believed），因此，必须满足准确、可靠的要求。我们应尽可能选择绝大多数研究者公认的权威资源，具体地讲，就是应该选择权威的著述（包括电子版）作为基础资源。当然，权威的著述也可能有错误（至少是不够准确的地方），为此我们需要引证尽可能丰富的资源，通过比较分析，选择更准确和可靠的资源，以此保证材料本身的可靠性。

2. 系统性

系统性包括两个方面：一是要系统地应用小学的研究成果；二是转换为教学资源的小学研究成果本身应有系统化的结构。

前者指的是一种理念：要避免零碎地应用，而应该有整体的考虑。要根据教学的需要系统地进行综合设计，以争取让学生获得系统化的知识，从而更好地掌握汉字。核心是选择一种能够指导汉字教学的理论（如汉字构形理论），并将这种理论细化到课程中去。

对于后者而言，所谓系统化的结构是指资源的相互关系得到了充分的挖掘和表现的结构。简单地说，在涉及一个资源时，可以方便地检索到其他相关（对于汉字指形音义的联系，特别是形义联系）资源，则该资源就可以看作系统化的资源。为此，既要很好地定义资源之间的关系，又要很好地表现出资源之间的关系。

3. 简约性

与小学研究追求的完备性不同，教学需要传授给学生的知识是简约化的知识，为此，还需要符合简约性的要求。这需要我们根据教学的实际情况，对资源进行简化。比如，古文字字形，很多汉字有几十个上百个，这些字形有的差别很少，小学研究为了保证其完备性，都需要保留；但对于汉字教学，如果同时使用这么多字形，无疑费时费力，又无助于教学目标的达成。因而，需要从学习者由具象到抽象的学习规律出发，参考汉字字源研究，以字形的发展演变为线索，选择有代表性的几个字形来进行讲解。只有这样才能使古文字辅助汉字教学，而不是进行古文字教学。

（二）教育者的要求

常态化教学中，由于教师的知识面有限，不容易理解文字学的专业资料；且由于教师教学的工作量本身已经相当大，很难有时间消化这些资料，因而，应根据教学需要，将系统化的资源进行简化，以达到使材料易理解、易于作用的目的。易于理解是指材料本身不难，教师经过短时间学习就可以理解；易于使用是指材料的媒体和其使用方法简单，与教师的日常教学手段与方法一致，这需要开发适应不同教学条件的教学材料，如纸质的和电子版的一般要同时具备。

（三）学习者的要求

学生的知识面比老师更窄，理解力比老师更差，材料本身当然更要求容易理解；同时，为了提高学习的兴趣，材料还需要提供师生互动的可能；此外，不同背景的学习者对资源也有不同的需求，要适应这些不同的需求，就原始资料而言，其类型要丰富、数据量要足够大（一般应该是穷尽式的），而转换后的资源则要求简化并能适应不同学生的教学需要。

（四）其他要求

最重要的一点是资源数字化后，其质量要能够满足教学需要。资源（特别是纸质资源）数字化后，都涉及质量的问题。比如，色彩、分辨率、压缩方式等。考虑到高质量可以很方便地转换为低质量的资源，而低质量的资源不可能转换为高质量的资源，在数字化时应尽可能地提高质量；但考虑到质量过高不仅意味着加工成本的提高，同时也意味着存储和传输成本提高了，因此在满足需要的情况下，应平衡质量和成本的关系。提高质量的另一种办法是使用矢量格式来取代位图格式存储信息。虽然这样加工成本会比较高，但其质量高，而存储和传输成本并不高，这不失为一种较好的选择。

三、设计原则

本系统的核心是如何生成字源汉字教学资源，并在此基础上以 B/S 和 C/S 方式对外提供服务，为此我们确定了以下系统设计原则。

（一）科学性原则

科学性原则是指本系统的构建受汉字生成系统理论的指导。

不同于一般资源平台，本系统是在字源识字关于汉字的科学理论——"汉字系统生成理论"指导下建立的，我们从一开始就注重其科学性。科学性体现在设计方面是指资源的提供要以字源识字相关理论为指导：一方面要根据教学的需要，考虑需要提供哪些类型的资源，各种类型的资源又包括哪些种类的资源；另一方面，要考虑如何整合这些资源，使之形成一个资源识字汉字教学资源体系。

比如，字源信息的组织。根据字源识字模式的需要，我们收集了各类实物图片、字源图片、汉字演变过程、字源释义等信息。单就字源阐释而言，已经足够了；但就字形分析理论而言，除了汉字构意分析外，我们还要注意汉字的构形分析。为此，我们根据汉字构形理论，利用汉字表达式，实现了对汉字的一级拆分；利用此汉字拆分信息，我们实现了对汉字部件组字的查询。这样，我们可以找到组成该汉字的部件组成的汉字[①]、该汉字组成字[②]，从而形成

[①] 由一个汉字的部件组成的字可理解为该汉字的相关字，与该汉字处于同一层次。

[②] 由一个汉字作为直接部件组成的字可理解为它所组成的汉字的下一层次。

以部件为中心的汉字层次结构。对于查询出来的内容，我们全部根据其字频进行了排序，以保证常用汉字在前面，并使用不同的颜色来标志，从而使教师可以方便地找到与此汉字相关的上一层次、下一层次①、同一层次的汉字。这样，我们就可以全面而条理清晰地从各个方面把握与此汉字字形有关的信息，从而帮助我们完成字源识字。

（二）准确性原则

准确性原则主要是指系统数据在内容上要求准确，尽量减少错误。

对于教学内容而言，知识本身的准确性至关重要。就字源信息而言，由于文字学本身就是一门复杂的学问，有些汉字的字源解释即便在文字学领域也存在很大分歧。为求准确，我们在选择材料时注意选择权威的解说，并注意分析各家解释，力求呈现最准确的信息给学习者；我们还选择了一些权威的辞书（如《说文解字》）作为字源识字的有力补充。

对于其他汉字教学信息，如汉字读音、汉字书写的笔顺笔画、汉字部首等的处理，我们首先要考虑根据国家标准来选择、组织、检验所用材料是否准确；实在不能找到或者很难实现根据国家标准来组织材料的内容，我们尽量选择公认的比较权威的材料②；对于没有国家标准的内容，我们尽量选择比较权威的机构出版的资料③。

除了信息来源力求准确以外，我们还力求数据加工和处理的准确。比如，对字源信息的录入，我们一般要经过计算机自动识别、人工录入、校对、审核四个步骤，基本能够保证其有效性；我们同时还提供原始资料的图片，方便学习者比对，以保证其准确性。

当然，绝对的准确是不可能的。为此我们开辟了留言板，用户可以方便地就发现的问题与管理者交流。

（三）完备性原则

完备性原则是指本系统力求覆盖所有汉字。

---

① 某一汉字的部件可以理解为该汉字的下一层次。

② 例如，汉字构形数据库，虽然有相应的国家标准，但从未对外发布，无从获得。我们采用了网络公开发布的汉字构形数据库。见：北大中文论坛. 2009-11-1. 汉字字形数据库. http://okuc.net/sunwb/.

③ 例如，汉字字典，我们用了现代汉语词典和古汉语常用字字典，以及新华字典、汉语大字典等比较权威的材料。经过抽查，发现电子版材料与纸质版很吻合，能够满足教学需要。

经过调研，我们发现：以往可用于字源识字的系统在设计和开发上虽然可以做到很适合字源识字的教学和自学使用，但基本上有一个通病，就是只收录了部分汉字的字源信息，这不利于常态化的字源识字使用。

我们试图提出一个全面的解决方案，力求用尽可能丰富的资料，覆盖能够找到字源的汉字，以便于常态化字源识字教学的需要。为此我们经过充分调研选择了近 40 本与字源有关的书籍，并全部进行了数字化和标注。

（四）系统性原则

系统性原则体现在本平台力求将所有的信息进行有机整合，以适应字源汉字教学的需要。

本系统力求在字源识字相关理论的指导下，提供汉字形音义用等各方面的资源，并进行有机整合。

本系统通过精心设计的导航，将各类汉字教学信息有机地整合在一起。通过导航，我们可以找到与要学习的汉字读音、构形、书写等有关的其他汉字，不需要输入即可查询这些汉字的相关信息。

例如，通过字音查询，我们可以方便地查找与该汉字韵母相同、音段相同、音节相同的汉字，点击这些汉字，即可查询其基本信息和字源信息；再由导航可以直接点击查询其组词、字义、成语、部首和部件以及书写信息。这些操作基本上基于链接的方式进行，不需要多次输入要查询的内容。

再如，利用构形分析我们可能找到汉字的某个部件，点击即可查询由该部件组成的汉字，点击"字源信息"即可查找该部件的字源信息，点击读音则可查找到该部件的读音。

（五）易用性原则

易用性原则是指力求便于学习者发现和使用系统。

本系统主要采用 WEB 的方式提供服务，学习者通过网页即可获得服务。为方便使用，本系统采用了"极简主义设计"，系统未使用任何第三方控件，更不需要安装其他程序。系统的导航和界面经过精心设计，十分便于学习者使用。

系统还十分注意提升用户体验。例如，呈现汉字时基本按字频进行了排序，点击即可进一步查询。查询出汉字字源信息后，点击文字或图片，即可复制进剪贴板，方便用户使用。再如，查询字源时，可以一次输入多个汉字进行查询，还支持在线生成 PPT，大大减轻了教师的劳动。

四、功能描述

根据系统总体结构和设计，我们确定本系统的功能如表 2-1 所示。

表 2-1　系统功能描述

一、数据处理			
1. 信息整合			将原始数据清理、格式化后直接导入
	（1）汉字基础信息整合		拼音数据库、笔画数据库、部首信息数据库、汉字字频信息等的转换和整合；汉字读音声音文件提取与命名
	（2）简繁信息整合		解决本系统面临的简繁字困扰
	（3）参考信息整合		《说文解字》与《康熙大字典》《古汉字字典》《新华大字典》《汉语大字典》《国语辞典》《辞海》《成语字典》《同义词林》《同义反义字典》《歇后语大词典》等的整合
	（4）汉字构形信息整合		将 SGD 汉字构形数据库整合到本系统
2. 字源信息数据处理			
	（1）字源信息录入		C/S 程序实现相关书籍扫描、信息导入、标注、校对、整合、入库。操作方便，智能化程度高
	（2）字源信息维护		
		A.标注管理	在线编辑工具，实现标注的新增、删除、修改
		B.字体演变过程清理	在线维护，点击实现标注的排序、删除与恢复
		C.字源释义清理	在线维护，实现字源释义信息在线修改与保存
		D.字源相关图片清理	在线维护，点击实现标注的排序、删除与恢复
3. 汉字图片数据库（汉字文化信息数据库）			与字源信息处理方式类似，但引用了大量电子书籍
4. 构形分析			
	（1）部件信息表整合与维护		部件信息如何动态生成
	（2）汉字构形与构意的整合分析		利用部件信息和汉字信息进行汉字构形与构意整合分析
5. 汉字字形生成			
	（1）笔画提取		利用 GDI+ 技术，提取楷体字形所包含的汉字矢量信息，实现以笔画为单位的汉字矢量提取
	（2）汉字字形再现		根据保存的汉字矢量信息，利用 HTML5 的 Javascript 实现汉字字形再现
	（3）形似字特征提取		根据汉字表，逐一生成汉字图片，利用 PHash 算法，计算汉字的特征值，为形似字查询提供基础数据
二、字源汉字教学资源平台			
1. 简繁信息处理			导入简繁对照表，以整合相关汉字信息
2. 汉字基础信息查询			一次可查询多个汉字，可输入拼音查询汉字

续表

	（1）读音信息查询	显示与该汉字音位、音段、音节相同的汉字列表，拼音在线朗读，结果按字频排序
	（2）汉字部首查询	显示由本字和其部件组成的汉字，便于归类学习，结果按字频排序
	（3）汉字字义查询	根据《新华字典》查询汉字字义并显示
	（4）组词查询	根据《汉语大字典》查询汉字所组词语，结果按词频排序
	（5）词义查询	根据《汉语大字典》查询汉字所组词词义
3. 汉字扩展信息查询		
	（1）同义词词林查询	利用哈尔滨工业大学同义词词林扩展版，实现基于同义词词林的语义查询
	（2）经典查询	《说文解字》与《康熙字典》查询
	（3）成语查询	根据相关资料，整合了同义词与近义词及反义词
	（4）近义词、反义词查询	整合多份同义词、近义词、反义词，实现相关查询
	（5）歇后语查询	查询包含该汉字的歇后语
4. 字源信息查询		一次可查询多个汉字，可利用拼音查询汉字，划词翻译、点击复制、拼音在线朗读
	（1）基本字源信息查询	由文字学专业学生系统整理过的字源释义，使用方便
	（2）其他字源信息查询	提供近 40 本书籍资源查询
5. 部件信息查询		基于表达式的部件分析，从直接部件到单纯部件的分解，任意部件组合查询，结果按字频排序
6. 汉字字形相关查询		
	（1）书写查询	根据笔画矢量信息及部件信息，实现汉字自动根据笔画顺序绘制，不同部件用不同颜色区分，可点击查询汉字读音和部件字源信息
	（2）形似字查询	根据要查询的汉字的特征值，计算其他汉字与其特征值的差，进而查询并显示与其形体相似的汉字
7. 生成系统查询		输入一个或多个汉字部件或汉字，查询构意分析包含该部件或汉字，并递归地查询由它组成的字
8. 图片数据库查询		输入汉字或词语，在标题或内容中查询包含该字词的汉字图片
9. 歇后语查询		输入一个或多个汉字，查询包括该汉字的歇后语
三、管理子系统		
1. 用户和角色管理		
	（1）注册	提供新用户注册界面，根据用户输入检测用户名是否重复
	（2）用户信息在线维护	密码与用户状态维护
	（3）基于角色的访问控制	配合程序，完成不同用户的权威管理，以便为不同用户提供不同服务
2. 基于 IP 的访问控制		限制某些 IP 的访问，以防止机器人检索数据；也可以限制某些用户的恶意访问，保护系统数据和效率
3. 用户访问日志		记录机制、访问链接、IP 地址查询等信息，以便检索

续表

4. 用户访问日志检索	根据不同页面、IP、时段等信息，检索用户访问日志，以分析系统运行状态或用户的行为	
四、其他辅助功能		
1. 定时拷贝目录中的文件	从"友益电子图书"中取出书籍电子图片	
2. 剪贴板监控	实现文本格式整理	
3. 基于统计的汉字形体结构分析	采用图像叠加再统计的方式，分析汉字形体结构特点	

本系统中重要的数据库表单罗列如表 2-2 所示。

表 2-2　字源识字基础平台表单列表

表名	中文名	表名	中文名
参考资源		汉字基础信息	
J2f	简繁对照表	Chinese	汉字基本信息表（一个汉字一条信息）
HanziEnglishSY	汉字英文释义	pytable	汉字音节表
Chengyu	成语词典	pysplit	汉字拼音拆分表（一字一音一条记录）
words	词汇表	OrdInitial	声母顺序表
tycl	同义词词林数据库	OrdRhyme	韵母顺序表
kangxi	康熙大字典	chinesecharfreq	汉字频率表
shuowenjiezi	说文解字	chinesewordposfreq	汉语词频表
guhanyudazidian	古汉语大字典	构形信息	
xinhuazidian	新华字典	Sgd_over	汉字构形信息表
hanyudazidian	汉语大字典	StrokeVector	汉字笔画信息
guoyucidian	国语辞典	字源信息	
cihai	辞海	DmRSType	标注类型表
chengyu	成语词典	MarkerInfo	标注信息
tycfyccd	同义词反义词词典	PageInfo	书页信息
xiehouyu	歇后语	RefBook	参考书籍
tycl_end	同义词词林	cultureinfo	汉字图片库信息
Chinese_words_feeling	汉语词汇感情色彩表	系统管理信息	
material	各教材生字表	denyiip	IP 黑名单
汉字生成信息		admin_user	系统用户表
BasicBj	基础部件表	t_admin_role	系统角色表
HanZiBj	汉字部件组成信息表	st_accesscount	系统日志
		dv_address	动网 IP 数据库
		notebook	在线留言本

第二节 汉字基础信息收集与整理

根据系统的功能需要，本系统所涉及的汉字信息包括汉字基础信息和扩展信息，其结构如图 2-2 所示。

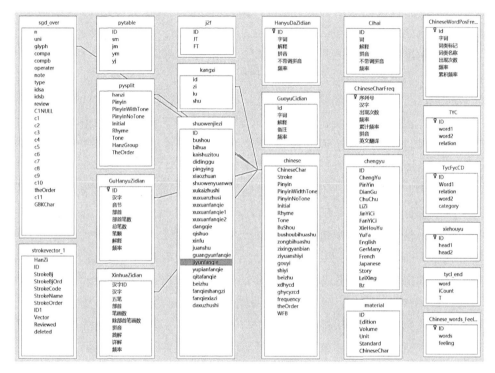

图 2-2 汉字信息结构

需要特点指出的是，如何兼容字头的繁体和简体。大量文字学研究成果以繁体的形式提供，识字教学本身也不能回避繁体字，为此，如何正确处理简体与繁体的关系就成了本系统的一个大问题。一种方法是将繁体信息全部转换为简体信息，以方便使用；另一种方法是保持原有内容不变。考虑到在汉字由繁体转换为简体时，部件简体字古已有之，其字源通顺，而它所代表的繁体字的字源与该字则差别甚大，从学术严谨的需要出发，本系统在使用材料时不做主动转换，原有材料是繁体，则依然以繁体的面目出现，原有材料以简体的形式出现，则也以简体的形式出现。为了便于使用，本系统在查询时利用简体与繁体（可能还有部分异体）的转换表，进行了简繁转换，以保证在查询一个汉字时，同时使用其简体和繁体进行查询，并分开显示，以保证信息的完整性，便于使用者参考。为此，系统使用了简繁转换表。该表共收录 3145 对简体字与繁体字。

本系统所使用的汉字信息很多是公开的，可以直接找到。为了适应系统的要求，提高查询的性能，有时可能需要修改要使用的数据。

以下信息直接导入系统即可使用：简繁对照表、汉字英文释义、《康熙大字典》《说文解字》、汉语词汇感情色彩表、汉字频率表、汉语词频表、歇后语。

一些信息需要在导入前进行一些处理。例如，同义词词林数据库，把原数据库一对多数据拆分为多条数据，以提高查询速度；对几个字典和词典（包括《古汉语大字典》《新华字典》《汉字大字典》《国语辞典》等）的读音我们进行了再加工，根据带调的拼音生成了不带调的拼音，便于在查询时根据拼音查询汉字，同时将汉字和汉语词汇频率信息加在这些字典和词典上，便于查询时按字频或词频进行排序。

有时为了提高查询速度，我们对信息进行了冗余处理，如将汉字频率信息、汉字解释、拼音等基础信息全部放到汉字基础信息表（Chinese）中；有时为了使用方便，对原信息进行了二次加工，有些数据需要转换格式后使用。例如，汉字构形信息表，原作者只提供了 PostgreSQL 版本的数据，本系统以ACCESS 数据库为中间格式，将其转换到 MySQL 数据库中，供平台使用。有时一些数据不能直接获取，需要对原数据进行转换后才能使用，如成语词典。已找到的词典数据很多不够完整，为此本系统利用已经有的很完整的电子词典经过转换得到格式化的文本文件，再编程逐一分析文本文件后，根据表设计写入数据库中。此外，还根据成语的汉字排列规律，增加了"类型"一栏。例如，"马马虎虎"为"AABB"式，"一心一意"为"ABAC"式，便于归类使用。

有时还需要专门设计程序来取得一些比较专业的资料，如《说文解字新注》，研究发现它在浏览时会在一个目录下产生临时图片，通过监督该目录下的文件，便可获得该程序所包含的图片。

还有的数据提取更复杂，如汉字读音对应的声音文件。要获得汉字读音，一种方法是请专业人士针对汉字音节表朗读后录音，再对录音文件切分后保存为不同的声音。这种方法对朗读者的普通话要求比较高，后期加工和整理的工作量很大，因而不宜采用。另一种方法是充分利用网络上的免费、开放资源，进行数据处理后得到。

本系统采用第二种方法，利用从网络上下载的带汉字发音的 flash 动画，使用 flash 资源提取工具，将声音文件全部提取出来，再人工判断，以"声母+韵母+声调"的格式保存为 MP3 文件①，放到指定的文件夹下。经过整理，共获得 1388 个不同的汉字拼音。

根据汉字的音节由声母、韵母和声调组成这一规律，汉字的读音可直接对应其声音文件，如"dài"的声音文件为："dai4.mp4"。在 WEB 页面中使用代码，即可播放声音文件，实现在线朗读功能。在 PPT 中，这些声音文件也可以通过 VBA 编程实现汉字的朗读，这正是本系统用于辅助拼音学习的软件所用的技术。

第三节　汉字字源信息的收集与整理

字源信息处理是本系统最主要的任务之一。通过研究，笔者发现，虽然现有文字学研究成果颇丰，很多成果也建立在综合其他成果的基础上，但由于以前的研究大多没有信息化技术手段的支持，无法以比较方便的方式参考相关研究成果，以至于对汉字字源的释义各说各理，让人无以适从。笔者以为，我们应该以信息技术为手段，在广泛涉猎现有研究成果的基础上，通过综合研究，集众家之所长，形成一套清晰易懂、合理而系统的汉字字源解说。这一工作虽然目前已经有别的机构做了一些工作，但毕竟未专门从识字教学的需要出发来拟定字源，另外我们也无从看到其所引用的资源。为此，我们认为设计一套系统，并完成基于该系统的字源识字整理工作也很有必要。最起码，它能够提供给相关研究者一套可靠而完备的资料库。

为此，笔者经过认真规划，在相关领域专家的支持下，完成了一套汉字字源处理系统。该系统以丰富的字源相关研究成果为原始资料，利用信息技术，提供了汉字字形演变、字源释义、相关图片等信息的获取、加工、入库，并以 WEB 的方式提供给使用者。这一系统的建成奠定了字源识字教学和研究的基础。

一、汉字字源信息系统总体设计

字源信息处理系统总体运行模式如图 2-3 所示。

---

① 为方便使用，一般采用 WAV 和 MP3 格式，考虑到 MP3 格式数据量小，本系统采用了 MP3 格式。

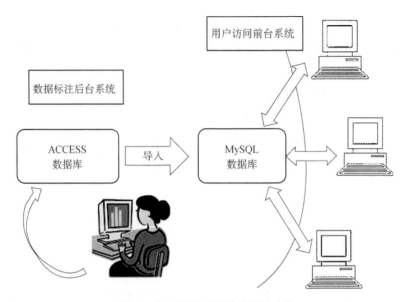

图 2-3　字源信息处理系统逻辑结构

（一）系统数据设计

根据上述逻辑结构，字源信息处理系统设计如图 2-4 所示。

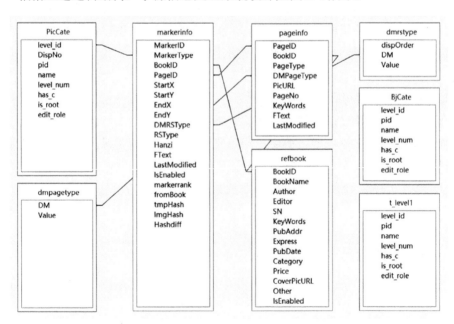

图 2-4　字源信息处理系统的表设计

字源信息处理系统以"书籍"为处理起点，以书页扫描后生成的图像为处理对象，将不同内容分割后形成的"标注信息"为最小处理单位。据此，该系统包括书籍信息、书页信息、标注信息以及其他辅助信息[①]。信息之间的关系见图 2-4。

1. 书籍信息

书籍信息是本系统所参考的书籍信息的摘要。其字段设计参考"基础教育教学资源元数据应用规范（CELTS-42）"进行设计，包括书籍 ID、书名、主编/作者、编者、书号、关键字、地址、出版社、出版日期、分类、定价、封面图片 URL 等相关信息。

其中的核心字段为书籍 ID，书页信息和标注信息通过书籍 ID 与书籍信息关联。书籍信息可以在提供数据时以标准的著作参考格式提供原内容信息，以方便引用。设计书籍信息的另一个目的是减少数据冗余。

2. 书页信息

书页信息记录了书籍中每一页的类型、页码、全文等信息，包括书页 ID、书籍 ID、图片 URL、页码、关健字、全文等字段。

书页信息的关键字段是书页 ID，标注信息通过书页 ID 与之关联。

书页就是书籍扫描后的图片，它是字源信息标注工具操作的对象。

3. 标注信息

标注信息是本系统最重要的核心信息。本系统基于标注设计，标注信息的设计是本系统的核心，目前系统所有字源信息都是标注的结果。

标注是使用专门开发的软件，对扫描出来的书页中的某一部分进行说明的结果。标注信息包括标注 ID、书页 ID、区域（顶点和底点）、资源类型代码、所属汉字、全文等内容。

标注 ID 是本信息的关键。系统利用标注 ID 将标注区域自动截图，并用标注 ID 作为所截图片的文件名，访问标注原内容即可调用此图片。（关于标注的详细分析见后文。）

4. 其他信息

系统使用各种代码表，保存标注类型、资源类型、书页类型等信息，以减

---

① 如各种代码表。

少数据库冗余，方便代码显示名称的修改。

系统还设计了标注信息分类层次表（PicCate）、书籍目录层次表（t_level），用于更好地组织书籍和图片以及标签信息。

（二）系统工作流程

1. 选择原始资源

根据科学、准确、全面、丰富、易用的原则选择适当的书籍是字源信息加工的第一步。书籍的选择要多听领域专家的意见①，并综合考虑多种因素。例如，从领域来看，既要有专业的著作，也要有便于理解的一般著作；从复杂程度来看，既要有解释较全面的著作，也要考虑解释较简单的内容；从内容的类型来看，既要有偏向图片的书籍，又要有偏向文字解说的书籍。遵循以上原则的指导，可以节约后期处理的成本，加快整个系统的开发速度。

之所以要选择多本不同的书籍，一方面固然是因为每本书都有其侧重点，其提供的信息类型不同；另一个重要的原因是由于汉字字源的很多解释各家说法有比较大的差异，因而需要综合各家说法进行对比研究，以便通过比较，为用户提供较为科学合理的解释。

例如，对"东"的解释：

①"东"字原来是指一种袋子——"橐"（音 tuó）。这种袋子的特点是没有底部，装盛东西之后用绳子从两端扎紧。后来专用以指方向。

——《汉字演变五百例》

东方是日出的方向，由于阳光充足，植物便特别叶繁茎粗，甲骨文、金文是一个上有芽、下有根的特别饱满的球茎形状。

——《汉字寻根》

②甲骨文、金文的东字，像一个两头束扎的大口袋。它的本义当指的是口袋中所装之物，也就是我们今天所说的"东西"。此字后来多借用为方位名词，作"东方"讲。所谓东方，即指日出的方向，与西方相对。

——《常用汉字图解》

③这是"东方欲晓"的"东"字。许慎曾根据小篆的形体分析说，这个字

---

① 如本系统的字形演变由于前期沟通不够，导致大量数据质量低下，错误较多，经西南大学文献所喻遂生先生点拨后，选择了《古文字类编》和《甲金篆隶大字典》重新生成了一遍，大大提高了系统字形数据的权威性和可靠性。此处向喻教授深表谢意。喻先生现在也是我的博士后导师，其为人和学问都是本人的楷模，能得到他的教诲，真是我人生一大幸事。

是"日"和"木"组合而成的，"日"升到树木的半中腰，表示东方。其实许慎说错了。你看甲骨文"東"多像两头扎起来的一个大口袋。金文"東"就更像大口袋装满了东西，而两端也是扎起来的样子，所以"东"的本义就是代表"东西"（物）。小篆東是从金文演变来的，已经看不出是口袋的形状了。"東"为楷书形体。东是简化字，书写很方便。"东"作为"东方"讲，是假借的问题，即假借"东西"（物）的"东"代表"东方"之"东"。因古时主人之位在东，宾客之位在西，所以主人称为"东"，如"做东""东家"等。

——《细说汉字》

④独体象物字，字像两端无底口袋，以绳束口之形。东古橐字。本义口袋。借用表方向名词。《说文解字》："东，动也。从木，官溥说从日在木中。"许说非本义。

——《殷墟甲骨文实用字典》

由此可见，各家说法差异较大，四家即有三种说法。从书籍权威性、本身解释的自洽性、与其他材料的印证等几方面考虑，我们可以取④作为比较可靠的说法。

本系统利用多本书籍，借助信息技术的帮助，可以方便地实现字源考订，为字源教学和研究提供准确的信息。

2. 原始资源数字化技术

虽然信息技术在小学研究中已经得到了广泛应用，但目前大多数资源还是纸质资源；有些资源虽然已经数字化，但并不对外公开；即使有些资源已经数字化并对外公开，但一般也只提供了查询和浏览的界面，基本上不会有资源公开其后台数据库。这对构建一个平台来说远远不够，故数字化是小学资源教学转换的第一步。

数字化的手段一般是将纸质文档扫描。如果数据本身已经数字化，则需要利用工具将其取出或转换成为图片。

对纸质媒体而言，数字化主要通过扫描来实现。为保证扫描的质量和速度，首先应当选择专业的扫描设备（一般应该选择专业的书籍扫描仪），这样可以保证扫描的效果。这种扫描仪不需要将书拆成单页即可扫描，而且使用按键即可完成扫描，适于加工大量的书籍。专用的书籍扫描仪一般配备有 OCR 软件，可以帮助我们将书籍中的文字识别出来。这样可以大大减轻录入的工作量。其次要确定扫描的分辨率。从成本来看，分辨率越高，扫描速度越慢，扫描的图片也越大，处理和保存的成本越高。此外，纸质媒体的分辨率有限这一事实也决定了过高的分辨率并无太大价值，故应根据教学需要选择合适的分辨率，一般选择 600dpi 就足够了。此外，还应在扫描前仔细调整扫描仪的参数，以便尽可能保证扫描质量，这需要多次实验。

对于电子书籍，需要将其转换为 JPG 图片，为此，需要根据原有的格式做不同的处理。举例来说，对于 PDF 格式的电子书籍，可以用专业版的 PDF 将其拆分为图片；对于 CHM 格式的文件，可以使用 CHM 反编译工具。

比较复杂一点的例子是对《说文解字新注》电子版的处理。该电子书使用了友益电子书格式，很难取出其内容。经过研究，笔者发现它的页面保存在一个固定的目录下，但一旦翻页，就会删除原来的页面。利用这一点，笔者设计了一个监视程序，其界面如图 2-5 所示。

图 2-5　监视程序运行界面

它可以按指定间隔访问指定目录，如果发现有新的文件，则将它拷贝到程序指定的另一个目录中。下面简述其处理过程：

①打开那个电子图书后，通过页面属性，找到保存图片的目录；

②将这个目录输入目录监视程序的"源目录"文本框，设置好监控周期，按[开始]按钮，准备监视目录；

③按页浏览原电子书每个页面，以便生成每个页面的图片，注意每页停留时间约为监控周期的两倍；

④浏览全部页面后，暂时不要关闭电子书，检查是否漏掉了某些页面，如果的确漏掉了页面，重新浏览该电子书相关页面即可。

3. 标注数字化图片

根据教学需要对图片内容进行说明，这一过程称为图片的标注。由于一张图片往往包含诸多信息，如果以整张图片为基本单位进行标注，不利于准确地说明问题，为此，需要对图片进行分割，并根据分割的区域进行相应的标注。

　　图片标注可以利用通用的图片编辑软件①，也可以开发专用工具。由于目前图片标注工作很少，图片切割和标注一直是文字学研究软肋，不但在标注时费时费力，后期管理和使用也很麻烦。

　　通过字源识字理论研究，我们总结出，字源信息主要包括汉字演变过程、汉字字源释义、与字源有关的图片三类信息。其中，仅字源释义可以以文字的方式呈现，另两种信息最好以图片的方式呈现。当然，对于小批量（如几百条以内）的数据处理来讲，不用专用工具也可以完成信息的采集，但由于本系统设计的目标是完成一个系统化的、涵盖基础教育所有汉字的字源信息平台，仅以每个字 6 条，共处理 2000 字来计算②，数据量就在 12 000 条左右。显然不可能用手工的方式对图片一个一个地用通用工具来处理；何况，处理完图片后，还需要识别、入库，这些工作如果不借助专用工具来实现，其工作量都相当惊人。

　　由此可见，开发专用的标注工具对于获取字源信息尤其重要。

二、标注工具设计与实现

1. 核心技术要求

　　为提高系统的工作效率，支持工程化的加工是系统最核心的要求。为此，要科学地设计操作流程、操作方法、界面显示等，并以符合 Windows 规范的快捷键、热键和鼠标滚轮等多种操作方式的组合实现系统功能，以最大限度地减轻操作的劳动量，提高操作的有效性和可靠性。

　　（1）流程方面的设计要求自动化

　　系统应根据操作的需要合理设计流程，使之符合操作的习惯，最大限度地减少人工干预。例如，新增标注区域的操作流程：非标注状态下点击新增标注按钮或直接按空格键进入标注状态，选择相应的区域后系统自动弹出标注内容窗口供操作者录入标注内容，保存标注后系统重新进入标注状态。再如，修改标注流程：标注状态下按 ESC 或单击鼠标右键后即退出标注状态，双击某一已标注区域（红色方框标出的区域）即可弹出标注内容窗口，保存标注信息后系统自动再次进入标注状态。

---

① 如 windows 平台的画图软件，ACDSee，PhotoShop 等。
② 这只是一个最简单的估计，假设每个字源信息含字形演变图片 4 张，字源释义 1 条，相关图片 1 张。

（2）操作方面要求快捷、方便、省力

快捷和方便是指为了完成某一功能，操作者按键次数和鼠标移动次数尽可能少。这一方面依赖于系统将常用功能定义为快捷操作。比如，按 ESC 键退出标注状态，按空格进入标注状态、按住 CTRL 键再向上或向下滚动鼠标即可放大或缩小图片，按 PgDown 键或 PgUp 键可向下或向上翻页，按空格键快速进入标注状态等。另一方面也依赖于精心设计的自动化操作，如操作后如果未保存，系统自动提示保存，保存后自动转至下一图片，标注时按回车键自动跳到下一输入区，按 CTRL 键加回车键确定标注信息等。

省力的目的是降低标注的劳动强度，这需要综合考虑。比如，"指定一个标注区域"这个操作，一般会设计成以拖动的方式进行，对于少量的标注作业来讲没有问题，但大批量的操作就会使食指相当疲劳，为此，本标注工具专门设计了如下操作流程：第一步，点击一次，设置开始位置；第二步，移动鼠标时，系统自动以虚框的方式显示指定区域；第三步，再点击一次，设置结束位置，系统自动弹出标注内容窗口。这样，只需要两次点击就可以完成该操作，不需要一直按着鼠标，这就降低了劳动强度。为达到快捷操作的目标，系统在人工操作的基础上，设计了若干辅助功能。比如，上述指定标注区域的操作，如果全部以手工的方式来指定区域，需要仔细选择区域的起点和终点，要求精度高，自然就费时费力，也做不到整齐划一[①]，为此，系统在设计时，可由操作者自定义需要的样本色（双击取色框即可选择样本色）以及冗余度（冗余度越大，可允许的偏差越大），操作者指定了区域后，系统自动根据样本色和冗余度找到起点和结束点，再向外扩展指定数量的空白，确定选择的范围。这样，操作者只需要大致确定范围，系统即可根据参数准确定位，并留出相同的空白区域了。

（3）操作界面要求美观、干扰少

友好的人机交互界面的核心是：一美观，二干扰少。为此需要从界面元素（如工作区和各类菜单、快速按钮等）的布局和外观美化、各种界面元素呈现的合理性和有效性等方面进行综合设计。界面的美化可由专业的美工协助，如何减少界面的干扰是一大问题。从方便出发，要使操作者能够很容易地找到系统的功能；界面元素太多，反而会干扰操作者的正常操作。为此，系统需要根据操作的需要将功能分配到不同界面元素上，常用的功能以快捷键和操作按钮的方式提供，很少用到的功能以菜单的方式提供；同时需要根据不同的操作类型

---

① 比如，很多情况下要求切割出来的图片与区域的边缘之间有一些空白，为了美观，这些空白最好一样多。

显示不同的界面要素。

为保证操作的可靠性，系统在进行某些操作时会有意识地屏蔽其他界面元素，避免误操作。此外，在设计界面时，还要注意提示操作者操作的状态和操作内容。比如，标注状态时鼠标为十字形，非标注状态时为箭头；对内容进行有效性检查并提示无效输入等。

2. 标注工具的功能

如前所述，字源信息也包括数据加工和处理的后台程序与数据显示的前台程序。对于字源信息来讲，数据加工主要是字源信息的标注。标注工具需要完成以下几个功能：一是提供对图片资源等加工资源的组织功能；二是提供图片标注功能；三是标注信息的输出功能。

（1）图片管理

标注工具处理的对象是图片，因而第一个要完成的功能是图片的管理。从结构来讲，系统设计了"目录→书籍→图片"的三级树状结构以方便管理；从功能来讲，系统提供了在某级层次（如根目录和子目录）上的新建目录、移动目录、编辑目录信息、删除目录等功能。

（2）标注功能

标注功能是本工具的核心功能。它支持工程化的连续标注：操作者选定某一区域并填写标注信息后，系统从图片上截取选定区域的图片并自动命名和保存，最后将这些信息写入后台数据库。

（3）输出功能

根据需要，可给定若干条件查询数据，并导出数据和图片，供二次开发或者直接的加工整理使用。

3. 标注工具界面设计

标注工作针对某书页对应的图片，指明其区域①，设置好图片所对应的汉字以及图片的类型即可。程序将自动生成该区域的小图，作为原始资料。对于中文释义，可以统一采用专用 OCR 软件来识别，利用工具将其作为图片的全文即可。

据此，标注工具需要三部分功能：一是书籍和书页信息的管理和导航；二是书页标注；三是标注信息录入。标注工具的运行界面如图 2-6 所示。

---

① 为简单起见，该区域为一个矩形。

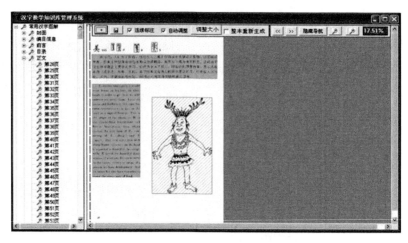

图 2-6　标注工具界面

（1）导航区

根据系统书籍信息和书页信息，自动生成书页导航。该导航共分为三级。

第一级为书籍信息，点击即显示书籍指定的封面图片，右击可以查看、编辑和新增书籍信息，其界面设计如图 2-7 所示。

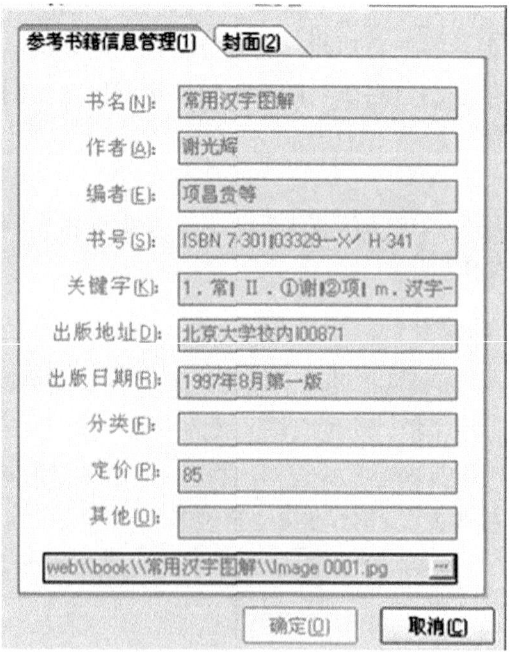

图 2-7　书籍信息界面

本工具使用 Panel 代替弹出窗口来显示和修改数据。为了避免误操作，界面上出现此类 Panel 时，只有该 Panel 上的控件可以操作，其他则全部无效，直到关闭该 Panel 为止。

第二级为书页分类，分为封面、编目信息、前言、目录、正文、封底、索引、后记等几大类，以方便使用。本级只做导航，没有其他附加功能。

第三级书页导航。点击则在右侧区域显示该书页图片，并根据标注情况显示标注信息。右击可以新增、查看、修改书页信息，如图 2-8 所示。

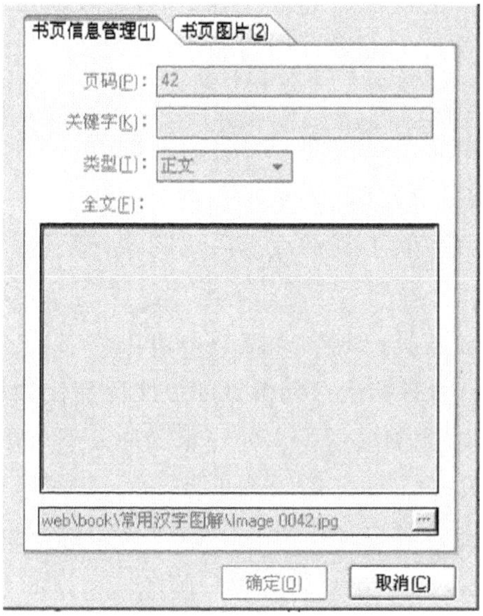

图 2-8　书页信息界面

（2）标注区

点击书页信息，即可显示该书页图片及标注区。

标注区的最上面是工具栏，如图 2-9 所示。

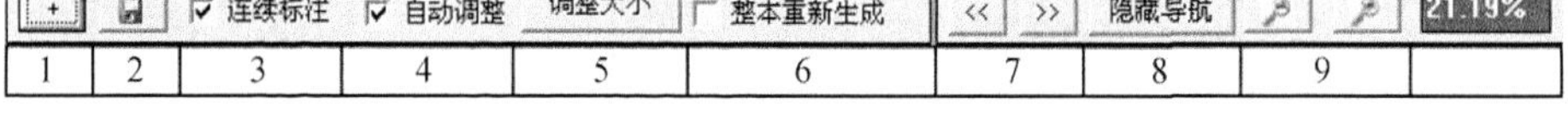

图 2-9　标注工具栏

第 1 个工具是新增标注工具：点击则进入新增标注状态，鼠标变成十字形，有两条虚线作为定位线跟踪鼠标位置，等待用户点击某个位置确定左上角的顶点。该工具为结合标注后的默认工具，可以直接按空格或回车进入新增状态。

第 2 个工具是保存标注工具：点击可以保存对本页所有标注的操作。

第 3 个工具是连续标注选择：选中后，第一个标注完成，可以自动进入新增下一个标注状态。

第 4 个工具是自动调整大小选择：选中后，系统将自动调整所有标注的大小。

第 5 个工具调整大小：点击后将重新调整本页所有标注的位置。

第 6 个工具是整本重新生成选择：选中后，系统点击"下一页"工具，则自动根据标注信息，重新生成所有标注的图片。整本书生成完毕后，系统自动停止。

第 7 个工具是翻页工具：前面一个是向前翻页，后面一个是向后翻页。也可以直接按 PgUp 向前翻页，PgDown 向后翻页。

第 8 个工具是隐藏导航工具：点击后可隐藏导航区，便于操作。再次点击可重新显示导航区。

第 9 个工具是缩放工具：利用此工具，可以将书页图片放大或缩小，以便操作。在进行缩放时，所有标注自动根据缩放比例变化大小和起始位置。

第 10 个工具是缩放比例显示：本处显示图片大小与实际大小的比例。

（3）标注信息录入区

点击新增标注或在已有标注上右击，即可显示标注信息录入区，其界面如图 2-10 所示。

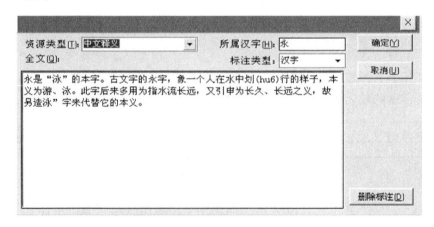

图 2-10　标注信息录入界面

根据字源信息分类，资源类型包括甲骨文、金文、篆文、隶书、中文释义、英语释义、组词、字源图片、实物图片、图形文字、古玺、石鼓文、古文、楚陶文、汉印、部首基本信息、部首解释、字源古文字、字源简释、石刻文、活体字、或体字、帛书、诅楚文、俗体字、楚简文、籀文、说文原文、说文译文、说文注释、说文字源、甲骨文释义、卜辞义、甲骨文字源等。系统通过参数设置可以修改当前处理书籍的资源类型和先后顺序。

对于资源类型的划分，为了刻画得比较细致，我们一般会根据实际的内容来设计类型，在前台显示程序中再做相应的修改，以将这些资源放到正确的位置。例如，对于字形演变，我们就将文字类的全部放在了一起。

目前设计的标注类型主要有三类：第一类是汉字，第二类是部首，第三类是字原。用来分别处理三类不同的信息。

4. 标注工具功能设计与实现

标注采用流程化的方式进行，操作方式符合人们的习惯。流程中的每一步都经过精心设计，以方便使用，提高工作效率。

（1）新增标注基本流程及操作方式设计

①从书页导航树中确定要标注的页面；在此页面中，滚动鼠标滚轮，即可移动图片位置，便于操作。[①]

②系统自动进入标注状态，等待用户定位：系统用虚线跟踪鼠标位置[②]，以帮助用户定位。用户可以用 Ctrl 配合滚动鼠标滚轮，即可放大或缩小书页图片。[③]

③按下鼠标左键，确定左上角顶点，系统同时产生虚框，以帮助确定标注区域；按下右键可取消左上角顶点，系统自动转向第②步，等待用户按键。[④]

④用户按下鼠标左键，确定右下角顶点，系统产生实线框，显示标注区域。对于标注来讲，精确地定位区域可以保证数据呈现规范有效，因而显得十分重要。而要精确定位需要标注的区域，就需要操作人员十分小心地操作，这对于大量数据录入来说不可接受。为此，本工具专门设计了自动缩小功能：根据系统配置文件中对于颜色阈限值的设定，系统自动从左上角顶点

---

① 这种操作风格是大家熟悉的 Windows 常用的操作方式。
② 这种风格借鉴了很多设计类软件的设计思想。使用辅助线，可以清楚地看到鼠标位置所在的区域。
③ 这种操作模仿了 Microsoft Word 的操作模式，很便于用户使用。
④ 这种操作模仿了 AutoCAD 等设计软件的操作风格，用户不需要按其他键即可实现，十分方便。

扫描到右下角顶点，找到超过阈限值的区域。这样，操作者只需要大致确定区域即可实现对区域的精确定位。有了这一功能，定位就显得很容易，只需要大致根据辅助线确定两个顶点位置，系统就自动根据内容缩小区域，以精确裁减出内容。

⑤程序自动显示标注内容区，用户可以输入标注内容所属汉字、选择标注类型和资源类型；对于文本类资源，用户可以在文本框中输入字源释义。为提高工作效率，标注时，仅标注窗口可见、可操作，其他内容都不能操作；为操作方便，可以用回车直接跳转到下一字段或记录。

新增标注后，如果全文未填内容，系统自动用一个空白区域显示该标注；如果全文有内容，系统自动用一个带颜色的半透明区域显示该标注。

保存以后的标注在显示时，根据是否有全文、是否有新增标注，用不同的颜色标注出来，以方便操作者区别。图 2-11 中："1"表示已保存有全文的标注，"2"表示已保存无全文的标注，"3"表示新增无全文的标注，"4"表示新增有全文的标注。

图 2-11　标注的不同表现

（2）修改标注功能的实现

在已标注好的区域上面单击右键，即可进入修改标注信息的界面。其操作与新增标注完全一致。

（3）删除标注

在标注区域单击右键，即可弹出菜单，选择"删除标注"，回答"确定"即可删除标注。

（4）核心功能：根据标注截取图片并自动保存

对于标注工具来讲，与用户界面有关的功能的实现都比较容易。最核心的功能是如何从书页中截取指定的区域，并用标注 ID 保存为相应的图片。这一功能实现起来比较复杂，现简单分析一下思路。

为了使图片较小，以保证在 WEB 上可以浏览，图片格式全部采用了 JPG。本系统选用的开发工具 C++Builder 对 JPG 支持较好，虽没有直接从 JPG 图片中拷贝出部分区别的函数，但它支持对位图的这种操作。为此，程序设计如下：

①查找书页位图是否存在，如果不存在，则根据 JPG 图片生成一个书页位图到一个 Image 控件中，并调整其大小为图片大小。

②根据标注坐标，取得左上角和右下角的顶点，截取位图，最后将该位图转换为 JPG 即可。

③将标注相关信息保存到数据库中。

5. 字源信息在线维护设计及功能实现

为了使用方便，本系统提供了基于 WEB 的字源信息在线维护功能，供管理员使用，以完成少量数据的在线维护。在线维护功能包括标注管理以及字体演变过程、字源相关图片的在线维护和字源释义清理等功能。

在线维护程序提供了一个基于 WEB 的字源信息维护功能。该功能可以完成标注信息在线编辑、标注信息删除、标注信息评级、字源释义修改四个操作。

（1）标注信息在线编辑功能

在线维护功能为授权用户提供一个小的工具栏：**2** 23456789 编 删 。此工具最前面的数字 **2** 表示对当前资源现在的评级；随后的 2 3 4 5 6 7 8 9 编 删 是一个修改其评级为 1 级到 9 级的快捷方式，点击即可修改当前资源的评级；倒数第二个 编 是指向编辑界面的链接；最后的 删 是指向删除字源信息的链接。

在线编辑的界面如图 2-12 所示。

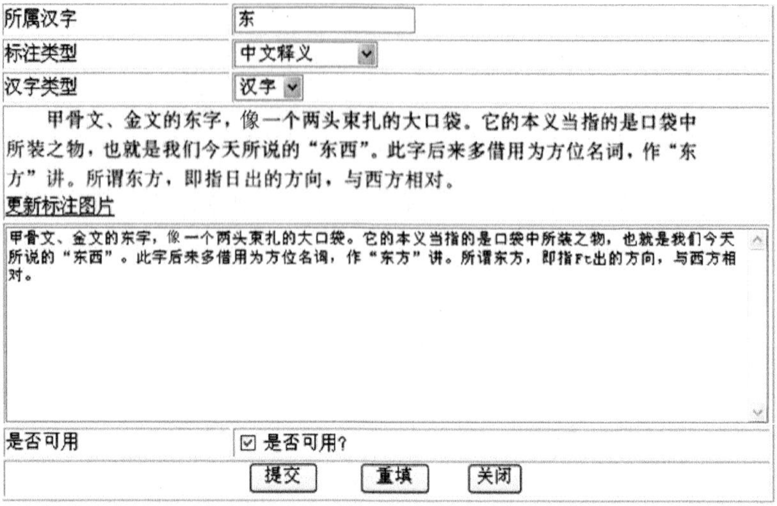

图 2-12　标注在线编辑功能

利用编辑标注的"更新标注图片"功能，用户可以重新为该标注上传一幅图片。这对于少量修改标注图片特别有意义。例如，一些标注由于多标了部分内容，利用该功能即可修改后重新上传，实现对标注图片的快速管理功能。

管理员可在线修改标准所属汉字、标注类型、资源类型以及标注全文，还可以设置该资源是否可用[①]。系统同时提供原始标注信息供用户参考。

修改完成后，按"提交"即可完成。提交后，用户所做的修改即保存到数据库中，系统同时刷新原页面，以反映提交的结果。

（2）删除及还原数据

点击链接▥即可删除该字源信息。如果发生误操作，可以从选项中选择"显示删除的数据"，即可看到软删除的字源信息下面有一个工具栏▮编复，点击最后的复即可恢复该数据。

（3）字源信息评级

鉴于同一汉字有诸多解释，本系统设计了字源信息评级功能，以便对信息进行评级。点击字源信息下面的工具栏中的数字即可对其进行评级。

字源信息评级的作用主要体现在两个方面。一方面，对于字形演变过程来讲，评级功能就是分组功能：使用该功能，管理员可以将同一字形按源流进行分组。这样，可以比较清楚地展示一个汉字的几条发展演变路径。另一方面，

---

　　① 为了避免实际删除会从数据库彻底清除数据，本系统所谓的删除功能是软删除，实际上是将该资源的"是否可用"属性打上"N"这一标记。

对于字源释义来讲，分级就是对其进行可靠性判断。分级值越小，显示时越靠前，表示其可靠性越高。

（4）字源释义清理

管理员可以在参考系统中各类字源相关信息的基础上，实现对字源释义的清理，如图 2-13 所示。

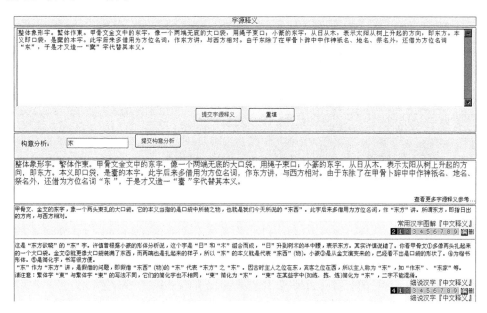

图 2-13　字源释义在线编辑

三、汉字文化信息数据库设计与实现

以与汉字文化有关的图片（主要是电子书，如《文物中国史》《中国名画全集》《中国传世人物画》《中国传世名画》《中国传世山水画》《中国传统节日的起源与内涵》等）为基础，使用字源信息标注工具完成信息标注后，我们将其信息存放到一个专门的汉字文化信息数据库中，并设计了专门的查询页面，以方便用户通过标题或备注来检索与汉字文化相关的图片。

以查询"鼎"字为例，结果如图 2-14 所示。

为了提高传输速度，同时保证系统图片的质量，该界面左侧显示的是缩略图，点击它即可打开高清晰度的大图。

列鼎
春秋晚期1988年山西太原金胜村251号春秋赵卿墓出土通高26.5厘米至45厘米，口径25.5厘米至45厘米鼎为牛头龙纹升鼎，大小相次，共七件。均为覆盆式盖，上有三个环形钮，附耳外撇，唇沿内敛，深鼓腹，平底，兽蹄形足，盖饰凤纹带和牛头双身龙纹带，腹部饰牛头双身龙纹带，下腹部饰凤纹带，周代有一套严密的礼乐制度，列鼎制度是其中之一。
『文物中国史3春秋战国时代，16』

河南三门峡虢国墓地2001号墓出土七件青铜列鼎
『文物中国史2夏商周时代，92』

河南三门峡虢国墓地2001号墓出土七件青铜列鼎
『文物中国史2夏商周时代，92』

图 2-14　汉字文化（图片）数据库

第四节　汉字生成信息设计与实现

一、汉字生成信息系统结构与数据表结构设计

　　数字化并标注后的资源有字头、古文字形、相关图片、字源释义等信息，设计查询界面后即可查询并显示出相关信息。如果不挖掘文字之间的联系，这种信息就会仅停留在提供特定汉字的字源信息水平，没有办法为系统化的汉字教学服务，为此，还需要对数字化资源进行结构化处理。我们侧重于从字形的角度分析汉字，故结构化处理技术主要针对汉字字形而设计。采用汉字构形理论作为核心支持理论。

　　根据汉字生成子系统在整个系统中的功能，其结构如图 2-15 所示。

　　汉字生成子系统以汉字生成系统理论为指导，根据汉字基本信息、字源信息、参考信息、部件信息、构形与书写信息等内容，以汉字构形与构意分析为纲，将汉字拆分为部件，实现了汉字形音义的有机整合。

　　根据上述结构，汉字生成系统数据表设计如图 2-16 所示。

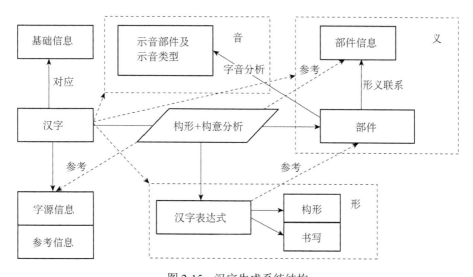

图 2-15 汉字生成系统结构

注：实线表示两者有直接关联，虚线表示两者有间接关联

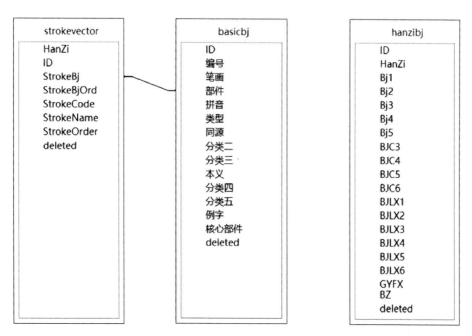

图 2-16 汉字生成系统数据表设计

汉字生成系统的数据表有三个：一个是汉字笔画信息表，用于记录汉字笔画，同时辅助构形分析，它记录了字头、笔画所属部件、笔画名称、顺序、矢量信息等，这个表结合汉字表达式，实现了基于构形的汉字形体分析。另外两

个表用于记录汉字构意分析信息，其中一个是部件信息表，另一个是汉字构形分析表。前者不但包括部件的基本信息，如 ID、笔画、名称、本义、例字等，还包括揭示部件之间关系的类型、原型、原型编码、分类等信息；后者用于记录汉字的构意分析信息，包括汉字、部件、部件编号、部件功能分类等。构意分析能形成基于层次结构的汉字多级构形分析系统；构形分析与笔画信息能够利用算法还原汉字的形体。

其中，部件信息是汉字生成系统的关键信息，它通过对现代字形与构意字形间关系的梳理，解决了因汉字形体演变而产生的现代汉字字理无法解释的问题。利用部件信息表，我们可以在汉字表达式中使用一个编码来表示符合字源的现代字形与构意字形的对应关系，并以现代字形与构意字形的关系来解说汉字字形的演变，理解汉字字源。

部件信息表包括汉字的基础部件和过渡部件。部件信息与汉字信息都是汉字生成表达式的操作数，它与汉字信息基本一致，考虑到部件的复杂性，需要做某些特殊的设计，部件信息由以下几部分内容构成：部件编码、现代汉字部件、构意部件、部件对应关系、相关部件信息等。

部件编码为每组现代汉字部件与构意部件对应关系的唯一代码，用于汉字表达式中，以解决部分现代汉字部件非成字的问题。该部件同时将作为书写数据库中该部件的现代字形的代码，以解决部件的显示和动态书写问题。现代汉字部件是以汉字字源为基础，根据字形演变过程，对现代汉字进行拆分的结果，可能是成字，也可能是非成字，其书写信息保存在书写信息数据库中。构意部件是考察现代汉字部件在古文字中的构意而得到的未经变化的部件，一般采用现代汉字表示。部件对应关系是表示构意部件如何演变为现代汉字部件的一种描述，是根据字源结合汉字字形研究的结果。相关部件信息收集了同形、同源部件信息，以便发掘部件之间的关系。

二、构意分析和构形分析的整合

根据汉字构形理论，汉字由有限个部件通过各种方式组合而成，分析这种组合关系有构形分析和构意分析两种方法。一般用构形分析方法来分析现代汉字，而用构意分析方法来分析古文字，故只要结合这种分析方法，即在分析现代汉字时，从汉字的形体演变出发，利用其古文字信息，即可实现构形分析和构意分析的整合。为了实现这种分析，首先要以古文字为起点，从字源出发，分析出汉字的基础部件信息，以便做构意分析；其次还需要以笔画为基础单位，拆分出现代汉字的各个部件，以便做构形分析；最后再将构形和构意两种分析方法整合起来。

这种处理方式与文字学研究中的隶定有类似的地方。它不拘泥于现代汉字的字形，而从字源出发，利用其古文字字形来分析其构形。这种分析的单位是汉字基础部件。有些部件从形体上来看，虽然其古文与今文相去甚远，但其变化相当有规律，可以作为基本的分析单位。根据汉字构形理论，可以将所有汉字以层次化的结构用基本单位逐一进行分析。

当然，我们分析构意和构形，目的是试图找出一个汉字的形体演变规律，进而利用这种规律更好地理解形体，为汉字教学服务，因而这种分析不是完备的，即不必穷尽汉字所有形体，而是根据汉字教学的需要，选择一些汉字进行分析。此外，这种分析的目的是通过理解汉字形体演变来学习现代汉字，因而其汉字形体演变的序列是从现代汉字逆推而来的，当然可能带有一些个人见解，不见得就完全符合汉字的形体演变史。最后，汉字形体演变的理解也可能有个人见解，但我们力图在占有大量资料的条件下，以系统的观点来理解汉字，尽量做到容易理解、比较科学而有解释力。

系统在进行汉字部件分析时，并不拘泥于现代汉字字形，也不拘泥于传统汉字的拆分原则（比如，现代汉字中的一些独体字，有的的确是一个基础部件，但有不少的部件是由几个部件通过相交的方式组合在一起的，传统构形分析一般不会拆分），而是从汉字字源出发，根据汉字的演变过程来确定汉字的拆分。拆分的结果可能是部件或者汉字。如果拆分出来的汉字没有完全拆分为基础部件，需要先把汉字拆分出来；如果汉字的部件没有收录，则先记录汉字的部件信息。这就保证了拆分结果的系统性，也能够保证所有的部件信息和汉字信息是在对汉字的分析中生成出来的，而不是事先规定的结果。在对汉字拆分时，我们利用了王宁先生汉字构形模式所提出的汉字部件在汉字中的功能分类，并根据我们的需要进行扩展。王宁先生在汉字构形模式中提出的汉字构件（部件）的分类有全功能构件、表形构件、标示构件、表义构件、示音构件五种。我们除了使用上述五种类型外，为了更细致地刻画汉字构件在汉字中的功能，在表义构件中新增了省义构件，在示音构件中新增了省声构件；鉴于部分构件既是示音构件又是表义构件，增加了声兼义构件；考虑到汉字简化的实际情况，简化汉字中的一些构件是由特定繁体构件简化而来，本身并没有理据可言，因而我们增加了简化构件。

部件也有层次结构，这不仅体现在部件的层次化分类上，更体现在部件的意义和字形关系上。通过考察汉字部件的关系，参考关于汉字部件的大量著述，我们把汉字部件进行了比较科学而完备的分类，最终确定了600多个部件，再根据这些部件的形体关系，确定了大约300个原形部件；通过穷尽这些部件的关系，我们发现这些部件之间有变形、讹形、合体、简化、省形、异形、增形等关系，这样，部件与部件之间因不同关系而形成了系统的结构。

即使部件的现代字形结构相去甚远，我们也可以利用构意分析把它们串联在一起。正是利用系统化的部件和汉字的构形关系，我们才有可能以体系化的观点来理解汉字系统。这对系统地组织汉字教学有重要意义。

综上所述，汉字生成系统所理解的汉字结构如下：

汉字：={部件 |汉字}

部件：={部件 |部件}

三、部件分类研究

这里的分类主要是针对构意部件进行的。分类依照汉字中体现出来的"近取诸身，远取诸物"的取象观念进行，以此了解汉字基础部件种类以及这些部件之间的关系。

如何将已有部件有逻辑地归并到一起，以便于学习者理解，是部件信息需要解决的一个问题。否则，部件的系统性就无从体现。为此，我们根据部件信息表，将表达类似意思的部件放在一起，以中国人的传统"取象"思维逐一整理汉字并分类，最终得到了一个系统化的部件分类表。根据分类排列的汉字部件表对我们理解汉字有重要的作用。例如，古人对动物是如何分类的？从后世著作来看，我国古代有多种动物分类方法：《尔雅》将动物分为虫、鱼、鸟、兽四大类，《管子》和《月令》将动物分为赢、羽、毛、介、鳞五大类，《本草纲目》将动物分为虫、介、鳞、禽、兽、人六大类。通过研究基本部件分类，我们可以清楚地看出，表示动物的部件可以用：飞禽、走兽、爬虫、水族四类来表示，这与《尔雅》将动物分为虫、鱼、鸟、兽四大类完全一致。可见，汉字部件分类对识字教学有重要的作用。比如，在讲偏旁为"虫"的汉字时，我们就可以比较有理据地说明，为什么今天看来根本就不是昆虫的动物，古人要以"虫"作为偏旁。

另外，通过部件分类表提供的分类信息[①]，我们可以了解到古人理解和解释世界的方式，即了解古人的世界观，理解古人的思维方式。例如，通过了解每个大类下面的子类，我们大致可以了解古人对此类事物的认知状态。比如，古人是如何理解"人"这一取向之本的？通过分析与"人"有关的部件，可以看出，古人大致从整体和局部两个方面，以不同的视角来解释"人"。

明确这一点对于我们如何组织教学材料，实现以集中识字为主要方式的字源识字有重要的指导作用。我们应该根据古人的思维，大体按照其世界的各个侧面，通过分类建立起分类之间的联系，以教授给学生一个有机的、符合古人认知方式的汉字体系。这样，学生在一开始学习汉字时就会树立系统的意识，也便于理解和记忆相关材料。

"近取诸身，远取诸物"所反映的是先民的"人本位"意识，"是指先民们在创造文字的实践过程中，既以人类自身为主要的认识对象、反映对象，也以人类自身为本体、为中心来认识万事万物，来反映客观世界。[②]"在甲骨文中，直接由人体图形或包含有人体的图形来表意的字，占了总字数的三分之一以上，这充分体现了汉民族的"人本位"意识。正由于此，我们对汉字部件的分类第一类即"人"与"物"。这个分类体系与现有很多汉字分类标准不同，它更符合古人对世界的理解。

四、汉字生成系统设计与实现

（一）汉字生成系统设计

形义系统生成所用的工具是汉字表达式。为了表述部件信息，本系统部件信息表中的表达式的操作数据不再是汉字或汉字变体或占位符，而是相关部件编码。这种编码通过程序可以使用图片或软件绘制的方式显示任意部件字形，避免了不能显示部件的问题。

利用汉字表达式，我们可以从逻辑和物理两个层面表述汉字部件之间的结构和位置关系，这就完成了汉字字形信息的描述。我们还可以对汉字每一个部件在该汉字中的字源进行分析，得到它在该汉字中的意义，并利用该部件的字形演变过程来说明，这就完成了汉字字义的描述。可见，汉字表达式是汉字形

---

① 特别是基础部件所提供的分类信息。
② 贺友龄. 1999. 汉字与文化. 北京：警官教育出版社，119.

义生成系统的关键。

如果仅仅需要从汉字的各个部件的结构关系理解汉字字形，我们仅需要关注汉字字形的逻辑描述；如果还需要将汉字书写过程表达出来，则需要描述基于字形的汉字物理表达式。

1. 汉字字形的逻辑表达

这种表达式主要说明了汉字包括哪些部件，这些部件是以什么结构方式结合在一起的。这种表达式便于从逻辑上理解汉字结构，是汉字构形分析最重要的手段。它同时提供了汉字字音生成系统和汉字字义生成系统的基础信息：汉字部件是汉字字音生成系统和字义生成系统得以实现的前提。

根据已有的研究成果，汉字字形的逻辑表达包括两个方面的内容：操作码即汉字部件之间的关系以及操作数即汉字部件本身。本系统以 SGD 汉字构形数据库为汉字字形逻辑描述的基础。为统一处理汉字与部件信息，操作数用代码表示，通过计算机程序，反查即可得到或生成汉字字形（当然，前提是提供了汉字字形的物理描述信息）。SGD 汉字构形数据库对绝大多数汉字进行了准确的直接部件拆分，为本系统汉字字形的逻辑表达提供了良好的支持。

2. 汉字字形的物理表达

汉字字形的物理表达即基于汉字部件的汉字书写实现，是生成系统的一个重要组成部分，它可以直观地体现汉字部件及其结构关系，编程可实现方便而动态的汉字动态生成。

汉字字形生成是利用已经保存的汉字表达式，结合汉字书写信息，再现汉字书写过程和结果的过程。汉字形义分析不能直接在汉字字形的基础上直观地表现出来，为此，需要在汉字形义表达的基础上，结合汉字书写数据库，实现汉字字形再现。汉字字形再现可帮助学习者熟悉汉字笔顺、笔画，熟悉汉字框架结构，还可以帮助学习者从构形系统的层次熟悉汉字部件结构。汉字字形生成涉及一系列相关问题。

（1）笔形与笔顺选择

笔形是笔画书写后的表现形式，即笔画的外观，亦即笔画形状。

笔形的分类可粗可细，如果为了检索、排序、教学或信息处理宜粗，只需要突出每类笔画的总体特征，强调它们在组成不同部件和整字过程中的区别特征即可，至于在造字的区别特征总体相同的前提下有这样那样的细微变化，在分类时可以忽略不计；如果是为了教授书法或描述写法则宜细，应该注意每类笔画在不同位置上的多变形态,以强调各种变化形态的个性。小学课本把汉字的笔画分为24类,但无论分得多细,也是以六类为基础的。[①]

作为教学使用的现代汉字的笔画形状一般归纳为五类,即横、竖、撇、点、折。在汉字检索方面,五大类笔形的顺序也基本按上述顺序。这种排序法也被称为"札字法",因为"札"字的笔顺正是如此。采用这种笔画命名方式,并用字母 hspdz 来表示这五种基本笔画。

笔顺是笔画产生、字形固定之后,人们在长期写字的过程中摸索、总结出来的一套笔画安排经验。王力在《正字法浅说》里介绍了关于汉字笔顺的二十字口诀:先上后下,先左后右,先外后内,先横后竖,最后封底。1999 年 10 月 1 日,国家语言文字工作委员会发布语言文字规范《GB13000.1 字符集汉字笔顺规范》(GF3002—1999),由上海教育出版社出版单行本(1999 年出版)。这个规范给出了 GB13000.1 字符集里 20902 个汉字的笔顺(序号式),2000 年 1 月 1 日实施。本系统所采用的笔顺遵照了这个标准。[②]

(2)识字教学中字体的选择

随着计算机在汉字信息处理中的地位越来越高,汉字的字体问题也越来越受到人们的重视。各种字体在外观上表现出来的差异相当明显。问题是:教学过程中,我们应该选择什么样的字体?

我们常用的字体是宋体和楷体两种。宋体是最通用的印刷字体,国家语言文字工作委员会、中华人民共和国新闻出版广电总局发布的《现代汉语通用字表》采用的便是宋体。楷体是人们日常书写所使用的主要字体,小学阶段的识字和习字教学,以楷体为标准。

经过多年的规范,这两种最重要的字体在字形结构、笔画数以及笔顺三个方面有了一致的标准,只是在笔画上仍然存在一些差异。在通用字的范围内,其差异主要分布在用"小""木""亦""赤""步""雨""寸"做构件的字里。

选择何种字体作为教学用的字体,可能只是看哪种字体与手写体差别比较小,这样便于学生接受。从这一点来看,可能在识字教学中选择楷体是比较好的。为此,本系统在提取笔画矢量时所用字体为楷体。

(3)汉字字形再现的层次

如前所述,汉字的字形可以分为:笔画→部件→整字三个层次。相应的,汉字再现也需要表现以上三个层次的内容。

---

① 费锦昌. 1997. 现代汉字笔画规范刍议. 世界汉字教学,(2):10-12.

② 国家语言文字工作委员会. 2000. GB13000.1 字符集汉字字序(笔画序)规范. 上海:上海教育出版社.

支持中文的操作系统都可以正常地显示它所支持的字体集中的中文。因而集内汉字的整字层面的字形再现可以不用考虑，对于集外字的处理，涉及缺字处理，这是以后需要讨论的一个话题。

部件层次的字形再现是指以部件为单位的汉字再现。这种再现可以采用静态的方式呈现，也可以采用动态的方式呈现。静态方式呈现的部件，可以用不同的颜色加以区别，以便于从视觉上直接区别；也可以以动态的方式呈现部件，从时间的先后顺序上区别。

笔画层次的字形再现是指以笔画为单位的汉字字形再现。静态的方式可以用不同的颜色来区别每一笔画，也可以用动态的方式一笔一笔地显示汉字的书写过程，从而实现汉字字形的再现。

用于识字教学的汉字再现将综合上述三种汉字再现的层次：它将利用汉字书写信息，根据汉字笔顺、笔画，动态演示汉字书写过程，达到笔画层次的汉字再现，并以不同的颜色提示汉字不同部件，达到部件层次的汉字再现。所有这些过程结束，也就完成了整字层次的汉字再现。

汉字字形再现的汉字表达式信息取自汉字信息中相关字段，其书写数据库保存着各笔画所属部件和该笔画的出现顺序，以及该笔画的矢量信息。

（4）字形再现的方式

网络上已经有 2500 个常用字汉字笔顺的 flash 动画。这些 flash 动画专门设计了每个字的笔顺，还附带有字音、部首、笔画数等信息，可作为识字教学的有效工具。

其缺点是所有的内容已经设计完成，没有办法再做个性化处理。例如，它没有反映对应的部件，要完成一个字不同部件用不同的颜色进行区分，就需要对所有这些汉字进行重新设计，这就限制了它在教学中的灵活使用。

笔者认为，使用人工来完成每一个字的笔画书写意义不大，因为它需要大量的人力，而且一旦完成就无法改变。我们应该做的是完成基础数据的收集，在完成常用字的汉字笔画提取后，完成汉字部件的书写信息提取，再以部件为单位构建汉字书写信息数据库，编程来实现汉字字形的再现。

这种方式的最大特点是数据可重用性强。通过编制程序即可根据不同用途实现不同风格的汉字字形再现。同时，它所生成的汉字书写信息还可以作为基础数据，被其他系统调用，用来研究汉字字形的特点，完成汉字字体学的相关研究。本系统正是基于这种思路完成了汉字字形再现。事实证明，这种方式体现了固定设计的书写信息不可能具备的优势。

3. 两种表达式的统一

如果汉字字形的物理再现基于汉字构形所拆分出来的汉字表达式进行，那么这两种表达式完全可以整合在一起。其实现方法是：改造汉字逻辑表达式，使其可以记录部件的物理位置。

如果我们已经有了汉字部件的书写信息，利用汉字部件在某个汉字中的物理位置信息（相对位置），我们就可以通过编程来实现汉字的动态生成。原汉字表达式仅包括部件结构和部件，我们只需要加上部件的块坐标[1]即可。汉字表达式可表示如下：

汉字表达式：=<单纯部件>|<部件结构类型符>[<单纯部件（部件块坐标）>，<汉字表达式>]

利用改造后的汉字表达式，我们可以根据需要取出部件结构类型、部件、部件位置等信息，既可以满足汉字构形分析的需要，也可以满足汉字字形再现的需要。

为了形象地表达汉字生成，不但需要从逻辑上显示汉字形体结构的系统关系，更需要从物理上实现汉字形体的在线，因而，需要提取汉字的矢量信息，以便重现其形体，故汉字生成系统的基础是汉字笔画的提取。

林民等的研究给出了一种可行的汉字笔画的提取算法[2]。该研究利用Windows 图形引擎 GDI+路径技术，提出了应用路径技术获取系统 TrueType 字库的笔画轮廓数据的方法，并编程实现。该方法可根据需要显示 GB2312 字符集中 6763 个汉字的任意笔顺，对汉语工具书网络化、字符集外字处理具有实用意义[3]。

本平台目前已经根据需要，完成了 5463 个常用字的笔画提取和笔画顺序调整以及部件信息的确定。系统保存了每一个字的每个笔画的矢量信息和它所属的部件。利用这些信息，通过编程可以完成所有常用字的动态书写，并以此为线索，串联汉字的字形演变等信息。

---

① 部件块坐标是指部件左上角和右下角两点的坐标。它可以构成一个平行于两坐标轴的长方形，与部件轮廓线相切。

② 林民，韩冬妹，宋柔. 2007. 基于 GDI+路径技术的汉字笔顺和部件自动绘制. 计算机应用研究，（8）：228-230.

③ 林民，韩冬妹，宋柔. 2007. 基于 GDI+路径技术的汉字笔顺和部件自动绘制. 计算机应用研究，（8）：228-230.

4. 汉字生成系统功能设计

根据上述对汉字生成系统功能的描述，从总体上来讲，它可以分为后台数据准备（C/S 模式）和前台数据呈现（B/S 模式）两部分。

后台数据准备部分的功能是生成关于汉字逻辑表达和物理表达的数据，前台数据呈现的功能是根据相关条件，呈现汉字的系统结构，并根据汉字的结构分析显示汉字的字形。前台采用 C++Builder+ACCESS 技术开发，后台采用 PHP+MySQL 技术开发。以下是各部分功能的描述。

（1）汉字笔画矢量的提取和笔画顺序调整

从 TrueType 字体（本系统所用字体为楷体）中提取汉字笔画的矢量信息，并根据汉字的笔顺规范调整好汉字的笔画顺序，然后将信息保存到数据库。

同时本功能还与下一功能结合，实现笔画级的汉字部件指定，详细说明见下文。

（2）汉字部件信息确定

根据汉字字源，对汉字进行构意分析，指定汉字直接部件信息。如果汉字的直接部件为一般部件，则从部件信息表中提取；否则，从汉字部件信息表中提取。如果汉字的直接部件为未处理的部件或汉字，则先处理，为更精确地对部件在该汉字中的功能进行分类，系统同时需要指定部件功能；如果同一字头的部件或汉字系不同古文字分化而来，即使字形和读音完全相同，也要视为不同的两条信息，以便精细地区分。

此外，汉字部件信息指定还需要结合汉字笔画矢量的提取和笔画顺序调整功能，以笔画为单位，指定哪些笔画属于哪个部件，从而实现汉字构形分析与汉字构意分析的整合。

（3）字源释义管理

为了更好地规范对汉字的字源解释，设计了此功能，以便在大量比较的基础上更合理地解释汉字，为基于字源的汉字教学服务。字源释义要求涉及汉字简繁字形、汉字所包含的直接部件及其意义、汉字意义来源、本义、引申义等信息，力图用比较通俗的语言准确地解释汉字的字源意义。在进行字源释义时，要注意从系统的观点出发，综合各家所言，对汉字字源进行比较准确的解释。

（4）汉字字形再现

利用上述功能（1）和（2），根据汉字笔画的矢量信息和所属汉字部件的信息，利用贝塞尔（Bezier）曲线，实现汉字笔画的动态再现。字形再现时要求不同部件用不同的颜色呈现，并可根据需要改变汉字的显示风格。在显示汉字字形的同时，提示汉字部件，并可导航到其他信息。

作为汉字生成系统的前台程序，部件功能的界面放在字源汉字资源平台中。为便于使用，要求不使用第三方控件。

（5）汉字生成系统动态展示

要求根据汉字部件信息和汉字部件拆分信息，根据指定的条件（如部件或汉字、指定汉字集等），以树状结构动态显示汉字的系统关系；要求能够区别部件和汉字，并显示部件之间、汉字与部件之间、汉字之间的关系。

本功能也是汉字生成系统的前台功能，与汉字字形再现功能一样，其界面放在字源汉字资源平台中，为方便使用，要求不使用第三方控件。

（二）汉字生成系统功能实现

上述汉字生成系统的前三个功能都采用"汉字生成信息处理平台"来实现，其主界面如图 2-17 所示。

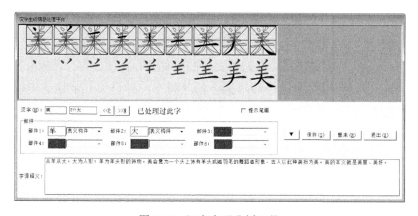

图 2-17　汉字字形分析工具

界面上部分是构形分析区，其核心是利用 GDI 工具，将矢量汉字（目前只处理了简体）的笔画抽取出来，再按汉字笔画顺序规范所指定的笔顺排序。界面中间部分是汉字的构形和构意分析。它根据汉字构形理论，从汉字字源出发，以部件为基本构造单位，对汉字进行了有理据拆分。下部是汉字的字源释义。

1. 笔画提取与笔画顺序整理

利用林民等的研究成果，可以利用 GDI+编程，从楷体字中提取 GB2312 字符集中所有汉字的笔画信息。这些笔画信息表现为一系列的坐标。这些坐标采用贝塞尔曲线，描述了汉字的笔画轮廓。一个汉字的所有笔画轮廓也就描绘了整个汉字的字形轮廓。汉字"尬"的笔画信息提取出来后的界面如图 2-18 所示。

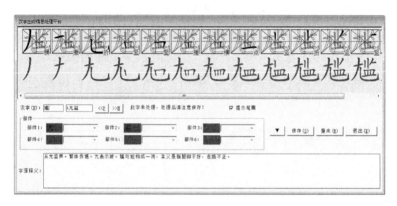

图 2-18　"尬"字笔画提取软件界面

从图 2-18 可以看出：提取出来的汉字的笔画顺序并不符合国家规定的汉字笔画顺序，为此，需要根据标准调整汉字的所有笔顺，使之符合国家标准。

系统在界面上以两种风格显示汉字的笔画：一种是仅显示当前步骤的笔画（为准确定位，以空心的方式显示了汉字的所有笔画），另一种是以累积的方式显示所有已经书写过的笔画（后面的笔画叠加到前面的笔画上）。前者便于识别当前书写的某一笔画，后者便于显示根据笔画顺序书写汉字的动态效果。当笔画超过界面显示区域时，下面会自动出现滚动条，方便定位。同时为了方便进行调整，界面可以水平方向加宽：将鼠标移动到界面边框，当鼠标指针变成可调整大小的样式时，拖动即可。

为帮助操作，点击界面上的"显示笔画"可以在图中提示当前步骤的笔画。

调整笔画顺序的操作方法为：笔画显示区的上面部分显示了每一笔的笔形，鼠标移到上面时，点击左半部分，该笔画向前移动一个位置；点击右半部分，该笔画向后移动一个位置。重复上述操作，可以实现所有笔画的排序。在移动任何一个笔画后，系统都会重新显示所有内容，以反映笔画移动的效果。

调整笔画顺序后的界面效果如图 2-19 所示。

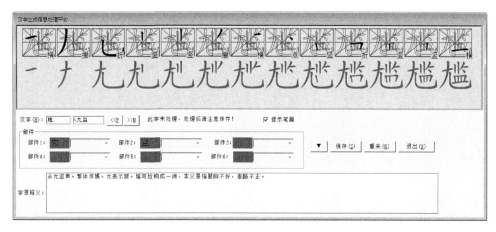

图 2-19 调整完笔画顺序后的软件界面

可见，调整后的笔画顺序已经完全符合汉字笔画的国家规范。

为了提高工作效率，减少用户的输入量，系统尽量设计得比较自动化。首先，系统已经将六千常用字按字频从高到低排列，双击汉字输入模式即可调出列表，再双击该列表，即可选择此汉字。其次，用户做完一个汉字的调整工作后，点击"保存"系统将保存所有用户操作，并自动取出下一个字，准备操作。最后，用户操作完退出系统时，系统自动保存当前操作的位置，下一次打开程序后，可以接着上一次工作的位置开始继续操作。

2. 汉字部件指定

汉字部件指定是汉字生成系统构意分析部分，是本系统的核心功能。其操作区在界面中部。根据设计，需要完成选择汉字部件、部件信息维护、指定部件类型、确定笔画所属部件等几个功能。

（1）选择汉字部件

由于系统内部以部件编号为关键信息，因而部件是以选择的方式来指定的。考虑到汉字最多有五个直接部件，系统目前设计了六个可供选择的部件框。没有选择的部件显示为红色，以提示用户。双击部件框后，系统将显示选择部件的对话框，如图 2-20 所示。

该界面中，输入部件的字头，即可查找到包含该字头的部件。如果无法输入字头或部件，输入其笔画或者拼音亦可查找部件。

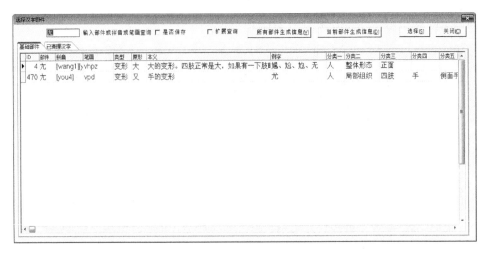

图 2-20 选择部件

该界面显示了汉字部件的所有信息,特别是其分类信息和部件的原型,便于理解整个部件的组织结构。

直接按回车或者点击"选择"按钮或者双击指定的部件,都可以选定部件,并将其回填到系统主界面中。

(2)部件信息维护

在某个部件上右击,可以弹出菜单,可根据需要新增、修改、删除部件信息。删除部件信息前会有确定删除的提示。新增或修改部件信息都将进入部件信息编辑界面,如图 2-21 所示。

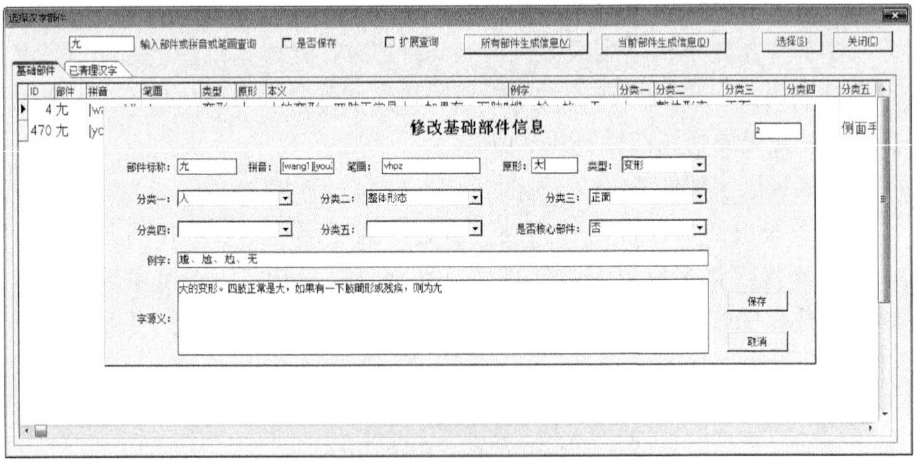

图 2-21 部件信息管理

　　在此界面上，可以修改部件标称、拼音、笔画，双击可选择原形、指定本部件与原型的关系、选择部件分类、填写例字、录入字源释义等。点击确定可完成部件信息编辑，点击取消则退出部件信息编辑界面。

　　选择部件信息界面以文本的方式显示汉字部件的层次组织。例如，在界面中，在查询框中输入"人"字后，可以看出字头为"人"的部件有以下三种，如图 2-22 所示。

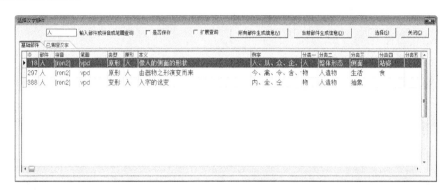

图 2-22　同一字头可能对应多个部件

　　选择 ID 为 18 的部件后，按"当前部件生成信息"按钮，即可以层次递进的方式，显示以当前部件为原形的其他部件以及它们组成的汉字，并附以部件和汉字的字源释义，如图 2-23 所示。

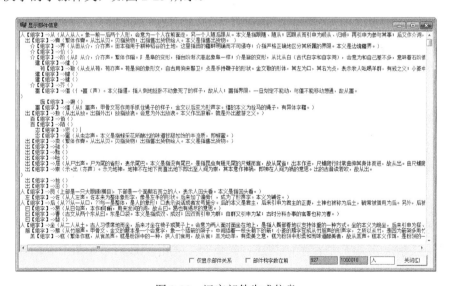

图 2-23　汉字部件生成信息

在部件生成信息的最后，还附有其组字汇总，如本系统所处理的汉字中，由"人"直接组成的汉字和部件有 61 个、二级部件和汉字有 331 个、三级有 277 个、四级有 136 个、五级有 61 个、六级有 39 个、七级有 16 个、八级有 6 个，合计 921 个。由此可见，直接或间接与"人"有关的汉字颇多。

（3）指定部件类型

选择部件后，部件类型组合框背景色变为白色，直接选择部件类型即可。在选择部件和部件类型时，要多注意参考部件或汉字的字源释义，以保证部件的指定符合字源的理解。

（4）确定笔画所属部件

系统默认所有笔画属于第一个部件，显示为红色，并自动将要选择的部件指向第二个部件，以尽量减小用户的点击次数。双击笔画显示区下部分的连续书写笔画，可以指定该笔画所属部件。系统在用户指定了部件后，自动更新所有显示，以反映部件指定的效果。图 2-24 是部件指定后的效果[①]。

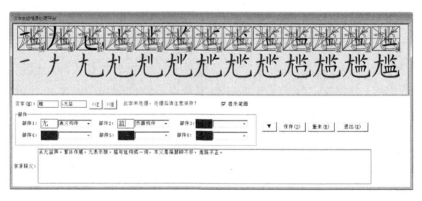

图 2-24　汉字笔画部件指定

3. 字源释义编辑

字源的释义是基于字源的汉字生成系统的重要参考内容。字源释义也在本平台统一处理，编辑后保存时系统自动存储。

4. 汉字字形再现

利用上述基本信息，可以编程实现汉字动态绘制。具体方法是：根据汉字找到其笔画信息，然后按笔画顺序，提取每一笔的坐标信息，利用算法还原各

---

① 不同的部件用不同的颜色显示，目前暂时采取以下颜色序列：第一个部件用红色，第二个部件用蓝色，第三个部件用绿色，第四部件用黄色，第五个部件用黑色。

个笔画的轮廓，在绘制汉字时，要根据笔画所属的部件，用不同的颜色区分。

不论基于何种层次的字形再现，都需要笔画信息。从现有资料收集来看，虽然有一些研究已经实现汉字的动态绘制，但正如前所述，都存在一些可改进的地方。本系统根据部件教学的需要和基于 WEB 平台的实现这两个前提，决定采用以下技术来实现汉字的动态绘制。

汉字字形再现的原理是根据字形从数据库中取出后台处理好的数据，包括笔画名称、顺序、矢量、所属部件等，然后将这些数据作为参数，传给前台的 Javascript 客户端程序，利用 HTML5 的 Canvas 对象，实现对汉字字形的再现。

（1）汉字字形再现的功能设计

汉字再现功能集成了字源汉字基础平台。目前系统已完成近 5500 个汉字的所有信息的处理，这部分功能的界面如图 2-25 所示。

图 2-25　汉字字形再现功能界面

此界面包括三部分：最大的一块是根据矢量绘制的汉字；其右侧是汉字的读音和部件信息，点击读音可跳转至字音查询，点击部件可查询汉字部件的字源信息；其下面是带整字字形提示的逐笔画书写效果演示。

系统利用程序实现了动画效果：程序开始后，首先在右侧显示汉字的拼音，然后根据后台调整好的笔画和部件，按笔画顺序，一次显示一笔，显示完一笔后，下面显示当前笔画和前面笔画累加的书写效果，右侧则以相同的颜色提示当前笔画所属的部件。

利用这种方式，可以比较精确地显示汉字书写的动画效果，同时根据需要设置颜色，并可根据需要调整汉字笔画的粗细，还可以加入阴影等修饰效果。在显示某个笔画的书写效果的同时，还可以按笔画顺序累加显示汉字书写效果。

所有这些个性化的显示效果如果用 Flash 动画来实现，不但费时费力，而且一旦设计好后不便修改，不能根据教学或学习需要增加新的功能，与这种可定制的显示效果相比，显然要差得多。

此外，利用程序还可以提取汉字骨架，根据汉字笔画类型确定汉字书写方向，进而采用编程实现汉字的笔画书写，以便使其显示效果更逼真。

（2）汉字字形再现的应用

首先，它可以帮助学生熟悉汉字书写。对于那些不熟悉汉字书写的学习者来讲，本系统以动态的方式自动演示汉字书写过程，可以帮助他们以很有兴趣的方式来熟悉汉字书写顺序。

此外，还帮助学生养成汉字部件意识。系统有意识地采用不同的颜色区别不同的部件，可以帮助学生理解汉字的结构，养成部件意识。特别是一些由相连或相交笔画组成的汉字，传统教学会以独体字的方式来教，而基于汉字生成系统的字形再现则可以帮助学生利用字源，以部件的方式来理解。"秉""重""乘"三个字基于部件的汉字结构理解如图 2-26 所示。

图 2-26　基于部件的汉字结构理解

通过字源的理解，学生能够比较准确地理解这类汉字的笔画来源，更容易对该字进行理解和记忆。

这种不同颜色的汉字看起来比较活泼，也便于教师在日常教学中使用。

最后，它还可以帮助教师解决缺字问题。教师可以根据需要，以笔画或部件为单位制造"汉字"，这样可以方便地处理缺字问题，也有利于在教学中有意识地生成一些别字，以帮助学生区别，提高学生的观察能力。图 2-27 显示了错误的"燕"字与正确的"燕"字。

图 2-27　"燕"的正误字

与正确的"燕"相比，错字少了第四笔的"横"，因而是个错别字。

5. 汉字生成系统动态展示

汉字生成系统通过系统的汉字结构分析，实现了对汉字字形、字义、字音的系统构建，对系统地学习汉字有重要的价值。根据汉字的系统结构中上下节点的关系，汉字的这种系统结构从数据结构来看，是一种以树状结构为基础的图结构。因而这种结构最好的表达方式就是以部件和汉字为节点，部件和汉字之间的关系用节点之间的连接线表，生成一种图结构。

（1）参考样本

A. 可视化词典

可视化词典（Visual Thesaurus）是一款视觉化英语词汇学习工具，将相关的英文单词以视觉化的方式展现出来，有点类似思维导图（mindmap）。在查询某一个单词的同时，也能借图表连线呈现其他相关的同义词或反义词。界面右方则有所选词汇的各种意思解释，并且提供发音功能。图 2-28 是检索"hand"一词时显示的语义关系。

图 2-28　可视化词典显示的语义关系图

可见，这种结构能够比较好地反应英语词汇的语义关系，对我们设计汉字生成系统的动态呈现有比较大的启发。

B. 汉字树

廖文豪的《汉字树：活在字里的中国人》一书借助计算机强大的数据处理能力，系统地梳理了汉字的构形部件，它以"人"为主干，把汉字之间的裙带关系浓缩到一张张汉字树形图中。[①]其典型结构如图 2-29 所示。

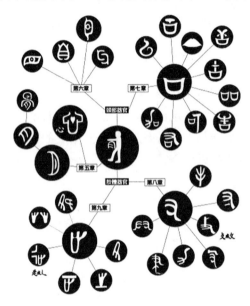

图 2-29 　与人有关的汉字树

从内容来看，《汉字树：活在字里的中国人》的一些理解从文字学的角度来看颇有偏误，但作者对于汉字结构的系统性理解的图像化思路值得借鉴。

（2）功能实现

从算法来讲，汉字的生成系统结构比较容易理解，即从一个部件或汉字出发，递归地查找其生成的部件或汉字。其难点在于实现一个比较智能化的树状结构图。通过大量研究，笔者用两种方式实现了这种结构。

一种是基于矢量标记语言（vector markup language，VML）技术来实现，另一种是基于 HTML5 的 canvas 对象来实现。

---

① 王杰. 2015. 廖文豪《汉字树：活在字里的中国人》评析. 濮阳职业技术学院学报，28（4）：85-87.

　　VML 是一种基于 XML 的二维向量的矢量图。本系统采用 VML 的椭圆形来表示一个节点，里面的汉字用一个文本表示，用线条来表示节点与节点之间的连接线。图 2-30 是利用 VML 技术生成的表示正面人形的"大"的汉字系统结构图。

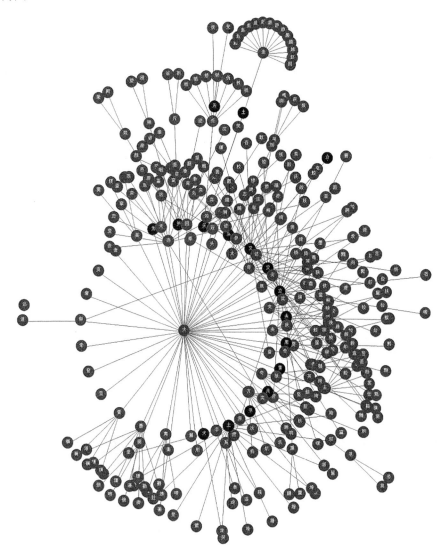

图 2-30　VML 技术生成的汉字生成信息图

　　图 2-30 中，中间颜色最浅的圆圈是查询的部件，其他颜色较深的圆圈是与该部件相关的其他部件，其他颜色较浅的圆圈代表由这些部件组成的汉字。由

于系统没有自动调整节点和连线的功能，因而需要手动调整位置。系统自动根据连线的角度调整其下级节点的位置；根据节点和连线之间的上下级关系，在拖动上级节点后，所有下级节点均可相应移动，因而调整时的工作量并不大。调整完成后的局部如图 2-31 所示。

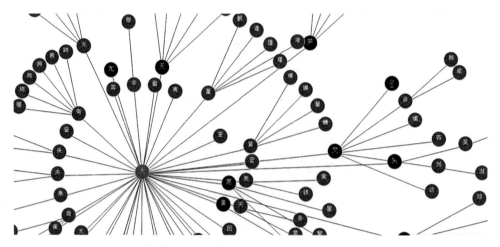

图 2-31　利用 VML 技术生成的汉字生成信息图（调整后）

由于 VML 生成的元素对于 HTML 的文件对象可以访问，因而这种技术给后期开发提供了最好的可能。但是，由于 IE8 以后不再支持 VML，因而它没有办法在比较新的浏览器上运行，这对于一般用户来讲是一个很大的障碍。经过大量实验，我们最终通过 HTML5 Canvas 实现了汉字生成系统的动态呈现。

HTML5 Canvas 对象可以通过 Javascript 直接画各种形状和线条。因而可以比较方便地实现上述汉字生成信息图。

考虑到 VML 实现时面临着无法自动调整位置带来的困扰，我们利用了开源 JS 源码①进行定制。源程序已能够生成节点和边线，并根据画布大小和节点的分布情况自动调整位置。利用 PHP 从数据库中取得汉字的生成信息后，通过该库提供的开发接口来自定义数据，修改绘制图形部分的 JS 代码，我们实现了节点中加入文字、连线上加入类型等定制功能。

图 2-32 和图 2-33 是自动调整节点位置前后作为人的正视图"大"的汉字生成信息图。

_____

① 源程序见：Jameel. 2006-06-06.thinkst Thoughts..._Simple Graphs with Arbor.js.html. http://blog.thinkst.com/2011/06/simple-graphs-with-arborjs.html. 代码及相关库见：Jameel. 2006-06-06.a graph visualization library using web workers and jQuery. https://github.com/samizdatco/arbor.

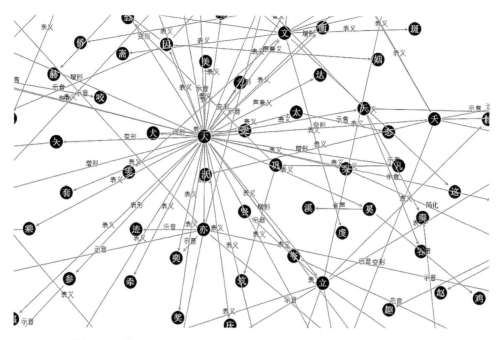

图 2-32　利用 HTML5Canvas 生成的汉字生成信息图（自动调整前）

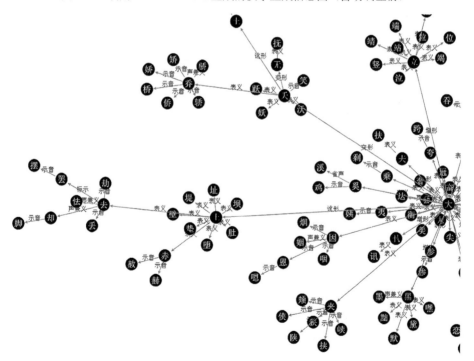

图 2-33　利用 HTML5 Canvas 生成的汉字生成信息图（自动调整后）

从图 2-32 和图 2-33 可以清楚地看到，自动调整后，系统的节点分布相当智能化，完全能够满足汉字生成信息的呈现。为进一步定制显示的效果，系统在查询时可以通过选项来设置相应的条件，如图 2-34 所示。

画布宽度：1800　　画布高度：1200　　画布背景色：white
汉字频率[仅在前N个汉字内选择，-1表示不限制]：3000
阻尼系数[0-1]：0.5
直线强直程度[此值越大，绘图速度越快；如果显示点过多，无法显示，必须减少此值]：120
节点间排斥力[节点之间互斥力，值越大，节点越分得开，显示速度越快]：6000
精确度[0-1，越大越精确，但越慢，越占用CPU]：0.8

图 2-34　汉字生成信息查询条件设置

选项大体包括画布设置、节点位置自动调节算法设置、汉字集设置三类。当汉字频率设置为 0 时，系统只显示部件信息，利用这一点，可以显示指定部件与其下级部件之间的关系，如图 2-35 所示。

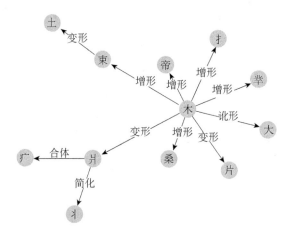

图 2-35　汉字生成信息动态呈现（仅部件）

第五节　字源汉字教学资源平台设计与实现

字源汉字教学资源平台是本系统一般用户访问界面，它为用户提供基于 WEB 的汉字基础资源查询服务，其结构如图 2-36 所示。

字源汉字教学资源平台对外提供的信息包括汉字基础信息、汉字字源信息、汉字生成信息和其他相关参考资料。这些资料可作为教学资源直接或间接服务于教学和研究。

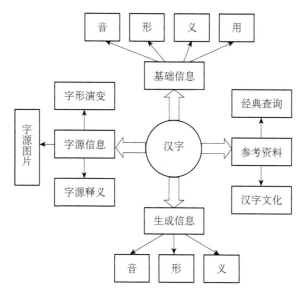

图 2-36　字源汉字教学资源平台结构

字源汉字教学资源平台以 PHP+MySQL 作为开发平台，通过 WEB 的方式为用户提供服务。其主要功能是以汉字生成系统为指导，根据字源识字的需要，合理组织内容。

一、界面设计

本系统采用极简主义设计，不使用图像和第三方插件，以加快系统的加载速度，并减少无关数据的干扰。除非有特别的需要，系统一般采用不同的色块来区别内容，而很少用线框，以保持系统界面尽可能清爽。

此外，系统的外观全部采用样式表统一管理，保证了显示效果的一致，并增强了系统的维护性。系统界面如图 2-37 所示。

最上面是系统名称和导航栏，接下来一般是查询条，中间是查询结构显示，最下面是页脚。

（一）导航栏

导航栏以教师的教学应用需要来组织材料，以汉字和汉语词汇的相关查询为主要功能，附加了汉字图片、生字表、留言等功能。当点击或移动到某项功能时，其导航条上的汉字颜色会变深，并有一个三角形的图案出现，便于提示用户。

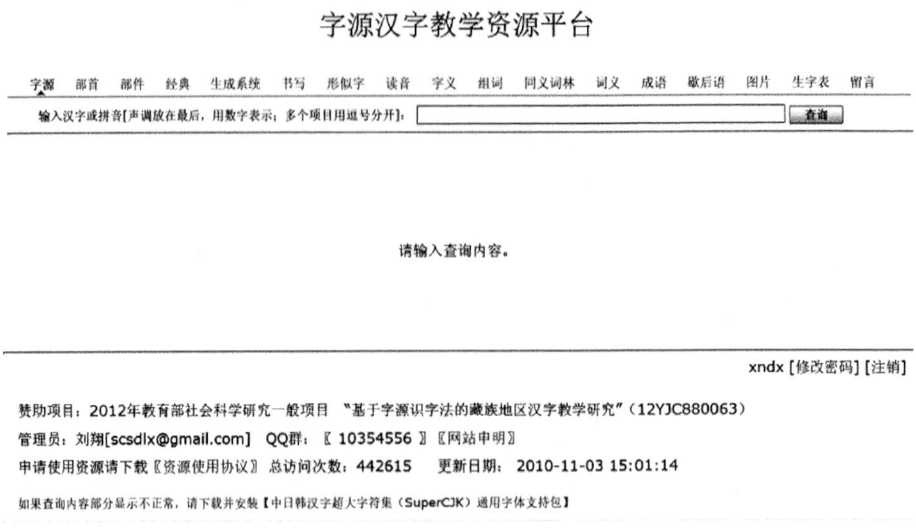

字源汉字教学资源平台

字源　部首　部件　经典　生成系统　书写　形似字　读音　字义　组词　同义词林　词义　成语　歇后语　图片　生字表　留言

输入汉字或拼音[声调放在最后，用数字表示；多个项目用逗号分开]：　　　　　　　　　　　　　　　　　　　　　　　　查询

请输入查询内容。

xndx [修改密码] [注销]

赞助项目：2012年教育部社会科学研究一般项目 "基于字源识字法的藏族地区汉字教学研究"（12YJC880063）

管理员：刘翔[scsdlx@gmail.com]　QQ群：【 10354556 】【网站申明】

申请使用资源请下载《资源使用协议》总访问次数：442615　更新日期：2010-11-03 15:01:14

如果查询内容部分显示不正常，请下载并安装【中日韩汉字超大字符集（SuperCJK）通用字体支持包】

图 2-37　字源汉字教学资源平台查询条及提示

（二）查询条

系统以查询为主要功能，为此，几乎所有界面都在导航条下包含一个供输入查询信息的文本框。为了提高查询效率，除了书写和形似字查询外，都可以一次输入多个信息项目。考虑到查询项目有的是汉字，有的是词，有的是拼音，系统要求不同项目之间以空格或逗号分开。

本系统以汉字或词来组织所有的查询，为了避免因不能输入汉字（如只会输入拼音的小学低段学生）或无法输入汉字而不能使用本系统的问题，系统专门设计了输入拼音查询汉字或词汇的功能：在以汉字为查询对象的功能中，可以输入带调的拼音；在以词汇为查询对象的功能中，可以输入不带调的词语的拼音。系统根据汉字或词语的拼音显示汉字或词语列表，点击列表即可查询，如图 2-38 和图 2-39 所示。

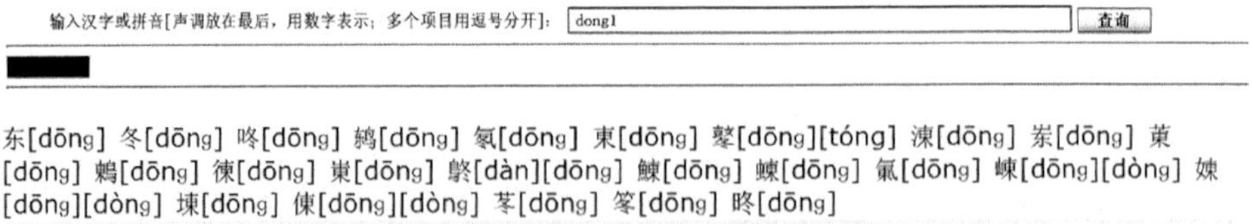

输入汉字或拼音[声调放在最后，用数字表示；多个项目用逗号分开：ꞏ dong1　　　　　　　　　　　　　　　　　　　查询

东[dōng] 冬[dōng] 咚[dōng] 鸫[dōng] 氡[dōng] 東[dōng] 蟄[dōng][tóng] 涷[dōng] 崬[dōng] 菄[dōng] 鶇[dōng] 倲[dōng] 岽[dōng] 氭[dàn][dōng] 鯟[dōng] 蝀[dōng] 氰[dōng] 崠[dōng][dòng] 倲[dōng][dòng] 埬[dōng] 倲[dōng][dòng] 苳[dōng] 箺[dōng] 岽[dōng]

图 2-38　查询条与汉字列表（以汉字为查询对象）

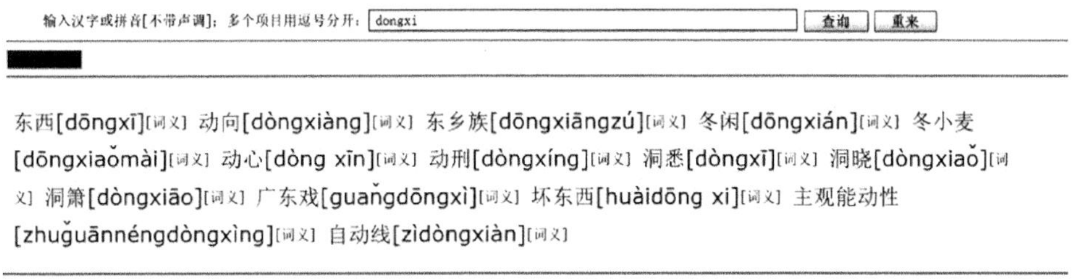

输入汉字或拼音[不带声调]：多个项目用逗号分开：　dongxi　　　　　　　　　　　　　　查询　　重来

东西[dōngxī][词义] 动向[dòngxiàng][词义] 东乡族[dōngxiāngzú][词义] 冬闲[dōngxián][词义] 冬小麦[dōngxiǎomài][词义] 动心[dòng xīn][词义] 动刑[dòngxíng][词义] 洞悉[dòngxī][词义] 洞晓[dòngxiǎo][词义] 洞箫[dòngxiāo][词义] 广东戏[guǎngdōngxì][词义] 坏东西[huàidōng xi][词义] 主观能动性[zhǔguānnéngdòngxìng][词义] 自动线[zìdòngxiàn][词义]

图 2-39　查询条与汉字列表（以词汇为查询对象）

（三）查询内容显示区

没有输入查询内容时，系统会提示"请输入查询内容"。

当查询结果为一系列汉字时，系统采用表格来格式化汉字，并根据汉字字频的不同，用不同的颜色作为表格的背景来区别。

（四）页脚

页面的页脚提供了用户的登录信息、开发者相关信息、项目信息等，还提供了系统需要的"中日韩汉字超大字符集（SuperCJK）通用字体支持包"的链接。

二、功能设计与实现

（一）一般性功能设计

为方便使用，本系统提供了一些通用功能，它在各个模块中的功能和使用方法都大体一致。下面就这些一般性功能设计做简要说明。

1. 信息分类与分区域显示

为了提高显示速度，系统将信息按功能分类为汉字相关信息（字源、部首、部件、经典、书写、形似字、字音、字义），词语相关信息（组词、同义词词林、词义、成语、歇后语），以及图片和字表等。通过导航可以在几类信息中方便地跳转，不必每次都输入查询条件；查询某类信息时只需要显示该类信息，这就提高了系统的响应速度，提高了用户体验的质量。

对于每类信息，系统都注意了分区域显示，使整体结构更具逻辑性和合理性，以方便用户使用。

2. 一次查询多条信息

考虑到用户有很多是小学教师，为了工作的需要，一次需要查询多个汉字，系统在设计上专门支持这种结构。输入多个汉字，用空格或分号、逗号等分开，系统即可查询多个汉字的字源信息。

其实现方法是：将查询出来的信息分别放在几个表格中，默认显示第一个汉字对应的表格，点击其他汉字时，再隐藏其他表格，只显示该汉字所对应的表格。这样就可以在不跳转页面的情况下，实现对多个汉字的查询。

3. 繁体字处理

由于追溯字源不能避开繁体字，因此系统在处理用户查询时，不区分繁体和简体。处理方法是：利用简繁对照表，首先检索输入的每一个汉字是否有繁体字，如果有，则记录下来；再检索输入的每一个汉字是否有简体字，如果有，也记录下来。系统最后的检索结果同时包含了以简体字和繁体字为关键字的内容。

例如，输入"美，丽，中"三个汉字，系统检索出来的结果是"美，丽，麗，中"四个字，其中"丽"有繁体字"麗"，点击即可查询该繁体字的字源信息。这样，在查询字源时，稍懂繁体字的学习者还可以参考繁体字的相关信息来理解字源。

4. 汉字基本信息

为方便使用者熟悉汉字基本信息，本系统在汉字相关查询中都提供了汉字基本信息条目，如图 2-40 所示。

部首：八　字频序：1378　总笔画数：2　笔顺：撇点 ⬤　读音：bā ⬤ bá ⬤

图 2-40　汉字基本信息

汉字基本信息包括部首、字频序、总笔画数、笔顺、在线书写链接、拼音、在线朗读链接等。点击笔顺链接可显示汉字动态书写，点击读音可查询相关读音。

（二）字源信息查询

字源信息查询的结果包括以下四个内容：汉字形体演变信息、汉字字源信息、其他字源信息参考链接、汉字相关图片信息。

1. 汉字字形演变过程

图 2-41 是"美"的字形演变信息。

字形演变　显示全部

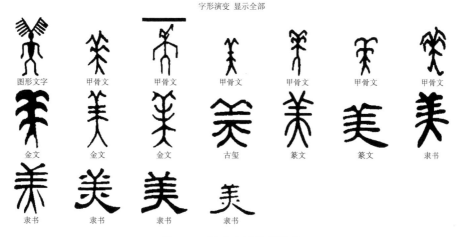

图 2-41　汉字字形演变信息

　　由于字源图片大小不一、比例不同，要保持其比例，就不能同时固定高度和宽度，否则会改变原始比例；也不能只固定高度或宽度，否则会导致有的图片过宽或过高。为此，系统在图片显示完成后，在保持原始图片比例不变的情况下，限制其高度和宽度不超过给定值。这样，保证图片既不会太长，也不会太宽，既保证了整体显示的美观，又不改变原始图片的比例。

　　为了保证显示效果，系统屏蔽了一些图片，可以通过点击"显示全部"超链接，显示原有的图片。系统采用了动态加载的方式，在相同的区域以同样的效果显示出来，不必跳转到新的页面，使用十分方便。

　　此外，系统采用了 lightboxJS 包实现字体演变图片点击放大，效果如图 2-42所示。

图 2-42　图片点击放大

点击后，图片按原始大小显示，网页其他部分不能操作，点击"CLOSE"按钮后关闭图片。

2. 汉字字源释义

汉字字源释义信息由文字学专业同学整理过，基本能够保证信息的可靠性。例如，"美"的字源释义如图 2-43 所示。

图 2-43 "美"字的字源信息

点击"查看更多字源释义参考"，可以看到本系统收录的其他相关书籍的字源解释。字源释义下面提供了原始标注图片，供使用者对比，以排除输入中出现的问题。如果字源释义有全文，则系统显示全文，否则将显示字源原始图片。为便于使用，系统自动将多个字源释义按书籍和类型显示在一起。利用这些解释，读者可以进一步研究其他研究者对该汉字的相关解释，以便深入理解该汉字。图 2-44 是"美"字的更多字源释义参考。

图 2-44 汉字字源信息：更多字源释义参考

如果该参考内容已经 OCR 录入文字，则只显示文字，并可以通过点击链接显示原图片内容。图 2-45 是《常用汉字图解》中与"美"有关的字源释义参考。

系统采用这种方式，实现了对不同用户的信息分级：系统将复杂的信息屏蔽在一般用户的视野之外，避免了多余信息的干扰，又为系统管理者和专业研究者提供了有价值的参考内容。这对系统的使用和维护都很有价值。

在古代，人们为了狩猎，往往在头上戴上兽角或羽毛做成的装饰，以便接近禽兽。后来这种兽角或羽毛逐渐成为装饰品，戴在头上成为美的标志。这就是甲骨文和早期金文美字的来历。后代美字从羊从大，即是由此演变而来，表示头戴羊角（或羊毛）为美。因此，美字的本义是指人的装束漂亮好看，引申指人的容貌、声色、才德或品格的好，同时还可用来指食物味道的甘美。

在古代，人们为了狩猎，往往在头上戴上兽角或羽毛做成的装饰，以便接近禽兽。后来这种兽角或羽毛逐渐成为装饰品，戴在头上成为美的标志。这就是甲骨文和早期金文美字的来历。后代美字从羊从大，即是由此演变而来，表示头戴羊角(或羊毛)为美。因此，美字的本义是指人的装束漂亮好看，引申指人的容貌、声色、才德或品格的好，同时还可用来指食物味道的甘美。

谢光辉,常用汉字图解,北京大学校内00871:北京大学出版社,:63　『正文』

图 2-45　汉字字源信息：原始字源释义参考

3. 汉字字源相关图片

字源相关图片对于字源识字教学特别有帮助。本系统目前所呈现的字源相关图片均源于其他书籍。图 2-46 是与"美"字相关的字源图片。

相关图片

字源图片　　　　字源图片　　　　字源图片　　　　字源图片　　　周代玉人像
　　　　　　　　　　　　　　　　　　　　　　　　　　　　　　　　字源图片

图 2-46　字源相关图片

系统采用了 lightboxJS 包实现了字源相关图片点击放大。

系统下一步将根据我们对字源的系统理解，创作自己的字源图片。图 2-47 为一幅利用字源创作的古人生活场景图。图 2-48 为与人体有关的一些图。[①]

（三）部件信息查询

汉字生成信息的核心是汉字表达式，本系统以 SGD 构形数据库为基础，利用字源对汉字表达式进行了订正，因而汉字部件信息与汉字生成系统信息一致，由于本系统目前仅处理了大约 5500 个汉字的生成信息，大部分未处理汉字直接使用了 SGD 构形数据库的资源。

---

① 以下两幅与字源有关的图片（图 2-47 和图 2-48）由西南大学美术学院研究生马贵中老师创作。

图 2-47　古人生活场景想象图

图 2-48　与人体有关的字源图

　　SGD 构形数据库中汉字表达式的部件是其直接部件，因而只拆分到了第一级；为了便于显示所有包含某个部件的汉字，需要根据其汉字表达式所涉及的部件递归地将其拆分到基础部件。通过编程，系统将每个字的构形表达式递归地拆分后，由于部件表达式还存在问题①，还需要手工进行调整。

　　1. 功能设计

　　部件信息用于展示由该字组成的其他汉字、由该字的部件组成的其他汉字，这样可以系统地看到汉字的部件关系，可用于系统化教学参考。系统界面如图 2-49 所示。

---

　　① 主要是变化和变体占位符引起的循环拆分。

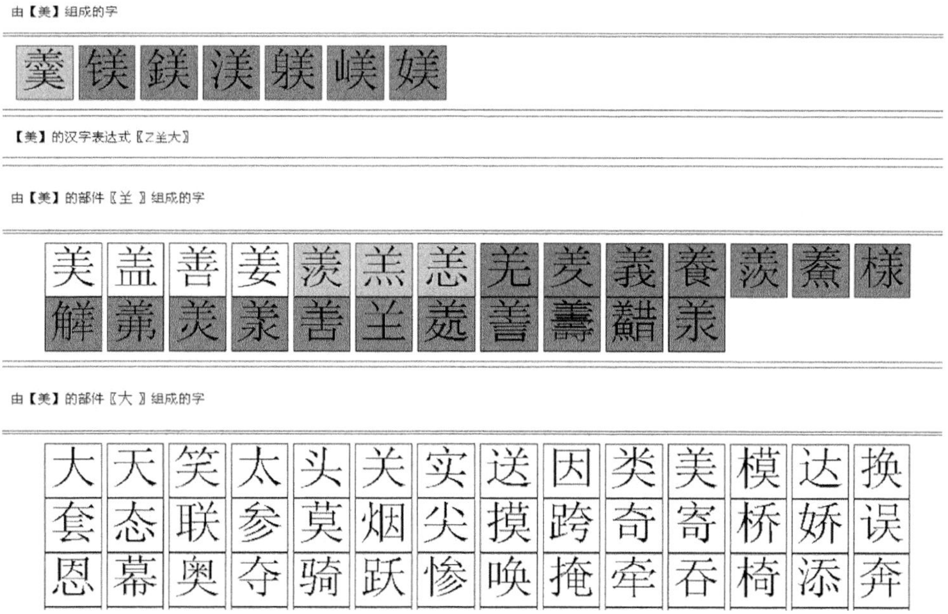

由【美】组成的字

羹 镁 鎂 渼 躾 嵄 媄

【美】的汉字表达式『Z羊大』

由【美】的部件『羊』组成的字

美 盖 善 姜 羡 羔 恙 羌 羑 义 养 羮 羞 羕 样

解 羴 羑 羕 善 主 羕 善 羃 羇 羕

由【美】的部件『大』组成的字

大 天 笑 太 头 关 实 送 因 类 美 模 达 换

套 态 联 参 莫 烟 尖 摸 跨 奇 寄 桥 娇 误

恩 幕 奥 夺 骑 跃 惨 唤 掩 牵 吞 椅 添 奔

图 2-49　汉字部件查询界面

部件信息查询首先显示由该汉字组成的其他汉字，然后根据汉字表达式显示了由其部件组成的汉字。

系统在查询由某个部件组成的汉字时，首先将该汉字拆分为由最基本的单纯部件组成的汉字表达式，再查询其他汉字已经拆分为单纯部件的汉字表达式中是否包括指定的汉字表达式，以查询包含该汉字的其他汉字。比如，"骑"字的汉字表达式：H马奇，拆分到最基础的汉字部件后，其汉字表达式为：H马 [Z大 [Q [Z一] 口]]，故其包含"大"字。

2. 部件信息查询的应用

（1）帮助组织识字材料

在学习完若干部件后，如何利用这些部件组成一些常用字，供学生巩固和提高，同时学习生字，是所有识字教学教材都需要解决的问题。利用本系统的汉字构形数据，可以方便地查询到由某些部件组成的汉字，方便了识字教学中汉字的选取。比如，在学习"棵"字的时候，查询部件信息，可以看出，由"果"字组成的常用汉字有果、颗、课、棵、裹、裸、巢等，可以提供与"棵"字相比较的教学材料。

再如，学习完"马"和"口"两个部件后，通过本系统的查询，可以得到由这两个部件组成的汉字，如图 2-50 所示。

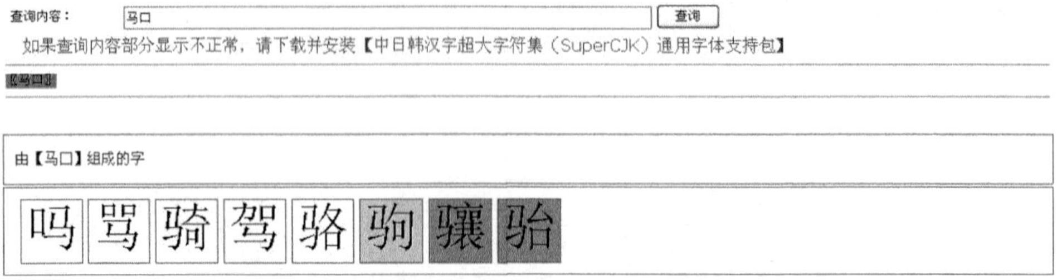

图 2-50　部件组合查询

这对于组织基于部件的系统化汉字教学有参考价值。相关汉字已按字频排序，教师可方便地根据需要选择适当的汉字使用。

（2）实现疑难字查询

汉字输入方法不外两类：或据音，或据形。对于某些疑难字，根本不认识，用音码输入不可能。如果使用者对汉字笔画顺序不清楚，则完全不可能找到该汉字。为此，根据汉字构形，利用最简单的基本部件来找到疑难字就成了一种很可行的方法。国内已经有一些网站专门开发了相关系统[①]。这些系统通过输入一些汉字的构件，可以方便地实现难字查询。由于本系统所收汉字已达 4 万多，其中包括了 CJK 扩展汉字，加上本系统已经有了所有这些汉字拆分到第一级构形的数据，因此可以方便地通过编程处理好拆分到直接部件的构形表达式，将需要查询的信息也进行拆分、再匹配就可以方便地实现根据汉字表达式查询的功能。

利用汉字表达式查询汉字，既可以查询到包含某一部件的所有汉字，还可以检索到同时包含某一部件组合的所有汉字，扩展了难检字查询的功能，为教学和研究提供支持。

（四）汉字基本信息查询

汉字基本信息查询包括部首、字音、字义、字形等相关信息查询。以下简述系统功能设计与实现。

1. 部首信息查询

部首信息查询显示与输入汉字的相关信息以及与输入的汉字部首相同的汉字。部首信息查询没有提供汉字部首表，仅根据输入的汉字来提取部首信息。

---

① 如疑难定查询网. 2011-11-1. 疑难汉字速查手册. http://www.haosystem.com/.

为方便使用，可以一次完成多个汉字的部首信息，也可以根据带调的拼音查找汉字，然后再查询其部首信息。

2. 字音信息查询

字音查询可以一次完成多个汉字的字音相关信息查询，也可以根据带调拼音来查询汉字，再点击，完成汉字字音查询。

（1）字音查询与利用

为了充分利用同源字读音存在关系的特点以更好地支持字源汉字教学，本系统不但列出了汉字的读音信息，还对汉字根据同韵母、同音段、同音节进行了专门设计。由于数据表在设计时充分考虑到了这种需求，因而在代码上并不复杂。

为了方便学习者使用，系统在呈现汉字时根据字频按由高到低进行了排序，并按 2500 以内、2500～4000、大于 4000 三个段用不同的颜色进行了区分。点击这些汉字可直接查询该汉字的字源信息，以方便利用汉字读音进行字源研究。

（2）在线朗读的实现

根据拼音可方便地关联到相应的声音文件①上，使用 IE 支持的声音在线播放功能即可实现汉字的在线朗读。经过测试，笔者发现在线功能的实现最好不要用 IE 提供的使用 bgsound 来播放声音的方式，因为它可能出现播放时速度不稳定而使声音发生变化，严重影响效果，而应以 mplayer 控件直接播放。

（3）汉字读音查询与利用

由于系统中已经有了各类字音查询所需要的数据，直接调出即可使用。

为了便于使用，本系统查询出来的汉字在排列时都以字频为顺序，并用不同颜色标注其字频范围，界面如图 2-51 所示。

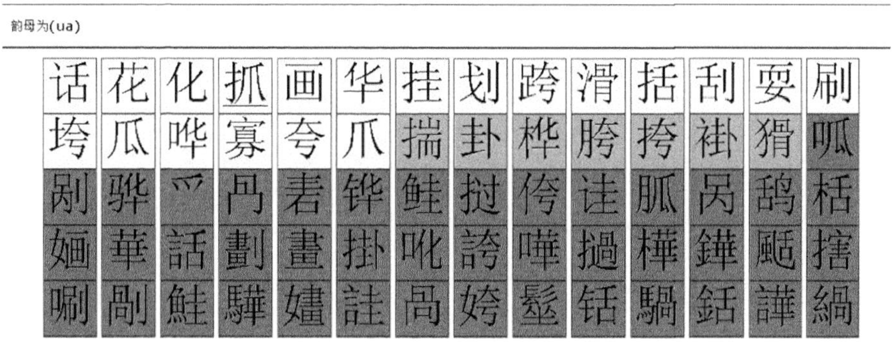

图 2-51　汉字读音查询

---

① 格式为声母+韵母+声调。例如，"大"，需要找到："[da4][dai4][tai4]"，以便与 MP3 读音文件匹配。

3. 汉字字义查询

字义在字源识字中有重要的作用。对语言来讲，交流的目的就是通达语义，对于识字来讲，核心就是掌握字义。字源识字强调通过对汉字追溯字源来学习汉字，而汉字由古代发展演变到现代，不仅其字形发生了重要变化，而且字义也发生了变化[①]。系统集成了《现代汉语词典》《古汉语常用字字典》《新华字典》三本词典，以及《康熙字典》和《说文解字》。系统利用上述词典，可以提供丰富的字义信息。

目前《康熙字典》和《说文解字》的相关信息在"经典"中可以查询，字义显示的主要内容的来源是《新华字典》的字义解释。

（五）词语查询

系统提供了组词、同义词词林、词义、成语、歇后语等与词语相关的查询。

1. 组词

系统内部有一个包含三十多万个词的词表，包括了词头、拼音、词频等信息。

组词查询显示包括输入字词在内的所有汉语词汇，并按词频从高到低排序。

点击词语，则跳转到查询该词语的同义词词林，点击词语后面的"词义"链接，则显示该词语的词义。界面如图 2-52 所示。

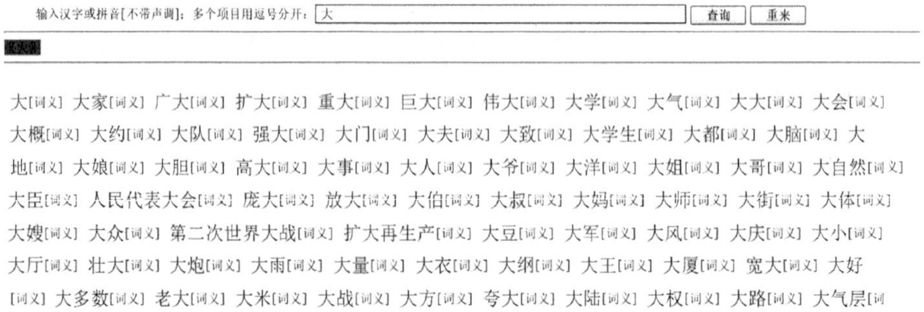

输入汉字或拼音[不带声调]: 多个项目用逗号分开: 大　　　　　　　　　　　　　　　　　　 查询　重来

大[词义] 大家[词义] 广大[词义] 扩大[词义] 重大[词义] 巨大[词义] 伟大[词义] 大学[词义] 大气[词义] 大大[词义] 大会[词义] 大概[词义] 大约[词义] 大队[词义] 强大[词义] 大门[词义] 大夫[词义] 大致[词义] 大学生[词义] 大都[词义] 大脑[词义] 大地[词义] 大娘[词义] 大胆[词义] 高大[词义] 大事[词义] 大人[词义] 大爷[词义] 大洋[词义] 大姐[词义] 大哥[词义] 大自然[词义] 大臣[词义] 人民代表大会[词义] 庞大[词义] 放大[词义] 大伯[词义] 大叔[词义] 大妈[词义] 大师[词义] 大街[词义] 大体[词义] 大嫂[词义] 大众[词义] 第二次世界大战[词义] 扩大再生产[词义] 大豆[词义] 大军[词义] 大风[词义] 大庆[词义] 大小[词义] 大厅[词义] 壮大[词义] 大炮[词义] 大雨[词义] 大量[词义] 大衣[词义] 大纲[词义] 大王[词义] 大厦[词义] 宽大[词义] 大好[词义] 大多数[词义] 老大[词义] 大米[词义] 大战[词义] 大方[词义] 夸大[词义] 大陆[词义] 大权[词义] 大路[词义] 大气层[词义]

图 2-52　组词查询

[①] 第二章论及字义的古今关系，并以此作为汉字理据存在的原因之一，这并不表示字义就没有发生变化，虽然其根本没有变化。由于生活现实的变化，词义的内容有了差异或者引申出了新义项。古今文字使用的差异，造成了假借义和本义的不同，字义也就发生了变化。

2. 同义词词林

为了方便理解词义，系统使用了哈尔滨工业大学同义词词林扩展版。点击每个词，即可进入同义词词林查询界面。界面如图 2-53 所示。

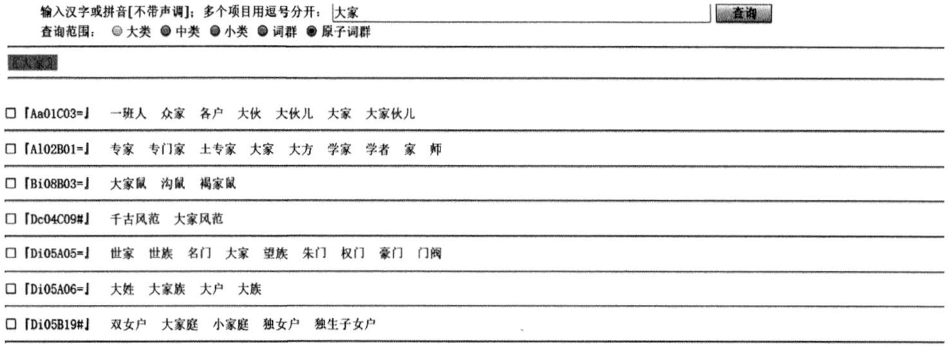

图 2-53　同义词词林查询

参照同义词词林编码规则，同义词词林查询可根据编码查询与当前词语有关的大类、中类、小类、词群、原子词群等几个层级。随着级别的递增，词义刻画越来越细，到了第五层，每个分类里词语数量已经不大，很多只有一个词语，已经不可再分，可以称为原子词群、原子类或原子节点。不同级别的分类结果可以为自然语言处理提供不同的服务。查询结果按词的编码排序显示。

同义词词林查询模块不仅可以帮助学习者在最短的时间内多角度地理解词义，拓展思维的宽度和广度，还恶补了词汇的不足，丰富的词汇量也提升着写作能力，省时高效。

3. 词义

系统从《汉语大字典》中查询包含指定汉字的词语，并分别显示其词义。

为使用方便，系统可以一次查询多个包含该字词的词语及其词义，也可以先输入不带调的词语的拼音，找到词语后，再点击查询其词义。

4. 歇后语

系统收集了四千多个歇后语，查询时，根据输入的字词，显示包含该字词的歇后语。

为使用方便，系统可以一次查询多个包含该字词的歇后语，也可以先输入不带调的词语的拼音，找到词语后，再点击查询包括该字词的歇后语。界面如图 2-54 所示。

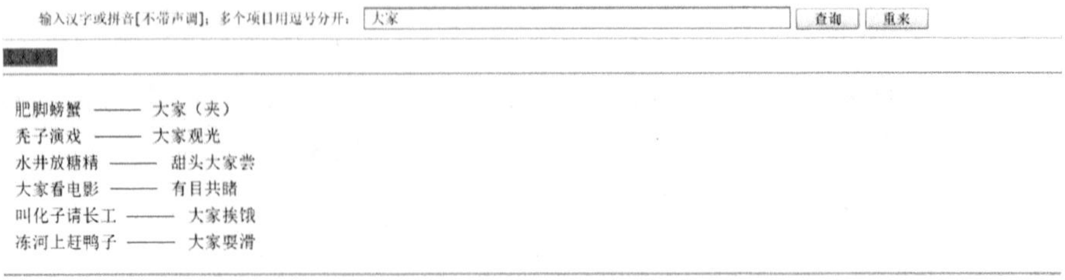

输入汉字或拼音[不带声调]: 多个项目用逗号分开: 大家 _____ [查询] [重来]

肥脚螃蟹 —— 大家（夹）
秃子演戏 —— 大家观光
水井放糖精 —— 甜头大家尝
大家看电影 —— 有目共睹
叫化子请长工 —— 大家挨饿
冻河上赶鸭子 —— 大家耍滑

图 2-54 歇后语查询

5. 相关成语查询

本系统提供 49 000 多条成语。这些信息源于网络公开数据，并通过专门程序处理后导入系统中。成语信息包括拼音、典故、出处、例子、近义词、反义词、英语解释、成语故事等内容。

为方便导航，查询的每一个汉字（包括从系统中查出的该字的繁体和异体字），都根据找到的成语生成了一个列表，单击列表中的某项，即可查看其解释，点击返回按钮，即可返回列表。界面如图 2-55 所示。

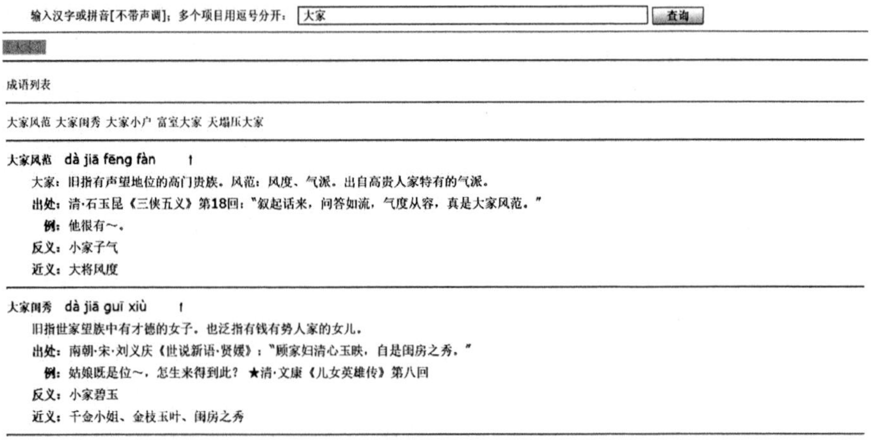

输入汉字或拼音[不带声调]: 多个项目用逗号分开: 大家 _____ [查询]

成语列表

大家风范 大家闺秀 大家小户 富室大家 天塌压大家

大家风范 *dà jiā fēng fàn*   ↑
大家: 旧指有声望地位的高门贵族。风范: 风度、气派。出自高贵人家特有的气派。
出处: 清·石玉昆《三侠五义》第18回: "叙起话来，问答如流，气度从容，真是大家风范。"
例: 他很有～。
反义: 小家子气
近义: 大将风度

大家闺秀 *dà jiā guī xiù*   ↑
旧指世家望族中有才德的女子。也泛指有钱有势人家的女儿。
出处: 南朝·宋·刘义庆《世说新语·贤媛》: "顾家妇清心玉映，自是闺房之秀。"
例: 姑娘既是位～，怎生来得到此? ★清·文康《儿女英雄传》第八回
反义: 小家碧玉
近义: 千金小姐、金枝玉叶、闺房之秀

图 2-55 成语查询

为使用方便，系统可以一次查询多个包含该字词的成语，也可以先输入不带调的词语的拼音，找到词语后，再点击查询包括该字词的成语。

（六）基于图像的形似字查询

汉字从象形的文字隶定后，笔画逐渐规范化，用有限个笔画平面组合而成的汉字，有的形体相近，差别很细微，这些字就是形似字。形似字形体相近而

义不同。就类型而言，有的外观轮廓相似而笔画数目不同，如"乌"和"鸟"、"夕"和"歹"、"免"和"兔"；有的是个别笔形不同，如"戍"和"戌"、"母"和"毋"、"刀"和"刁"；有的则是构字部件有差异，如"耍"和"要"、"蓝"和"篮"、"辩"和"辨"。就相似程序来看，有的形似字差别很小，如"巳""己"和"已"、"失"和"矢"、"未"和"末"等，只是笔画的高低、长短有区别。

人们在读或写时常常把一个字读错或写错，这往往是由字形相近造成的，因而形似字的辨析是汉字教学的一个重点内容。

根据大量的教学实践，很多教师已经总结了一些形似字，网络上也有一些公开的收集和整理，甚至还有些平台提供了形似字查询功能，但如何系统而完备地收集整理形似字还是一个问题。

本系统把汉字的字形看成图像，运用图像的相似计算，进行了形似字查询的探索。

1. 核心算法：PHash 算法

PHash 算法是均值哈希算法的改进。

均值哈希算法主要是利用图片的低频信息。它通过缩小尺寸后，简化色彩为灰度，然后计算平均值。最后计算小图片每个像素的灰度（将每个像素的灰度与平均值进行比较，大于或等于平均值，记为 1；小于平均值，记为 0），将比较结果组合为一个 64 位的整数，这就是这张图片的指纹，即均值 Hash 值。

要比较两张图片，分别计算其均值 Hash，再计算两个图片的均值 Hash 的汉明距离（不同位的个数）。如果这个值为 0，则表示这两张图片非常相似；如果汉明距离小于 5，则表示有些不同，但比较相近；如果汉明距离大于 10，则表明为完全不同的图片。

均值哈希虽然简单，但受均值的影响非常大，其改进算法 pHash 算法使用离散余弦变换（DCT）来获取图片的低频成分。离散余弦变换是一种图像压缩算法，它将图像从像素域变换到频率域。由于图像都有很多冗余信息，因而转换到频率域之后，只有很少的一部分频率分量的系数才不为 0，大部分系数都接近于 0，因而能够避免均值的影响。

pHash 的算法与均值 Hash 算法比较相似，要经过缩小尺寸、简化色彩、计算 DCT、缩小 DCT、计算平均值、进一步减小 DCT、构造 hash 值等步骤。

与均值哈希一样，pHash 同样可以用汉明距离来进行比较。

2. 功能设计

根据上述算法，我们设计了形似字计算表。它包括汉字字头、Hash 值、临时 Hash 值、汉明距离等信息。

系统首先产生汉字的图片，然后利用算法计算每个汉字的 Hash 值。在查找相似字时，先从系统中找出其 Hash 值，然后与表中各个汉字的 Hash 值进行比较：如果相同二进制位的值相同则为 1，否则为 0，并把比较结果保存。最后根据比较的结果，按相似度显示汉字。

3. 功能实现

（1）产生汉字图片

要产生汉字图片，首先要确定需要比较的汉字集，出于完备的考虑，我们确定系统中所有的两万多个汉字作为字集。

其次要考虑汉字所用的字体。根据字形的相关研究，为了避免汉字某些字体修饰笔画的影响，我们选择了"幼圆体"作为汉字字体。

至于图片大小，我们设置为 200×200。为此，字体大小设置为 150。

考虑到要产生的汉字数量巨大，我们编写了专门的程序来产生汉字的图片。该程序从系统取出汉字，绘制到控制上，然后自动将图片命名后保存到指定目录下。

（2）计算各个图片的 pHash 值

系统从数据库依次取出汉字，找到其图片，利用 pHash 算法来计算其 Hash 值，并保存到数据库中。

（3）查询相似字

输入要检索的汉字后，系统计算该汉字与已经计算好 Hash 值的其他汉字的汉明距离，然后根据差值从小到大排列即可。系统界面如图 2-56 所示。

图 2-56　相似字查询

输入待查询的汉字后，系统根据相似程度显示汉字大小，越靠前的汉字越大，越可能与待查询的汉字相似。

系统可设置检索范围以及显示的相似汉字的数量，也可以先输入带调的拼音，再根据找到的汉字进行查询。

（4）问题与讨论

我们以上述对形似字的分类讨论中各类型似字举例所用的每组汉字为关键字，利用本系统进行查询，为方便比较，仅检索前 60 个相似汉字。

第一，外观轮廓相似而笔画数目不同。

乌："马"与之最相似，排在第 2 位，而"鸟"字则排在第 41 位。

夕：未匹配到"歹"字，程序判断"歺"与之很相似，排在第 8 位。

免："兔"与之最匹配，排在第 3 位。

第二，个别笔形不同。

戌："戍"与之最相似，排在第 1 位，其余还有戊、戉、成、戎等。

母："毋"与之最匹配，排在第 1 位，其次是"冊"，排在第 2 位。

刀："勹"排在第一位，其次是"刁"，排在第 2 位，"刃"排在第 3 位。

第三，构字部件有差异。

耍："要"排在第 1 位。

蓝："篮"排在第 21 位。

辩："辨"排在第 1 位，其次是"辫"字，排在第 2 位。

从上述三类字抽样考察来看，系统虽然不能保证排在第 1 位的都是人工判断最相似的汉字，但一般比较靠前，很少有不能匹配的情况。

由此可见，该算法对于形似字的识别还是比较准确的，辅以人工判断，必然有利于校正现有的形似字列表。以"已"字为例，与现有的形似字查询相比，本算法更优越一些。所得结果如图 2-57 所示。

图 2-57　繁体字网形似字查询[①]

---

① 繁体字网. 2016-06-06. 形似字查询. http://www.fantizi5.com/xingjinzi/.

考虑到每次计算比较费时间，我们拟计算所有汉字与别的汉字的汉明距离，然后保存前 60 个与之最相似的汉字的信息。这样每次查询时就可以直接显示，不再需要计算；同时可以根据计算结果对现有的相似汉字列表进行修正，使之更科学、更完备；还可以根据对相似程度特别高的汉字进行人工检查，发现一些相似汉字列表没有收录的相似字，从而生成一本比较完备而准确的相似汉字列表，以便为语文教学服务。

三、平台使用情况问卷调查

为了调查字源识字平台使用情况，了解研究者相关需求，方便调查，笔者利用网上的免费调查系统"调查派"设计并实施了本调查[①]。该平台界面友好，设计和使用都很方便，收集数据和统计结果也很方便。本调查主要目的有三个：一是了解平台用户基本情况；二是了解用户使用平台的基本情况；三是了解用户对平台的建设和意见，以便将来升级平台时参考。

从平台现在的发展来看，当时的调查无疑提供了很好的参考。

（一）问卷设计

问卷由两部分组成，一部分是受访者基本情况，另一部分是平台使用情况。

1. 了解平台用户基本情况

基本情况包括其职业、年龄、职称、单位分布情况、文字与信息技术背景、接触平台的情况以及对平台的基本感受等。

2. 收集各类受访者使用平台的情况

（1）对于教师

对于教师，需要了解其学生情况、平台对教学的支持、学生对字源识字的总体反应、学生使用字源识字平台后的变化、教师最常用的字源信息、平台其他信息使用情况、与同事的交流情况。

（2）对于研究者

对于研究者，需要收集研究者对平台数据的可靠性评价、平台对研究的支

---

① 本问卷网址为：http://www.diaochapai.com/survey/c2e784da-2066-4a8b-b712-6644364a5b8c。问卷调查的时间是 2011 年 2 月至 3 月，调查对象为本平台的使用者。

持、平台字源信息的有效性、平台其他数据的有效性等。

（3）对于学生

对于学生，收集其基本情况、平台对学习的支持情况、学生对字源识字的认可、学生对字源识字信息的评价，以及对平台其他数据的评价。

3. 收集受访者对平台的评价以及建设建议

详细问卷内容请查询上页网址。

（二）问卷分析

1. 用户基本情况分析

（1）用户职业分布情况

从统计情况来看，参与本次调查最多的用户是教师，占总数的 53.84%；其次是学生，占总数的 34.62%；研究者相对较少，仅占 11.54%。

这一数据与我们平台的定位是相符的。

需要注意的是：虽然本次调查有 34.62% 的受访者以学生身份受访，但其实他们大多是研究生。基于对学生身份的习惯性认同，选择了学生这一身份。这对后面分析学生数据有一些不良影响。

（2）用户分布情况

系统要求填写所在单位，从用户分布来看，来自国外的有德安扎学院（DE Anza College）、加拿大魁北克大学；来自国内的有重庆、四川、天津、山东、湖北、北京、贵州、江苏、河南、福建、山西 11 个省、市、直辖市的用户。由此可以看出，平台用户分布相当广泛。

（3）年龄分布情况

平台用户年龄基本在 24 ～ 50 岁，如图 2-58 所示。

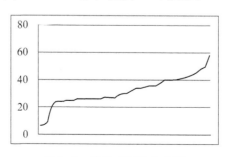

图 2-58　受访者年龄分布图

（4）使用者相关背景

61.54%的用户报告没有相关背景，仅38.46%的用户有文字学背景，这充分说明即便在关注文字的这个群体中，文字学也并未普及。

对于信息技术背景，73.07%的用户认为自己的水平一般，23.08%的用户认为自己水平较高，仅3.85%的受访者认为自己水平较差。这一数据说明平台使用者的信息技术水平基本能够满足平台操作的需要。

（5）接触平台的情况

仅11.54%的用户是近两年左右接触到了本平台，其他用户基本在近一年，这与平台未对外正式发布，也没有做任何推广有关。

需要注意的是44.23%的用户是通过他人介绍接触平台的，通过网络搜索接触平台的有30.77%。可见平台的圈子还是基本靠人际交流获得的。这需要在以后进行推广时加以注意。

仅19.23%的用户接触过类似本平台的网站，如汉典、龙维基、龙源、长城汉语、现龙等，其中大部分用户了解汉典。

2. 各类受访者使用平台的情况

（1）教师使用本平台的情况

教师用户中，36.54%是小学教师，教授的年级基本集中在小学低段（占64.29%）。这说明小学低段教师最重视与识字相关的材料，我们的目标用户群主要是这一部分用户。

82.14%的教师反映平台数据基本满足教学需要，78.57%教师认为自己基本具备了利用平台进行字源识字教学的能力，92.86%的教师会首先选择字源识字来教。可见，该平台能够有效地支持教师的教学。

根据观察，教师认为89.28%的学生喜欢字源识字，利用字源识字后，学生有了以下变化：学生发生的最大变化是对识字更感兴趣了（38.46%），其次是识记汉字更容易了（26.92%），再次是思维水平提升了（17.31%），此外还有观察能力提高了（13.46%）。由此可见，字源识字平台不仅有效地支持了教师的"教"，教师也注意到了该平台对学生的"学"起到积极作用，应用该平台能够有效提高学生学习汉字的兴趣，提高教学效率，提高思维水平和观察力。这说明教师普遍认为开展字源识字不仅对学生识字有积极意义，更对学生深层次的能力和思维品质都有良好的作用。

对平台数据而言，教师认为最有价值的是汉字字形演变（39.29%）和字源相关图片（39.29%），其次是汉字字源信息（17.86%），教师很少参考其他资料对字源的解释（仅 3.57%教师注意到这一点）。这一数据说明作为资源使用的平台应该根据教师教学需要来设计其资源类型，不能平均分配力气。特别是对于我们是否需要进一步增加系统相关资源有启发。

在参考字源的同时，教师们参考本平台资源最多的是汉字部首和部件（60.71%），其次是平台中的其他相关字源信息（42.86%），仅 28.57%教师参考了汉字读音。这说明利用平台的用户更多关注的还是与汉字形义有关的材料。这与平台的设计意思比较符合。

（2）研究者使用本平台的情况

由于参与本次调查的研究者数量较少，大多数数据只有参考价值。

大多数研究者认为本平台数据比较可靠（66.67%的研究者认为很可靠，33.33%的研究者认为基本可靠），83.33%的研究者认为平台数据很有帮助。

研究者更关注汉字字源信息（50%），其次关心汉字字形演变（33.33%），较少研究者关注字源相关图片（16%）。基本上没有人关注其他资料对字源的解释，这一点比较令人费解。原因可能是本平台的研究者大多不是文字学专业工作者。与教师类似，研究者也较少关注汉字字音相关信息，这可能与他们使用本平台的定位有关。

（3）学生使用本平台的情况

以学生身份参与本次调查的受访者中，61.11%是研究生，仅 16.67%是小学生，在利用数据进行相关推论时要注意到这一点。

66.67%的受访者认为平台数据基本满足学习需要，27.78%的受访者认为平台满足其学习需要。可见，平台对学生的学习可以提供较好的支持。

由于信息技术的普及，所有受访者都可以顺利（50%）或较顺利（50%）地从平台中找到自己所需的资源。

受访者认为，使用平台后，自己最大的收获就是对识字更感兴趣了（42.86%），其次是识记汉字更容易了（33.33%），再次是观察能力提高了和思维水平提升了（17.86%）。

学生对字源信息和其他信息的关注与教师及研究者类似。

3. 对平台的建议和意见

我们将用户意见大体归纳如下。

（1）需要增加的内容

很多参与调查者认为平台应该增加内容。比如，汉字研究的书籍、语言文字规范（国标）、字源图片、教学案例、资源信息和举例、基本的偏旁部首的字源图片及确切释义等。分析起来主要集中在资源和交互功能两个方面。

第一，资源方面。

首先是字源方面的信息：就字形演变而言，有人提出增加字体演变软件和字形演变动画；就释义而言，有人提出要增加英语解释以吸引对外汉语学习者，有人提出要增加资源的详细解释，有人提出要使释义更适合儿童学习、语文要更通俗化，也有人提出要增加更合理的字源图片。

其次是一些与汉字有关的资源。比如，与汉字演变历程有关的故事，与汉字有关的小故事、与汉字文化有关的内容、相关的最新研究成果、汉字在生活中的地位与现实作用方面的内容等。还有人提出希望建立书法字库、增加歇后语、常用口语之类的内容。

第二，交互功能。

有人提出作为学习者，希望增强交互功能；还有人提出根据用户需求筛选功能，如相关字必记成语、常用成语、所有成语等。

（2）对平台的改进建议

第一，希望反应更快。

第二，丰富资源，使字源数据库更加丰富和完善。

第三，美化界面，使之更有吸引力。

第四，平台设计：使相同类别的汉字之间有链接或提示，给所有汉字按一定的标准分类，这样就可以呈现网状的知识建构，使学习者在网络中遨游。或者在字源信息中添加能够扩大搜索范围的链接，就好像期刊网一样，查询这个事物，相关事物就能用链接的方式追踪下去。

第五，增加互动与反馈：查询后可即时评价、能够根据已查询或学习的汉字进行测试，以检验学习效果。

4.针对调查结果现有平台所做的改进

经过近四年的发展，由于各方面条件的限制，平台虽然一直对外小范围公开，但没有组织大规模的开发和建设，因而其发展并不理想，但系统还是有了很多显著的进步。以下简要介绍一些，作为对平台建设意见和建议的回应。

（1）资源清理

首先组织了大量人力对资源进行了清理，删除了平台不太可靠的数据，保证了平台数据的准确性；其次，从教学需要的角度出发，对平台图片进行了清理，清除了大部分重复的图片，使平台显得更简便易用。

（2）汉字生成系统设计与实现

平台完成了近 5500 个汉字的信息梳理，调整了汉字笔顺，指定了部件，以WEB 的方式提供了汉字书写和汉字生成系统查询功能，极大地支持了汉字教学。

（3）增加权威词典

根据教学需要，平台增加了多部词典，如《新华大字典》《国语大辞典》《辞海》《汉语大字典》等，并改进系统程序，为教学提供更好的服务。

（4）形似字查询

平台还增加了形似字查询功能，帮助教师更好地完成形似字教学。

（5）平台资源教学转换

最重要的工作是利用 VBA 编程，将平台数据导出为以汉字为字头的 PPT页面，利用离线的方式完成近 1500 个汉字的清理，并为之编制相关程序，可以直接用于一线教学。详见后面第七节的"平台资源的教学转换"部分。

第六节　关于汉字字形统计特点的研究

一、基于统计的楷书字形笔画分布特点分析

汉字的本体是其字形。[①]汉字的字形从视觉来看，就是以线条为基本单位，通过笔画组成部件，以符合人们审美习惯的一种组合。汉字的字形从文字创造开始，经历了数千年的发展演变，从古汉字以线条来表达象形，到篆隶逐渐去其象形的笔画，再到现代汉字代之以抽象的笔画。汉字书写形式作为文化选择的结果，在不同时代人们的审美作用和选择下，产生了不同的书体。据此，我们认为，作为规范的书写形式的楷体，其线条的组合结果即楷体字形也必然符合人们一般的审美要求。

启功先生指出：楷书有严格的结字法度和丰富多变的点画形态，端庄工整。[②]王宁先生提出：楷体字在追求实用性的同时也在追求均衡、方正、稳当的美化。具体讲到上下结构的部件，不论如何承覆，重心都略偏上。左右布局也不以完全均等为原则，在自然书写时常常是左紧右松，并且通过一部分例字的量

---

① 王宁. 2000. 系统论与汉字构形学的创建. 暨南学报（哲学社会科学），(2)：15-21.

② 启功. 1986. 书法概论. 北京：北京师范大学出版社，20-21.

化研究证实了楷体字的这一特点。[①]

由于楷书使用很广泛，笔者认为有必要通过统计的方式来科学地研究楷书字形的特点，以便确定楷书字形到底有没有统计学意义上的特点。如果有，有什么样的特点？这样才能真正讲清楚这一问题，并为各类结字方法从汉字字形的角度提供理论依据。

研究对几种楷书字形笔画的平面分布进行统计，以确定楷书字形的笔画分布特点，以及这种分布特点所表现出来的汉字的整字特征。

（一）研究对象选择

由于自然书写带有比较强的个人色彩，且获得书写材料不容易、处理起来也比较麻烦，本书选择电脑字体代替手写字体。由于电脑字体这类工程字体源于手工书写，且被大多数人所接受，所以这种替代能够比较好地反映楷体字形的特点。此外，这种替代不但能够方便地得到要研究的汉字样本，而且处理方便，能够为研究带来不少便利。

考虑到电脑字体中宋体、楷体、黑体、幼圆体等应用最为广泛，在考虑字体特点的基础上，本书选择这四种字体作为样本。

为了研究楷书字体的字形特点，我们应该尽可能地研究所有汉字的楷书字形，但实际上并没有这种必要。我们可以选择同一字体的不同字种的汉字集作为样本进行研究，如果发现随着样本中字种的增加，其笔画分布的统计特点是收敛的，那么，就可以断定这种字体的字形在笔画分布上的特征；反之，则说明这种字体的字形没有统计学意义上的特点。显然，这样研究无须穷尽所有汉字。

对于其他楷书字体，我们可以进行类似的研究。如果这些字体也有类似的字形分布特点，我们就可以再比较相同字种量下不同字体字形笔画分布特点，如果类似，即可排除字体的影响，说明楷书的字形的确具备某种分布特点。

对楷体字形笔画分布特点的感知是在使用中不自觉统计达成的，这与不同汉字的使用频率显然有关。为此，我们根据清华大学发布的字频表，按字频从高到低，分别选择前 100 个、前 200 个、前 500 个、前 1000 个、前 2000 个、前 3000 个不同的字种作为研究对象。

---

① 王宁. 2012. 书写规则与书法艺术——纪念启功先生 100 周年诞辰. 清华大学学报（哲学社会科学版），(6)：53-58.

（二）研究方法

可以设想，如果把要研究的汉字用比较淡的墨水写在一张张透明的胶片上，然后再把这些照片叠加起来，就可以在二维平面上从颜色深浅直观地看出这些汉字的笔画在哪些区域较多，哪些区域较少。如果以网格的方式划分区域，就可以统计每个汉字在每个区域的分布情况，再累计出来后分析，就可以得到其分布特点了。

本书利用类似的方法，采用计算机程序来统计给定字种的汉字字形的黑色像素在平面上的分布情况。具体来讲，对于指定的字种和字体以及字号，本书的处理步骤如下。

①在 200×200 的画布上，使用指定的字体和大小，用黑色绘制一个汉字。

②判断画布上该汉字的每个点的颜色是否超过给定的阈值，并将判断的结果累加计入数组 A。

③重复①②步骤，直到处理完所有给定字种。

④对数组 A 的数据进行规一化处理，使其值为 0～255。

⑤根据数组 A，进行投影计算，得到垂直方向和水平方向各行、各列的累加和，分别存放于 数组 B 和数组 C 中。

⑥根据数组 B，编制 X 方向分布图；根据数组 C，绘制 Y 方向分布图；根据数组 A，绘制二维平面分布图；根据 A，B，C 三个数组，计算垂直方向和水平方向的重心位置，并绘制垂直方向和水平方向的像素分布中心线。

⑦保存字体、字号、字种量、X 方向、Y 方向、二维分布图等相关信息。

（三）结果分析

采用上述方法，我们得到了四种不同字体的三种分布图，试图从中发现楷书字形笔画分布规律。王宁先生提出，结字是对整个成字的规则加以分析，在书写汉字学里，我们从以下四个方面入手分析结字的规则：外部轮廓、部件布局、空间疏密、全字重心。[①]这对于我们研究楷书字形的特点具重要的指导意义。由于本书仅从笔画的角度来研究楷书字形的笔画分布特点，因而我们仅从外部轮廓、空间疏密、全字重心三个角度来分析。

分析黑体、楷体、宋体、幼圆四种字体，我们可以看出，黑体只是将汉

---

① 王宁. 2012. 书写规则与书法艺术——纪念启功先生 100 周年诞辰. 清华大学学报（哲学社会科学版），
（6）：53-58.

字笔画加粗，笔画之间不存在粗细变化，笔画转角处没有艺术处理，因而能比较好地反映楷书字形的笔画分布特点。而其他字形，尤其是楷体，则对笔画有更多的修饰，可能会影响笔画分布特征的分析。为此，本书首先对黑体字形进行比较全面的分析，找到汉字笔画的分布特点，再将黑体的分布特点与其他字体进行比较，判断是否有共同的特点，如果有，则说明楷书字形具有一般的特点。

1. 不同字种条件下黑体字形笔画分布

（1）垂直方向分布

根据像素点是否超过阈值的累加计数，数组 A 进行垂直方向的投影计算，得到数组 B。根据数组 B 可以得到不同字种量下黑体字形的垂直方向笔画分布图。为方便比较、更容易找到规律，我们将上述图片叠加到一起，只保留其轮廓，按字种量从大到小，设置其不透明度分别为 100，60，50，40，30，20，得到总体趋势图，如图 2-59 所示。

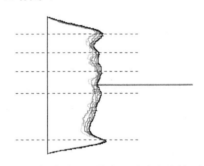

图 2-59　不同字种量下黑体字形垂直方向笔画分布图[①]

注：1. 图中水平方向的粗线由不同字种量垂直方向分布的中心线叠加而成；2. 为显示变化趋势，垂直方向的曲线颜色越浅，代表的字种量越小；颜色越深，代表的字种量越大。下同

从图 2-59 可以看出，随着字种量的不断增大，黑体字字形垂直方向的笔画分布图越来越光滑，共同的特点越来越明显。可见，随着字种量的增加，黑体字字形的垂直方向分布特点是收敛的。

从图 2-59 我们可以看出，黑体字在垂直方向的笔画分布特点体现在以下几个方面。

第一，外部轮廓。

---

① 从左至右，分别为前 100 个、前 200 个、前 500 个、前 1000 个、前 2000 个、前 3000 个汉字的垂直方向分布。

垂直方向最上面和最下面分别有两个最明显的凸起，对于五种基本笔画而言，除了横之外的其他笔画都不容易在垂直方向体现出明显的统计优势，可以看出，这两个位置有比较多的横画。从视觉来看，容易产生边框的感觉。

第二，空间疏密。

除上下两个凸起外，中间还有三个比较明显的凸起。这说明这些位置的笔画分布比较明显。从分布来看，这几个凸起明显靠上，给人上部分笔画分布比较稠密，下部分笔画分布比较稀疏的感觉。

第三，重心。

经过计算，字种量为 100，200，500，1000，2000，3000 时，垂直方向重心的位置分别为 99，100，100，100，100，99。可见，不同字种量的垂直方向等分线均基本位于垂直方向中央，说明在垂直方向上，黑体字的笔画分布重心都在其几何中心。

（2）水平方向分布

与垂直方向分布处理的方法类似，根据像素点是否超过阈值的累加计数，数组 A 进行水平方向的投影计算，得到数组 C。根据数组 C 可以得到不同字种量下黑体字形的水平方向笔画分布图。为方便比较、更容易找到规律，我们将上述图片叠加到一起，只保留其轮廓，按字种量从大到小设置其不透明度分别为 100，60，50，40，30，20，得到总体趋势图，如图 2-60 所示。

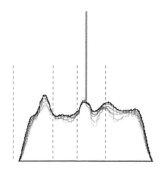

图 2-60　不同字种量黑体字形水平方向笔画分布叠加图

从图 2-60 可以看出，随着字种量的不断增大，黑体字字形水平方向的笔画分布图越来越光滑，共同的特点越来越明显。可见，随着字种量的增加，黑体字字形的水平方向分布特点是收敛的，其特点体现在以下几个方面。

第一，外部轮廓。

水平方向最左面和最右面分别有两个最明显的凸起。对于五种基本笔画而言，除了竖之外的其他笔画都不容易在水平方向体现出明显的统计优势，可以看出，这两个位置有比较多的竖画。从视觉来看，容易产生边框的感觉。

第二，空间疏密。

除左右两个凸起外，中间还有两个比较明显的凸起。这说明这些位置的笔画分布比较明显。从分布来看，这几个凸起明显靠右，给人左边笔画分布比较稀疏，右边笔画分布比较稠密的感觉。

第三，重心。

经过计算，字种量为 100，200，500，1000，2000，3000 时，水平方向的重心位置分别为 99，99，100，101，101。可见，不同字种量的水平方向等分线均位于水平方向中央，说明在水平方向上，黑体字的笔画分布重心都在其几何中心。

（3）二维分布图

根据像素点是否超过阈值的累加计数，数组 A 可以画出正面的二维分布图，如图 2-61 所示。

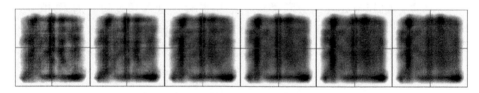

图 2-61　不同字种量黑体字二维笔画分布图

注：字种量从左到右分别为 100，200，500，1000，2000，3000

二维分布图可以更直观地印证垂直方向和水平方向黑体字的笔画分布特点。结合上述对黑体字形垂直方向和水平方向笔画分布情况的分析，可以看出黑体字笔画分布的总体特点体现在以下几个方面。

第一，外部轮廓。

总体来讲，汉字的笔画分布呈方形，其上方、下方、左方和右方都有较多的笔画分布，可见这些位置更多地出现了横和竖，因而从总体上来讲，汉字给人方块的感觉。

第二，空间疏密。

笔画有一些特定部位分布较为集中，其他一些地方分布则比较均匀。从横画来看，有 5 处比较明显；从竖画来看，有 4 处比较明显。这些横和竖使汉字的结构显得比较稳定。

第三，全字重心。

虽然某些区域笔画分布较为集中，但从水平和垂直方向来看，其重心大多在几何中心，因而整个汉字的重心在其几何中心，这样，汉字总体上显得比较稳定。

2. 不同字种条件下，楷体、宋体、幼圆体字形笔画分布

采用与上述黑体字形相同的处理方法，我们可以得到楷体、宋体和幼圆体的字形笔画分布。

（1）不同字体、不同字种量字形的垂直方向笔画分布

与上述处理黑体类似，将不同字体、不同字种量下垂直方向分布图叠加在一起，按字种量从大到小设置不透明度分别为100，60，50，40，30，20，并将不同字体叠加图排列在一起，得到叠加图，如图2-62所示。

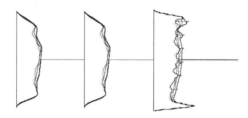

图2-62　楷体、宋体、幼圆体字形垂直方向笔画分布叠加图

从图2-62可以看出，不同字体随着字种量的增加，其字形的笔画在垂直方向的分布越来越平滑，其特征也越来越明显，因而其分布特征是收敛的。这样，我们就可以认为不同字体字种量为3000的字形垂直方向分布特征可以代表这种字体垂直方向分布的特征。为比较不同字体的字形在垂直方向笔画分布的特征是否有共同点，我们把各种不同字体字种量均为3000的垂直方向的分布作为每种字体在垂直方向分布的特征，把它们放在一起比较，得到图2-63。

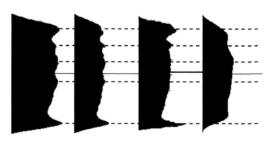

图2-63　不同字体垂直方向笔画分布图①

---

① 从左到右分别为黑体、宋体、幼圆体、楷体。

从图 2-63 可以看出：

①不同字体字形的垂直方向笔画分布从外观上各不相同。

②黑体、宋体、幼圆体三种字体具有类似的轮廓线，且其分布的拐点位置完全一致。

③楷体虽然与上述三种字体轮廓线和拐点位置均不同，但也明显地存在三个拐点，与其他三种字体类似。

比较三种字体的笔画特点，我们认为楷体字形之所以与其他三种字体的字形分布特点有差异，与其笔画的外观特征有很大关系。

（2）不同字体、不同字种量字形的水平方向笔画分布

与上述处理黑体类似，将不同字体、不同字种量下水平方向分布图叠加在一起，按字种量从小到大设置不透明度分别为 100，60，50，40，30，20，并将不同字体叠加图排列在一起，为方便观察，将图顺时针旋转了 90 度后，得到以下叠加图，如图 2-64 所示。

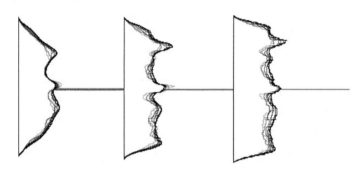

图 2-64　楷体、宋体、幼圆体字形水平方向笔画分布叠加图

从图 2-64 可以看出，不同字体随着字种量的增加，其字形的笔画在水平方向的分布越来越平滑，其特征也越来越明显，因而其分布特征是收敛的。这样，我们就可以认为不同字体字种量为 3000 的字形水平方向分布特征可以代表这种字体水平方向分布的特征。为比较不同字体的字形在水平方向笔画分布的特征是否有共同点，我们把各种不同字体字种量均为 3000 的水平方向的分布作为每种字体在水平方向分布的特征，把它们放在一起比较，得到图 2-65。

从图 2-65 可以看出：

①不同字体字形的水平方向笔画分布从外观上各不相同。

②黑体、宋体、幼圆体三种字体具有类似的轮廓线，且其分布的拐点位置完全一致。

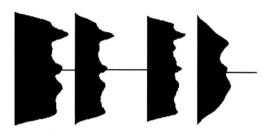

图 2-65　不同字体楷体字水平方向笔画分布图[①]

③楷体虽然与上述三种字体轮廓线和拐点位置均不同，但也明显地存在三个拐点，与其他三种字体类似。

与垂直方向分布的分析一样，我们认为楷体字形之所以与其他三种字体的字形分布特点有差异，与其笔画的外观特征有很大关系。

（3）不同字体二维分布特征比较

我们将不同字体字种量均为 3000 的字形二维分布图放在一起，如图 2-66 所示。

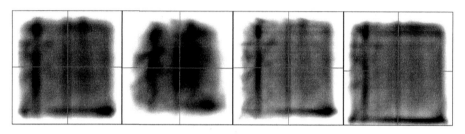

图 2-66　不同字体字形的笔画二维分布图[②]

由图 2-66 可以看出，除楷体外，其他三种字体的二维分布有类似的特征。提高图 2-66 的颜色阈值，以去掉不太明显的点，我们可以得到图 2-67。

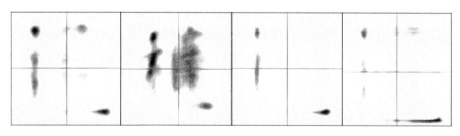

图 2-67　去掉分布较少的点后不同字体字形的笔画二维分布图[③]

---

① 从左到右分别为黑体、宋体、幼圆体、楷体。

② 从左到右分别为黑体、宋体、幼圆体、楷体。

③ 从左到右分别为黑体、宋体、幼圆体、楷体。

从图 2-67 可以更清楚地看到，除楷体外其余三种字形的二维分布有比较相似的特点。

（四）结论

根据上述讨论，可以看出现代汉字楷书字形的笔画分布特征为：

①现代汉字楷书字形笔画分布特征是大多数字体的共同特征。

②由于水平方向和垂直方向的重心都在几何中心，故汉字的整体重心在几何中心。

③汉字的外部轮廓总体呈现方形，汉字与汉字分隔的空白区域呈现方形。

④汉字笔画总体分布比较均匀，但在上部和下部有比较明显的横画，左侧中间略靠边、中间和右侧中间略靠右有比较明显的竖画。

（五）汉字字形分布特点的应用

上述现代汉字楷书字形的笔画分布特征，反映了现代汉字字形笔画分布的总体规律，故而它应该是各类结字方法的理论基础，对于汉字结字方法有重要的启示。

从应用的角度而言，它是各类字格是否合理、科学、有效的一把尺子。上千年来，格的作用为书法界和书法研究所重视，这也使格的作用不断发展……无论格式的繁与简，汉字的外框都是正方形。所以，方格是格的基本形式，与汉字是方块字的说法一致。[①]众多所谓的"格"虽然各有所本，但大多基于经验的分析，并没有科学的研究作为基础。利用本书所提出的楷书字形笔画分布特征可以对这些"格"的理论进行合理性分析，并综合和优化这些理论。为聚焦问题，我们仅初步提出一种简单的字格的设计。

从上述结论，我们认为，不管什么"格"，应该具备以下这些要素：

①由于汉字整体呈现方形，因而容纳整个汉字的应该是方框。

②由于汉字的重心在几何中心，汉字基本结构为上下或左右结构故应该有通过中心的水平和垂直线。

③汉字在书写时不会满格，应该提示书写的边界。

④在水平和垂直方向，某些位置分布有优势，应该表现出这种笔画分布优势。

根据以上四个要求，我们初步提出一种字格的设计，如图 2-68 所示。

---

① 邓晓健，李彬，张俊松. 2015. 基于统计的汉字字形视觉重心计算. 中文信息学报，（2）：159-165.

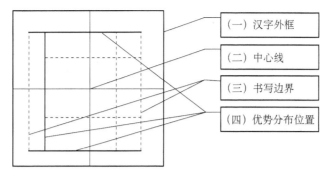

图 2-68　字格设计图

（六）总结

楷书字形是使用最广泛的字形。其字形特点到底是什么？虽然有很多共识，但也存在不少分歧。本书创新地使用统计的方法，针对不同的字种量，研究几种不同的楷书字体字形的笔画分布特征，发现其有很多共同之处。这不但使我们找到了楷书字形特点的科学依据，而且对于重新审视我们汉字书法的结字理论和实践提供了基础的字形依据，对于汉字书写教学有重要的参考价值。

二、从一幅图看汉字的认知

正由于汉字的笔画分布具有统计学上的稳定特征，我们认为具有一定空间感的幼儿对这种特征也能够认知，并做出符合逻辑的反应。这种反应对幼儿把握汉字形体有重要的意义。笔者以象棋为例对这一假设做出了初步研究。

象棋比较好玩，而且是圆形，避免了外部开头的暗示，利于测试幼儿对汉字形体的感觉。

被试是一名 3 岁半的女性幼儿，已上过近六个月幼儿园，未正式学过汉字，但已经认得简单的汉字，如山、水、月、日、上、下等。幼儿已多次接触过象棋，将其作为玩具玩过，但从未有意识地认过上面的汉字。幼儿能够比较顺利地与成人交流，注意力持续时间一般可达二十分钟。

笔者指导幼儿将象棋的每个棋子按她觉得最舒服的样子摆好，如果她觉得那样摆看起来不舒服，要求她转一转棋子，直到她觉得看起来舒服为止。笔者随机将棋子递给幼儿，在幼儿确认棋子的角度让她觉得最舒服后，协助其摆好棋子。摆完全部棋子后，笔者再逐一指着每一个棋子，要求幼儿确认每个棋子是不是她觉得最舒服的角度，如果不是，要求其转一转，调整角度。最终效果如图 2-69 所示。

图 2-69　幼儿摆好的象棋棋子

从图 2-69 可以看出：

第一，相同的棋子（兵、卒、士、马、炮、相、车等），幼儿的摆法完全相同。

说明这种摆法不是幼儿随意摆放的，而是其经过思考后的结果。这个结果反映了幼儿对汉字特征的把握。笔者在实验中注意到，幼儿在摆棋子时，并未有意识地参考前面已经摆好的棋子，而是一边转一边看一边说，说明其摆放的每一个棋子虽然最后摆法完全相同，但都是她独立思考的结果，而不是故意要放得跟前面一样。在最后确认时，幼儿也未说过因为有相同的棋子是那样摆的，所以后面的棋子也应该那样摆这类话。

第二，除了"相"外，幼儿基本上能够很准确地把握汉字垂直方向的特征。

幼儿将"相"横放，其余棋子要么和汉字本来的书写一致，要么旋转了180°。其中"兵、象、車、马、炮"等字摆放正确，"卒、帅、将、士"等字旋转了180°。

这是一个很有趣的现象。儿童并没有将这些棋子任意旋转角度，而只是旋转了180°和90°这两种，说明幼儿对汉字横向特征和纵向特征的感觉很符合汉字的实际书写要求。

为什么幼儿对汉字的感觉会出现上述现象？幼儿本身对这些字为什么这样放有她的解释：她会说哪些字里面有水，哪些字像在飞这类根据她的生活经验获得的感觉。

分析这些汉字的特征，我们可以发现：汉字的笔画"横"和"竖"对于提示汉字的角度有重要的作用。象棋棋子的"横"如果很醒目，儿童总体上倾向于将其平放。此外，除了"卒"外，其他棋子很醒目的"横"都在下面，包括摆错角度的"相"字，由于幼儿将其中"木"字的那一竖笔也误认为横，横放时这一长横也在下面。

幼儿对汉字的这种感觉说明汉字的形体易于理解，儿童对汉字"横平竖直"的总体结构有天然的理解力；这也说明汉字本身的结构特点符合儿童的认知规律。这一点对于指导儿童书写汉字有意义。

当然，这仅是一个个案研究，我们还需要针对更多的儿童进行更多样化的研究，以证明汉字形体特点与儿童认知的契合，并分析出原因。

第七节　平台资源的教学转换

平台资源数字化并进行了初步的加工整理后，用于教学还有一定的难度，因为它还没有根据教学的需要进行简化，为此，需要对资源进行系统化整理，以形成教学可直接使用的资源。此外，为了方便教学使用，还要开发支持工具，以方便地提取出教学需要的资源并进行后续处理。

我们曾经组织过一些学生在网络上对字源图片进行比较全面的清理，结果发现效果不太好；而且清理后要变成一线教学能够使用的 PPT，还需要进一步加工，为此，我们改变了工作思路，准备以 PPT 作为工具，制作一批字源汉字教学材料，以直接服务于一线教学。之所以选择 PPT 作为处理工具，其主要原因是：①它操作简单；②它支持 VBA 编程；③它的最终结果（幻灯片）可直接用于纸质出版或多媒体教学。

利用汉字生成信息，通过 VBA 编程，我们可以从各个基础部件开始，得到其下级部件以及它与其他汉字、部件组合而成的各级汉字。以这些汉字为字头，查询已有数据库系统，可将每一个汉字的字头、读音、各类字形、字源图片、字源释义等信息作为一个幻灯片保存到演示文稿中，从而形成一个 PPT 格式的完整的汉字系统教学资源包。为方便将来处理完成后回写到数据库中，在将这些原始资源加入幻灯片的同时，记录下原始资源的标志信息（如资源的类型、资源的 ID）。

有了这些包含多个汉字字源信息的 PPT 文件，我们再逐一查阅各类资料，根据汉字字源，按照人类认识世界的规律，从现代汉字字形出发，倒推古文字形，删除在表达意义上重复的汉字字形①，从而建立起符合教学逻辑的汉字形体序

---

① 如何选择古文的字形是一个相当复杂的过程。我们认为应该从认知的逻辑（如从具体到抽象、从复杂到简单、从特殊到一般等）出发去讨论汉字字形，而不应该从古文字产生的时间逻辑来讨论汉字字形。在日常教学中，古文字字形只是一种言说的资源。

列；同时根据教学需要修改已有的字源释义，并删除不太合适的字源图片。

为避免重复劳动，便于工作化处理资源，有必要利用计算机技术来辅助资源的整理和加工过程。首先将所有已经处理好的 PPT 统合到一个大的 PPT 中；在处理新的 PPT 时，检查是否已经含有已处理的汉字，如果有，则直接替换或插入已处理好的幻灯片；处理完成后，还需要将已经处理好的 PPT 合并到总集中，如有重复 PPT，可直接合并，以更新 PPT。这些工具的使用保证了资源加工的准确性和可靠性。

一、资源的整理

用于汉字教学的小学研究成果仅需要字头、各类字形、字源释义、相关图片等几类关键信息。资源的整理包括三个方面：一是如何有效地利用古文字的各类字形，以帮助理解汉字字源；二是如何根据教学需要进行字源释义；三是选择哪些符合字源的图片帮助理解古文字产生的原生语境。

如上所述，为了便于处理，我们确定了把程序和数据统一集中到一个 PPT 的架构，即把整理好的幻灯片放在一个 PPT（以后统称为"总集"）中，专门留出一页来记录已经整理好的汉字字头；同时，VBA 程序也放在该 PPT 中，完成产生原始幻灯片、导入已经完成的幻灯片、根据需要取出指定的幻灯片等功能。这种方式便于数据加工和系统维护，软件的界面如图 2-70 所示。

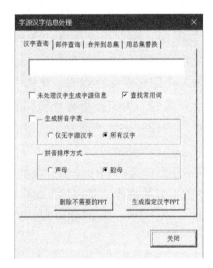

图 2-70　字源汉字信息处理界面

　　其功能可分为三个：一是通过汉字或部件查询，生成待处理的汉字列表；二是将处理结果导入总集中；三是用总集的幻灯片处理替换目标演示文稿中的幻灯片。

（一）生成待处理 PPT

可以通过输入汉字或部件生成待处理的 PPT。输入部件时，系统全部生成新的待处理的 PPT；输入汉字时，系统会首先从总集中查找是否有该汉字的 PPT，如果有，则直接拷贝，当选择"未处理汉字生成字源信息"后，则生成待处理 PPT。

1. 输入部件，生成待处理 PPT

其界面如图 2-71 所示。

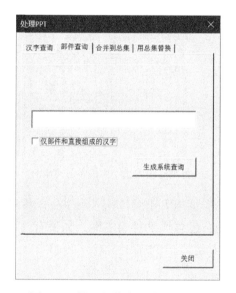

图 2-71　输入部件生成待处理 PPT

　　该部件获取信息的方式类似于字源汉字教学资源平台，即从输入的部件开始，递归地获得待处理的 PPT。这种方式不从总集中查询是否已经处理过，而是全部重新生成 PPT。其处理步骤为：

①根据部件 c 取得由它组成的汉字 {h1}。

②根据部件取得以它为原型的部件{b1}。

③查找以它为原型的部件{b1}组成的汉字{h2}。

④以{b1}中的每个元素为 c，重复①，直到查找完所有的部件和汉字。

如果勾选"仅部件和直接组成的汉字",则只查询由该部件的下级部件和该部件直接组成的汉字。本功能一次可以输入多个部件。

2. 输入汉字,生成待处理 PPT

该功能的界面如图 2-72 所示。

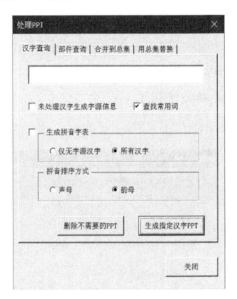

图 2-72　输入汉字生成待处理 PPT

与根据部件生成待处理 PPT 不同,输入汉字生成待处理 PPT 时,系统将首先查询总集中是否已经有包含该汉字的字卡。如果有,则直接拷贝出来;如果没有,可根据需要生成待处理的 PPT。

（二）编辑 PPT

未处理的 PPT 结构如图 2-73 所示。

最上面是从字源汉字信息数据库中取出的汉字字形演变的图片,如果没有,则为空白;如果有多个图片,则自动转行。左边是字源相关图片,如果没有,则为空白。右上角部件是汉字的拼音,未处理时加方括号,以提示该 PPT 尚未处理。中间最大的汉字为楷书字形。右下角为该汉字的字源释义,如果尚未整理,则为空白。

编辑时我们只需要删除不需要的字形演变图片、汉字相关图片即可,不需要调整它们的位置和样式。

从水西声。本义是洗涤，即用
水濯洗物体。洒水、洒扫的洒
原本为灑。

图 2-73　未编辑字源汉字卡片

二、格式化 PPT

为保持 PPT 的风格统一，在减小工作量的同时实现个性化，我们开发了格式化 PPT 功能。它根据指定的参数（有详细的说明，教师可以自己修改参数），将 PPT 的元素按规定的位置和格式排好，并设计相应的动画。格式化字卡的界面如图 2-74 所示。

图 2-74　格式化字卡界面

选择好要格式化的字卡后，点击样式[①]即可完成格式化。格式化后的字卡样

---

① 目前系统只提供两种样式，将来可以根据需要定制。

式如图 2-75 所示。

图 2-75 格式化后字源汉字卡片

格式化字卡的内容主要如下。

（一）调整各要素位置

根据模板，调整汉字形体演变图片、字源图片、词语、拼音、字源释义等的位置。

（二）设置各要素格式

根据模板，设置各部件的格式，如图片是否加边框、汉字的字体、颜色、样式等。

（三）加入动画

系统自动加入预设的动画。目前设计的顺序为字源图片、形体演变、现代汉字与拼音、字源释义、组词等。

格式化字卡后，可以直接将字卡导出为图片，便于打印。见后面"图片导出"功能详述。

三、已处理 PPT 导入与导出

（一）从总集导出 PPT

生成待处理的字源 PPT 后，我们可以首先从总集中查询是否已经处理过，以便避免重复劳动或为处理提供参考①，其界面如图 2-76 所示。

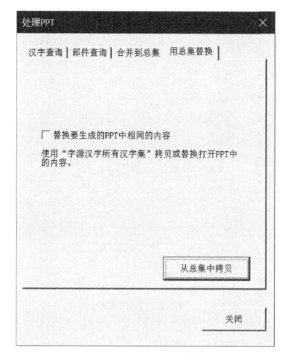

图 2-76　导出字卡

如果选择"替换要生成的 PPT 中相同的内容"，则系统会删除目标 PPT 中与总结相同的内容，否则，系统会拷贝总集中与目标 PPT 相同的字卡。要注意当编辑的目标是修改总集中某些字卡时，最好不要选择"替换要生成的 PPT 中相同的内容"这一选项，以便为修改提供参考。

（二）将编辑结果导入总集

编辑完成后，需要将 PPT 格式化，以便与总集中已有的 PPT 格式保持统一；格式化后的字卡可以通过"合并到总集"这一功能实现，其界面如图 2-77 所示。

如果选择"替换总集中相同的内容"，则会用打开的 PPT 内容直接替换总集中相同汉字的 PPT，否则系统只会导入总集中没有的内容。

---

① 比如，有时总集中的字卡处理有问题，想修改时。

图 2-77　导入字卡

四、生成汉字教学用 PPT

要生成汉字教学用 PPT，就需要根据汉字列表，从系统中提取出已经处理好的 PPT，并生成未处理的 PPT。对于分散识字教学需要按固定顺序生成汉字教学用的 PPT 而言，其处理很简单，直接使用通过汉字查询生成的 PPT 即可。对于集中识字教学，我们可以利用字源进行系统化教学设计，这时需要打乱原有的汉字顺序，根据汉字生成系统所提供的汉字系统化的教学思路来设计汉字出现的先后顺序。考虑到总集中的汉字已经按字源进行了比较合理的调整，我们可以利用总集的汉字集作为汉字教学的顺序，如有必要再手工调整。

通过 VBA 编程，我们可以去掉总集中不再需要的汉字，生成一个字表，再利用该字表从总集中查询即可。

如果教学对象是小学低段学生或者对外汉语学生，可能需要加入与拼音教学有关的内容，为此，系统专门开发了"生成汉字表"的功能。在通过汉字查询生成汉字 PPT 的时候，只要选择"生成拼音字表"即可。生成拼音字表可以选择仅对无字源汉字或所有汉字生成；拼音排序可选择按声母或韵母。声母和韵母的排序已经按拼音方案进行了优化。其界面如图 2-78 所示。

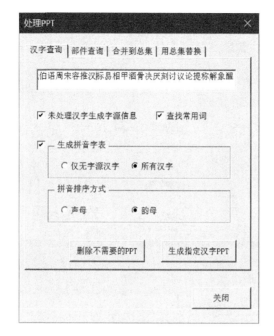

图 2-78　查询汉字，生成字卡的同时产生拼音表

五、其他功能

（一）图片拆分功能

进行字源汉字教学时，可能需要把字卡中的字形演变和其他图片单独打印出来，以便教学的时候使用。我们当然可以通过某些方法把 PPT 中的图片提取出来再打印，但可能会比较麻烦。为了支持这种教学需要，我们提供了图片拆分功能。它把 PPT 中的图片拆分出来，重新按每页幻灯片一张或两张的形式排列好，并编号，教学使用时直接打印 PPT 即可。如果需要以其他尺寸打印，可以将 PPT 导出为图片（见下面图片导出功能）后，再用图片排版工具（见下面图片排版功能），这样打印就很方便了。

（二）图片导出功能

教学中我们可能需要将 PPT 格式的字卡打印出来，为保证打印质量，需要图片的分辨比较高。PPT 自身提供的"导出为图片"的功能导出的图片质量比较一般（仅按分辨率导出），无法满足大图（如 A3 幅面）的打印。我们专门设计了将 PPT 导出为图片的功能，该程序能以实际大小的 4 倍（甚至更高，只要需要）导出图片，以满足高分辨率的要求，这样可以保证打印的质量。界面如图 2-79 所示。

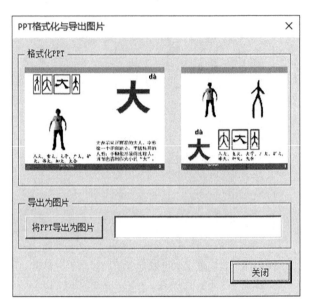

图 2-79　PPT 格式化和导出为图片功能界面

（三）图片排版功能

在项目进行过程中发现，我们要打印的字卡和各类字形都是图片，这些图片宽和高有可能不同，要将其按统一的规格打印，且要保持纵横比不变，是一个比较麻烦的问题。为此我们专门开发了图片排版工具。利用这个工具，可以一次将多个图片拷贝进一个 WORD 文档后，利用 VBA 统一其大小，并保持纵横比不变，这样就大大减轻了打印图片的劳动量。界面如图 2-80 所示。

图 2-80　图片排版功能

　　在此界面上，选择了"锁定长度比"后，在统一图片大小时，系统会按比例缩放图片长和宽，避免图片变形；选择"自动旋转"后，系统会根据纸张方向按图片的比例旋转方位，保证以最大的尺寸来打印图片；界面中的"行列"即指每行、每列要多少张图片。

　　对于字卡，我们利用上述 PPT"导出为图片"功能后，把字卡保存为图片，再将图片利用本图片排版功能处理好，即可打印；对于各类字形以及字源相关图片，首先利用上述"图片拆分"功能，把图片拆分为一张图一张幻灯片或两张图一张幻灯片，再把 PPT 导出为图片即可打印。

第三章 | 学前儿童汉字教学实践[①]

第一节 研究背景与研究设计

一、研究背景

汉字本身蕴藏着丰富的教学资源，汉字"深层影响着中华民族的文化心理结构，是中国传统哲学特色的深层基因，蕴含着汉民族文化的基本精神"[②]。有专家指出"识字教学的目标是以发展人的整体思维为中轴，学习文字，提升文化素质，奠基历史，掌握阅读技巧[③]"。这也表明，幼儿阶段的识字目标并非"识字"，而应以儿童能够理解和接受的方式，通过汉字的学习，揭示字的形音义关系，展现汉字中所蕴藏的中华民族的思维方式，最终促进幼儿思维的发展。基于此，我们有必要去思考：在学前教育阶段，识字教学应该教些什么？怎么去教？这些不同的识字教学方法对幼儿的思维发展又会产生哪些影响？

20世纪80年代，幼儿科学汉字教育被提出，其方法是："灵活地运用一切有效的识字手段，通过听视、听读、生活、游戏四条途径，创造出适合于不同年龄的婴幼儿识字的书本环境与非书本环境，使婴幼儿像处于口语环境一样，没有任何压力、负担和烦恼，自然习得识字、阅读和说普通话的能力[④]。"1995年，李辉、吴云霞在《TPR全身活动识字法》一书中，提出了通过全身性的动作及各种

---

① 如未特别指出，本章主要内容源于：任可心. 2013. 字源识字法促进幼儿思维发展的实证研究. 重庆：西南大学硕士学位研究生论文. 有删改。

② 苏新春.1996. 汉字文化引论. 南宁：广西教育出版社.

③ 张诗亚教授观点，未公开发表。

④ 中国优生优育协会婴幼儿科学汉字教育工作委员会.1999. "婴幼儿科学汉字教育" 简介. 汉字文化， 9-12.

动作游戏来"诊释"各个单字及其概念和内涵[①]。到21世纪初，对幼儿汉字教学方法的探讨层出不穷。王玺玉提出韵文认字法。这种识字方法，不是一个汉字既教字音又教字形和字义，而是借鉴古今韵文识字的经验，遵循"教师在意教，幼儿无意记"的原则，采取"整体认读""循环往复"的方法寓学于玩，循序渐进，让幼儿在念、背韵文中学句、学词，在学句、学词中自由认字，引导幼儿提前进入阅读阶段[②]。潘建忠根据汉字形义联系的特性设计字形联系识字法，并且进行教学实验[③]。黄雪梅提出了幼儿甲骨象形识字教学法。吴彩莲根据对幼儿园早期汉字教学的尝试，总结出快乐快速识字教学法，"快乐即让幼儿在游戏中习得汉字；快速即幼儿与汉字见面多，采取时间短的方式进行教学[④]。"秦启梅强调把幼儿识字融入游戏中，并根据幼儿园教学实际设计了不同种类的幼儿识字游戏[⑤]。李静提出了幼儿汉字多元化教育构想，利用汉字的多维教育资源，通过图画（实物或实景）、古汉字、今汉字形态结构的比较和分析，汉字构字理据的揭示，汉字书法艺术的欣赏等途径和方法，促进幼儿的发展[⑥]。张晨华等提出了奇特联想法，即"把枯燥的文字联想成一幅幅具体形象的图画或一个个生动有趣的故事，变机械识记为意义识记，使学生在轻松愉悦中识记字形、理解字义[⑦]。"李桂芳在玩纸游戏活动中对2～3岁幼儿进行了识字教学探索，效果明显。

　　涂涛进行了汉字字源语境多媒体再现的教育研究，"利用多媒体技术再现古人造字时的原生语境（原始情境），从追溯汉字字源入手，对象形字、指事字、会意字、形声字等进行有针对性的分析，揭示其形体结构的内在机理，建立形音义的有机联系，从而完成汉字的识记。在这个动态情境中，学生既可听到字的读音，又能看到字形的演变，更可意会字的本义，自主、自然地建立起字的音形义三者间的联系，从而读准字音，认清字形，了解字义，感染文化，牢记汉字[⑧]。"

　　还有一些学者和幼儿园教师也对幼儿汉字教育的方法进行了尝试和探讨，提出了字形联系识字、游戏识字、形象识字、字根识字、联想识字、情境识字、影视广告识字等幼儿识字的方法。

---

① 李辉，吴云霞. 1999. TPR全身活动识字法. 北京：科学出版社，5.

② 王玺玉. 2000. 幼儿韵文识字提前阅读. 教育探索，(1)：63.

③ 潘建忠. 2001. 字形系联与幼稚园的识字教学. 心理科学，(6)：687-689.

④ 吴彩莲. 2002. 幼儿早期汉字教育初探. 教育艺术，(11)：43-44.

⑤ 秦启梅. 2004. 游戏在幼儿科学识字教育中的作用. 青海教育，(4)：21-22.

⑥ 李静. 2004. 幼儿汉字多元化教育研究. 重庆：西南大学博士学位论文.

⑦ 张晨华，吕盈盈. 2005. 识字教学中的审美教育. 现代语文：理论研究，(12)：73.

⑧ 涂涛. 2005. 汉字字源语境多媒体再现之教育研究. 重庆：西南大学博士学位论文.

可见，学前汉字教学的方法有很多种，它们在一定程度适应了儿童的认知发展特点，具有一定的合理性，但是除了字源汉字教学考虑到了汉字自身的特点外，其余的方法都基本忽视了这一汉字教学的基本因素。我们有理由相信，在汲取上述各类研究方法经验的基础上，基于字源的汉字教学更有优势。

为此，本书认为有必要在学前教育中实施基于字源的汉字教学，以探索如何生成适应幼儿需要的教学内容，以及应该如何从幼儿的生理和心理发展特点出发，实施字源汉字教学，以达成通过识字教学启蒙幼儿识字，使幼儿对汉字和汉字学习感兴趣，积累一些基本汉字，为将来学习汉字打下基础，并在学习汉字的同时促进学生思维发展的综合目标。

从理论层面来看，本书既可丰富幼儿思维发展的理论，也能深化幼儿识字教学的意义；且依据汉字生成理念的识字教学，有利于为幼儿的识字教学选择合适的教学内容、教育目标、教学方法；并且可以给在民族地区幼儿的识字教学、对外汉语教学推广中提供参考依据。

从实践层面来看，首先，本书在识字过程中训练了儿童的思维能力，培养了儿童对汉字和汉族文化的兴趣；其次，本研究作为幼儿园识字的重要学习资源，丰富了幼儿的学习生活；最后，本研究还拓宽了幼儿教师的教学思路，开阔了师生的眼界，启发了师生的思维。

二、研究设计

（一）研究思路

本研究依据汉字生成理念，选择适合不同年龄阶段幼儿的教学内容，最后去验证幼儿在这一过程中，其思维得到了哪些提升。主要思路如下：

①理论上的探讨：从汉字教学、幼儿思维发展理论上讨论幼儿是否适合进行识字教学。

②依据汉字生成这一理念，选择适合幼儿的教学内容，并根据幼儿发展的特点及现有的政策研究对幼儿思维能力的要求并组织教学。

③根据有关标准和有关理论，对相关的教学活动以及幼儿在整个过程中思维的发展进行测评。

（二）研究对象

本书所选择的试点幼儿园是某大学的附属实验幼儿园（以下简称 S 幼儿

园），该园是成都市一级 A 类幼儿园，拥有丰富的教师资源及优越的教学环境。该园拥有教职工 56 人，其中教师 29 人，保育员 13 人，保健医生 2 人，98%的教师具有大专及本科学前教育专业学历，教师中有高级职称 10 人，中级职称 15 人，保育员全部获得成都市职业岗位培训证。幼儿园现有 12 个班级，每班配置 3~4 名教师。其教育理念是尊重孩子的个性，创设适合孩子成长的环境——"自然中教，游戏中学，教在有心，学在无意"。

　　由于各方面的限制，S 幼儿园对开展汉字教学很谨慎。小班幼儿由于年龄的关系，以教学的方式开展汉字教学固然不现实，但其他浸润式的汉字教育也基本被忽视了；到了中班，随着幼儿年龄的增加，老师会尝试着进行汉字教学，但这种所谓的"汉字教学"只是看图说话，发展幼儿语言的表达能力，这种教学方法只能对幼儿语言表达能力的提升具有一定的作用。老师们谈道：

　　　　在现阶段，虽然意识到了识字对幼儿存在很多益处，但是幼儿园并没有进行系统的识字教学、所谓的语言课、阅读课也只是让幼儿"看图说话"，仅仅是语言表达能力的发展。在幼儿园是不存在以"字"为教学内容的语言课程的，缺少对汉字的利用和挖掘。

　　到了大班，幼儿开始为升入小学做准备，老师开始把识字作为主要的教学活动，但是这种"识字"又只是照搬小学识字教学内容、教育方法、教学理念、教学标准，忽视了幼儿年龄特征，没能把汉字中所蕴含的教育资源发挥到最大。图 3-1 是幼儿园的识字课本，图 3-2 是孩子正在写字。

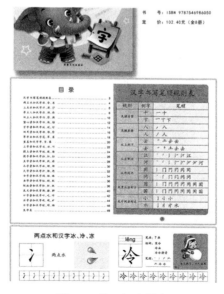

图 3-1　幼儿识字课本

图 3-2　大班幼儿在写"耳"

（三）教学内容

随着时代的发展，教育开始以新知识观为主要价值取向，即强调知识的动态性和过程性、整体性和综合性、主观性和相对性。识字成为一个形而下的问题，幼儿的发展尤其是思维的发展就是形而上的问题。也就是说幼儿汉字教学成为思维发展的一个工具，依据汉字生成理念，汉字生成包括三个系统：字形生成系统、字义生成系统、字音生成系统。表面上这三个系统是独立的，但是其内部存在着千丝万缕的联系。汉字字形生成系统是核心，汉字字义生成系统因汉字字形生成系统而存在，汉字字音生成系统又与字义生成系统有关联[①]。

考虑到幼儿发展的特殊性，整个实验倾向于从汉字字形生成系统切入，然后再辅以字义、字音的教授。汉字字形生成系统由整字、部件、笔画三级构成。由于汉字构形的层次性，在所有汉字都经过拆分后，显示出来的就是"基础部件和基础笔画组合成了若干的汉字"。基于此，在幼儿阶段的识字教学应围绕这些"基本部件及基本笔画"开展，采用字源识字的方法，把教学内容和与幼儿生活相关的实际事物相联系，让幼儿在识字过程中能够受到汉字思维模式的影响。

（四）教学组织

《幼儿园指导纲要（试行）》对于幼儿园教育活动内容的选择做出了如下规定。"教育活动内容的选择应体现以下原则：既符合幼儿的兴趣和现有经验，又有助于形成符合教育目标的新经验；既贴近幼儿的生活，又有助于拓展幼儿的经验；既体现内容的丰富性、时代性，又注重幼儿学习的必要性、妥当性以及

---

① 刘翔. 2011. 汉字生成系统构建探索. 重庆：西南大学博士学位论文.

与小学教育的衔接。教育活动内容的组织应充分考虑幼儿的学习方式和特点，注重综合性、趣味性，寓教育于生活、游戏之中。"因此，幼儿识字教学应符合以上原则，且寓教育于生活、游戏之中。幼儿识字教育的整个教学活动采用了横向组织的方式，以汉字为核心和主题，综合涉及包括文学、艺术、科学等领域的该汉字的知识内容。在汉字学习过程中，又采用了纵向组织的方式，即"笔画—部件—整字"，汉字的这种识别层次依据的是"当一个汉字以视觉方式呈现时，笔画单元将首先激活，接下来的激活将通过部件到整字。当字的激活达到它的阈值时，这个字就被识别了[①]。"

考虑到幼儿在不同年龄阶段认知发展特点，整个教学活动的组织过程可大致概括为以下几个环节。

幼儿小班（3～4岁）：基本部件及字源图片的感知。根据幼儿的年龄特点，在这一阶段进行基本部件的感知，即把部件融入游戏、美术、手工、体育等多种课堂活动形式中去，让幼儿通过各种教学活动去感知汉字的基本部件。例如，在美术活动当中，让幼儿通过对图片的感知了解基本部件的演变；在体育活动中，让幼儿通过身体的模仿来了解汉字造字过程及部件的意义。总之，就是通过一切教学形式引导幼儿熟悉基本部件，让幼儿运用多种感知觉去接受汉字的熏陶。

幼儿中班（4～5岁）：基本部件的学习。中班幼儿的认知发展较小班成熟，身体结构不仅有所增长，注意力、观察力等有所发展。因此，可以适当增加学习的难度，让幼儿去认识汉字、学习汉字、了解汉字的意义，但需要强调的是这种教学同样要寓教育于活动之中。首先，在此阶段部件的学习还是会结合其他方面的课程，让幼儿从不同程度、不同角度来感知和熟悉部件，如在阅读课上讲解和部件有关的小故事，让幼儿在听故事的时候，了解部件，记住部件。其次，在语言教学时，选择与幼儿生活实际相关的基础部件，运用图片、字卡、多媒体等多种教学工具系统地讲解部件。同时，需注意的是虽然中班幼儿主要是进行部件学习，但并不是局限于部件及汉字的学习，还应发挥汉字中所蕴藏的其他教学资源的作用。

幼儿大班（5～6岁）：汉字的学习。此阶段幼儿的语言表达能力增加，抽象思维开始萌芽，对于认字的内在需求强烈，集中注意力的时间变长。因此，可以在幼儿识字课上，选择适当的汉字，采用字源识字的方法，先整体认知汉字

---

① 彭聃龄. 2006. 汉语认知研究——从认知科学到认知神经科学. 北京：北京师范大学出版社, 32.

字形，用不同的颜色展现汉字的部件，最后动态地展示汉字的书写笔顺。同时老师可根据字源材料让幼儿围绕汉字，做游戏、讲故事，在此过程中训练幼儿的语言表达能力，发展幼儿的创造力、想象力、观察力，最终促进幼儿思维能力的发展。

（五）教学评价

教育活动评价是对教育活动价值做出判断的过程。幼儿园教育活动评价常被用于三个方面：对教育活动本身方案的评价、对教育活动实施过程的评价和对教育活动效果的评价。

首先，对于教学活动的方案及教学活动实施过程的评价，主要是以形成性评价为主，再辅以总结性评价。评价过程中的数据来自调研过程中通过观察、访谈、档案记录等手段获得的有关幼儿在平常的教学中所表现的典型行为、家长及幼儿园老师的观点、幼儿与识字相关的作品。运用隐喻、类推、比喻等方式方法描述个体的发展性、可变性以及教育现象的动态过程，更好地体现现代幼儿发展评价的精致性特点和解释性功能。

其次，对笔者研究的出发点"字源识字对幼儿思维发展的影响"进行恰当的评价。幼儿思维的发展是一个宏大的概念，现阶段笔者没有能力制定出一个完美的检测标准，去检测幼儿思维到底是否得到了发展。因此，笔者选择通过自制的测试题及幼儿在这一过程中的变化情况进行一个质性的分析，以期通过不同案例的陈述可以完整地展现出幼儿在整个学习过程中的发展及变化。

第二节　学前汉字教学实施

一、教学准备

教学过程包括教师、学生、教学目的、教材、教学方法、教学反馈要素，为此，本实验的前期准备主要是教学内容的选择和教师的培训两个方面。

（一）教学内容的选择

选择教学所用汉字的基本原则是以基础部件为核心，此部分要求大部分幼儿必须掌握；以扩展部件为参考，此部分要求大部分幼儿能够理解；以常用汉字为材料，此部分要求幼儿能够认识。选字时要兼顾所用汉字的使用频率及构字能力两个因素。

具体操作如下：首先，实验人员针对幼儿在此阶段的发展特征，在先行研究所选择的 4000 个汉字单纯基本部件①的基础上，利用汉字生成系统"查询"软件这个工具对 1500 个常用汉字的构意进行分析（图 3-3 显示了与"手"有关的汉字生成系统的查询），然后再基于小学常用的 499 个汉字字频，构字能力（变形、讹形、增形），字的象形性及组字率、重要性，选择适合这一阶段幼儿学习的汉字。图 3-4 显示了与"大"相关的字是如何筛选出来的。

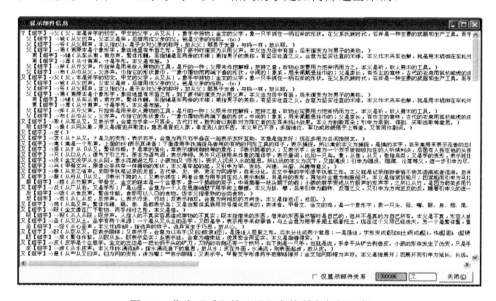

图 3-3 作为"手"的"又"字的所有各级汉字

ID	编号	部件	类型	原形	本义	例字	核心部件	字频	组字率	重要性	教学顺序
1	0	?	?	?	?	?		10000.00	10000.00	10000.00	
2	1	大	原形	大	四肢张开的人形	天、夹、央、映、秧、 酽、奥、奋、奎、奢、 羞、买、庆		123	33	23.00	1
3	2	土	讹形	大	大的变形	赤、去、达		0 435		9.00	
4	3	尢	变形	大	大的变形。四肢正常者大，如果一下肢跛 形或跛疾，则为尢	尴、尬、尥、尪		10000.00 330		165.00	
5	5	屰	变形	大	大的变形，倒置的人形	帝、诉、析		10000.00	10000.00	10000.00	
6	5	文	增形	大	胸脯或背后刺上了花纹的正面人形，本义是 文错刻画而形成的花纹。后引申为文彩、花 纹、文字、文章等义	麦、斓		363	90	90.00	
7	6	夭	变形	大	象一个人奔跑时用动双臂或人头俯侧屈折之 形	芙、乔		10000.00	10000.00	10000.00	
8	7	土	讹形	夭	夭的变形	走、奔		435		9.00	
9	8	交	增形	大	两腿交叉的正面人形			10000.00	10000.00	10000.00	

图 3-4 "大"是如何选出的

---

① 4000 个基本部件来自：刘翔. 2011. 汉字生成系统构建探索. 重庆：西南大学博士学位论文, 6.

　　图 3-4 显示的"大"字，本义为四肢张开的人形，例字包括"夭、夹、央"等，均为核心部件，从字频和组字率来看，都很重要；故其教学顺序排在第一位。经过这些学理上的选择之后，我们再让幼儿园老师根据其实际教学情况进行进一步的筛选，结果如图 3-5 所示。

ID	部件	小班张露	小班马晓蕙	大班蒙桔	中班龚文秀	中班李亿飞	大班胡晓娟	统计	分类	大	小	中	字频
1	大	1	1	1	1	1	1	1	1	1			23
2	子	1	2	1	1	1	1	1.1	1				19
3	人	1	1	1	1	1	1		1				33
4	目	2	1	1	1	2	1	1.3	1				
5	口	1	1	1	1	1	1		1				189
6	手	2	1	1	1	1	1	1.1	1				158
7	日	1	1	1	1	1	1		1				184
8	月	1	1	1	1	1	1		1				238
9	云	2	1	1	1	1	1	1.1	1				400
10	雨	2	1	1	1	1	1	1.5	1				214

图 3-5　教师对幼儿园适合字的整理

　　如图 3-5 所示，我们根据字频、能否与小学接轨、幼儿园教学中的实际需求、汉字本身的理据等因素，选择了第一阶段教学的 62 个字，如图 3-6 所示。

```
 1、与人的整体有关：大，子，人，女，尸————————————1
 2、与人的部分有关：目，耳，自，口，手，又，止，心————6
 3、与天象有关：日，月，云，雨————————————————15
 4、与地理有关：土，山，石，厂，田，水，火——————20
 5、与鸟类有关：鸟，隹，燕——————————————————28
 6、与兽类有关：鱼，贝，虫——————————————————32
 7、与家畜有关：马，牛，羊——————————————————36
 8、与动物组成部分有关：角，羽————————————————40
 9、与植物类有关：屮，木，干，竹——————————————43
10、与粮食作物有关：禾，米—————————————————48
11、与衣作类有关：衣，巾——————————————————51
12、与用具有关的基部件：酉，臼，用————————————54
13、与房舍类有关：井，穴，宀，门————————————58
14、与交通类有关：车，舟——————————————————63
15、与农具类有关：力，网——————————————————66
16、与武器类有关：弓，矢，戈，刀，王——————————69
17、与祭祀音乐类有关：且，示，壴————————————75
```

图 3-6　第一阶段所学汉字

　　根据汉字分类的研究，这些汉字大体包括与人的整体有关、与人的部分有关、与天象有关、与地理有关、与鸟类有关、与兽类有关等 17 个类型的汉字。这些汉字的选择既考虑到造字之依据——"近取诸身，远取诸物"，又关照到幼儿思维的发展特点，以便幼儿从具体实际出发学习抽象汉字符号，还体现出了幼儿园的教学应促进幼儿整体发展并具有生活化的特点。

　　研究小组在此前所做功课的基础上，依据幼儿的身心发展特点及汉字自身的演变规律，制作出一套字卡，这些字卡是教师用来上课、幼儿及家长帮助幼儿复习的工具。

考虑到幼儿视觉的发展，字卡选择了色彩对比明显的图片，尽最大可能给幼儿以直接的视觉刺激；此外，考虑到幼儿此阶段注意的特点，在大字卡上按照"甲骨文—金文—篆文—隶书—现代汉字"的顺序进行排列，给幼儿"前一个与后一个有关联，后一个由前一个变化而来"的心理暗示，让幼儿在潜移默化的过程中做到利用汉字演变规律来识字，尽可能地发掘汉字中蕴含的教学资源。图3-7是字卡的设计。

图 3-7　字卡外观

教师上课所教的汉字在这62个字的范围之内进行选择，但是在整个教学实施过程中，各位老师选择教授汉字的先后顺序不同。例如，有的老师会先教与人的部分有关的字，有的会先教与人的整体有关的字。但大多数老师在教学之初会选择象形性较强的字，逐渐过渡到较难的字。这种顺序的安排有利于幼儿接受字源识字这种教学模式，也能够让老师快速熟悉这种教学方法，总结出自己的教学模式。C 老师[①]就说过：

　　　　刚开始我是不理解这种教学模式的，觉得幼儿没有这种学习的必要，让幼儿在听读玩的过程中熟悉字就好了，在幼儿园阶段是没有必要教字源的。

当经过一段时间的培训及初步的尝试教学后，她找到了适合自己的字源识字教学方法，并逐渐成为整个实验团队中优秀教师的代表之一。

总的来说，教师在上课初期选择的字多为象形性强、离幼儿实际生活较近的字，到后期会适当地加大难度选择较为抽象、难懂的字，并且会适当地进行一些字词的扩展。

---

① C 老师为字源汉字教学研究小组成员，也是这个班级的主班老师。

（二）教师培训

教师素质是教学的关键，在字源汉字教学开始之前，对老师进行适当的培训，是字源汉字教学能够顺利开展的必要保证。研究人员对相关教师进行了为期两个月的培训。培训内容包括字源汉字教学介绍、教学中所涉及的汉字的讲解、教学目标及原则的探讨等。

首先，从抽象的概念上了解字源汉字教学法。研究人员展示有关字源汉字研究的前期研究成果，让各位老师了解字源汉字教学研究状况，并且从宏观上讲解字源汉字教学的概念，即字源汉字教学就是根据汉字字源，利用图片和古文字进行汉字教学的一种方法。其前提是理解古人造字的原始思维。根据汉字以形表音表义的内在特点，教学的材料是能反映汉字字源和文字演变过程的图片。此外，研究人员播放此次教学所选汉字的字体演变的视频短片。通过播放生动、有趣的汉字演变动画，给老师们创设一个身临其境的交互场景，调动老师的多种感官，激发老师的兴趣和探索的精神，以便培养老师对字源汉字教学的兴趣。图 3-8 是用短视频展示"大"的演变过程的图片。

图 3-8 "大"的演变过程

其次，讲解相关汉字，丰富教师的文字知识。研究人员运用字源识字平台讲解汉字。由研究人员按照第一阶段教学内容所分的 17 个系列，给老师进行翔实的汉字讲解。让接受培训的老师了解汉字部件、整体字形是如何演变而来的，了解字的每个部件的意义及其与整字的整体意义之间的关系。详细讲解这些汉字的基本意义后，培训人员为接受培训的老师布置相关任务——或写学习心得或相关教案——组织培训人员集体备课。这既能让老师熟悉汉字字源教学，又能拓展老师的教学方式。图 3-9 是研究者正在给幼儿教师讲解"车"字，图 3-10 是培训现场。

最后，就教学目标及原则达成共识。

就教学目标而言，分为两个层次。短期目标是理解和掌握基础部件，并能够利用基础部件去理解扩展部件及常用汉字，以便为以后的汉字学习打下科学而系统的基础；长期目标是发展幼儿的思维能力，同时潜移默化地进行汉字文化教育。

图 3-9　研究者正在讲解"车"字

图 3-10　培训现场

教学原则有科学性和可操作性两个方面。科学性要求按照字源来讲授，不随意发挥。每次课前要求准确理解以基础部件为核心的扩展部件、常用汉字的体系，弄懂每一个字，并准备每一个讲授字的教学用字卡。为此我们为教师专门设计了字形解读手册，将汉字各类字形进行了详细的解读。认真设计教学单元，使教学更有逻辑。操作性，即不能呆板地讲授，应从学前教育的特点出发，充分调动幼儿的手、脑、口，用动作、语言等幼儿喜闻乐见的方式多做互动，考虑不同年龄儿童操作方式的差异。

总之，字源汉字教学相关内容的培训提高了教师汉字教学的专业化水平，不仅利于之后教学实验的开展，也提高了教师实施素质教育的能力和水平，为基础教育的发展贡献了绵薄之力。

二、字源汉字教学在小班的开展

小班幼儿的年龄平均在 3～4 岁，这一阶段幼儿身心发展的特点表现如下：幼儿已经掌握了一定的口语，能用较恰当的词句表达自己的要求，认知能力有所发展，但易受外部作用的影响，观察能力也具有很大的随意性；记忆力多以无意识记忆为主，需要给幼儿提供形象鲜明、具体生动、能够满足幼儿个体需要或者能够激起强烈情绪体验的事物，才能够让其自然而然地记住；思维特征是以直觉行动思维向具体形象思维过渡，虽可用词表达一个概念，但这时词概括的内涵十分有限，基本上只能概括事物的一个或某些特征，不能把握事物的所有特征，理解事物常常要依靠具体形象，往往按照自己的生活经验或个人情绪来进行判断；想象力与现实混淆，有意注意稳定性很低，无意注意占主导地位。在认识了此阶段幼儿年龄的特征之后，为了观察幼儿、老师在字源汉字教学过程所产生的变化，特呈现早、中、后三个时期的教学片断，具体内容如下。

（一）小班早期字源汉字教学课堂实录

师：我们今天认识一个新的字好不好啊？（老师出示大字卡上眼睛的图片）这是什么呀？

生：眼睛。

师：小朋友们说得对，那我请小朋友来形容一下眼睛的样子。

生：眼睛像椭圆形、有眼珠、有眼白。

（师用手指着图片，重复了一遍眼睛的构造）

师：眼睛是这个样子的，那我们一起看看古代人是怎么表示眼睛的（出示甲骨文），你们看看古代人是怎样画眼睛的呢？

生：画得和我们的眼睛很像。

师：古代人最初表示眼睛的时候，是这样的，有眼珠、眼皮等，很像我们的眼睛，但是随着时间的变化眼睛也开始有了变化（出示金文），那小朋友观察一下现在的眼睛变成了什么样子呢？

生：像船，像火车，像旗子。（观察没有重点）

师：和第一个图片相比有什么变化呢？

生：边上变尖了，眼珠也变了。

师：对了，它的两头变得尖尖的了，眼珠都来到了里面。但是古代人还是觉着用这个图形来表示眼睛意思过于复杂，因此将字形再次做了改变，那让我们看看有什么变化？（出示篆文。）

生：字长高了，站起来变简单了，没有眼珠了，有了两条横线。

师：对，你们说对了。那你们看它和我们现在的字有什么区别？（出示现代汉字。）

生：变直了。

师：这个字念什么？

生："mù"

师：对这个字念"mù"，那它是什么意思呢？

生：眼睛。

师出示软磁片，让幼儿看甲骨文、金文的软磁片，让幼儿说出字念什么，代表的是什么。最后开始让幼儿给"目"字涂颜色。图3-11是幼儿正在涂字。

图3-11　幼儿涂字

（二）小班中期字源汉字教学课堂实录

师：小朋友们知道牛吗？

生：知道。（开始描述牛的样子或用动作来表演。）

师：刚刚小朋友们都说了大家印象中的牛，那我们再看老师这里（出示图片"牛"，和幼儿一起观察牛耳朵、牛角、牛头所在的位置，更详细地解说牛的外形）。那我们一起看看古代人是怎么表示这个字的好不好？（出示甲骨文）古人为了把牛与其他的动物分清，他们就想到了画牛头表示牛字，让我们观察一下这个牛头与真实的牛头有什么联系。

师：渐渐地，牛字又有了新的变化（出示金文），让我们一起观察一下有了那些变化？你们还能找出牛头、牛角、牛耳朵吗？（请幼儿上前指认。）

（幼儿上前指认相关位置，当幼儿指认不出来或错误时，老师请其他小朋友帮忙纠正，或自己纠正。）

师：小朋友们很厉害。这个字形又有新的改变（出示现代汉字），那现在小朋友们还能找出牛头、牛角、牛耳朵吗？

（幼儿上前比照着以前的图片进行指认，所花时间比第一次要长，找出牛角的偏多，找出牛头的偏少。）

师：在学生指认完毕后，师对照图片、甲骨文、金文开始指出现代汉字各部件所代表的意义，并开始教幼儿组词，拓展视野。

（三）小班后期字源汉字教学课堂实录

首先复习以前学过的汉字。老师分别问学生：目中间的那两横是什么？（学生回答：是眼珠子。）日代表什么？（学生回答：太阳。）水中间是什么？两边是什么？（学生回答：中间是水流、两边是小水滴。）火的两边是什么？（学生答：是小火苗。）山是什么？（学生回答：高山的山。）

师：今天给小朋友看一个新的东西，刚才老师问小朋友，你们爬过山没有，你们都说爬过。

师：山上有什么？

生：山上有树，有石头。

师：（出示甲骨文"厂"。）那你们看这个像什么？

生：拐杖、锄头。

师：（出示大字卡。）看图片上都有什么东西呢？

生：山，石。

师：对，有的小朋友说有山洞，还像篱笆。我们可以看到这个都是用石头堆起来的。那我们看一下图片中的哪些地方与我们的字是相似的呢？请小朋友上前指一指。

（生上前指认。）

图 3-12 是幼儿指认汉字部位的图片。

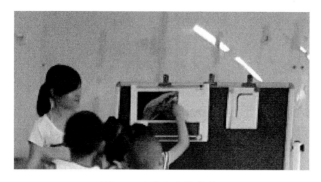

图 3-12　幼儿上前指认

师：刚才小朋友说对了，这个弯弯的和那个地方相似。

师：这个字念作"厂"，长得像我们山上的山崖，山崖上面有石头。

（师给幼儿分发橡皮泥，让幼儿通过玩耍感触厂的字形，并用橡皮泥来展现字的变化。图 3-13 是幼儿在用橡皮泥摆汉字。）

图 3-13　幼儿在用彩泥摆出"厂"字形

师：现在看看这个山崖变成了什么样子（让幼儿看篆文），看有什么变化？

生：竖的变成了弯弯的。

师：对了，这个字念作"厂"。（师给幼儿解释厂，拓展这个词语。）

（四）教学分析

此处展示了三个教学片断，通过对这三次片断的研读，我们可以观察老师及幼儿在教学中产生的变化：

研究早期的课堂观察可以发现，老师不理解字源汉字教学，在教学初期倾向于把每一阶段的文字作为教学内容，而忽视字体演变所起的作用，也弱化了"识字"的教学目的。在早期的教学中老师的教学目标还只是认识某一个汉字，而非其他能力的训练。虽然在过程中某些能力得到了一定的启发，但是作用不大。例如，老师虽然注重让幼儿观察所呈现的每个汉字，但是没有正确细致的引导。在教学期间多次出现"你们看这个字变得怎么样了？字长高了，站起来变简单了，没有眼珠了，有了两条横线。"而这种问答对于幼儿思维发展方面产生的影响较小。

到了中后期，老师熟悉了字源汉字教学方法，能够把字体的演变作为一种教学工具。字体的演变可以让幼儿更加清晰明了地理解汉字、记住字形，而且以某个字中具有代表性的部件为基准，按照"字源图片—甲骨文—金文—篆文—现代汉字"的顺序让幼儿观察字体的变化，促进幼儿推理能力的发展。老师不局限于从图片来记忆汉字，也会注意到用字来学习图片，这样不仅能够有针对性地发展幼儿的形象思维能力，也利于幼儿的形象思维向抽象思维转化。

虽然字源汉字教学在某种程度上引起了幼儿思维的变化，但因年龄的限制，思维变化并不是特别明显。因这一阶段幼儿无法长时间集中注意力，虽然字源汉字教学比其他识字方法趣味性、生动性更强，更能吸引幼儿的注意力，且纵观整个教学过程幼儿注意的时间逐渐增长，但部分幼儿还是不能够完成整堂课的教学内容。

三、字源汉字教学在中班的开展

中班幼儿处于三年学前教育中承上启下的阶段，该阶段也是幼儿身心发展的重要时期。此阶段幼儿的年龄主要集中在 4～5 岁，其特点主要表现在以下几个方面：有意性行为开始发展，4～5 岁幼儿的有意性行为增加了，注意力集中时间较小班幼儿有所增长；情绪较为稳定，能够听从老师的要求；活泼好动，具有很强的好奇心，喜欢刨根问底，此时他们不但要知道"是什么"还要探究"为什么"；想象力发展迅速，但是很难分清假想和现实；此阶段幼儿的思维具有形象性的特点，理解教师语言时需凭借自己已有的经验，且幼儿在已有感性经验的基础上，开始能对具体事物进行概括分类，但水平较低；幼儿对事物的理解能力开始增强，如开始理解空间、时间概念，也能理解周围世界中表面的、简单的因果关系。此阶段幼儿已能清晰地谈话，词汇开始丰富。以上为此年龄阶段幼儿所具有的特点，那么在此阶段开展字源汉字教学会产生何种变化，就成了我们的关注点。在此首先呈现某班早、中、后三个时期的教学片断，来展现教师、幼儿在这一时期教学中产生的变化。

（一）中班早期字源汉字教学课堂实录

师：小朋友们爬过山吗？爬过山的小朋友举手。

生：爬过。

师：爬到过山顶吗？看过山下的风景吗？

师：今天老师给大家看一张图片，有几座山呢？

生：4 座。

师：在古代 3 座山就表示有很多山的意思。看一下山脚在哪里？

生：山的下面。

师：（重复学生所说的山的下面。）山顶在哪里？

生：高的是山顶，矮的不是山顶。

生：不管高矮都是山顶。

师：不管高矮，山的顶端都是山顶，每座山都有山顶。刚才你们发现哪座山最高？（稍等片刻指出）中间那座山最高，旁边的两座要矮一些。两座山之间的地方叫什么？

生：山涧、山坳……

师：山谷。处在两座山之间比较狭窄的地方叫作山谷。

在古代，人们为了记录这个地方有山通常都用画画的形式。为了方便画画，古人们开始把山简化。（出示甲骨文，引导学生一起画山，并强调山顶、山谷、山脚。为了更加方便，出示金文，问学生有几个山峰，并引导学生画山顶、山谷、山脚。然后出示篆文，让学生找出高山、山谷、山脚，并且和字源图片相联系，让学生用手指画山。出示现代汉字，让学生找高的山峰、矮的山峰、山脚、山谷，引导学生和老师一起写山。看图片：乐山大佛、峨眉山、喜马拉雅山。）

（师让生说出他们知道的其他山。）

生：乐山、巴山、沙山等。

（师给幼儿纸和笔让幼儿画出今天上课所学的东西。图 3-14 是幼儿画的"山"。）

图 3-14　幼儿作业

（二）中班中期字源识字教学课堂实录

师：（在黑板上画了一个弓）请问这是什么？（图 3-15 是老师在黑板上画的"弓"）

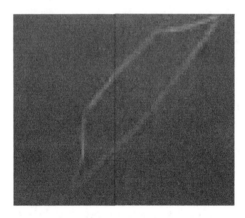

图 3-15　老师在黑板上画的"弓"

生：射箭工具、弓、箭。

师：这两个组合起来是弓箭，这两个东西经常放在一起，它们是好朋友，最初它是用来干什么的吗？

生：捕猎。

师：（讲解弓箭该怎么用，并画出来。出示大字卡，讲解弓的形状。）那我们怎么把弓变成文字呢？（师按照打字卡上出现的字进行讲解。）

（师带领生一起画弓，让学生看甲骨文中有弓弦、弓背，随着字体的演变弓弦就逐渐取消，只剩下了弓背。）

师：（出示大字卡，遮挡住字。）请你们看这是什么？

生：船、舟。

师：舟。

师：最开始小船又叫作舟。

生：是龙舟的舟。

师：对，就是赛龙舟的舟，这些舟都是用木头做的，舟不会自己跑，要用杆子撑才能跑（然后让幼儿观察"舟"的甲骨文），古人为了让文字更美观，就把舟立起来了。（对应舟的形状讲解各部分所代表的意义，最后让幼儿进行联系。）

（生开始在纸上画出今天所学的字。）

图 3-16 学生画的"舟"字。

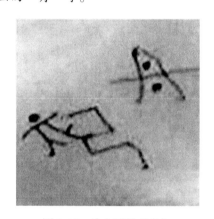

图 3-16　幼儿画的"舟"

老师发古今字的软磁片，让幼儿各拿两张，然后把自己拿的软磁片贴到黑板对应的地方。图 3-17 是幼儿贴软磁片的情境。老师在学生贴完之后，把不对的进行纠正和讲解。

图 3-17　幼儿贴字的情境

（三）中班后期字源汉字教学课堂实录

师：我们通常把眼睛、眉毛、鼻子、嘴巴、耳朵称作五官。我们经常会说要保护我们的五官，它们各自具有不可替代的作用。例如，眼睛用来看周围的世界，如果你的眼睛坏了就不能看到美丽的世界，不能看到小朋友穿的衣服的颜色等。既然眼睛有这么大的作用，那让我们来观察一下小朋友的眼睛是什么样子的呢？有什么不一样呢？

生：有眼皮，有眼珠。有的是单眼皮，有的是双眼皮。眼珠颜色也不一样。

师：小朋友好厉害，观察得很仔细。那现在你们用笔画出你朋友的眼睛好吗？（幼儿在画的同时老师进行巡视检查。）

师：嗯，小朋友们画得很仔细，那请小朋友看看老师画的眼睛好不好呢？老师画得比较简单，只画了眼珠、眼眶。大家看我们虽然都在画眼睛，但是画得都不一样。那么古代人在造字的时候，所画出来的文字也是各式各样的，那就很麻烦对不对？那让我们回到古代来看看聪明的古人，是怎么表示眼睛的呢？

（师出示大字卡，让幼儿看眼睛的图片，并讲解眼睛的结构。）

（师出示甲骨文，看古人是怎么画眼睛的，并让幼儿看着甲骨文指认图片上眼睛的部件。）

师：（出示金文。）你们看看这个字是怎么由前面的字推出来的呢？眼珠、眼皮又在哪里呢？

（生上前指出各个部分，并说出各个部分的变化。）

师：（出示楷书。）你们看看这又有什么不同呢？

生：前面的是横着的，这个是竖着的。

师：对的，前面的是横着的，但是古人为了方便，就慢慢地把这个眼睛竖起来了，外面的框框就是眼皮，而中间的两横就是眼珠。（出示现代汉字。）小朋友认识这个字吗？

生：目。

师：对，这个字念作"mù"，表示眼睛的意思。

师：那我们再看看"目"字的各个部分都是什么意思？

（生上前指认眼皮、眼珠。）

师：（把"眼睛"两个字写在黑板上。）小朋友睁大你们的眼睛看看这两字中有什么相同的地方啊？

　　生：都有"目"。

　　师：对了，这两个字中都有"目"字。

　　（老师安排一些活动，让幼儿记住"目"，并把其与眼睛区分开来。最后，把刚才所讲的"目"的各种字体放到黑板上，让幼儿照着画。）

（四）教学分析

综合这一阶段的教学现状及相关理论，教师及幼儿所产生的变化主要包括以下两个方面。

首先，从教师方面来说，教师对于字源识字教学理念逐渐清晰，最初老师虽然知道字源识字是以古文字为手段的一种教学方法，因老师考虑到"幼儿是否能够理解这种教学方法，幼儿是否能够理解古代人、演变等词汇的意思"等，以至于在应用时会束缚自己的想法，不能够把字源汉字教学完整地用于整个教学过程，使老师和幼儿的理解都不够顺畅。而到了中后期，老师自己熟悉了这种字源汉字教学，在教学过程中认识到幼儿能够接受字源汉字教学法，能多方面发挥自己的想象力，利用此阶段幼儿具有强烈的好奇心、探索的欲望强等特点，让幼儿在教学过程中积极发挥主动性，通过有顺序的观察、自由联想、推理进行学习，并取得了良好的效果。

其次，从幼儿方面来说，中班幼儿各方面比小班幼儿都有所发展，从自身能力上对于字源汉字教学的理解就要高于小班，横向观察发现，幼儿在学习字源一段时间后，在观察能力、图像推理能力、想象力方面有所改变。经过一段时间的教学，幼儿在观察字源图片和汉字的关系时，指认部件代表的意义更加准确。在各种字体演变的过程中，幼儿指认各个部件的演变更加准确，在教学过程中经常会有幼儿在老师还未讲解之前就能够自己指认汉字部件是如何从"甲骨文演变为现代汉字"的，并且对从图片到字之间的理解更加准确。

四、字源汉字教学在大班的开展

大班幼儿的年龄在5～6岁，此阶段的幼儿不仅生理上得到了进一步的发展，而且心理上也有了明显的变化，具体表现为：活动的自主性、主动性都得到了明显的提高，开始有了自己的意识，在做相关行动之前比小班、中班幼儿多了更多的目的性和计划性。大班幼儿自我控制能力提高，规则意识增强，并且具有强烈的好奇心，思维积极活跃，愿意学习新的东西。这一阶段的教学可以适当提高内容的难度，增加一定的挑战性，顺应幼儿积极思考的特点，这也有助于培养他们勤于思考的习惯。同时，5～6岁幼儿的注意广度扩大，交往能力开始增强，抽象逻辑思维开始萌芽，在认识事物方面，不仅能够感知事物的特点，而且能够进行初步的归类和推理，但形象思维仍占主导地位。基于此，字源汉字教学在大班开展，所产生的相关影响会更加明显。为了说明这一内容，在此，先后呈现大班早、中、后三个时间段的教学片断。

（一）大班早期字源汉字教学课堂实录

师：现在让我们认识一个新的东西（出示"耳"的图片），你们看这个像什么？

生：耳朵、月亮。

师：对，它有点像我们的耳朵，你可以摸摸看，也可以看看你周围的小朋友的耳朵。古时候的人在没有发明文字之前，为了表达耳就画了一个耳的形状表示耳。

师：现在的耳朵的耳与古时候有什么不一样？（让小朋友上前写一下，提示注意笔画，图3-18是幼儿写的汉字。）

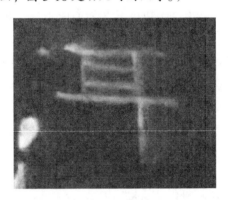

图3-18　学生在黑板上写"耳"

师：（出示现在的"耳"字，并且在黑板上书写，强调笔画的顺序。横、竖、竖、横、横、横。书写时和幼儿一起念出笔画的名称。书写完后，留作业，并强调注意笔画、笔顺。图3-19是幼儿在课后写的字。）

图 3-19　幼儿课后作业

（二）大班中期字源汉字教学片断

　　师：（出示"羽"字的甲骨文。）这是什么？
　　生：像"羽"字。
　　师：为什么呢？
　　生：因为外形像。
　　师：（让幼儿上前画出羽毛的羽，教师画一片羽毛，然后将字和图画进行对应讲解，并请小朋友上前指认羽毛的梗和毛。）
　　师：（出示楷书，并问是怎么变化的。）羽毛和梗在哪里呢？有什么不同？
　　生：（学生上前指出羽毛所在位置。）
　　师：那毛在这里了，梗在哪里呢？这两个梗又有什么变化呢？
　　生：梗变短了，变弯了。
　　师：往哪边弯的呢？弯成什么样了呢？
　　生：（对比两幅图片，指出弯的不同方位。图 3-20 是幼儿在对比两幅图。）

图 3-20　幼儿在黑板上指认"羽"

师：梗往左边弯了。

（出示现代汉字"羽"，带领幼儿认读，并组词。）

师：（出示"贝"的字源图片，问幼儿谁认识这个图片。）

师：（幼儿不认识此图片，老师开始讲解图片。）老师也不认识此图片，但是可以看到这个图片上的东西，口是向上的，旁边是圆圆的，中间好像有眼睛，下边好像有脚一样。

师：（出示甲骨文，问幼儿是否认识这个。）

生：不认识。

师：那请你们观察一下刚刚出示的这两张图片有什么联系？

生：上面的口变成了平的，脚变长了。

师：（讲解一下这两个图片的演变过程。）

师：（出示金文，并写出现代汉字。）

师：（重新讲解字源图片、甲骨文是贝壳，在黑板上画出了贝壳的图片。）

师：（指字源图片。）你们说如果遇到贝就这么记载那麻不麻烦啊？

生：麻烦。

师：就是很麻烦，聪明的古人也是这么认为的，他们就开始简化了，最后简化成（出示现代汉字）这个样子了，这样就好记载了。

师：那我想问问小朋友这个"贝"是怎么由图片变来的呢？

生：（比照先前的字源图片、甲骨文回答。）

师：（给予鼓励，并再次强调"贝"字的变化过程。）

师：（老师拿出大字卡开始复习今天所学的字。）

师：（把课上所学的软磁片贴到黑板上，并让幼儿把现代汉字与古文字连在一起。图3-21是幼儿把现代汉字与古文字连在一起。）

图3-21　幼儿把现代汉字与古文字连在一起

（三）大班后期字源汉字教学课堂实录

师：上节课学习了和兵器有关的字都有哪些？

生：刀、力、弓、王。

师：那在古代除了弓，还有什么啊？

生：箭。

师：对，有弓还有箭，那么请小朋友画一下箭。

师：（分发纸笔。）

生：（有的画刀，有的画剑。）

师：（巡视，强调这个箭是射的那个箭，不是刀。）

师：（展示小朋友画的箭，并分析箭的组成。出示字源图片分析箭的构成，包括箭头、箭身、箭尾。）

师：古代人根据箭的形状写出的字是什么样的呢？（出示金文。）那请小朋友告诉我这个字是怎么由图片变来的呢？

生：（比照字源图片上前指认。）

师：（重复一遍答案，出示篆文。）那这个字小朋友还能看出来吗？

师：（让幼儿上前指认，图 3-22 是幼儿在指认"矢"表示箭尾的位置。）

图 3-22 幼儿指出箭尾的部位

师：（根据幼儿所答，在重复指认一遍字从"字源图片—甲骨文"的演变，指出字的箭身、箭尾、箭头在哪里。）

师：（出示金文，让幼儿上前指认，图 3-23 是幼儿在指认箭头所在位置。）

师：（再重复讲解，出示现代汉字"矢"。）这个字就是我们今天学的字"矢"，在古代"矢"就是箭，我们从前面的两个字中就可以看出来，随着时间的变化，"矢"慢慢地就变成了现在这个样子，但是它也是箭的意思，是木制的箭，是古代的一种兵器。

图 3-23　幼儿在指认箭头所在位置

（四）教学分析

总结这一段时间的教学案例，可以明显地看出教师及幼儿的变化。从教师、幼儿两个角度来分析，主要包括以下两个方面。

首先，从教师方面说，教师从最初以关注识字为主到逐渐关注幼儿思维方面的发展，在第一次教学的片段中可看出老师在整堂课中通过讲授、复习、作业等方式共 5 次强调注意笔画、笔顺，即没有注意到对古文字的讲解，也没有对汉字意义进行准确把握。到了中后期教师在讲授汉字时就没有那么强调字的笔顺，最多是让幼儿写一下汉字，但是并不会刻意强调笔顺。教师讲授字义更加准确，在讲授的过程中老师多次通过让幼儿观察字源图片或甲骨文来理解字义，并通过字体的演变让幼儿记住字形，通过对字体演变规律的讲解、橡皮泥等教具的操作、一些与字有关的课堂游戏等形式让幼儿把字形与字义相联系。

其次，从幼儿方面说，最初幼儿完全不理解何为字源汉字教学，不理解古文字，课堂中并不能够很好地参与学习。随着老师字源识字教学方法的日臻熟练，幼儿逐渐对字源识字产生了兴趣，能够根据老师的提点观察出字的变化，到了后期对于一些简单的字都可以自己找出每个部件是如何演变的，并且对于现代汉字每个部件所代表意义的理解更加准确，到后期幼儿从"现代汉字联想字源图片"或"从字源图片联想到现代汉字"更加准确。

第三节　效　果　测　试

根据最新研究表明，思维能力的发展状况主要体现在以下几个方面：分类能力、排序能力、分辨能力、观察能力、分析比较能力、判断能力、推理能力、联想能力、手眼协调能力以及专注的心理品质。思维能力的考察也可以通过思维能力的敏捷性、独立性、深刻性、创新性等方面来进行。

为了使研究更加具体、易实施，本书选取从反映思维能力发展的几大方面进行测试和分析，并根据皮亚杰关于幼儿思维的相关理论及汉字生成的相关理念选择适当的汉字，编写一套适合此次教学实验的试题对幼儿进行相关测试。

本次实验中，S 幼儿园的大、中、小三个年级总共 99 名幼儿参与了实验，为排除实验对象的干扰，我们按每隔 3 人选择 1 名的原则，选择了 24 名幼儿进行测试。根据幼儿思维的特点，测试从观察力、记忆力、推理能力等方面制定了一系列的实验测试题。

测试目的有两个，一方面是了解幼儿在经过一段时间的字源识字学习后对汉字的掌握情况；另一方面是了解通过一段时间的字源汉字的学习，幼儿思维的变化情况（包括观察力、记忆能力、图像推理能力、意象思维能力等方面）。

一、测试项目

1. 基本能力测试

通过对被试的访谈，了解被试的基本信息，以及被试在这一阶段的学习后是否喜欢老师的这种上课方式。随机抽取所学汉字对被试进行测试，了解被试是否记住所学汉字的大概结构，并且是否能够指出汉字的各个部分所代表的实物，就是考察此汉字在幼儿脑中是否能够达成"字—图像—字义"之间的联系。

2. 思维能力测试

要求：被试必须自主回答所有控制问题，主试在此过程中起到引导作用。如果被试在 2～3 分钟内还不能回答出问题，主试可进行适当的提示，提示后仍不能正确回答，则视为幼儿对于此考察点的能力不足。

观察能力的考察：给被试呈现一组图片，图片是由日、山、水、鱼、田、禾、木、网、门、云、鸟字的字源图片、甲骨文等组成。让被试观察图片中藏着哪些字，若回答正确，给予强化；若回答不出，给予提示；若提示之后还不能正确回答，则放弃此字的考察。记录此测试所用的大致时间。

3. 迁移能力的考察

出示从字源图片、甲骨文、金文、篆文、现代汉字的一系列图片，让被试指出字源图片的某一部分在甲骨文、金文、篆文、现代汉字中所代表的是哪一部分。若被试能过顺利回答，则让被试回答是如何指认的；若被试不能回答，则进行适当的提示。如若被试不认识所出示的汉字则让被试按照"字源图片—甲骨文—金文—篆文—现代汉字"的顺序进行指认；若被试认识所出示的汉字则让被试按照"现代汉字—篆文—金文—甲骨文—字源图片"的顺序进行指认，进而验证被试在现代汉字上的指认是否正确。

4. 学习能力的迁移考察

给被试出示一个从未学过的独体字让被试进行学习，看被试能否在短时间内学会这一汉字，并理解记住。之后再给被试出示一个用以前的独体字组成的合体字，测试被试能否根据独体字的意思，猜出这个合体字所代表的意思。如果被试不理解组成合体字的独体字代表的意思，由主试人员进行教导，直到被试能够理解为止，之后再让被试根据所理解的独体字的意思猜测呈现的合体字的大致意思。如若最后被试还是不能猜测出此合体字的意思，那么主试人员告诉被试这个字所代表的意思，然后再引导被试理解。

5. 记忆能力的考察

给被试呈现一组从"字源图片—甲骨文—金文—篆文—现代汉字"的图片，让被试观察2～3秒钟；然后再出示一系列图片，这些图片中包含前面所呈现的图片中的一部分，也包括一些近似图片；最后让被试圈出刚刚其所看到的图片。在2分钟以后再让被试指认最初呈现的汉字，以便检测被试的短时记忆能力。在这项测试中注意控制被试指认的时间，大概在1分钟左右。

6. 分类能力的考察

给被试呈现两组图片，每组图片3个字：一组图片是按照颜色分类；一组图片是按照字义分类。让被试把三个字中不同于其他两个字的圈出来，并说出不同的地方在哪里。若被试不能理解分类，主试可以进行适当的引导，然后再让被试指出哪个字是不同的；若还是不能正确回答，真实记录被试反映后，进行下道题的测试。记录此道题所用的时间。

7. 推理能力的考察

给被试一个学过的基本部件"大"，再给被试一系列包含"大"字本身或者变形的汉字。然后让被试找出这些汉字中所隐藏的"大"。最初让被试自己找，在找的过程中问出被试为什么圈出这个部件，它在哪些地方和给出的"大"相似。如若被试在找寻第一遍时对于变形部件"大"不能指出，主试可以进行适当的引导之后，再让被试指认。最后记录被试所用时间及所找出部件的原因。

8. 检测

在经过一段时间的测试后，主试再对被试在测试过程中新学习的独体字、合体字进行测试，看被试是否真正记住和理解了所学的汉字，如若不能则再进行一下强化教学，让被试能够记住。

二、结果分析

确立了教学内容、后测问卷后，对幼儿开始进行测试。根据幼儿身心发展规律，我们开始依据以上几个方面对幼儿进行相关测试。测试环境宽敞、明亮，是幼儿平时所熟悉的教学环境。为保证幼儿在测试时不被干扰，测试主试人员分为两组，每组两人，分别对两个幼儿进行测试。

（一）基本能力的测试

对于基本测试主要是通过访谈来完成的，这一部分主要包括四个小题目，如表 3-1 所示。

表 3-1　基本测试

问题		实验班
1. 你是否喜欢汉字？	A. 喜欢　B. 不喜欢	97%/3%
2. 你以前在家学过汉字吗？	A. 学过　B. 没有	85%/15%
3. 你会写汉字吗？	A. 会　B. 不会	100%/0
4. 你是否喜欢用字源识字法学习汉字？	A. 喜欢　B. 不喜欢	95%/5%

从本题的数据来看：幼儿、家长都喜欢让幼儿识字，认为写字很有趣，认为字源识字有趣。

在访谈过程中发现，幼儿对于学字的热情高涨，他们的理由包括：

"喜欢学习汉字，认识字后就可以看书。"

"在班里调皮的孩子都认识字，我也要认字。"

"喜欢拿着笔玩儿。"

"老师喜欢认识字多的小朋友，认识字多了就可以看书了，现在都能看奥特曼，其他的小朋友都不认识字，认识字多了就是聪明。"

特别需要指出的是第 3 小题，"你会写汉字吗？"这个题目是个开放性的题目，在对幼儿进行测试的时候，由测试人员随即从幼儿前期学过的 62 个字中抽取一个字，让幼儿进行书写，如果幼儿不能写出测试人员抽取的汉字，则让幼儿自己写一个自己记住的老师教的字。然后从线条是否直，角度是否准确，书写顺序是否正确，书写速度如何几个方面对所写的字进行测查。测试发现幼儿都能够写字，虽然各个幼儿写字的状况不相同，但是大致都能够做到以下几个方面"字能够写出大概形状、横竖分明、角度正确但是笔顺意识不强、线条不直"。

（二）思维能力的测试

1. 观察能力测试

本题考察了测试中出现的 11 个字，结果如表 3-2 所示。

表 3-2　观察能力测试

汉字	日	山	水	鱼	田	禾	木	网	门	云	鸟
准确率	91.7%	91.7%	83.3%	95.8%	79.1%	75.0%	75.0%	79.1%	83.3%	87.5%	91.7%

从表 3-2 中可看出，正确理解"鱼"字的人最多，为 95.8%；然后为"日、山、鸟"，正确率为 91.7%；而"禾、木"的正确率最低为 75%。在反复听幼儿测试录音、统计幼儿测试问卷后发现两种情况。

（1）汉字本身的可理解性影响了幼儿的观察结果

测试结果表明，象形性越高的字，其正确率越高。例如，正确率较高的"鱼、日、山、鸟"，其象形性强。其次，幼儿在讲课时如果能够很好地理解，则找出的速度快、正确率高。在整理录音材料时发现，幼儿对于那些其能快速正确找出的字，都会在不自觉的时候给主试讲解这个字的字源意义，而且讲述的声音洪亮、语速轻快，很骄傲；而对于那些不理解的字，或者在主试人员进行一些提示也不能唤起其记忆的字，幼儿则不能找出。

（2）观察策略影响幼儿观察结果

成绩好的幼儿的观察方式具有顺序性。例如，其中某一幼儿的观察顺序就为"右上→右下→中间→左上→左下"。他的这种观察方式使其能够全面地观察整张图画，找出图画中所隐藏的汉字，这样其所消耗的时间少，正确率高。但是需指出的是实验班的有些幼儿在开始时都能够做到有顺序地观察，但是在观察一段时间后就会忘记这种顺序性，按照自己的喜好乱找，有些幼儿还会重新指认一遍以前找过的字，如主试人员说"这个字你已经找过时"，幼儿会说"但我还没有讲这个字的意思"，就会把这个找过的字再分析一遍，讲解其字源意义。幼儿在观察的过程中习惯先从右上或者右下开始。

2. 迁移能力的考察

统计本题的测试结果：对于"犬"字，有 66.7%的幼儿能够快速且正确指认每种字体各个部分；能够正确快速指认前三种字体的人数为 25%；能够正确快速指认出前两种字体的人数为 4.2%；能够正确快速指认第一种字体的人数为 4.1%。

从实验结果可以看出，实验班 66.7%的幼儿都能够正确指认汉字，而且从整个实验班来看几乎都能够找出前两种字体就是甲骨文及金文。在测试过程中幼儿的表现如下。

甲骨文：幼儿全部都能快速完成要求，有些幼儿还能超额完成并仔细讲解每一部分。

金文：部分幼儿能够快速指认；部分幼儿需要参照甲骨文来认识；部分幼儿不仅需要参照甲骨文，还会把图片转换放平之后，才能完成要求。但是大部分幼儿都能够在完成要求后无意识地去讲解其他部分。

篆文：对于篆文的理解时间要慢于前两种字体，单独依靠篆文指认的人数变少，大部分都需要依靠前两种字来完成要求。借助前两种字来完成要求的幼儿正确率较高。

现代汉字：对于指认现代汉字所用时间较长，会出现指认不全。有些幼儿只能认出一部分，虽然会借助前三种字但还是不能够正确指认。

对照组的幼儿在做这道题时，虽然能够正确指认甲骨文、金文，但是只是完成指认要求，并不会进行其他的讲解。阐述时所用的词是"像"，这表明其在指认时更多的是一种直观的观察。在篆文、现代汉字的指认时虽然考虑到参照甲骨文、金文，但是指认也不正确或者只是指认某一部分，并且所用时间较长。

由于本题所用的字为随机抽取的用于字源识字后期教学研究的实验用字，幼儿此前并无接触，所以完成本题所依靠的都是幼儿在上课时候所学会的东西。实验结果显示：幼儿能够把以前所学的东西进行初步迁移，并且有自己的推理。

3. 学习能力考察

本题的测试分为两个小题：①新的独体字"兔"的学习；②合体字"分"的学习。统计第一小题的测试结果显示，实验班全部被试的 24 名幼儿中，花费的时间所占的比例如表 3-3 所示。

表 3-3　学习能力测试

时间（分）	小于等于 2	大于 2 小于等于 4	大于 4
所占比例	20.6%	57.2%	22.2%

在整个测试过程中幼儿出现的问题如下：

①对篆文的脚不太清楚，图片和文字被结合起来认识；

②尾巴和腿相混淆，需要主试人员从旁讲解；

③基本上能够认识但是喜欢把字转过来；

④篆字和现代汉字相互混淆，且长时间分不清读音；

⑤观察技巧不好。

虽然在整个过程中幼儿出现了如上的问题，但在学习过程中有 81.3% 的幼儿能够主动运用"图—字"模式来理解新学的字，并且有些幼儿能够在学习的过程中自己去推理。例如，在测试过程中就有 8 位小朋友虽然不认识现代汉字但是能够通过现代图片、甲骨文、金文、篆文来自己认识现代汉字，并且能够主动给主试人员进行讲解，有些幼儿的讲解虽然不完全正确但也能讲出大部分。

第二小题合体字的学习，因为这次抽查的学生在年龄方面存在问题，我们发现在抽查的 24 名幼儿中，大多数幼儿都不能够很好地理解"分"，只能认出"刀"或"人"，他们不能把两部分进行组合。但是也有 5 个小朋友在主试人员的引导之下，能够自己进行综合概括，说出大致意思。

4. 记忆能力的考察

严格按照测试要求对幼儿进行测试，统计结果如表 3-4 所示。

表 3-4 记忆能力测试

个数	3	2	1	0
所占比例	54.2%	29.2%	8.3%	8.3%

其中最容易找出的字为"彡"（19 人），最不容易找出的字为"首"（20 人）。在主试问幼儿是如何记住时，回答大概有以下三种：①记住了突出的特征；②看看就记住了；③能够记住各个字的相关性，它是这么变化的。

5. 分类能力的考察

本题统计了两个数据，表 3-5 为第一排的统计结果，表 3-6 为第二排的统计结果。

表 3-5 分类能力测试（1）

分类标准	按颜色分类	按其他标准分类	不会分类
正确率	41.4%	37.7%	20.9%

表 3-6 分类能力测试（2）

分类标准	按内容分类	按其他标准分类	不会分类
正确率	54.1%	33.3%	12.6%

以上两种标准，可区分幼儿的分类水平。从实验结果来看，预计幼儿第一排的正确率要高于第二排。实际测验发现，第一排的实验结果低于第二排。

幼儿在做第一排的测试时，在没有任何提示的情况下，先按照字的外形或者笔画来分类。例如，某位小朋友认为"云"与其他两个字不同，她认为"云"是直的，而"雨""马"是弯的。在主试进行提示后幼儿才会注意颜色，然后按照颜色的不同把字找出来。在整个测试过程中只有少数幼儿会先注意到字的颜色，正确地把不同颜色的字圈出来。

幼儿在做第二排测试时，有些幼儿不能全部理解这三个字的意思，在这种情况下幼儿就不能正确地分类，他会随意圈出一个字。如果主试人员能够给幼儿讲解清楚每个字的意思，多数幼儿能够按照字的不同意思来分类，只有少数幼儿还是不能正确分类。

由此可见：幼儿在此阶段是能够进行初步的分类的，而进行字源识字学习能够帮助幼儿快速理解汉字。

6. 推理能力的考察

本题的统计结果如表 3-7 所示。

表 3-7　推理能力测试

测试字	太	逆	美	头	因	走	沈	夭	位	央
准确率	75%	16.7%	41.2%	75%	79.1%	16.7%	37.5%	79.1%	18.8%	83.3%

　　这个题的主要目的是，测验幼儿抽象思维中的概括能力和综合推理能力，但是因幼儿年龄的限制和字源识字教学实验的时间，我们不能看到很明显的实验效果。但是从实验结果看，幼儿在做本题时，能够快速准确地从"太、美、头、因、夭、央"这些明显含有"大"字的字中找出相关部分，并能自己讲解原因。而对于那些变形的大字，如"位"，幼儿就需要多加思考。他们思考的角度包括：以"大"字为基准，这个字中含有"大"的某些笔画或者某个基本部件或者把字的方向进行转换后尽量和"大"字进行对比找出相似部分。按照这种逻辑虽然不能够找出完整的大字变形，但是也能找出某一部分，而且还能够进行讲解。我们发现虽然多数幼儿在找其变形时很困难，但是如果掌握了正确的方法，幼儿是能够找出一部分的，并且也能够说出这个字为什么像"大"。图 3-24 为幼儿的测试结果。

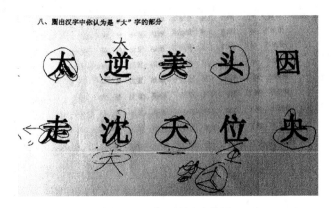

图 3-24　幼儿的测试结果

第四节　教　学　反　思

　　实验结束后，我们请承担教学任务的老师写了教学反思，下面节选一些有代表性的老师的教学反思。

一、入门型教师

W 老师入职时间不太长，以前在其他幼儿园接触过其他汉字教学方法，对汉字字源了解比较少，她的反思是普通教师慢慢接受字源汉字教学的一个典型。

这学期暑期班，我接到了字源识字课的教学任务，从来没有接触过字源汉字课程，一片茫然。不过我想应该多接触接触新的教学与方法，就接受了字源汉字的课程培训。刘老师给我们传递了课程的理念与精神，不过课程并没有基本的课程模式，只能自己一步一步地去摸索。

小班一个月的识字量在 60 个字之内，这样算下来，每天孩子要掌握 2 个汉字。看着课程表，我先从最简单的日和月字开始。在备课时，我琢磨孩子们到底乐于接受哪种教学方法。比如，游戏，利用小游戏激发孩子的识字兴趣；儿歌，围绕儿歌出现的汉字加强孩子的记忆；绘画，通过绘画发展幼儿的想象力加强对汉字的认知等一系列的教学方法。最后我决定让孩子通过绘画来认识日和月，因为日、月与太阳、月亮在外形上比较像，孩子自己通过画画加强对字的记忆和认识。每个字都有自己的特点，所以我在教学的时候根据字的特点来设计便于孩子记忆的教学方法。

日积月累，每天 2 个字的字量无法满足孩子的求知欲，他们主动提出："怎么才认 2 个字，吴老师再教一个字吧！"于是在后半个月我增加了一些合体字，进度加快了些，不过我发现，当认识的字越来越多，孩子们在认识了新的字后会把以前的字忘记，所以必须每天都要加强复习，复习的方法枯燥，孩子不喜欢，没有效果，于是我用了英语课上一些记忆单词的方法。比如，炸弹游戏，指定一个字为炸弹，当念到这个指定的字时不能念出声，而用"砰"。还有打电话、照相机等游戏。孩子们都特别喜欢，记忆效果也很好。

从上文来看，老师还没有真正理解什么是字源汉字教学，因而其所实施的实际上是普通的基于游戏的汉字教学。

某天，班上一个小朋友的妈妈突然找到我说，吴老师，这个识字课真的很有意思，孩子回家以后对汉字的兴趣特别大，他会照着老师的样子教爸爸妈妈，以前认字是令我们头痛的一大问题，现在孩子特别喜欢，真的是感谢了。听到家长说了这些话后，我特别开心，觉得这件事特别有意义，它给孩子带去的是学习兴趣。

在教学中，我有很多不懂的地方，刘老师都及时地把我们组织起来开研讨会，解开心中一个个的疑问，帮助我们有效地提高教学。也感谢芮老师每天辛苦地为我们准备上课卡片，只要我们有需求，他都会大力地支持。

通过这一个月的识字教学，孩子们不但识字量增加了，更重要的是他们对汉字的认知兴趣提高了。字源识字的精髓在于让孩子了解汉字最初的来源，每个偏旁部首所代表的意思，发展孩子的思维能力。但是对于远古时的一些物件，孩子的理解有限，如"王"。所以在教学时，只能让孩子观察图片或想象，对这个字的理解只停留在表面，这是唯一的遗憾。在以后的教学中有待提高。

不管怎么样，教师在探索字源汉字教学的过程中也有了一些收获，其教学也得到了认可，后期该教师对字源汉字教学也有了一些真正的体会。

二、成长型教师

H老师刚开始接触字源汉字教学时不太理解字源，到后来她慢慢能够比较自如地进行字源汉字教学，她的反思对于理解教师的成长很有价值。

这学期很高兴也很荣幸参加了字源识字课题研究。在这个过程中，每一次的培训、每一次的讨论都让我成长了很多。从不认识古代字到熟悉再到慢慢掌握，并有趣地传授给我们的幼儿，这都离不开刘老师对我们的帮助和指导。这学期即将结束了，以下是我对这次汉字教学活动的一点认识。

首先，对于汉字的演变和汉字的根源我也有很多不懂和疑惑的地方，也正因为有了这些困惑，所以参加了一系列的培训，再把培训的内容消化，最终用到孩子们身上，从而提高自身的专业知识，也给孩子们增加了许多新的知识。还记得我第一次上这个汉字教学课，由于是初次接触这种古文字，所以一看到这些弯弯扭扭的文字符号我的头就疼。在课堂上，我使用了字源图片教授"子"，有一个孩子问我：为什么这个字没有脚只有身子呢？这个问题难住了我，我该怎么回答好呢？我只能告诉他这是婴儿，脚下裹着围裙，看不到他的脚，所以我们看到的只有他的身子。这种解释我自己都不知道符合不符合。其实我也是在教学中和孩子们共同摸索、共同学习。几节课下来，刘老师给了我很多建议和帮助，他在教学中给了我很多的提示，而且教我们怎样一步一步分析图片、符号，教我们学会让幼儿找符号与图片的对应，给了我们很多的鼓励，他的话也提醒了我。他说我们不仅仅是为了让幼儿学汉字而学汉字，而是让幼儿在活动中了解很多有趣的知识，了解汉字的起源，里面就涉及了很多的文化知识内容。这也深深地触动了我，作为老师首先就要掌握这些相关的知识，才能很好地为幼儿服务。在后面的教学中我们慢慢地使用刘老师说的方法进行教学，孩子们的表现相当不错，觉得汉字很神奇，特别有意思，最重要的是老师开始慢慢地理解。

其次，在教学的过程中我们需要每一节课认真思考，详细备好教案，准备教具。活动过后找出不足与优势，这样才有助于自己的积累和成长。虽然在教学中我们还有着很多欠缺，但只要我们努力学习，相信会有更大的突破。

三、成熟型教师

G 老师是一个教学经验丰富的老师，她后来长期从事字源汉字高段的教学，她比较系统地总结了字源汉字教学的模式，并指出了一些困惑。

字源识字虽然以前听说过，但对具体的教学内容、教学形式等都不了解，虽然曾经有过一两次培训，可是心里还是没有底。在接到暑假字源识字教学任务时，心里非常忐忑，既想尝试和挑战新的领域，又担心自己无法完成教学活动。经过刘老师的多次鼓励和团队的帮助，我还是坚持了这一个月。在教学的这一个月自己也收获了很多，但本身也存在着很多的问题。现将本次字源识字教学活动的情况总结如下。

一、教学方式

因为是从来没有接触的领域，也没有现成的教案可以参考，通过与课题组的成员交流，以及自己的尝试摸索，经过将近一个月的时间，我运用了以下七种教学方式。

1. 动作教学法

让幼儿通过比划动作，感受文字与图片的联系，如"大、笑、又"。特别是"又"这个字，在字源识字中是用手来表示的，当时孩子们非常不能理解为什么会这样。通过自己用手来比划动作，孩子们终于理解了"又"

字的字形就像一个从侧面看虎口张开的手，孩子们一下子就明白了。因为古人在创造汉字的时候最初都是以形代字的。

2. 绘画法

绘画法是最能让孩子理解现代汉字与古汉字及实物的每个部件关系的方式。平时我们呈现的都是一个完整的字，而我们在画古汉字时可以分部画出，让孩子找每个部分代表了实物的哪一个部分，如"石、子养"等字。

3. 倒推法

现在的孩子在生活中已经习得了一些常见字，那么如何利用字源识字的方式让孩子去理解这个汉字的意义及其部件，而不是单纯地认识这个字呢？我们可以从现代汉字一步步倒推回去，让孩子直接找出这个字的每个部件代表哪个部分，其实我们发现在这个过程中孩子没有理解到字本身的意义，有的孩子甚至把这个字理解为其他相同字音的字，这个方法可以让孩子在认识字的基础上得到提升和巩固。

4. 猜测法

先出示古汉字，让孩子去猜测这个字表示什么？通过仔细观察，很多孩子会说出与实物相似的很多东西。再出示汉字的实物图片，孩子再去比较异同，这样可以帮助孩子加深对这个字的印象，从而区分与其他字的异同。

5. 字图重写法

字源识字注重汉字的演变历程，可是很多汉字书写比较复杂，孩子们不能理解怎么会从这个图演变到现在书写的汉字，我们就将图与字重叠在一起，让孩子去找出哪些部分可以重合在一起，找出共同点，便于孩子理解在演变过程中不同形象的图与字之间的联系，如"山、火、月"等。

6. 笔画减省法

有的汉字在不断演变过程中为了书写的简便，会省去某些部件，如果总是让孩子去一一对应，会给孩子的思维造成混乱。所以在这些识字教学中，我们会提醒孩子因为每一部分都记录下来会比较麻烦，为了节省时间，我们会把不是很重要的一部分省略掉，把最重要的部分、最能代表这个东西的部分保留下来。让孩子自己去试着减省其中的一部分，有了前期的经验，大部分孩子都能进行经验迁移，如"刀"字孩子们会省掉图片上的手柄这一部分，"弓"字省掉了弓弦而留下了弓背弯曲的样子……运用这个方法不仅可以让孩子理解现代汉字的字形与物体间的对应关系，也有助于孩子对汉字本身字义的理解。

7. 笔画变异法

有些汉字笔画在从象形到现代汉字演变过程中都有相同的特点，如"禾、木、大"字的一横在最初都是弯曲的，在变化过程中都变成了现在的笔画"一"，幼儿在有了这个经验之后，如果遇到相同的字时，老师只需要提醒弯曲的线条会变成什么笔画，他们都能准确说出来。在幼儿已经有了一些学习经验后，要帮助幼儿梳理出规律，在以后的学习中根本不需要老师每次都详细讲解，他们自己就会进行经验迁移了。这样主动地学习比接受学习记忆更加深刻。

二、教学中存在的问题

在教学中看见孩子们从最初的茫然到现在能够进行举一反三，认识汉字的部件，快速地认识汉字，并准确读出字音，我还是感到很欣喜。不过这个过程中也存在着很多的问题。

1. 对字义不能准确理解

每次在教学活动中将汉字的演变过程和汉字本身的字意作为教学的重难点，在前期每天教学 2～3 个汉字。幼儿对字的理解也比较深刻，通过比动作、画画写写、找图与字的对应部分等方式都能很好地理解这个汉字代表了什么意思。但是后期因为数量的增加，加上比前期的字更加难一些，以及时间的紧迫，很多幼儿虽然能够读出这个汉字的字音，但是对字本身的意思不理解，有的幼儿把它理解为其他同音不同字的意思。在当时学习时还能说出一二，可过后再问，很多孩子不能说出。

2. 对生活中不常见的字理解困难

学习范围内的很多知识点是幼儿从来没有接触过的，有的根本就毫无经验。在讲解的过程中，老师虽然多次讲解，可幼儿还是很茫然，如"且、示"等祭祀类的这些字，幼儿无法理解，也不能从生活中获得相关信息。

3. 繁体字与现代简体字的对应

在字卡中有的汉字是繁字体，如"马、鱼、门"，而教学中的大字卡又是简写字，幼儿在学习过程中不知道到底是哪一个字。家长也提出了繁体字幼儿掌握比较困难。

4. 老师对字不熟悉

由于老师也是第一次接触，很多字不能很正确地从字源这个角度向幼儿进行解释，有时不敢确定自己的讲解是否正确，在教学过程中缺乏应有的知识准备。

5. 家长对课程不了解

很多家长虽然有了幼儿园发放的字卡，但自己本身对字卡上的图及文字的对应关系还不是很了解，回家进行复习时，不能按照字源识字的课程理念进行指导，仍然以死记硬背的方式让幼儿学习，造成教育的不一致。

在一个月的教学过程中，我和孩子共同学习：我从一无所知到自己进行教学，摸索出一套自己的教学方法；孩子们从最开始的新奇，到现在能够自己进行举一反三，变化笔画、减省笔画，写写画画汉字，孩子们的思维和观察能力都在发生着变化。没有学习过的孩子和学习了字源识字的孩子在测查中显示出了明显的不同。这种游戏化的教学内容，让孩子感受到了汉字的魅力，比起生硬的单纯教学效果更加明显。很多家长反馈孩子也比较喜欢，回家后还会主动给自己的爸爸妈妈进行讲解。

四、反思型教师

L 老师是一个有着丰富教学经验的老师，她后来长期从事字源汉字教学。对字源汉字教学，她有很多独到的、很有价值的理解，其中的理解与我们的很一致，对我们以后实验的开展有重要的意义。

想谈谈我在本班开展的教学活动中对孩子的观察：想象能力较好的孩子（给一个抽象的图他可以说出很多像什么的孩子和绘图能力较强的孩子）对字源识字兴趣很高，这样的孩子很乐意去猜测哪一个笔画像什么，并能很快地把形象的古文字转换成抽象的现代文字。而对想象力较弱一点的孩子，他们对图形和甲骨文比较理解，但是转换成现代文字他们理解起来就比较困难，所以会影响他们的学习兴趣。

有一次在教"女"字，在古文字中"女"字是一个跪坐，双手交叉的人，我给孩子们讲古代女子地位比较低，如吃饭时女子不能上桌吃饭，也常常跪着做一些事情。后来有两位家长对我说孩子回家讲"女"字时说，古代的女的跪着吃饭。他们为什么把跪着吃饭记得那么清楚，我想地位低是他们没办法理解的，而跪和吃饭是他们很清楚的两个动作，当然他们会对自己能理解的部分记忆深刻。在教学中，我们发现有的字很难讲，如果结合孩子的已有经验，将便于孩子理解。

有些在生活中孩子使用不多的字，他们也不能很快理解，如"目、日"等。在复习这些字时，孩子很容易读成"眼、太"。因为他们读出的是他们在生活中常使用的，如他们常说"眼睛"而不说"目"，常说"太阳"而不说"日"，常说射箭而不说弓。我想在教"目"时可否和"眼睛"一起教，"日"和"太阳"一起教。目和日最好不放在一个教学活动上，虽然它们只是多一笔和少一笔，但是那一笔的意义是完全不同的。

像"禾、弓、田"这类的字，因为孩子见得少，在教时尽量有实物配合教学效果更好。这三个字，我班孩子容易读成"米、箭、地"。如果能让他们看看真正的禾苗，玩玩弓箭，在田埂上走走，他们就很难读错了。当然字源识字并不只是为了让孩子读正确，只有孩子真正理解了，形象的实物才能转变为抽象的图画，再由抽象的图画转变为现代文字。我想到了莎莉文老师在教海伦·凯勒时，让海伦用一只手去感受哗哗流下的水，在海伦的另一只手心写下水的单词。从此开启了海伦学习生词的大门……

在教学实践中，我觉得如果在学龄前开展字源识字教学，在中班下学期和大班开展比较合适。而小班和中班上学期要多培养幼儿的观察力、想象力、绘画力。当孩子对物体图形的抽象能力增强后，字源识字就比较容易了。现在我班图形抽象能力强的孩子表现为：对识字课很感兴趣，喜欢猜字，喜欢试着画字，一节课学了四个字后，表示还想再学。过一段时间再复习学过的字，他们一般都能读正确，而且能说出现代文字的笔画代表什么。而图形抽象能力较差的孩子，在识字教学时，不太愿意听，也不回答笔画代表图形的哪里。在复习时也许他们能读准现代汉字，但是记不清笔画代表什么。

字源识字对幼儿以后学习文字和阅读是很有帮助的，希望我们的教学并不只是教会多少个字，我想更应该通过字源识字的方式让幼儿对学习文字产生兴趣。也许上小学后，老师让孩子们练习写"目"字，学过字源识字的孩子会很乐意写，认为他正在画一只眼睛，而不是枯燥地重复练习一笔一画。当然他更不会把"睛"读成"晴"，虽然这两个字只有一横之差，但是字源识字班的孩子却明白那一横是有着完全不同的意义的。

第五节 总 结

在教学及测试过程中,我们主要就字源汉字教学对幼儿思维的影响给予了极大关注,并结合教师、家长、幼儿的访谈内容进行深入探讨。我们认为以汉字构字形态分析为理论依据,以"字源图片—古文字—现代汉字"为教学组织思路的字源汉字教学,对于幼儿的观察能力、记忆能力、想象能力、抽象思维的发展变化都有着明显的影响。

一、字源汉字教学可提高幼儿的记忆力,尤其是图像记忆能力

记忆是对过去所感知的对象和现象在人的头脑中的巩固与再现。它是人的知识经验的宝库。人之所以能够记忆,是因为人的神经系统有可塑性。心理学把神经组织接受了外界事物的刺激后在有关部位形成的暂时联系和留下的痕迹,称为识记和保持;把这些联系和痕迹在脑中的恢复,称为重现或再现。由于人有第二信号系统,不但能记住直观事物,获取直接经验,而且能通过语言记忆,获得间接经验,人类文化知识得以积累起来。记忆力在儿童智力发展中有着重大意义。倘若没有记忆,那么儿童感知、观察过的东西就不能在脑中留下痕迹,人会边学边忘,永远处于无知状态,智力就无法得到发展。

3~6岁的幼儿正处于大脑发育的关键期,该时期是神经触突、树突快速发展时期。此时是幼儿学习的敏感期,教师在教学过程中通过图片、大字、游戏、画画等多种手段刺激幼儿的左右脑。根据汉字自身演变规律,字源汉字涉及的教学材料都可以看成图像,教学主要通过图像的观察和分析进行,通过这种教学,可以使幼儿把抽象的符号立体化、图像化,刺激右脑神经中枢,开发右脑潜能。

学前儿童形象记忆能力较强,汉字以图像化呈现,能提高幼儿图像记忆保持时间。幼儿在识字过程中,亦可根据字形,回溯现代汉字的原始图像,更宜通过联想、回忆来识记汉字。

二、字源汉字教学使幼儿观察力得到提升

观察是一种有目的、有计划、比较持久和概括的知觉,幼儿期是观察力迅速发展的时期,其发展主要体现在观察的目的性、持久性、系统性、概括性以

及方法的不断完善，此时是儿童认识世界、增长知识的重要开端。俄国生理学家巴甫洛夫曾经提出："观察，观察，再观察。"幼儿从出生开始，就积极地向周围世界进行探索，随着年龄的增长观察力逐渐提高。幼儿初期，观察受情绪的影响较大，易被新奇的事物吸引，且观察的目的性差，持续时间短，幼儿只能观察到事物比较明显和突出的表面特征。4～5岁以后，幼儿观察的目的性和系统性都明显提高，能够根据观察的目的、按照一定的顺序或方向对事物进行较为持久、细致和全面的观察；在此基础上，观察的概括性得到进一步发展，他们不仅能对个别事物或事物的个别特征进行细致的观察，还能将所观察到的零散的、个别的信息有机地组织起来，从而发现事物之间的内在联系和本质特点。观察力不仅是幼儿智力的重要组成部分，也是其他智力因素，特别是思维、想象等心理过程的基础。

汉字具有直观形象的特性，抽象性、概括性、综合性都是其显著特征。对于汉字的学习需要广泛的观察、仔细的辨别、丰富的联想、不断抽象的认知过程。在字源汉字教学中，对汉字的形态结构进行比较与分析，有利于增强幼儿的观察辨别能力。

在观察了多个班级的字源汉字教学过程后发现，强调观察是老师教学中的主要手段之一。随着教学的逐步开展，幼儿的观察更有目的性、计划性及系统性。首先，研究多个老师的教学过程就会发现，初期幼儿对于老师所提供的"大字卡、字源图片、古汉字、现代汉字"等教学工具并无太多的关注时间，幼儿对其所熟悉的事物或象形性高的字会快速给出答案，对于不熟悉的抽象性较强的事物则会直接回答"不知道"并不会过多地进行思考。而随着字源汉字教学的开展及老师的不断引导，幼儿能够花费较长的时间多角度、多方面地去观察、比较字源图片与字的关系、古文字与现代汉字的关系，尽可能给出正确回答。而通过最后的测试我们可以更加明显地看出幼儿观察力的变化。幼儿在学习过程中，对事物的观察由最初的漫不经心、四处乱看，发展成为一种有目的、有计划、有系统的智力活动。

三、字源汉字教学促进了幼儿具象思维与抽象思维的结合

幼儿的思维在2岁左右开始形成。思维是借助语言、表象或动作实现的，对客观事物的概括的和间接的认识。[①]思维是人类认识活动的核心，反映了那些

---

① 彭聃龄. 2001. 普通心理学. 北京：北京师范大学出版社，242.

没有直接作用于人的一类事物的本质和事物之间的规律性联系，也能预见事物的发展过程。借助思维，人的认识能够从个别中看到一般，从现象中透视本质，从偶然中洞察必然，从现存的事物推测过去、预见将来。典型的人类思维是以语言为工具的抽象逻辑思维。儿童思维是人类思维发展的低级阶段。它具有思维的本质特点——反映的概括性和间接性，但是抽象水平很低，还不是典型的人类思维。幼儿期是思维发展的重要时期。此时直观行动思维进一步发展，具体形象思维占主要地位，思维的抽象逻辑性开始萌芽。思维带有很强的直觉主观色彩和"自我中心化"倾向。幼儿重视以自己的立场和观点为中心来思考和判断问题，且需借助视觉进行思维，总是对外在形体进行观察，从而形成自己的想象。如果物体的外在形体改变了，他们便会认为里面的内容也发生了改变。虽然分类、推理等能力是思维发展的重要标志，但是因为幼儿思维发展的客观性，分类、推理能力的变化并不是很明显。

字源汉字教学通过出示字卡的方式引导幼儿观察字形的演变过程，并让幼儿按照字体演变规律找出字的基本部件与图片的相似之处。这既激发了幼儿观察的兴趣，教会了观察的方法，促进了观察力、想象力的培养，又把抽象的意义与具体的形象联系起来，变抽象为形象。在观察、辨识字形变化的过程中，幼儿不仅要分清字的各组成部分，还要把握各部分之间的空间位置关系。字源识字教学通过对字的具体形态结构的比较和分析，让幼儿尽快把抽象字义与汉字联系起来。这逐渐丰富了幼儿的生活经验，扩大了幼儿对汉字字义的表象，为幼儿进一步的汉字学习提供支柱，加强了表象的积累，促进了幼儿形象思维的开发，进而促进了幼儿抽象思维的发展。

同时，因为字源汉字教学强调"图画—古汉字—现代汉字"这种学习路径，从而促使幼儿在理解现代汉字的同时，注意去"回想"古汉字或者图画，使幼儿抽象思维向具象思维发展。

第六节　基于绘本的学前汉字教学探索

一、基于儿歌的字源汉字教学

儿歌是幼儿容易接受的一种文学形式。把字源汉字教学与儿歌有机整合，以儿歌的方式讲述汉字字源，让幼儿在诵读儿歌的同时理解汉字的字源，也许是一种可能的字源汉字教学方式。我们从 2013 年 3 月起在 S 幼儿园进行了基于儿歌的字源教学实验。

我们首先根据字源创作出儿歌的初稿，然后请幼儿园有丰富教学经验的老师帮忙修改，再到班上试上，最后定稿。到目前为止，我们创作了包括基础部件、与"水"有关的汉字、与"又"有关的汉字、与"口"有关的汉字、与"耳""目"有关的汉字的儿歌，共计116字。

字源儿歌主要包括对汉字字形的解说和汉字意义的解释两方面的内容，如"日"字的儿歌为：日字圆圆像太阳，画上一横放光芒。前面一句"日字圆圆像太阳"说的是"日"这个字的古文字画得圆圆的，跟太阳一样；后一句"画上一横放光芒"，画上一横表示"日"字除了轮廓外，里面还有一横，这一横可以理解为太阳的光。

由于我们仅进行了课堂观察，下面将相关儿歌罗列如下供参考。

（一）基础部件字源儿歌

> 日字圆圆像太阳，画上一横放光芒。（日）
> 小朋友，快快来，手抬起，脚分开。（大）
> 小孩子，大脑袋，两手摆，身子歪。（子）
> 一人侧身立，一撇是双臂，一捺是双腿。（人）
> 女娃娃，坐地头，两手交叉放胸口。（女）
> 目是眼睛，可真有神，里面眼珠，转个不停。（目）
> 耳朵弯弯像月亮，里面两横是耳洞。（耳）
> 要说我自己，就指我鼻子，上面是鼻梁，下面是鼻孔。（自）
> 四四方方一个口，你有我有大家有，吃饭说话吹口哨，张口闭口都是口。（口）
> 一棵小树五个丫，不长叶子不开花，大家做事都用它。（手）
> 五指弯弯像爪子，我们用来抓东西。（又）
> 一个小脚掌，三只小脚丫，脚就画完啦。（止）
> 心脏外形像爱心，加上两点成四份。（心）
> 月儿弯弯，好似小船，晴朗夜晚，经常出现。（月）
> 两朵云，天空挂，风儿一吹，云儿变啦。（云）
> 乌云飘来，雨点落下，嘀嘀哒哒，下雨啦。（雨）
> 地面上，有土堆，像座小山，正好种田。（土）
> 高高山峰排排站，几座山峰一座山。（山）

一块大石头，藏在山崖下。（石）

山崖高高下面空，人住下面，遮雨避风。（厂）

稻田麦田，一块一块，农民最爱。（田）

河水弯弯，水花点点。（水）

众人抬柴烧火，火苗火苗旺旺。（火）

嘴巴尖，脑袋圆，翅膀长，眼睛亮，几只爪子抓树上，尾巴长长真漂亮。（鳥）

脑袋圆，尾巴短，拍翅膀，扑腾飞，爪子落地怕人追。（隹）

小燕子，真灵巧，尾巴像把小剪刀。（燕）

鱼儿鱼儿水中游，片片鱼鳞滑溜溜。（魚）

贝壳真好玩，中间有齿，上尖下圆，美丽坚固，古代是钱。（贝）

虫儿虫儿脑袋怪，眼睛大大身子歪。（虫）

眼睛大大鬃毛飘，四肢强壮长尾摇。（马）

牛角弯弯弯上天，耳朵宽宽眼睛圆。（牛）

羊儿羊儿真善良，下巴尖尖胡子长。（羊）

牛角弯弯，上面尖尖，下面圆圆。（角）

片片羽毛，鸟儿飞高。（羽）

春天到，小草发芽，挺出地面，慢慢长大。（屮）

一棵大树，笔直树干，根在下面，枝长上边。（木）

一根树杈本领大，农民士兵都爱它。（干）

风吹竹叶，沙沙沙沙。（竹）

秋天来到，谷穗弯腰，谢谢大地，真有礼貌。（禾）

谷子长在谷穗上，整整齐齐排两行，去皮做成米饭，吃着喷香喷香。（米）

（二）与“水”有关的汉字字源儿歌

一条河，两条河，三条河，水汇一起，无边无际。（淼）

两边两条线，像河的两岸。中间加一笔，河水弯又弯（川）

三竖像河流，三点像绿洲。（州）

白像泉眼在上面，泉水下面叮当流。（泉）

上面厂字是山崖，下面泉字是泉水。山崖下，泉水流，泉水是河的源头。（原）

水盆水满了，再加一点水，水盆水溢了。（益）

左边一只手，右边一只手，下面放盆子，倒上一些水，我们来洗手。
（盥）

手提水杯把水倒，水就换到水碗了。（易）

一个盆子放地下，一人张大嘴巴，流着口水想偷它。（盗）

渊字就是大水潭，旁边加上水字旁，再写两竖水潭边；潭水深深真可
怕，加上一横跨过它。（渊）

一头牛，掉进水；沉下去，起不来。（沈）

鱼儿鱼儿水里游，水里抓鱼滑溜溜。（渔）

酉是酒瓶，水就是酒；心情若好，喝上一口。（酒）

画上一条河，上面添只足，下面添只足；一前一后，跨过河。（涉）

（三）与"又"有关的字源儿歌

手里抓了一只鸟，可怜鸟儿吱吱叫。（只）

左边一只手，右边一只手，放到一起来，这便是双手。（双）

大热天，仆人立旁边，拿把扇，用力扇，累得满身汗。（卑）

麦子枯萎了，颜色真是差，用手扶一扶，我们救活它。（差）

小朋友，屋里头，捧书本，学个够。（学）

小娃娃，玩泥巴，伸出手，又一把。（又）

伸出手掌，找到手腕，下挪一寸，摸到寸脉，跳个不停。（寸）

捉了一只鸟，衣服里面藏，别人看见了，伸手就来抢。（夺）

下面一人，上面一帽，伸手戴帽，还要坐轿。（冠）

手拿小树苗，种地里，树儿长大了，好分地。（封）

纺织姑娘爱纺线，纺锤一搓转得欢。（专）

一个小朋友，钱贝拿在手，问他咋得的？爸爸卖了豆。（得）

酉是酒器，寸是只手，捧酒敬贵客，尊重才喝酒。（尊）

而是胡须长得帅，寸是手来拿剃刀，古代犯罪要剃去，剃须一定得忍
耐。（耐）

太阳公公天上走，一寸光阴一寸金。小朋友，要努力，珍惜时间，好
好学习。（时）

一把弓，一支箭，用力张弓，射箭。（射）

房屋下面一只手，敌来犯别想走。（守）

上面一只手，下面一只手，中间是东西，你给，我受。（受）

你伸手，我伸手，好朋友，手拉手。（友）

门闩关大门，用手拉开它，门儿打开啦。（开）

美玉漂亮，拿在手上，开心玩赏。（弄）

手拿鼓槌敲得响，咚咚锵，咚咚锵。（鼓）

一人前面跑，一人后面追，快追到，伸手抓。（及）

父是爸爸，手拿石斧，打猎养家。（父）

你抓我也抓，争来又争去。（争）

手拿一块肉，真是很富有。（有）

（四）与"耳""目"有关的字

首就是头，上面三笔像头发，中间一横像眉毛，下面画只大眼睛，一个脑袋就成了。（首）

眼睛向前，直视前面，一点不偏。（直）

面是眼眶的周围，中间是只大眼睛。（面）

打仗杀敌，杀死一个，割下耳朵，用来计数。（取）

声音发出，通过耳门，听到了，就是闻。（闻）

一块石磬挂，拿棍去敲它，声音听到啦。（声）

（五）与"口"有关的字源儿歌

口字加一笔，有话说出来。（曰）

口中含食物，味道真的好。（甘）

舌头尝一尝，味道真很甜。（甜）

禾苗黄了，酿成米酒，味道真香。（香）

嘴巴张开，舌头伸出来。（舌）

言字上面加一横，音是口中发出的声音。（音）

心有所想，以音表意。（意）

众人夸赞，互道吉祥。（善）

祭祀祖先，杀牛祭告，牛儿大叫。（告）

一人张嘴，用力吹。（吹）

一张嘴，一排箫，乐曲和谐真美好。（和）

一人路上走，身上扛着戈，原来就是荷。（何）

十个人，表示多，众人口中过去，表示这就是古代。（古）

占卜后，讲结果。（占）

家有喜事，击鼓唱歌。（喜）

一只足向家里走，各字表示从外来。（各）

家里有人来，来者都是客。（客）

晚上看不清，只能叫人名。（名）

用口召唤，快点快点。（召）

手持权杖，发号施令，这是国君。（君）

跪在祭桌旁，举头求祝福。（祝）

鸟儿张口叫，鸣声真好听。（鸣）

上面下令，下跪一人，在听命令。（命）

鼎口圆圆，员本是圆。（员）

柴门闻犬吠，风雪夜归人。（吠）

一人侧身站，举手向前，念念有词，司是主持。（司）

一群鸟儿在树上，一起大叫真是吵。（噪）

狗吃饱了，嘴巴衔肉，再吃不下。（厌）

二、古诗绘本教学

（一）起源

第一期的学前汉字教学实践让我们认识到孤立地进行汉字教学存在先天的不足，开发出一种能够将汉字串联在一起的教学材料势在必行。为此我们开始研究种种可能性。

从心理学来看，儿童的思维特点与古代先民的思维特点有可比性，为此，我们从考古材料中进行了一些研究，我们发现一些古代作品中的形象与古汉字很相似，云南沧源岩画是其中很典型的代表。很多研究者认为岩画与文字有很深的渊源。[1]图3-25为沧源岩画"村寨图"。

---

[1]　一个很有意思的世界性规律是：文字出现之后，大规模的岩画制作随之消减。而晚期岩画，也大多发现于无文字人群生活区域。这在某种程度上说明，岩画在文字产生之前，具有与文字相当的叙事功能。邓启耀. 2015. 物象的图像化及符号转型——以岩画的创制和解读为例. 民族艺术，（5）：33-39.

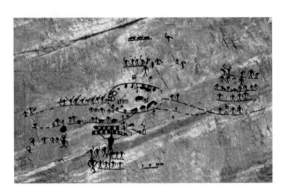

图 3-25　沧源岩画：村寨图

如上图村寨图所示，虽然不同的人形如 ，很明显看出来有不同的外观，但都可以看出，其人体的基本形体与"文"的古文字 很相似，其他动物的形体，如 等，也与古文字颇为神似，这可能与岩画与古文字一样，都是描摹事物轮廓而省去其细节这一表现方法决定的。此外，两者还在其他细节，诸如各种执武器的人形，如 ，可以清楚地看出弓、盾、干等武器，与古文的 颇为相似甚至有杀死后的人形画作 ，与古文字将死去的人以不正常的形体摆放 有类似的思维方式。观察上图最中心的村寨的画法，显然是基于多点透视的思路画出来的，它选择最能表现事物特点的角度来描绘事物，这在"车"字的古文字 中表现得特别突出。

由此我们认为，可以以古文字为蓝本，把相关文本放在一个场景下。目前已经有一些文字画做出了这方面的尝试，如图 3-26 的甲骨文贺卡。

图 3-26　甲骨文贺卡之"太平有象"[①]

① 雅言博客. 2015-11-10. 甲骨文贺卡之"太平有象""鱼跃龙门". http://www.fantizi5.com/blog/post/231.html.

古诗作为我国传统文化的重要组成部分，一直备受重视。很多幼儿园把古诗作为教学的重要材料；为此，我们试图把古诗和文字结合起来，通过古诗绘本的方式进行汉字教学。一方面可以帮助幼儿熟悉古诗，另一方面也可以教她们学会一些汉字，可谓两全其美。

（二）初步设想

我们面临的第一个问题是选择什么样的古诗。研究了各个版本的小学阶段必背古诗，咨询了一些家长和小学教师的意见后，我们决定分三个阶段进行古诗绘本教学。第一阶段选择了《一去二三里》《画》《画鸡》《咏鹅》《江南》《敕勒歌》《春晓》《江雪》《登鹳雀楼》《静夜思》《悯农（其二）》《赋得古原草送别》《寻隐者不遇》《逢雪宿芙蓉山主人》《夜宿山寺》十五首古诗；第二阶段选择了《所见》《春夜喜雨》《池上》《梅花》《古朗月行》《题西林壁》《鹿柴》《忆江南》《独坐敬亭山》《塞下曲》《游子吟》《乐游原》《绝句》《宿建德江》十四首古诗；第三阶段选择了《小池》《早发白帝城》《绝句》《咏柳》《望庐山瀑布》《清明》《望天门山》《凉州词》《黄鹤楼送孟浩然之广陵》《枫桥夜泊》《山行》《游园不值》《村居》《回乡偶书》十四首古诗。

第二个问题是如何设计既适应古诗又适应字源汉字教学的绘本。通过比较大量的古诗配画，我们认为要以儿童最能接受的风格来创作绘本，再将绘本改为文字画。

（三）最终作品

我们请熟悉幼儿绘画的老师[①]根据每首古诗创作了简笔画风格的图画，考虑到幼儿对色彩鲜艳的画比较敏感，在此简笔画的基础上，我们请美术专业为这些简笔画配了色，最后利用古文字进行了改造并配色，效果如图 3-27 所示。

我们所设计的所有诗配画的绘本，加上封面和封底共 16 页，成品如图 3-28、图 3-29 所示。

这些绘本的创作用了一个多月的时间，绘本的简笔画版本由汤鸿雁老师负责，绘本填色和文字画创作由王晓莉老师负责。为了这期绘本，她们付出了很多时间和心血，很不容易。

---

① 绘本简笔画由四川省三台县富顺初中校汤鸿雁老师创作。

图 3-27　诗配画（左为简笔画，中间为简单画填色版，右为古文字版）

注：因印刷原因，本图用灰度表示彩色，颜色有些混淆，下同

图 3-28　封面与封底

图 3-29　古诗绘本

（四）课堂应用

完成绘本后，我们利用它进行了课堂教学。图 3-30 左边是教师利用绘本进行教学，右边是学生利用绘本学习。

图 3-30　利用古诗绘本进行教学和学习

教师一般选择集体教学作为主要的教学组织形式。教学流程一般为：读古诗、简单讲解、观察古文字绘本、利用字卡学习、利用古文字绘本复习等几个环节。

教师教学所用字卡和课后发给学生的字卡如图 3-31 所示。

其中，学生字卡专门针对幼儿进行了设计。去掉了汉字字源解释，更强调了最初的古文字与图像的关系，弱化了古文字的字形演变过程；由于内容变少，整个字卡的尺寸也变小，更变于携带。从学生的反馈来讲，学生字卡更受欢迎。有家长反馈应该在背面印上汉字的字源解释，以便家长辅导孩子学习。

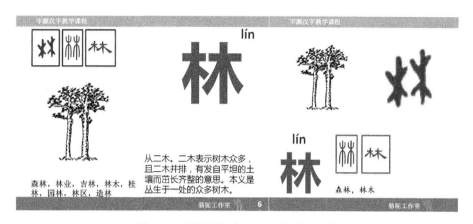

图 3-31　教师所用字卡和学生所用字卡

三、字源识字绘本开发探索

在课堂观察中我们注意到，如果一次字源识字兴趣课中汉字较多，孩子们的注意力就难以维持整节课。虽然汉字与汉字之间存在汉字部件上的联系，但由于汉字与汉字之间缺少字义联系，汉字的上位概念没有联系，进而导致这些零散的汉字不方便孩子口语使用，不易于培养孩子的有意义学习。

绘本作为幼儿最先接触到和较为喜爱的书籍形式，其教育内容包罗万象，知识范畴广阔，教育方式却是言简意赅、深入浅出。绘本的故事情节不仅便于传递知识给儿童，同时又易于传递文字符号信息。在应用绘本教学时向孩子教授一些汉字是较容易引起孩子对汉字的兴趣的。因此，绘本也是引导孩子学习汉字的一个良好途径。若是将字源识字与绘本结合，将对幼儿汉字学习产生更多的益处。

许多研究都证明：放在语言环境中学习某个字比单独学习某个字容易得多，这是因为文字的语言场效应发挥了作用。放在绘本中学习汉字比单个学习汉字是有优势的，这种优势不只是体现在认读汉字上，更多地体现在理解汉字和汉字的表达应用上，它让孩子在语言使用上更多地了解汉字。但是，目前通过绘本进行汉字学习的研究还很少，字源识字与绘本结合的研究更是没有。

基于以上缘由，我们开始关注将字源识字与绘本结合，创作开发儿童字源识字绘本，并将其应用于教学实践中。

（一）探索之路

1. 第一版《豆豆的巨人国旅行》

（1）梗概故事与内容节选

绘本第一版本故事《豆豆的巨人国旅行》梗概如下：在森林近处有个神奇的小镇，在这个小镇里玩具和人类一起生活。有一天豆豆和邻居玩具熊一起来到了森林另一边的巨人国，恰逢巨人国选举聪明王的比赛。豆豆和一个小巨人参加了比赛，比赛的规则是参赛者根据题板后面小伙伴露出的一个器官的提示，依次猜出是谁躲在后面，并写出后面的朋友想要表现那个汉字。小巨人学习不好，起初让豆豆占了上风，但是通过偷偷学习豆豆的汉字字典，小巨人赢得了比赛成为巨人国的聪明王，豆豆真心佩服，小巨人便和豆豆结成了朋友，并相约下次一起游玩。豆豆和小熊赶回家吃晚饭，并给妈妈讲了今天在巨人国发生的趣事。图 3-32 是第一版的封面和内容节选。

图 3-32　第一版封面和内容节选

（2）与字源有关的反思

全书包含字源识字部分的画面占全书较少，且字源识字部分过分集中。经统计，包含字源的画面仅占全书画面（封面封底除外）的四分之一，并集中体现在绘本的中后段。这样少的画面比重减少了儿童在该版本绘本中接触字源识字的机会。同时，中后段的位置也会分散儿童对字源识字部分的关注。

对于字源识字部分的图画展示，儿童只能理解一部分。在与 4 岁幼儿做绘本的分享阅读时，笔者发现幼儿可以理解主人公写出的汉字意义，并可以理解汉字的部分演变，但不是整个演变过程。例如，这名幼儿可以理解主人公写出的"鼻"的汉字；对于鼻的演变，幼儿可以理解前面象形的两个形态 𦣻 和 𦥚，但对于如何变为第三个形态 鼻 并不理解。

2. 第二版《调皮的大牛》

（1）梗概故事与内容节选

梗概如下：有一个小朋友叫作大牛，他很调皮。从早上起床就和妈妈做鬼脸，妈妈用手指点了点他的小鼻子，说他真调皮。他洗漱时也不安分，一会儿一定要和爸爸并排刷牙，一会儿磨磨蹭蹭地洗脸还抠抠耳朵。吃早饭也要那么夸张吗？是的，嘴巴大大的，要吃下整个蛋糕的模样。喝牛奶那么大口，结果烫到了舌头！这个小调皮要出门去玩耍喽，咦，前面有一个人。哦，走近看原来是隔壁有了身孕的阿姨。"阿姨，让我摸摸小弟弟吧？"但他却调皮地在阿姨肚皮上印上了自己的泥手印。马路对面阿大的皮球滚过来了，这可给了大牛一个耍酷的机会，射门！这下可好，丢人了，这个调皮的大牛把自己的球鞋也给踢飞了。调皮的大牛也不调皮了，他拎着鞋子，失落地低着头准备回家。"这是什么声音啊？哦，原来这个小孩子的拨浪鼓掉了，在大哭呢。让我来帮他捡起来吧……奶奶夸奖我了哎，好高兴。"大牛蹦蹦跳跳地回家，拥抱着妈妈说："妈妈我今天很乖！"投入妈妈的怀抱感觉真好。

图3-33是第二版的封面和内容节选：

图3-33　第二版封面和内容节选

（2）与字源有关的反思

字源识字部分采用彩色的古文字，环绕画面表现主体，更加吸引儿童对字源识字内容的注意，使绘本更加符合3～6岁儿童对鲜亮颜色更加注意的心理特点。

不足之处在于，虽然笔者采用了色彩吸引儿童注意字源识字部分的内容，但这样环绕的排列方式有可能会使刚开始学习阅读的儿童不知道从哪里读起，即字源识字部分的画面展示缺乏秩序感。

此外，古文字与图画还是脱节，没办法有机地融合在一起，对没有这方面的经验的小朋友来说不容易理解。

3. 第三版《捉迷藏》[①]

（1）梗概故事与内容节选

故事梗概如下：一个小孩子非常喜欢写写画画，墙壁上和地上都是他的"成果"。一天早上，有一个小孩子来到树林里和小伙伴老虎、大象、白马、青蛇，还有小猪一起玩耍。他们商量好一起玩捉迷藏，小孩子捂住了眼睛，他的小伙伴们都急急地跑开藏起来啦。时间到了，小孩子睁开眼睛，小伙伴们都不见了。他走到一片高高的树林深处，透过树木，他看到白马的眼睛找到了白马，为了证明自己找到了白马，小孩子在地上画出了白马的大眼睛作为证据。穿过了树林，来到一块大石头旁边，看到大象没有藏好的耳朵，他扶着大象的身体在石壁上画出了大象的耳朵。继续往前走，小孩子来到一片青青的高草地里，他看到了藏在里面的老虎露着大嘴巴，小孩子就画出老虎的大口做记号。再往前走，他又找到了缠绕在树上吐着舌头的小青蛇，于是就在地上画出了青蛇又细又长的舌头。再往前走他来到了家，小猪正藏在房子的后面，小孩子一下就发现了小猪的鼻子，于是在墙上画出了鼻子。

图 3-34 是第三版的封面和内容节选。

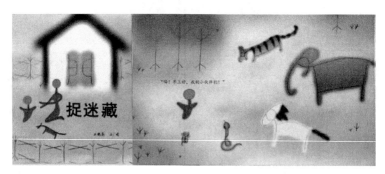

图 3-34 第三版封面和内容节选

（2）绘本在古文字与绘画结合方面的创新

如何将古文字的象形特点与绘画有机结合？已经有很多人做出了很多尝试。比如，图 3-35 是台湾文献处理实验室刊载的由王心怡创作的图形文字画。

---

① 本处从字源汉字绘本的角度，省略原作者第三、四版本，直接转至第五版。

图 3-35　文字画《宝兔开运》①

　　这种用毛笔画出来的古文字，不拘泥于古文字的原形，只取其意，已经颇有图画的感觉，但要欣赏它需要一定的古文字基础；且其图画的意趣不易为幼儿所熟悉，因而用来作为字源绘画可能并不适合。

　　也有其他利用古文字来绘画的例子，如图 3-36 的象形文字画，其装饰性不错，也有较好的想象能力，但太多的修饰反而导致字源的意味丧失，也不适合用来进行字源汉字的绘画。

图 3-36　象形文字画②

　　反观《捉迷藏》的绘本，字源与绘画的结合很自然而贴切，是字源绘画的一个成功典范。原因有以下几点。

　　①利用古文字虽是线条，但却有象形的特点来作为造型的骨架，将古文字自然地融入，不留痕迹。

---

① 　王心怡. 2015-10-11. 宝兔开运. http://cdp.sinica.edu.tw/token/wordpainting/part/pt04.htm.

② 　象形文字线描画作品——儿童画. 2012-09-14. http://www.henanart.com/ertonghua/xianmiao/2012/0914/16273.html.

②根据对象的实际特点，线条外部通过色块来造型，使对象更加生动活泼，能够激发兴趣，并维持注意力；

③根据对象在特定情境下的表现需要，改变对象的造型，根据对象造型需要改变线条的造型，不拘泥于古文字，使整个对象变得有了生命力，反而更能够把古文字的内涵表达出来。

以上述封面和内容节选为例，可以看出所有造型的线条都以古文字为基础，但又不拘泥于古文字；然后根据造型需要，用色块暗示了对象的轮廓；在对象需要变形时，又对以古文字为基础的线条进行了适当的变形，如图 3-37 所示。

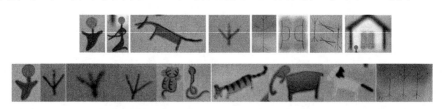

图 3-37　绘本造型举例（封面与内容节选）

通过穷尽绘本中所有"子"的造型，可以清楚地看到，根据对象在特定情节中造型的需要，在维持从古文字所得到的线条表示的造型内容的前提下，修改了线条的造型，以满足对象造型的需要，而不拘泥于已有的古文字字形，实现了艺术创作与字源的有机整合。既保证了字源汉字教学的科学性，又保证了绘本应有的艺术性，图 3-38 是绘本中"子"的造型。

图 3-38　绘本中"子"的造型

（二）儿童字源识字绘本开发研究的结论

通过开发和创作儿童字源识字绘本，并在幼儿园进行行动研究，对幼儿园有字源识字经验和无字源识字经验的不同教师进行了访谈，对绘本不断的修整改进，我们对创作适合学前儿童进行字源汉字教学的绘本有了比较深入的了解，现总结如下。

1. 绘本内容与字源识字应有机整合，让儿童自然关注汉字演变

故事内容选择方面，尽量选择儿童熟悉的场景和熟悉的生活体验，原因有二。一是古文字表达情境有限。汉字源于人类的生活记录，因此多为日常生活

场景中的情、景、人、物，如果故事编写内容为发生在飞机上的故事，则不易引入字源识字部分的学习。二是儿童不熟悉的场景，不易进行有意义学习。奥苏伯尔认为有意义学习是在自己熟悉的知识的基础上进行不熟悉的知识学习，因此熟悉的场景有利于儿童进行有意义学习。

游戏是一个很好的选择，游戏是幼儿的基本活动，每个幼儿都有愉悦的游戏体验。绘本故事中游戏的内容，唤起儿童的游戏性体验，增加了阅读的趣味性。而将儿童字源识字绘本中的游戏内容与字源识字结合，则让儿童根据自己的游戏性体验，自然地关注到了汉字的演变。

最终版儿童字源识字绘本做到了将游戏内容与字源识字结合。在自主阅读阶段，儿童通过阅读画面理解故事中捉迷藏游戏的内容。儿童在寻找藏起来的动物时，发现主人公小孩"子"在地上画着"胜利"的标记，这与儿童的游戏体验相结合，因此儿童会主动地观察主人公画的内容。这便做到了让儿童自然地关注汉字演变。

2. 文部分故事的编写与目标汉字结合并体现汉字的演变发展，有利于儿童在故事中关注和记忆字源识字

字源识字与绘本故事进行融合，绘本故事要起到牵引出目标汉字和字源形态展示的作用。当儿童听到绘本故事时，便会关注和记忆字源识字内容。例如，在第四版绘本中儿童理解了小孩子通过捉迷藏学习了五官汉字，并记忆字源识字的内容。

若字源识字展示部分不与故事结合，仅仅是贴合在图画上，那么儿童字源识字绘本中的字源识字部分与兴趣班的汉字字卡的展示没有本质的区别，即没有改善字源识字在幼儿园中的运用方式。例如，第二版儿童字源识字绘本的字源识字展示并没有与故事结合，仅仅是绘本语言的连接。

3. 文部分故事情节开门见山利于学前儿童在有效注意时间内接触字源识字

故事情节方面，减少故事情节的过多铺垫，开门见山，直接进入故事的主体内容。这是笔者在绘本创作和行动研究过程中反思较多的方面，故事情节冗长不利于注意时间短暂的学前儿童学习。

4. 图部分以古文字线条作画，为进行字源识字做了成功的铺垫

行动研究发现，幼儿园 3～6 岁儿童基本可以理解儿童字源识字绘本的图画

和故事，并对古文字存在感性的认知，这为字源识字的学习做了成功的铺垫。

最终版儿童字源识字绘本采用古文字线条作画，用接近实物的颜色为古文字上色，借助格式塔的学习理论，让儿童对古文字线条和配色形成整体理解，从而理解整幅图画。在行动研究的儿童自主阅读阶段，儿童拿到绘本便开始好奇地翻看，他们热衷于猜测这（古文字）是什么，那（古文字）是什么，并不是他们不理解这些是什么事物，而是他们是想要验证自己的答案，满足自我肯定的心理。

儿童理解这些画面场景的同时，跟随着故事的情节发展，看到了主人公在地上画出的线条，便非常认真地观察这些线条。由此笔者认为采用这种浸入式古文字图画让字源识字部分变得与画面不再那么割裂，为进行字源识字做了成功的铺垫。

5. 使用接近实物的颜色为古文字线条上色，让儿童更容易理解其意义

在对古文字线条上色时注意选择与实物相近的颜色上色，保证古文字构图整体形象的可辨认度，方便儿童理解古文字线条的意义。根据儿童的视觉心理，3～6岁儿童喜欢鲜艳的颜色绘本，因此，在绘本的色彩方面注意使用明亮的色彩，并使用接近实物的颜色为古文字线条上色。例如，第四版儿童字源识字绘本当中虎的配色和木的配色极易被儿童认出，有助于儿童理解线条意义，并促使其观察内部古文字线条的形态。

6. 通过人物体态细节增强画面对字源识字部分的指向，有益于儿童观察汉字演变

在绘本故事中，借用主人公之手画出汉字的演变过程，增加了儿童对字源识字部分的关注。而在绘本图画中，主人公小孩"子"的身体姿态和手势都明显地指向字源识字部分，画面的指向性强，让儿童在阅读图画的过程中关注到了字源识字部分。

7. 字源识字部分展示简洁、连续的汉字形态，让儿童对汉字的演变有了初步的理解

绘本图画的字源识字部分中汉字的演变过程需要展示的汉字形态要经过谨慎挑选，不需要把所有的形态都展现出来。过多地展示一些区分度不大的汉字演变过程，会使幼儿分不出重点。但是，也不可太过简陋地展示汉字的形态。没有汉字的连续性演变过程，幼儿并不一定能够理解汉字的演变。

儿童对于汉字演变的关注会促使他仔细观察"子"画的什么？这些图画为什么有点像？对于前者的解答有助于儿童理解文字意义，对于后者的解答让孩子对汉字的演变有了感性的认知。

最终版儿童字源识字绘本中字源识字部分与文和图的融合都达到了突出字源识字部分的目的。而在第五版的修改中，字源识字部分与文和图的融合更加和谐，让儿童在阅读时，更加自然地关注到字源识字的部分，并理解字源识字部分所展现的汉字。

在本书中无论是儿童的自主阅读，还是教师有指导的集体教学，都使儿童对字源识字绘本的内容非常感兴趣，从而产生了感性的认识，对于汉字的发展演变有了一定的了解。尤其是在教师指导阅读阶段，儿童明晰了现代汉字的书写形态与古文字书写形态之间的联系，对汉字产生了兴趣，对汉字的产生、演变有了初步的理解。

8. 字源识字部分的介绍为教师提供了一个掌握儿童字源识字绘本教学的方向

绘本内容简介是绘本不可缺少的部分。它不仅仅是让教师选择该绘本的一个理由说明，也让教师在为孩子讲授绘本前对绘本内容有一个接触和理解的过程。同时，字源识字的理念也包含其中，这也是教师理解字源识字这种方法，接受儿童字源识字绘本的途径。

教师通过绘本内容简介理解了字源识字的理念，明晰了字源形态的展示目的。因此该部分为教师提供了一个掌握儿童字源识字绘本教学的方向。

第四章　汉族地区小学教学实践

　　由于字源识字是一种比较新的识字方法，需要合作研究者投入大量的时间和精力，因而必须选择使用意愿强烈、富于研究精神的教师和学校。笔者长期关注字源识字基础平台的活跃用户，并注意与其保持联系，以探讨与她们合作开展字源识字实验的可能，最终取得了Z老师和L老师的大力支持。我们通过长达一年多的磨合，形成了默契的研究团队。在研究团队的共同努力下，完成了这次字源汉字教学实验研究。Z老师所在的学校是位于四川省的一所普通小学（使用人教版教材，本学期上四年级下册），L老师所在的学校是位于山东省的一所普通小学（使用苏教版教材，本学期上一年级下册）。从去年开始，两位老师开始与笔者合作，有意识地在教学中使用字源识字，为本学期开展字源识字相关实验提供了良好的条件。

　　L老师是一位小学高级教师，所在学校基本可以使用多媒体设备进行日常教学[①]。L老师长期关注字源识字研究，以"小学低段字源识字教学研究"为题完成了其硕士论文，并发表了题为"小学低年级字源识字法浅谈"的论文。

　　Z老师在四川省一所普通的小学任教，学校条件一般，基本没有办法尝试多媒体，只能用板书教学。Z老师是一个比较喜欢钻研的人。她一直想把字源（或字理）引入识字教学，但一直限于条件，没有实现：

　　　　2003年，我们刚进入课程改革实验，全市选用了语文版的教材，因为给老师提供的教学资源着实太少，连最基本的生字卡片都没有，我花光了一个月的工资打印了一套生字词卡片，用油画棒给每一个字的笔画（或部

---

　　① 由于设备故障等多种原因，L老师在第一学期有长达三个月的时间里都不能使用多媒体设备进行教学的条件下，只能进行常规教学，坚持利用板书进行字源识字的教学实践。这对L老师多媒体辅助教学实验的研究造成了一定的影响。

件）涂上不同的色彩，吸引学生对字形的关注。也许就是因为教学资源没跟上吧，我们只用了一年就换成人教版教材了。

> "创识字情境，添识字情趣——语文版一年级下册"我们去植树"随文识字教学案例"荣获中国教育学会小学语文教学研究会会刊《小学语文教学》举办的"不同风格不同版本不同流派"论文大赛一等奖。用现在的眼光审视以前的教学设计，有些汗颜。能够获奖真是运气超级好，因为语文版的教材使用人数少，就占了这个便宜。很久以来，浅薄的我尝试着运用字理进行识字教学，可缺乏信息技术的支持，自身的积淀也不足，想学也找不到实用的学习材料，教学活动开展得并不理想。现在就幸运了，字源汉字教学资源平台问世了，它是一个庞大的汉字字源基础数据库，给我们进行有理据的汉字教学提供了强大的信息技术支持。所以，满怀喜悦，我像饿狼一样扑在字源平台里。真的很感激西南大学刘翔字源识字小组，以后我们教汉字就再也不会被人耻笑"误人子弟""没文化"了。满怀感激，满心喜悦……

2010 年 4 月，Z 老师利用平台资源在全市语文教学研讨会上给四年级学生上了题为"奇思妙想猜汉字"的识字教学研讨课，让大家耳目一新。正巧由于项目研究的需要，我发布了字源识字平台的调查问卷，当时送回问卷的老师很少，令我感觉相当沮丧。但 Z 老师的这封邮件让我感到格外振奋。她告诉我：

> 七年前，我曾打算做"人生识字聪明始——新课程下汉字教学改革实践研究"，种种原因，未果。去年发现了这个平台，欣喜若狂，它很有价值：内容翔实、图片丰富。
>
> ……
>
> 偶然间，发现了你的字源汉字教学资源平台，令我感叹，太实用了！这才是真正的教育科研，这才是真正的科研普及。这是我几年前最想做的一件事，你竟然做出来了，还做得这么好。谢谢你！

这是我第一次知道自己做的这个研究真能够为一线教师带来这么多有价值的东西。以后我们就经常在网上分享彼此的资源，我给了她很多电子书刊，她发给我很多她教学的资料，包括 PPT、教学设计、板书设计、课堂实录等，让我真切地看到了字源识字在教学中的实际应用。

从 2010 年 9 月开始，我们正式以"字源识字资源与学习平台开发及应用"项目开始合作研究。近一年来，我们就字源识字方方面面的问题展开了富有成效的合作研究。2010 年 4 月，Z 老师又在全区语文识字教学研讨会上给五年级学生上了"奇思妙想猜汉字"的识字教学公开课，讲述"汉字的四种造字方法"——从象形字、指事字、会意字、形声字四种汉字的造字方法，揭示汉字的造字规律。2010 年 10 月，Z 老师又在全区"语言环境下的汉字教学"教研会上给二年级学生上了题为"有趣的汉字"的公开课，追寻"汉字的由来"——从自然现象、植物、动物、人物、社会生活追根溯源，探寻汉字的密码。这两次课都以汉字字源为核心，以汉字构字方法为线索实施了集中识字教学。由于思路独特，内容新颖，教法得当，这两次课引起了广泛的关注。

第一节　实验研究与实施

本书试图完成学生应用字源识字的基础研究和字源识字对识字教学的教学效果研究，以初步验证基于汉字生成系统理论的字源识字法较常规汉字教学方法具有一系列的优势[①]，同时通过实验来研究一些在字源识字中常用的教学方法和媒体，为以后的进一步实验奠定良好的基础。为此，我们在两个实验点的对应年级各挑选了一个班，作为对照班，以便进行比较研究。为了使实验具有一定的典型性，Z 老师实施字源识字传统媒体教学实验，L 老师实施字源识字多媒体教学实验。

限于各方面的条件，从上学期期末前三周开始，研究团队开始正式进行研究设想，正式的实验设计主要在寒假展开，实验在开学后第三周进行。

一、材料设计

选择可供测试用的汉字是一个问题。一是在哪个范围内选择字？二是选择多少字？三是如何选择这些字？为了方便操作，我们把本学期的生字表作为选择范围；根据老师们上课的经验，以 20 个生字作为集中识字的数量；为保证效果，我们采取了随机选择的方法；为保证结果的可重现，编制了专门的选字程序，用于随机选择汉字。该程序根据设计的条件，自动从给出的生字中按指定的随机数种子选择指定的生字。程序采用了伪随机数的生成方法，即指定初始随机数种子，用此种方法初始化后，可以保证在给定的种子中选出来的随机汉字是完全一样的，如图 4-1 所示。

---

① 如字源识字易于被学生接受、识字效率高、识字巩固率高、有助于学生学习迁移、有助于发展学生的思维、有助于培养学生对汉字的感情等。见前面关于字源识字目标的论述。

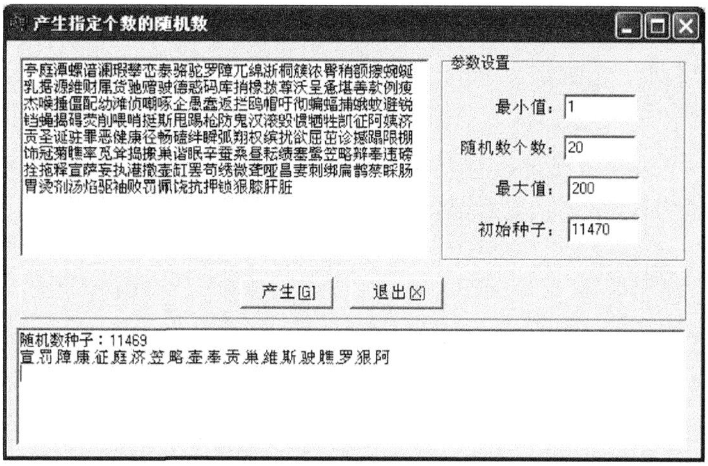

图 4-1　随机选字程序界面

根据人教版四年级下册的生字表，我们采用了随机数种子 11469，随机产生了 20 个生字"宣，罚，障，康，征，庭，济，笠，略，壶，奉，贡，巢，维，斯，驶，瞧，罗，狠，阿"作为实验用字。

根据苏教版一年级下册的生字表，我们采用了随机数种子 435，随机产生了 20 个生字"布，石，往，称，梅，斗，辛，台，年，阳，原，夸，坐，标，美，条，拍，床，位，女"作为实验用字。

这些字部分有清晰的字源，部分没有清晰的字源，基本满足随机的要求，保证了实验班和对照班在原始材料上的公平。

二、教学设计

对于对照班，我们推荐教师针对这 20 个字找出所有部首，进行部首教学；对于实验班，我们要求合作教师首先对这 20 个字逐一进行构形和构意分析，清理出这 20 个字涉及的基础部件和过渡部件，然后再合理划分两节课的工作量，一般要求第一节课教授部件，第二节课教生字，当然，教师也可以根据自己的风格选择教法。

人教版实验采用了"整体→部分→整体"的设计方法，苏教版实验采取了"部分→整体"的教学方法。Z 老师和 L 老师提交了详细的教学设计，L 老师还提交了实际授课用的 PPT，Z 老师提交了实验所需的所有字卡。

两个实验学校的对照班都采取常规识字教学方法。

三、测试设计

作为一个实验研究，前后测设计对本实验的有效性至关重要。经过两周的讨论，我们完成了实验的前后测设计。

（一）前测设计

前测有四个目的：一是了解学生对生字的掌握情况，以此证明实验班和对照班在实验前的基础比较一致；二是通过对上学期已学知识的回顾，证实字源识字对汉字形义掌握的影响；三是了解实验班和对照班在字源意识、学习汉字的态度等方面的差异，以此分析字源识字对学生识字教学乃至语文教学的影响；四是通过不同年级的简单对比，了解不同年龄段学生的字源意识和对字源的可接受性差异。

前测要充分照顾到学生的实际情况。比如，一年级学生由于识字量不大，需要教师读题，学生选择；四年级学生由于识字量相对较大，可以独立完成答题，就无须老师读题了。此外，一年级未要求学生做问答题，四年级则专门有要求学生写理由的题目。又如，实验的选项一般有两个，最多不过三个，以便小学生理解。此外，还要注意前测题目要依据教学内容来设计。

根据认知心理学，长时记忆的提取有两种方式：一种是再认，即新信息与记忆中的旧信息匹配的过程；另一种是回忆，即对旧信息的再现过程。一般来说，再认比回忆要容易。[①]本书对于需要确认的信息一般采用再认的方式，对于需要精细分析的内容则采用了回忆的方式。

1. 生字测试

生字测试采用了再认的方式进行测试。它将实验所需要学习的生字全部罗列出来，要求学生选择自己已经认识的生字。实施时要注意细节，由于学生担心考试要打分，因而可能故意将不认识的字也圈上，因而，教师可能需要一对一地让学生读一遍，以保证学生所选择内容的准确性。

2. 字源基础测试

字源基础测试通过汉字字源图片与古代汉字匹配、古代汉字与现代汉字匹

---

① 邵志芳. 2006. 认知心理学——理论、实验和应用. 上海：上海教育出版社，163.

配来测试学生对古代汉字的认知。字源基础测试虽然形式简单，但该测试试图为以下几个研究提供支持。

（1）字源识字教学对学生获取字源相关知识的影响

通过考察实验班和对照班的不同表现，可以考查学生已有的基础，以说明字源识字教学法对相关知识的影响。

（2）不同汉字字源学习的差异分析

通过考查学生对同一测试材料的不同表现，可以研究汉字识别情况的共性，从而精细分析学生字源学习的细节，为教师合理教学提供指导。

（3）古代汉字与现代汉字识别差异分析

研究字源图片与古代汉字的匹配，对比古代汉字与现代汉字的匹配，可以分析古代汉字与现代汉字的识别差异，从而为利用古代汉字作为中间桥梁进行汉字学习寻找合理化依据。

（4）学生年龄对字源识字学习的影响分析

研究不同学段学生对同一材料的辨识差异，可以说明不同年龄学生对字源识字的接受情况。

3. 画字测试

一年级小朋友刚从幼儿园升入小学，有少量汉字积累，一般有绘画的基础。字源识字的基础是古代汉字与图画的物象关联，为此，我们在一年级专门进行了"画字"实验，并在前测中设计了"画字"环节，要求小朋友自己画出自己喜欢的汉字。

通过画字测试，我们试图提示以下问题。

（1）儿童对字源的掌握情况

通过分析实验班和对照班的不同表现，从汉字与图的契合程度来了解实验班和对照班儿童对字源的掌握情况，从而说明字源识字对儿童掌握字源基础知识的作用。

（2）了解儿童熟悉字源的汉字基本情况

通过对实验班和对照班儿童所画的不同汉字的统计，了解哪些字最容易被儿童很快回忆起来，并研究这些字的特征，从而为字源识字的教材编写提供帮助。

4. 错别字测试

对于高年级的学生，我们采用了错别字测试来考查学生对上学期典型错别字的识别情况。通过这种对比试图说明，字源识字因合理利用了汉字形义信息能够提高识字的效率和质量。

错别字测试要求学生找出错别字，属于再现层次的测试；要求学生改正错别字，属于回忆层次的测试。

5. 相关调查问卷

为了考查学生对语文课、汉字的学习兴趣，以及通过字源识字教学后，学生识字方面发生的变化，我们设计了调查问卷。

（二）后测设计

后测有以下三个目的：一是与前测结果对比，证明字源识字在提高汉字学习效率和质量上的优势；二是进一步了解学生在字源识字中的体会，以此研究字源识字在日常教学中的应用情况；三是研究部件对整字教学的影响。

1. 生字测试

后测的生字测试与前测类似，要求学生圈出不认识的生字。教学后，再用后测测试儿童识字情况变化，了解不同的识字方法对识字效率和质量的影响。

2. 字源基础测试

人教版后测测试了与实验有关的生字的基本部件的字源信息，以了解基本部件对汉字字源学习的作用。

3. 画字测试

为集中考察学生的字源思维能力和差异，并对儿童的字源学习做精细分析，苏教版一年级实验班完成了画字测试。与前测不同，画字要求学生画出表示"坐"或"美"的汉字来。

通过分析学生的画字情况，我们可以了解学生利用图片和古文字信息进行综合思维的水平，从而为字源识字教学提供精细的指导。

4. 错别字测试

人教版四年级的实验对本次教学所涉及的生字进行了错别字辨析和修改，以考察字源识字对错别字辨析的作用，进而研究字源识字利用汉字字形帮助学习汉字的作用。

5. 相关调查问卷

人教版设计了字源识字对利用汉字形音义要素进行识字的影响、字源识字对利用图像帮助识字的作用、字源识字对提高学生学习古代汉字的兴趣等方面的问题。通过这些问题，我们试图证明利用字源识字对学生学习方法的改变、思维方式的改进、观察能力的提升等的作用。

此外，实验还专门设计了两个形似部件"攵"和"夂"的辨析，以便通过"回忆"确认字源识字对区别精细化内容的作用。

苏教版重点研究了字源识字对提高学生对古代汉字认同的影响，并通过一道比较具有发散思维的题目来测试学生字源相关知识的迁移能力。

四、实施实验

确定前后测问卷以及教学设计（包括对照班的教学设计）、教学 PPT（仅苏教版学校需要）后，两个实验学校分别开始了实验。

根据艾宾浩斯遗忘曲线，一天后就可形成长时记忆，所保持的信息基本不再遗忘。为确保实验对象形成的记忆是长时记忆，以保证实验的准确性，我们要求教师的对比测试必须在一天以上。

我们首先组织了对所有实验班和对照班的前测；然后进行了第一次课堂教学，一般隔一两天后，进行第二次课堂教学；第二次课堂教学完成后，再隔一天进行了实验后测。

我们要求教师在完成第二次课堂教学后不能对实验内容复习，仅依靠学生的记忆参加后测，以保证后测基本上仅与学生上课时形成的长时记忆有关。

后测完成后，实验教师统计了所有实验结果并将电子文档发给我们做最后分析。为保证结果的可靠性，实验原始材料也随后快递给我们。

第二节　结　果　分　析

一、苏教版字源识字实验前测问卷分析

在苏教版的实验教学前，我们进行了前测，图 4-2 是前测的现场照片。

图 4-2　苏教版实验班前测现场照

根据苏教版前测问卷，前测结果分析如下。

（一）第 1 题　选择认识的字

图 4-3 是第 1 题的统计结果。

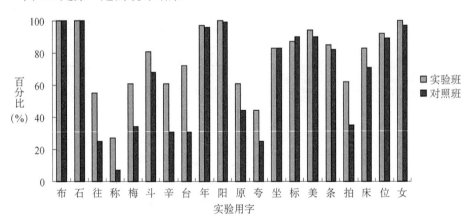

图 4-3　苏教版前测第 1 题统计结果（认识百分比）

从总体数据来看，实验班有 16 个字比对照班表现较好，可见实验班基础较好。

（二）第 2 题　连线题

图 4-4 是前测图与古文字连线题的统计结果。

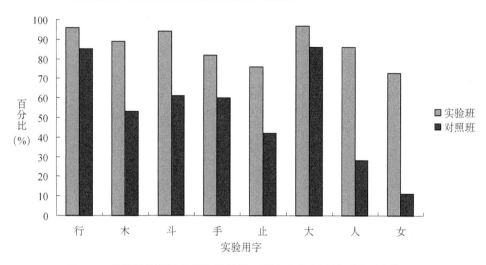

图 4-4　苏教版前测连线题统计结果（图与古文字连接正确百分比）

图 4-5 是前测古文字与现代文字连线题的统计结果。

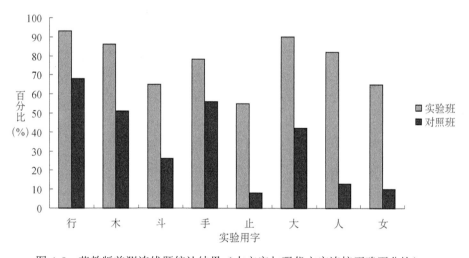

图 4-5　苏教版前测连线题统计结果（古文字与现代文字连接正确百分比）

实验班 8 个字全对的有 28 人，占全班总人数的 39%；对照班无一人 8 个字全对。从汉字字源图片与古文字的对应以及古代汉字与现代汉字对应两项结果来看，实验班明显优于对照班。可见，虽然实验班接触古代汉字的时间并不多①，对照班也接触过古代汉字②，但在古文字相关知识方面，实验班比对照班表现要好得多。

就实验班内部来看，字源图片与古文字对应的正确率都高于古文字与现代汉字对应的正确率，这一点两个班测试的结果是一致的，说明古文字更具象，较之抽象的现代汉字，小学生更易认知。

虽然对照班的老师除了教授课本中出现的象形字外未教授过其他古代汉字，但近一半的孩子能够正确联系字源图片和古文字，这说明字源识字的基础之一——实物图片与古文字的联系——是客观存在的。当然，这种联系准确与否与教师在教学中是否有意识地进行有针对性的教学有关系。这也说明了在教学中引入古文字的可行性和必要性。

结论：古文字比较形象，更容易为学生接受；学生都具有接受古文字教学的可能；学生比较容易接受古文字，大多数学生都可以很快领会古文字的特点，并借助它来帮助识字。

这道测试题还有助于我们理解哪些古文字容易被学生接受。

实验班中，由图到古文字辨别正确率由高到低的汉字依次为：大，行，斗，木，人，手，止，女。

对照班中，由图到古文字辨别正确率由高到低的汉字依次为：大，行，斗，手，木，止，人，女。

实验班中，由古文字到现代汉语辨别正确率由高到低的汉字依次为：行，大，木，人，手，斗和女（均为65%），止。

对照班中，由古文字到现代汉语辨别正确率由高到低的汉字依次为：行，手，木，大，斗，人，女，止。

对上述测试结果，我们可按排序的位置赋值，以此研究学生对古文字的接受情况。我们对每组实验按前后顺序分别赋值，得到如下综合排序：

行（6），大（8），木（15），斗（17），手（17），人（22），女（29），止（29）。

"行"字与"大"字的联系比较容易，而"女"字与"止"字的联系不太容易。对比这两组典型的文字，可以看出，前者外形比较一致，而后者外形变化较大。由于实验班与对照班在这一测试上的结果相当一致，基本排除了教学因素的影响，由此我们得到一个结论：古文字是否与其代表的物象一致，是影响识字的一个重要因素。因此在字源识字宏观应用模式中，初期选择的教学文字

---

① 该实验班上学期多媒体失修达 3 个月之久，对字源识字的实施造成一定影响。

② 前测进行时，两个班上已经学过了苏教版第一册下的《识字 3》，包括很多本研究前测使用的象形字。

应该通过测试选择容易被学生接受的比较具象的文字。

（三）第3题 画出你最想画的汉字

通过统计实验组和对照班所画汉字的种类及个数，我们得到下面的表格。

实验班学生所画汉字及其次数统计如表4-1所示。

表4-1 苏教版前测实验班所画汉字及其次数统计

汉字	次数	汉字	次数	汉字	次数	汉字	次数	汉字	次数
山	19	木	6	风	3	果	2	抱	1
水	13	阳	6	中	3	燕	2	包	1
川	10	大	5	子	3	目	1	才	1
雨	8	月	4	明	2	妈	1	升	1
竹	7	笔	4	牙	2	入	1	行	1
花	7	云	3	台	2	男	1	电	1
小	7	石	3	庄	2	人	1	桃	1
鱼	6	火	3	泉	2	林	1	树	1
鸟	6	兔	3	车	2	书	1		

对照班学生画汉字及其次数统计如表4-2所示。

表4-2 苏教版前测对照班画汉字及其次数统计

汉字	次数	汉字	次数	汉字	次数	汉字	次数	汉字	次数
舟	24	燕	5	泉	3	木	1	人	1
川	15	门	4	手	3	田	1	山	1
日	8	石	4	花	2	目	1	下	1
竹	7	水	3	月	2	河	1		

从上述表格来看，实验组明显比对照组更熟悉汉字与图像的关系，更喜欢利用图像来帮助识字。可见，学生经过字源识字教学，可以更好地形成对汉字与图像的关系的理解。

分析实验组学生所画汉字的种类，可以看出学生更容易识记名词性的事物，而且这些事物越与学生的生活有关、越容易看出形状，越容易被学生识记。这与文献综述中相关研究的结论一致。

（四）第 4 题　选择题

苏教版前测选择题的统计结果如表 4-3 所示。

表 4-3　苏教版前测选择题的统计结果

问题	实验班	对照组
1. 你喜欢语文课吗？　A. 喜欢　B. 不喜欢	99%/1%	94%/5%/1%（未选择）
2. 你喜欢学汉字吗？　A. 喜欢　B. 不喜欢	99%/1%	88%/10%/2%（未选择）
3. 你感觉汉字好学吗？　A. 好学　B. 不好学	87%/13%	64%/35%/1%（未选择）
4. 你觉得汉字怎样？　A. 有些汉字像一个个的图 B. 就是由笔画拼起来的	32%/68%	44%/53%/3%（未选择）
5. 汉字的读音好记还是意思好记？　A. 读音好记　B. 意思好记	72%/28%	90%/7%/3%（未选择）
6. 你在记汉字时，首先想起的是它的什么？ A. 读音　B. 字形　C. 意思	49%/35%/16%	45%/47%/7%/1%（未选择）
7. 你知道现在的汉字是由古代文字变成的吗？ A. 知道　B. 不知道	97%/3%	86%/10%/4%（未选择）
8. 你喜欢古文字吗？ A. 不知道什么是古文字　B. 喜欢　C. 不喜欢	98%/1%/1%	17%/65%/17%/1%（未选择）

从情感的正面反应来看，实验班明显优于对照班，小朋友们在情感上更积极、接纳；从汉字相关要素来看，实验班儿童对汉字的音义更敏感。这说明字源识字提高了学生的兴趣，培养了他们对汉字的情感，增强了学生对汉字音义的理解。

下面仅就几个小问题做简要分析。

（1）第 2 小题："你喜欢汉字吗？"

实验班有 99%的孩子选择"喜欢"，而对照班仅"88%"的孩子喜欢汉字，可见，字源识字有利于激发学生识字的兴趣。

（2）第 3 小题："你感觉汉字好学吗？"

实验班有 87%的孩子选择"好学"，这一比例较对照班的 64%高出许多，可见，字源识字让学生感觉到汉字好学易懂，有助于学习汉字。

（3）第 5 小题："汉字的读音好记还是意思好记？"

实验班有 28%的孩子选择"意思好记"，而对照班仅有 7%的学生选择"意思好记"，这说明汉字字源对识记汉字字义作用较为明显。

（4）第 6 小题："你在记汉字时，首先想起的是它的什么？"

实验班孩子选择"意思"的明显较对照班多，可见字源学习促进了儿童对字义的理解。

（5）第 8 小题："你喜欢古文字吗？"

实验班 97% 的小朋友选择了"喜欢"，对照班有 17% 的小朋友选择"不知道"，只有 65% 的小朋友选择"喜欢"，可见儿童并不排斥古文字，字源识字可提高儿童学习古代汉字的热情。

二、人教版字源识字实验前测问卷分析

实验前，我们进行了人教版前测，图 4-6 是前测现场照。

图 4-6　人教版实验班前测现场照

（一）第 1 题　选择认识的汉字

图 4-7 是人教版前测第 1 题的统计结果。

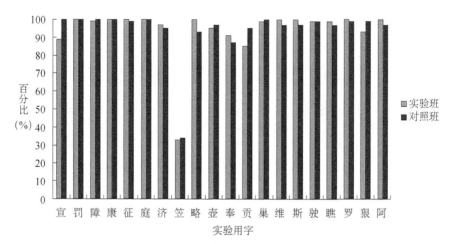

图 4-7　人教版前测第 1 题统计（认识百分比）

考虑到本题仅由学生自己报告，可能存在一些不可信因素，仅就数字而言，两班前测的数据基本一致，大体能够说明两班对生字的熟悉程度基本相同。

（二）第2题　连线题

图4-8是人教版前测第2题的统计结果。

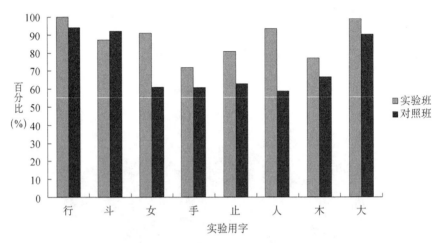

图4-8　人教版前测第2题统计（图与古文字连接正确百分比）

图4-9是人教版前测第2题的统计结果。

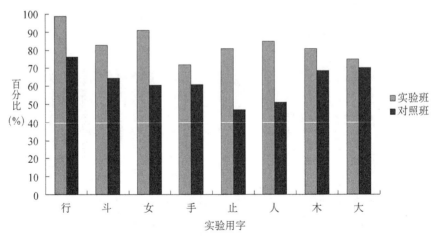

图4-9　人教版前测第2题统计（古文字与现代汉字连接正确百分比）

实验班全班33人全对。考虑到该班从来没见过字源图片，这一结果已经很不错了。从统计数据来看，除了"木"外"字源图片→古文字"正确率都优于

"古文字→现代文字"，古文字的具象性特征符合小学生从具象到抽象的思维特点，因而更容易被学生识记。

对照班 14 人全对，1 人全错。对照班老师说，这些图画和文字她也没搞清楚，不会连。

这一结果不能用学生原有的学习基础差异来解释。对照班的语文期末测试成绩自入学以来一直比实验班好许多。而实验班一直位居全年级最后一名，直到上学期语文成绩才有所提高。这一结果跟实验班教师在教学中应用了字源识字教学方法有一定关系。

为了研究字源识字与学生年龄的关系，我们有意让高段实验班和低段实验班做同样的连线题，对比结果如图 4-10、图 4-11 所示。

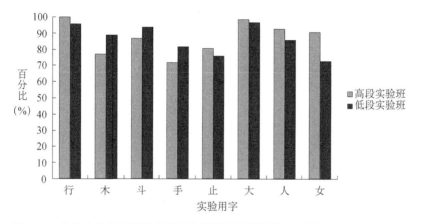

图 4-10　高段实验班与低段实验班相同内容连线题结果比较（图→古文字）

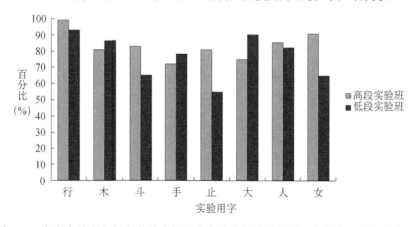

图 4-11　高段实验班与低段实验班相同内容连线题结果比较（古文字→现代文字）

仅就测试结果所表现出来的差异而言，高段实验班与低段实验班表现差不多。这说明，字源识字的适用范围其实并不像人们想象的那样只适合低年级儿童识字，它对较高年级的儿童识字同样有帮助。

（三）第3题 改错题

统计数据如图4-12所示。

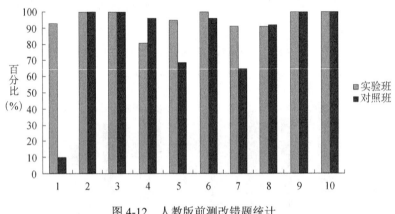

图4-12 人教版前测改错题统计

从改错题来看，除了第4小题"溪"字外，实验班比对照班要明显好得多。这一数据说明字源可以有效地帮助学生辨析汉字字形。

有两位实验班的小朋友还专门在每个字旁注上他所记得的古文字，如图4-13所示。

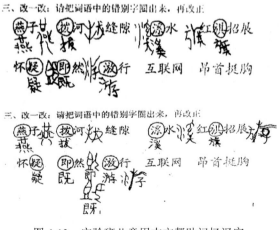

图4-13 实验班儿童用古文帮助记忆汉字

从图 4-13 可以看出，小朋友已经熟悉古汉字的结构和书写特点，儿童在有意识地了解甚至掌握一些古文字，而这些古字可以有效地降低错别字的发生率。

（四）第 4 题 选择题

表 4-4 是人教版第 4 题的统计结果。

表 4-4 人教版前测第 4 题统计

问题	实验班（共 52 人）	对照班（共 51 人）
1. 你喜欢语文课吗？ A. 喜欢 B. 不喜欢	100%/0%	100%/0%
2. 你喜欢学汉字吗？ A. 喜欢 B. 不喜欢	100%/0%	100%/0%
3. 你认为汉字好学吗？ A. 好学 B. 不好学	80.7%/ 19.3%	90.2%/ 9.8%
4. 你认为汉字___？ A. 有些汉字像一个个的图 B. 就是由笔画拼起来的	90.4%/ 9.6%	41.2%/ 58.8%
5. 你认为汉字的读音好记还是意思好记？ A. 读音好记 B. 意思好记	28.8%/ 71.2%	78.4%/ 19.6%
6. 你在记汉字时，首先想起的是它的___？ A. 读音 B. 字形 C. 意思	7.7%/ 67.3%/ 25%	58.8%/35.3%/ 5.9%
7. 你知道现在的汉字是由古代文字变成的吗？ A. 知道 B. 不知道	90.4%/ 9.6%	64.7%/ 35.3%
8. 你喜欢古文字吗？ A. 不知道什么是古文字 B. 喜欢 C. 不喜欢	98.1%/ 1.9%	23.5%/ 43.2%/ 33.3%

本题中，学生对语文和汉字的喜好无明显差别。以下对几个问题做简要分析。

（1）第 4 小题："你认为汉字像一幅一幅的图还是由笔画拼起来的？"

其结果如图 4-14 所示。

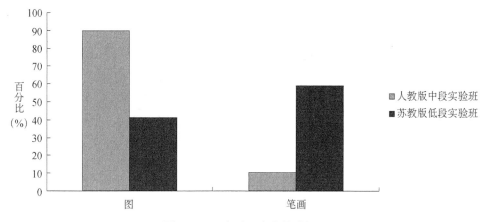

图 4-14 儿童对汉字总体感知

实验班有 90% 的学生认为汉字像图画，而对照班仅有 41% 的学生认为有些汉字像图。经过字源识字训练，学生大多能利用图像理解汉字，使汉字在头脑中形成更多的联结点，识记汉字的效果会更佳。

比较人教版中段实验班与苏教版低段实验班在该题上的结果，如图 4-15 所示。

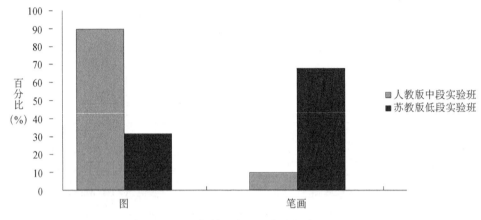

图 4-15　不同年龄儿童对汉字总体感知差异

两班学生对汉字形体的整体感知完全相反，基本是两个极端。这可能是低段儿童由于刚接触汉字，出于书写的需要，对笔画更加重视所致。

（2）第 6 小题："你在记汉字时，首先想起的是它的____？"

统计结果如图 4-16 所示。

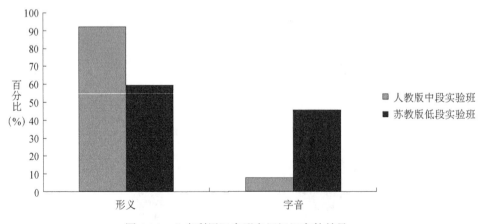

图 4-16　儿童利用汉字形义识记汉字的差异

注："形义"为选择"字形"和"意义"两项的百分比的和

实验班有 63% 的学生选择了"字形"，29% 的学生选择了"意思"，两项相加，共有 92% 的学生选择了汉字的"形义"；而对照班有 59% 的学生选择了"字音"，仅 45% 的学生选择了"形义"。可见，儿童是否能够充分利用汉字的"形义"或者"读音"来学习汉字，与识字教学方法有密切关系。不同的识字教学方法，对汉字形音义的强调大不相同，因而学生对汉字形音义之间的联系强度也不尽相同，即字源识字有助于学生掌握字形和字义。

对比人教版中段实验班与苏教版低段实验班小朋友的回答，结果如图 4-17 所示。

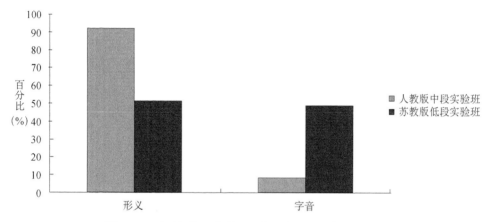

图 4-17　不同年龄儿童利用汉字形义识记汉字的差异

苏教版低段有 35% 的小朋友选择了字形，16% 的小朋友选择了字义，即 51% 选择了"形义"。这一点可能与低段小朋友还没分清楚字形、字音、字义这些概念，导致其对题意无法正确理解有关；也可能与低段实验班在教学中对汉字形义强调不够有关，需要做进一步研究。

（3）第 8 小题："你喜欢古文字吗？"

对照班仅有 43% 的孩子回答喜欢古汉字，而实验班仅有 1 位孩子回答不喜欢古汉字（图 4-18）。经过一学期的字源识字教学实践，孩子们对字源识字相当感兴趣。对实验班仅有的一位回答不喜欢古文字的学生（她是班上年龄最小的女生，比同伴小一岁多），后来 Z 老师专门请家长帮忙问了原因，小朋友告诉家长："我看见老师的古文字画得好，自己怎么画也画不好，就不喜欢了。"可见，她并不是不喜欢古汉字，只是因为自己不能达到预期的水平，因而产生了畏惧感。L 老师班里也出现了类似情况：学生喜欢古文字但感觉古文字描画麻烦因而会出现回答不喜欢的情况。

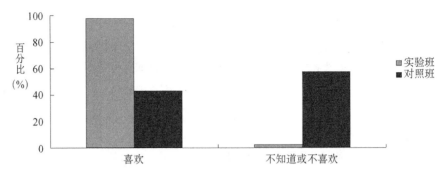

图 4-18　实验班与对照班对是否喜欢汉字的差异

注:"不知道或不喜欢"这一项为:"不知道"和"不喜欢"两项的百分比之和

三、苏教版后测分析

(一)第 1 题　勾出认识的生字

第 1 题的测试结果如图 4-19 所示。

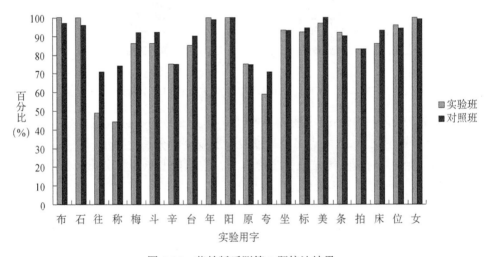

图 4-19　苏教版后测第 1 题统计结果

后测表明,从认得汉字这个角度来看,实验班的学生比对照班的学生差一些,原因何在?

L 老师总结道:"一是选字方面,并不是所有的字都适合字源法讲解;二是讲清了字源,却没有把握好度;三是当天没布置作业及时巩固,这是最主要的原因。"根据事后与 L 老师的交流,笔者发现有以下几方面的原因。

（1）教学设计本身的缺陷

L 老师认为："特别是'称'字的教学设计，文字学方面过于追求专业。设计复杂，孩子接受困难，效果反而不好。"

值得反思和讨论的是教学内容的安排是否扩展过多。例如，除了介绍每个实验用字的字源还扩展了"斗""台""称"等字的多种读音，这是否有必要；为了增加学生对于祖国文化的了解与热爱，引入了古诗《悯农》《咏柳》，古代神话故事《夸父逐日》，历史故事《曹冲称象》《望梅止渴》……使得教学容量过大。而与之相应的是，教师在系统运用字源识字进行教学准备方面略显经验不足。教学设计本身也是教师经验的一种反映。因而，L 老师认为，今后在教学内容的选择、解释字源的度、教学时间的分配等方面都有一些需要改进的地方。图 4-20 是"斗"字的教学设计。

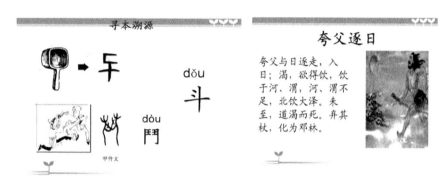

图 4-20　苏教版实验"斗"的设计

（2）测试识字的标准是字音

我询问了 L 老师和对照班的 T 老师在确定学生是否认识时所用的方法，L 老师说："就是认一认，能知道读音就行了。"笔者以为，测试是否认识汉字不能简单地只考查读音，而应该是在看到汉字时能否从汉字的形音义三个角度进行认识。从本质来讲，识字就是对汉字的形音义形成联系，只要能读出字音就以为是认识了汉字，这可能是长期以来对识字的一个误解。

L 老师基于长期对字源识字教学的经验，依据艾宾浩斯遗忘曲线理论，一周后又对儿童的学习情况再做一次测试，以检测字源识字记忆的保持率。结果如图 4-21 所示。

从数据来看，实验班认得"布、石、年、条、位、女"等字的人略多，实验班与对照班在"辛、阳、原、坐、拍"等字上的表现差不多，而对照班在

"往、称、梅、头、台、夸、标、美、床"等字上表现更好。可见，总体而言，对照班表现更好一些。

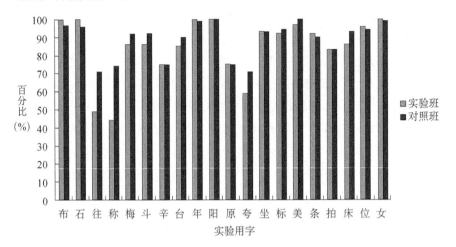

图 4-21　苏教版补测第 1 题统计

　　根据笔者的建议，L 老师在检测实验班的识记情况时，不仅检测了学生见形知音的情况，还有意识地抽查了学生对字源的记忆情况，以及组词、说话练习等。例如，在问到"斗"字是如何记住时，有的学生讲出"跟一种器具有关"，有的联想到"像一把大大的勺子"，还有的干脆画出了"斗"的字源图片。另有学生说记住了"有两个人在打斗"，还有学生伸出臂膊加以演示……在检测学生"夸"字的识记时，学生联想丰富，有的眉飞色舞地夸自己的妈妈做得一手好菜，有的说起自己经常在家帮妈妈做家务，受到妈妈夸奖的情境……由此可见：实验班的孩子对字义的掌握是牢固的，基本能够记住当天老师利用字源进行教学的细节。这说明，字源识字有助于学生识记汉字，字源识字的保持率比常规识字要好一些。

（二）第 2 题　连线题

连线题的测试结果如图 4-22 所示。

实验班中 8 个字全对的有 38 人，占全班总人数的 54%。与前测相比，8 个字全对的增加了 10 人；其他同学的连线情况均有不同程度的提高，这说明字源识字教学提高了图像与古文字、古文字与现代文字的关联。

（三）第 3 题　画"坐"或"美"字

我们对儿童所画的"坐"字进行了分析，发现：在画"坐"字的 54 名学生

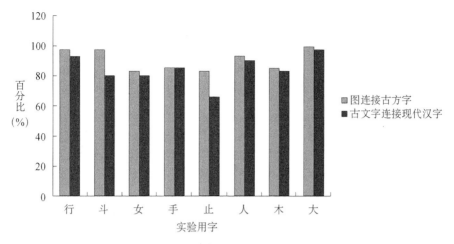

图 4-22 苏教版实验班后测第 2 题统计

中，能够较为准确画出"坐"字意向图画的学生有 45 人。其中，画图中带有坐具（椅子）的 43 人，不带坐具（椅子）的 3 人；画单个人的学生 33 人，画双人的学生 10 人；坐具（椅子）分开画的学生 5 人，坐具（椅子）不分开画的学生 5 人；坐具（椅子）分开且人的位置关系交代正确的 3 人；更有一名学生运用古文字绘画表达出了"坐"的含义。

"坐"字的字源意思是一个人坐在坐具上。坐具在古代可能是席，而在现代来讲普遍指椅子，因此不难发现生活经验对孩子们理解概念会产生影响。

画一个人坐在坐具上，就可以表示"坐"字，这符合一般人对"坐"的概念的理解；部分儿童能够画出两个人对坐的图画，说明他们的思维水平相对较高，能够根据文字来修正自己对概念的理解；画两人对坐，再加上坐具，则更说明儿童对"坐"字的理解已经比较精细了。这个题能够说明：儿童能够以文字为线索，修正自己对概念的理解，并以图像的方式表现出来。

（四）第 4 题 选择题

选择题的测试结果如表 4-5 所示。

表 4-5 苏教版后测第 4 题统计

问题	试验班
1. 你喜欢老师上课用古文字教你识字？ A. 喜欢　　B. 不喜欢	93%/7%
2. 你认为借助图片来学习古文字有趣吗？ A. 是　　B. 不是	92%/8%

问题	试验班
3. 你认为学习一些古文字对学好汉字有帮助吗？ A. 有　　　B. 没有	94%/6%
4. 你还愿意再认识一些古文字吗？ A. 愿意　　　B. 不愿意	97%/3%
5. 你是否能根据老师教过的古文字，找出下面这个字中表示人的是哪个部分？	70%/14%/11%/4% （未选择）

从本题的数据来看，儿童喜欢借助古汉字识字，儿童认为借助图片识字有趣，儿童认为学习古文字有助于现代汉字学习。

特别需要指出的是第 5 小题，要求找出表示人的部分，题目有三个供选部件，如图 4-23 所示。

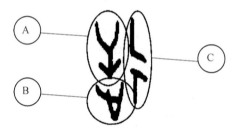

图 4-23　找出表示人的部分

实验班有 70%的同学能够正确找出"A"表示人。这一点表示儿童对古汉字的形态变化能够理解。毕竟在本题中，表示人的部件是"大"的倒写，如果不懂得"大"表示"人"，根本不可能找出"A"表示人。当然，也不排除部分学生采用了排除法，如果是这样，也能够说明儿童的思维能力较强，毕竟，表示"丁"的部件在右侧，而不是儿童习惯的左侧的"亻"。由此可见，字源识字能够培养学生的观察能力。

对照班也做了第 5 小题的测试，结果为：15%的学生选 A，没有选 B 的，选 C 的占 85%。由此可见，小学生尽早接触字源对提升思维、分析、判断能力有明显的促进作用；而这些能力的形成有赖于教师有意识地引导与培养。因而，语文教师掌握一定的字源知识是有必要的。

四、人教版后测分析

教学实验完成后，老师主持进行了实验后测，测试现场如图 4-24 所示。

图 4-24 人教版实验后测现场

（一）第 1 题 勾出认识的生字

第 1 题的测试结果如图 4-25 所示。

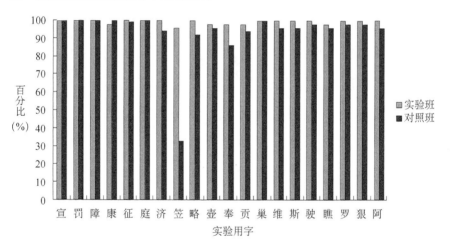

图 4-25 人教版实验后测第 1 题统计

从数据来看，实验班每个字的指标都优于对照班，这充分说明字源识字有助于提高识字的质量和效率。

（二）第 2 题 连线题

连线题的测试结果如图 4-26、图 4-27 所示。

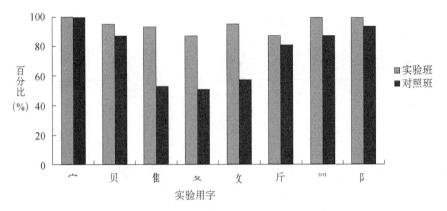

图 4-26　人教版实验后测连线题（图→古文字）

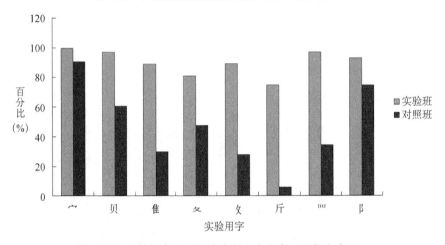

图 4-27　人教版实验后测连线题（古文字→现代文字）

本题考察了与本次实验有关的 20 个字的基础部件。可以看到，不论是图片对应古代汉字，还是古代汉字对应现代汉字，实验班都远远好于对照班。除了"夊"与"斤"两个部件外，实验班对所有部件掌握的正确率都在 85% 以上。这充分说明字源识字可以大大提高部件教学的效率和质量。

对照班的情况是全班没有 1 人全对，也没有 1 人全错。由于这些常用部件在平时使用过程中经常会出错，没有学过字源或对这些部件根本就不认识的学生，无法通过追溯字源、分析汉字字理来识字。

实验班 52 人中，有 35 人全对，没有人全错，特别是由老师根据自己的理解设计制作的"宀"字字卡，学生的理解竟然是最棒的，这说明教师对内容的理解加以再创造对学生的学习有着重要的意义。

17 个未全对的学生中，有 4 人都只有一条线没连上，不排除他们并不是不能正确连线，只是答题习惯差，漏掉了连线这种可能性。

部件"夂"和"夊"的确是很容易出错的，"夊"以前讲过，再次复现后就比"夂"掌握得好一些。

（三）第3题　改错题

本题统计了两个数据，图 4-28 为找准了错字的百分比，图 4-29 为找到了错字却改错了的百分比。

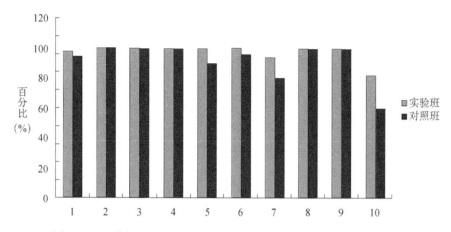

图 4-28　人教版实验后测改错题统计（准确找到错别字的百分比）

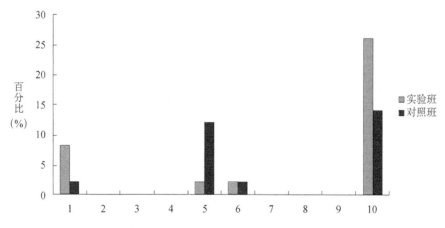

图 4-29　人教版实验后测改错题统计（找到错字后改错了的百分比）

能否挑出错别字可以看出学生是否能够再认，能否改正错别字则可以看出学生是否能够重现。

从实验结果来看，实验班的所有数据均优于对照班。特别是"东焦西望""劫富挤贫""顺风使船"几个错字的辨析，实验班有明显的优势。

由于本次改错题所用的错字均为随机抽取的用于字源识字教学研究的实验用字，可见利用字源识字可以有效提高识字质量。

就对照班数据来看，仅有17人全对（实验班35人全对），1人全错（实验班无人全错）。很多学生将"瞄"字写成了"日字旁"，说明学生没有理解字义；"驶"字的声旁写成了"吏"字，说明学生对形声字"形旁表义，声旁表音"的规律掌握还不牢。

对于实验结果，Z老师反思道：

> 四年级是学生错别字的高发期，上学期刚接手时，第一天的作业交上来我就差点晕倒，全班学生无一例外，有的甚至满篇都是错别字、满纸的缭乱不堪，真令人痛苦。四年级的教学重点是阅读和写作，连汉字都没过关，怎么学习啊？后来利用字源，让学生了解汉字的来历、汉字的理据，纠正了很多错别字，学生连书写也大方整洁起来。利用字源可以很好地纠正学生的错别字。

（四）第4题 选择题

选择题的测试结果如表4-6所示。

表4-6 人教版实验后测第4题统计

问题	实验班（共52人）	对照班（共51人）
1. 你认为汉字最难记的是什么？ A. 读音 B. 字形 C. 意思	17.3% / 25% / 57.7%	2% / 9.8% / 88.2%
2. 你认为借助图画来学习古文字和现代汉字有趣吗？ A. 是 B. 不是	94.2% / 5.8%	86.3% / 13.7%
3. 你认为学习一些古文字对学好现代汉字有帮助吗？ A. 有 B. 没有	100% / 0	82.4% / 17.6%
4. 你愿意多认识一些古文字吗？ A. 愿意 B. 不愿意	98%/ 2%	90.2%/ 9.8%
5. 你喜欢上识字课时老师讲点古文字吗？ A. 喜欢 B. 不喜欢	98%/ 2%	88.2%/ 11.8%

第1小题表明，通过字源识字，学生对汉字的字形，特别是对字义的理解相对容易。说明利用字源识字可以有效地提高识字质量。

考虑到四年级学生已经能够比较顺畅地用文字表达自己的见解，问卷第4题、第6题要求学生回答喜欢或不喜欢古文字的理由。我们对两个班就该问题的回答进行简单分析。

　　经过分析，我们将学生喜欢古汉字的原因归纳为五种类型：①古文字本身有趣；②学习古文字可以增长知识；③学习古文字有助于学习现代汉字；④好奇；⑤未知。

　　实验组和对照组喜欢古汉字的理由如图 4-30、图 4-31 所示：

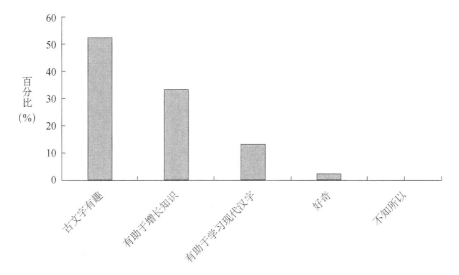

图 4-30　人教版实验后测：喜欢古汉字的理由（实验班）

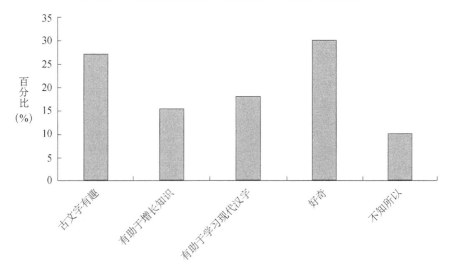

图 4-31　人教版实验后测：喜欢古汉字的理由（对照班）

从数据来看，实验班的学生有明确的理由：古文字本身有趣，学习古文字可以增长知识，学习古文字有助于学习现代汉字。学生们对古汉字比较了解，对它的作用比较清楚。

而对照班的儿童有近三分之一对古汉字不了解，只是好奇，甚至不知所以。下面就两个班喜欢汉字的理由做一些深入的分析，以了解儿童对古文字和字源识字的态度。

1. 实验班统计结果

实验班中，占总人数 52%的学生陈述喜欢古文字的理由是觉得古文字有趣。

多数学生用"有趣""好玩""开心"这类词语简单地陈述了自己感觉古文字有趣。

有些孩子则认为古文字有趣是因为古文字像图画，他们说：

"古文字非常有趣，古文字就像一幅图画。"

"我喜欢古文字，古文字就是一幅图画。"

"看古文字就像看一幅幅图画，让我们更了解它们的来历。"

"我觉得古文字像图画，很有趣。"

"我喜欢用图画来认识现代汉字。"

孩子们对古文字比较具象的特征很能接受。在小学阶段将古文字作为中间工具对识字教学有意义。

有些学生喜欢古汉字是因为它有意义：

"因为每一个汉字都有一个故事，所以我喜欢汉字。"

有些学生则发现了古文字和现代汉字之间的联系：

"因为汉字就是古文字变化来的。"

有些学生觉得古文字不但有趣，还有助于识字：

"因为老师讲的古文字非常有意思，能加强对汉字的学习。"

有些学生甚至已经认识到古汉字对识字的意义更多地体现在"形"和"义"上：

"因为古文字很有趣，还可以记住字形和意思。"

还有学生这样讲道：

"古文字很有趣，而且老师画古文字时，也会给我们讲意思，让我们更好地记住字。"

这说明学生已经接受并认同了教师在课堂教学中对古汉字的讲解。

很多小朋友回答喜欢古文字是因为学习古文字可以增加知识。

一部分学生认为可以增加一般性知识：

"因为古文字能增长见识。"

"因为古文字可以让我们学到更多知识，不会浪费时间。"

"因为学习了古文字，可以了解更多的知识。"

大多数学生认为学习古文字可以增长古代文字知识：

"因为我们能记住古文字了。"

"因为我自己没看到过古文字，老师讲了我就很喜欢。"

"因为古文字可以让我们明白一些古时候的字。"

"因为可以更多地认识古文字，所以我喜欢。"

"老师讲点古文字，可以让我们更好地了解古时候的汉字。"

"因为多认些古文字，可以知道古时候的汉字。"

"因为上课时老师给我讲的古文字，有助于我们学习汉字、字源的意思。"

"我觉得古文字可以让我了解中国汉字的字源。"

"因为这样我们就可以知道更多古文字的奥秘。"

少数学生认为可以增加与文化相关的知识：

"因为多认识一些古文字可以了解我们的祖先。"

"因为可以多了解中国文化。"

还有些认为学习古汉字可以有助于学习现代汉字：

"因为可以增进对现代汉字的认识。"

"很有趣，还可以让我记住现代汉字。"

"因为这样能使我们记牢汉字。"

"因为学了古文字可以分辨错别字。"

"因为知道每一个字的甲骨文、金文、楷书，这些对考试有帮助。"

"因为古文字能让我们的学习更上一层楼。"

2. 对照班统计结果

（1）喜欢古文字的原因

喜欢古文字多是因为汉字本身的关系：9 名学生认为古文字有趣；2 名学生认为古文字很特别，很奇怪。

需要注意的是：实验班没有一位学生感到古文字很奇怪，而对照班缺乏对古文字的了解。这说明儿童对古文字觉得很奇怪是因为没有接触过。

对照班有 2 名学生认识到古文字像图画：

"因为古文字和现代的字几乎一样，是用画图表示的。"

"我认为借助图画来学古文字蛮有趣的，我认为学习古文字对学好汉字有很大的帮助。我很愿意学。"

7 名学生认为学习古文字可以增长知识，9 名学生认为学习古文字有助于学习现代文字。

由于对照班的学生对古文字不熟悉，所以有 10 名学生表示对古文字好奇，想学习古文字。这个数据很重要，它说明学生对古汉字并不排斥，它对我们在日常教学中应用古汉字提供了依据。

也正由于学生不了解古文字，所以有 3 名学生虽然选择喜欢古文字，但却未说明理由；2 名学生选择了喜欢古文字，却这样讲：

"因为古文字可以帮助我们更好地理解汉字是怎么读的。"

（2）不喜欢古文字的原因

对照班有 6 名学生回答不喜欢古文字，原因如下：

"因为不喜欢上课。"

"觉得古文很难了解，所以不喜欢。"

"因为古文字很难写，很难看，很难记，所以我不喜欢古文字。"

"因为我看不懂古文字。"

"不太喜欢古文字。"

实验班有 1 名学生回答不喜欢古汉字，原因是：

"因为我只喜欢汉字，所以不喜欢。"

但他在下一道测试题中却写道：

"因为我以前没看到过古文字，老师讲了我就很喜欢。"

总之，部分学生极少接触古文字，以为它是一个高深莫测的东西，不好理解，所以不喜欢。Z 老师认为，去给学生上一上字源识字课，向学生揭示汉字的奥秘，展示汉字的魅力，让学生了解古汉字、了解中华传统文化，孩子们是会喜欢上它的。

为了更好地比较实验组与对照组的差异，我们设计了第 7 小题的测试：你认识"夊"和"夂"吗？可以画图，也可以用文字表达。对照班全班学生没有一个做对。对这些常用部件，教师如果没有研究其来历，不知字理，凭什么进行汉字教学？这对学生理解汉字是有负面影响的。

实验班的孩子在本题中一般都能够回答正确。有一个细节很重要：学生在回答意义时一般画出了该部件的图画或古文字。这一方面说明由于有图画和古文字作为桥梁，学生理解的正确率大大提高，古文字有助于识记汉字；另一方面也说明通过大量使用字源图片和古文字的教学，学生可以改变将文字仅仅当成抽象的符号或一些线条而死记硬背的习惯，改变用抽象的方式学习汉字的习惯，而采用更符合认知规律和思维习惯的由具象到抽象的认知方式进行。

名字是每个人都熟悉的汉字，我们设计了第 8 小题，从学生每天使用的姓名入手，探究自己名字的由来以及名字中每个字的来历，激发学生探究汉字的愿望，从而激发学生对字源识字的兴趣。

就对照班而言，Z 老师说：

> "答案着实让人吃惊，全班只有极少数学生能勉强说出自己名字的由来，只有两名学生能答出自己名字中一个字的来历。"

笔者认为，有一些不清楚可以理解，因为汉字的字源字理的确比较复杂，但学生普遍不关心自己名字的字源，这是社会文化的一个大问题。毕竟，名字是自己一生所系，今天的现代人连自己名字的意义都不愿意去理解，只能说明我们现代人文化的匮乏，其责任主要不在小朋友身上，更在家长的身上，这说明了当代成年人文化的缺失。

反之，实验班的情况就要好得多：

> "部分学生能够说出自己名字的含义，大家从关注自己的名字开始，关注起了汉字。"

Z 老师特别提及：

> "德清，上学快四年了，你终于能把自己名字中的'德'字写正确了。刚上四年级时，你总是要少写一横，总是弄不懂自己名字的含义。我可是提醒过三次了，你还要错。哈，这学期上课时用了字源图片和字卡讲解，你一下子就搞明白了，再也没有出错了。"

下面是几个学生对姓名的字源思考：

> 张霁峰："我的祖先可能是发明弓箭的吧。"
>
> "我喜欢罗诗晴的名字，因为罗表示用丝做的网抓鸟。"
>
> "我最喜欢张老师的名字。因为我喜欢玩弓箭，她的祖先是发明弓箭的人。"

绝大部分学生不知道自己名字中汉字的字源字理，但是大家都有了探索字源字理的欲望和兴趣。

五、研究结论

通过分析上述实验结果，我们可以得到如下结论：

（一）字源识字能够有效地提高汉字的学习效率和质量，促进学生各方面的发展

这些主要表现在：

①字源可以有效地帮助学生辨析汉字字形。

②字源可以有效地帮助学生理解汉字意义。

③字源识字能够培养学生的观察能力。

④字源识字提高了学生的兴趣，培养了她们对汉字的情感。

⑤字源识字可以使汉字的形音义之间形成牢固的联系，帮助学生识记汉字。

⑥学生经过字源识字教学，可以更好地形成对汉字与图像关系的理解。

⑦汉字是中国古代社会的活化石，可以让学生领悟汉字丰富的文化内涵。

（二）字源识字所凭借的古汉字本身的特点符合学习者的特征

这些表现在：

①古文字比较象形，更容易被学生接受。

②儿童认为借助图片识字有趣。

（三）儿童接受字源识字

儿童认为古汉字有趣，像一幅一幅图画，像一个一个故事。

儿童喜欢借助古汉字识字，觉得在快乐、趣味中识字好玩。

挖掘古文字的字源字理，让学生在探索中去发现、去寻找是孩子们乐意做的事。大多数学生都可以很快领会古文字的特点，并借助它来识字。

孩子们乐意接受古文字，利用古文字进行识字教学符合儿童的思维特征。

字源识字的适用范围其实并不像人们想象的那样只对低年级儿童较为有利，它对较高年级的儿童同样有利，甚至对成年人也起作用。

学生更容易识记名词性的事物，而且这些事物越与学生的生活有关、越容易看出形状，越容易被学生识记。

经过字源识字训练后，学生能够更多地以图像的方式理解汉字，在脑海中呈现出"全息"画面，从而牢固掌握汉字。

孩子们对古文字的具象性特征很喜欢，在小学阶段将古文字作为中间工

具，对改进识字教学有重大意义。

（四）汉字本身的特点是影响利用字源识字的效率的一个重要因素

这些表现在：

①古文字是否与其代表的物象一致，是影响识字的一个重要因素。

②古文字与现代汉字一脉相传的特性，让学生追根溯源穷究字理。

③汉字是形音义的集合体，识记汉字实质上就是在形音义之间形成牢固的联系。

第三节　字源识字典型应用研究

为了比较深入地了解字源识字的微观应用，本书选择 L 老师和 Z 老师作为个案研究对象，通过访谈了解她们的字源识字教学实践；通过收集一些教学资料分析她们的教学实践。希望她们的个案能够为字源识字的微观应用提供一些可以借鉴的思路以及方式方法。我们还期望通过个案研究获得更多关于字源识字教学的细节内容，以精细地分析字源识字的方方面面。

就教学媒体的应用而言，字源识字可以在传统媒体、多媒体和网络环境三种典型场景下使用。常规媒体即黑板、粉笔这类传统媒体，多媒体指电脑加投影机这类媒体，网络媒体即计算机加网络环境。媒体不同，它给字源识字提供的支持也不同，教学方式也有一些差别，因而有研究的必要。

就识字教学的总体思路而言，基本可分为集中识字和分散识字两类。字源识字可以支持两大类识字教学方式。但由于出发点不同，自然会带来教学上的差异，比较这两种方式的差异，对指导教学实践也很有意义。

根据上述两个维度的划分，我们可以得出，字源识字的典型应用场景可以分为以下 6 种，如图 4-32 所示。

图 4-32　字源识字典型应用场景

下面就几种应用场景，以 Z 老师和 L 老师作为个案，进行一些简单的探索。

一、常规媒体支持下的字源识字

（一）Z 老师的常规媒体教学实践

虽然教学条件较差，但 Z 老师经过长时间的字源识字教学实践，已经积累了比较丰富的常规媒体支持下的字源识字教学经验。以下仅从教师备课、板书设计、学生学习三个方面加以说明。

1. 教师备课

学生能够学习到丰富的字源知识，源于教师的精心准备。作为日常教学工作的一部分，字源汉字教学资源平台是 Z 老师经常登录的一个平台，她将采集到的字源信息记在自己的教科书上，以便教学使用。图 4-33 是她为《尊严》一文所做的字源识字准备工作，从中可以看出其日常教学的点滴。[①]

图 4-33　《尊严》教科书的生字准备

教师对课本中出现的生字，逐一记录了古汉字，以备教学使用。这可能是一种最方便、最实用的方法。从备课材料来看，Z 老师注意到了字源识字与日常教学的应用，没有过多地扩展材料，没有对每一个生字采用字源识字法。这是一种自然状态下的选择。她认为，要做好汉字教学，最关键的是教师要懂得汉字，知道每个汉字的由来。我们教师最需要的就是"积淀"。图 4-34 是她在每一个生字的旁边批注的字源、字形演变及字义等。

有了这些扎实的准备工作，Z 老师的字源识字工作就能够比较顺利地开展了。

---

① 若非特别指出，以下图片由 Z 老师提供，不再一一指出。

图 4-34 《识字 3》与《识字 8》的生字备课

2. 板书设计

由于条件简陋，Z 老师特意使用色彩艳丽的粉笔，在黑板上醒目地画出汉字的演变。这些板书可以体现出她对字源识字的理解，同时也让学生跟随教师的板书和解析追根溯源探究汉字的奥秘，了解中华文化，培养学生的情智。没有多媒体的普通学校利用黑板加粉笔也是可以进行字源识字教学的。图 4-35 是她《桂林山水》一课中生字的教学板书设计。

图 4-35 《桂林山水》生字教学板书设计

上面的例子将汉字构形分析的特点表现得很充分。教师从汉字的构形由"笔画→部件→汉字"这一思路出发，根据字源，对汉字进行部件分析，并用色彩区分出不同的部件，用相同的颜色显示同一部件的不同字体形态，从视觉上提供了理解部件的线索。"字不离词，词不离句"，将生字词展示在黑板上，刻意创设出一个小小的语言环境，甚至使用不同的字号区分出生字和熟练字，使学生将视线聚焦在突出显示的大大的生字上，给学生呈现出良好的第一印象。从具体的内容来看，教师对字源知识掌握得较为丰富而准确，这一点保证了字源识字的可靠性。图 4-36 是她《记金华的双龙洞》一课中生字的教学板书设计。

图 4-36　《记金华的双龙洞》生字教学板书设计

教师运用字源识字，"析形索义，因义记形"。将"乳"拆分为几个部件："⺤""子""乚"，先逐个理解部件的含义，再将部件组合推出"乳"字的意思。既教学生识字，又授以识字方法，并引起学生浓厚的探索欲望和学习兴趣，避免了机械识记，同时让学生领悟到祖国汉字所蕴含的极其深厚的文化内涵。从部件入手，"分解—组合汉字"是我们进行合体字教学的一种最主要的方法。这种汉字析解方法也是中国传统的汉字蒙学方法。祖辈流传下来的优良的方法我们应当传承并发扬光大。图 4-37 是她《尊严》一课中生字的教学板书设计。

图 4-37　《尊严》生字教学板书设计

随着儿童对基本部件越来越熟悉，对古文字部件与现代汉字部件对应的解读越来越少，教师越来越直接地使用古文字对现代汉字进行辅助教学。这无疑增加了难度，但更方便地训练了学生对古文字的敏感。

教师用板书展示了汉字的字形演变过程，用不同的颜色区别不同的汉字部件，用不同的字号展现不同的教学要求，整个内容层次分明，重点突出。

3. 学生"作品"

Z 老师所带的班虽然是上学期刚接手的新班，以前并未接触过字源识字，对古代汉字更没有一点感受，但在 Z 老师的示范和带领下，这些学生对字源识字产生了浓厚的兴趣。

由于老师经常在黑板上通过画古汉字的方法辅助现代汉字的学习，儿童也经常在教科书上跟着老师描画古汉字。从不太像到比较像，从零星积累到系统积累，从无意识重复到有意识重复。对儿童来讲，古汉字已经不仅仅是一种辅助识记汉字的工具，更是一种思维的方式、审美的对象了。小朋友们有意无意地将黑板上的古文字描画到教科书上。这种描画可能是零星而无意识的，也可能是零星但较有意识的，也可能是丰富而有意识的，到了一定阶段，可能就变成系统而有意识的描画。下面是 Z 老师随意翻到的学生上学期使用过的教科书。学生起初可能是随意的、零星的描画，并不太在意这与他们的学习有什么帮助，如图 4-38 所示。

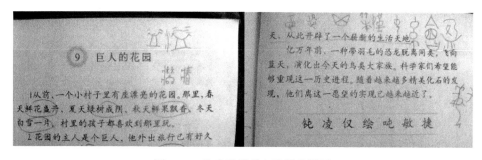

图 4-38　儿童教科书上零星的描画

儿童基本是在照着老师的样子将古汉字画下来，基本没有考虑以后是否还可以看懂的问题——因为在古汉字后面并没有注明现代汉字。

部分学生可能意识到这些材料对于学习的意义，因而有意识地记录下古代汉字与现代汉字，如图 4-39 所示。

图 4-39　儿童教科书上较有意识的描画

在这两个例子中，学生已经比较有意识地将现代汉字标注在古代汉字后面，可以推测这是有意识的描画。从古文字字形来看已经画得比较熟练了。

到了后面，学生的记录会变成一种习惯，也越来越熟练，如图 4-40 所示。

图 4-40 中不但画的古文字多，而且熟练。儿童适应了利用古文字来学习汉字。

到了最后，学生可能会真正意识到古文字对于学习的意义，这时，他们不但会跟老师一起记录，还会有意识地去整理、归纳，使之更适合自己的学习需要。这就到达主动学习的层次了，如图 4-41 所示。

图 4-40 儿童教科书上比较成丰富的描画

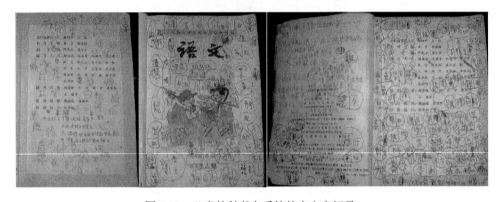

图 4-41 儿童教科书上系统的古文字记录

图 4-41 很能说明问题——只要看看书上那密密的字迹，就不难想象孩子们的学习热情。这些记录不但丰富、系统，而且有意识地将现代文字和古代文字一对一对地框在一起，明显是一种有意识组织学习材料的学习方式。

孩子们正是在 Z 老师的带领下，对古文字越来越感兴趣，虽然教学条件相对较差，却取得了令人刮目相看的成绩。

（二）L 老师的画字实验①

L 老师所带的实验班是小学一年级新生。由于 L 老师完成的硕士论文就是字源识字教学研究，并在识字教学中应用了字源识字。L 老师依据相关理论②，引导学生通过"画字"来建立对汉字的兴趣，并试图将字源识字无声无息地浸入学生的学习中。以下是一些学生的画字作品。我们尝试做一些评述。通过这些简单、幼稚的图画，我们可以看到儿童利用图画学习汉字以及思维的一些影响因素 。

1. 儿童生活经验对儿童理解的影响

一年级小朋友学习汉字时，其生活经验主要来自平时的观察和幼儿园的教育。图 4-42 就很有代表性。

图 4-42　学生画字（一）

这幅图画了"木、子、雨、大、小、中、日、明"共八个字。逐一分析图像与每个文字对我们理解儿童眼中的图画与文字的关系很有帮助。

"木"字表现的是树的树干、树根和树杈，从图 4-42 来看，儿童已经知道了"木"就是树，因而画了树干以及树冠来表现它。图中并没有出现"树根"和"树杈"，可见，儿童对图与文字的对应还仅停留在基于生活经验的一般特征

① 若无特别说明，本小节内所有学生作品均来自于苏教版实验学校，由 L 老师提供，不再一一标明作者。
② 皮亚杰认知发展理论。〔苏〕B. A. 苏霍姆林斯基. 2014. 给教师的建议. 杜殿坤编译. 北京：教育科学出版社，196.

上，没有注意到细节。这可能与儿童思维的一般特征有关系，教师在引导儿童观察上还有待加强。如何将汉字的抽象过程以儿童易于接受的方式教授给儿童，是字源识字研究的一个重要话题。

从"子"字来看，儿童画的是一个包起来的婴儿，符合其日常经验，比较有意思的是他在最后有意识地加上两只手，表示其不但能够理解"子"的物象特征，而且能够根据汉字字源对该图像进行再加工。

儿童对"雨"的图画与汉字的特征都把握得很好，这说明儿童能够理解这类符合其生活经验的汉字的构字意义。

有意思的是对"中"字的理解。儿童结合教师关于字源图片■的描绘，画出了自己心目中"国旗"的形象。儿童并没有明白"中"字与"旗帜"的关系①，他是凭自己知道的"中国"一词，结合"中"与旗帜有关这一印象，将两者联系了起来，用一幅用旗杆挂起来的国旗代表了"中"字。这充分体现了儿童对已有知识根据自己的理解再加工这一过程。

儿童对于"大"和"小"字的理解很有意思。"小"是与"大"对比而来的。"大"字所示的人放得很开，手大大地张开，两脚大大伸开，因而占了比较大的空间；而"小"字所表现的人则两手下垂，两脚并拢，因而占了比较小的空间。可见，儿童对事物外在特征的把握比较准确，对于文字与形象的关系也有比较深的理解。这两个字之所以能够被儿童以这种方式理解，源于儿童对空间的感觉，也可以说生活经验与儿童理解力呈正相关。

从儿童对"日"和"月"两字的处理可以清楚地看到幼儿园教育带来的一些定势思维——对于太阳和月亮，儿童都会这样画：不仅有太阳和月亮的轮廓，更要加上五官，把它们拟人化。这可能也是儿童思维发展的一种必然过程。

从上面几个字的分析可见，采用"画字"这种方法，的确有助于小朋友根据自己的生活经验，从文字产生的源头去理解汉字。当然，如果操作不当会对识字教学产生负面影响。如果引导儿童以符合字源的方式理解这些最基本的概念，将对字源识字教学产生极其重要的意义。可见，幼儿教育不容忽视。

当然，我们也不能将生活对儿童汉字学习的影响绝对化。例如，图4-43中，

---

① 插旗在中。

小朋友只是简单地画了个"衣"的古文字，并在下面根据这个古文字提炼出了其中的象形成分：他在"衣"字的古文字表示"衣襟"的位置加上了两条边。从这幅图来看，虽然现代社会的日常生活中已基本没有人再穿这种"衣"，但学生还是可以通过其他途径理解"衣"。可见，我们不能简单地将儿童的世界理解为现实的生活世界，识字教学虽然要从儿童的生活世界出发，但并不等于只能从生活世界中寻找教学的养分。

　　单纯从字形来看，孩子们对甲骨文的把握很准确，这也再次说明古代文字的象形性使其容易被儿童接受。

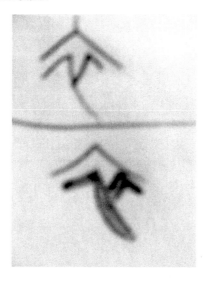

图 4-43　学生画字（二）

　　此外，如果儿童能够充分利用生活经验，对识字也会有积极的作用。例如，下面这个例子：由于现代的孩子有机会接触较多的游戏，孩子们已经可以有意识地将识字和游戏联系起来了。图 4-44 是 L 老师带着二年级学生所画的一个游戏界面。

　　从图中可以看到信息技术对当代儿童学习和心理的影响。

　　更难得的是，从这幅图中间部分来看，孩子已经能够有意识地将部件、汉字、词三者联系在一起了，如图 4-45 所示。

　　这部分研究展现的内容与儿童要到 10 岁左右才具有部件意识的结论有些不同。这说明利用部件识字在小学低段完全可行。

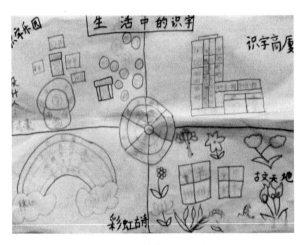

图 4-44 学生画字（三）

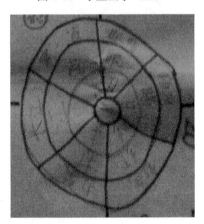

图 4-45 学生画字（四）

2. 儿童理解的系统性

儿童不但能够对单个字根据自己的理解，用图画的方式进行阐释，还可以将几个字以较为系统的方式表现出来，如图 4-46 所示。

这幅画有情境、有内容，它将"大""木""雨"三个字用一个图有机地表现了出来，反映了儿童思维体现出来的系统性。画字不仅提高了学生对于学习汉字的兴趣，培养了动手动脑的能力，还提高了学生学习的自信心和成就感。这无疑对于关注学生学习的"情感、态度、价值观"是有积极影响的。

3. 幼儿教育对儿童思维的一些不良影响

儿童早期接受的教育可能会对儿童后期的学习产生一些消极影响，如果这些早期教育没有以真正的知识出现的话。由于没有受到符合汉字生成的古代文化的教育，孩子们一开始接受的汉字教育中缺少根据字源来学习汉字的意识，孩子们的思维可能已经受到了一些局限。图4-47是小朋友对"上"和"下"的理解。

图4-46 学生画字（五）

图4-47 学生画字（六）

他试图通过人的运动方向来表示方向的上、下，已经有了方位意识，但毕竟这种表示不容易生成文字，如果能够从幼儿阶段就开始利用字源进行教学，相信对儿童的思维发展应该有比较好的影响。

另外，以词为单位的语文教学对儿童具有不可估量的影响，它可能导致很多问题，如图4-48所示。

图 4-48 学生画字（七）

这幅图中，儿童中规中矩地将"气、鱼、雨、网"等字与其古文字一一对照画了出来，并有意识地在字后面组了词。这个小的细节无声地告诉我们，儿童已经养成了用"词"而不是用"字"来思考和理解汉字的习惯。这一点可能对儿童的学习至关重要。通过考察，笔者发现，现行语文教学中过度强调"词"的理解，而忽视了"字"的理解，对儿童思维的简单化、表面化、定势化有很大的影响。最有力的证据就是儿童以为懂得一个词，其实并不是真正懂得，他们往往以为认得了这个词，就已经懂了，但对于这个词的含义、词里面的字是什么意思，一概既不清楚，也不关心。[①]

4. 画字能够锻炼学生的自学能力

学生其实也具有自学能力，只要他感兴趣。图 4-49 展示了学生在家长的协助下，从平台收集的十二生肖图，学生还画了"甲骨文十二生肖"。

5. 关于画字实验的总结

画画对儿童来讲是一种很好的表达方式。用这种方式引导儿童学习汉字字源，对于低段来讲很有意义。但关键问题还是以下几点。

（1）如何设计画字任务

如果教师不系统地设计画字的任务，就没有办法引导儿童系统地利用画字来理解字源，其结果就是画字成了一种零星的尝试。这不利于画字成为一种持久的教学行为，也无法对识字产生系统的作用。同时，受多方面因素的制约，儿童无法充分交流画字作品，并在交流中发展表达能力。

---

① 这并不是说词不重要，而是说如果不能理解字，对词的理解只能流于表面。

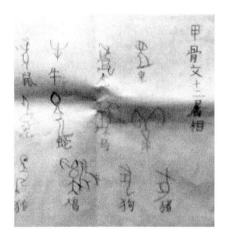

图 4-49 学生画字（八）

（2）如何引导儿童根据汉字字源，合理利用生活经验理解汉字

从上面分析来看，儿童的生活经验对汉字字源的理解有很大帮助，但部分经验会对理解汉字字源有负面作用。如何引导儿童根据汉字字源合理利用生活经验理解汉字是低段字源识字教学需要特别注意的问题。

低段所接触的字源是汉字学习的基础，我们要注意帮助儿童以古人的认知方式来理解世界，同时要注意利用这种认知方式来帮助儿童形成具象化的思维模式。

二、多媒体教学应用

（一）L 老师多媒体支持下的分散识字实践

L 老师在所带低年级教学中，利用多媒体的支持进行了一些字源识字的教学探索，图 4-50 是她在 2009 年 11 月所讲授的苏教版小学一年级上册"识字 8"的部分 PPT 截图。

从这些演示文稿可以看出，教师能够利用字源辅助识字教学，在形声字教学中不是泛泛地讲形旁和声旁，而是借助字源给学生以形象化的教学体验。

同时，教师利用字源识字基础平台所提供的资源，通过"包"的字义和这些与"包"有关的字的字义联系，还原了形声字"声"和"义"的联系，避免了将形声字的声旁绝对化为表音符号的这一忽视汉字理据的教学问题。

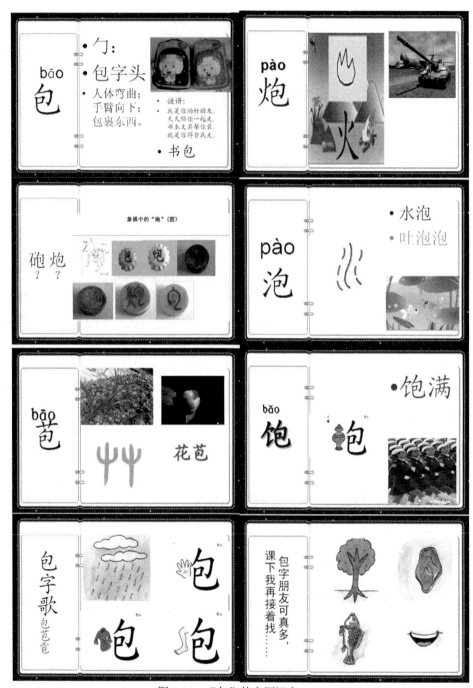

图 4-50 "包"的字源识字 PPT

（二）Z 老师多媒体支持下的集中识字实践

通过几次字源识字公开课，Z 老师初步实现了多媒体支持下的集中识字教学探索。这些探索都能够为字源识字的宏观应用和微观应用提供很多有益的启示。

1. 宏观方面：集中识字探索

集中识字的关键问题之一在于如何有效地组织材料。Z 老师的集中识字探索为字源识字教学内容的组织提供了一些有益的启示。首先，她将汉字有意识地进行了分类，使每一个汉字都在一个意义框架下，在与其他汉字的联系中出现，这符合集中识字"基于汉字字形构成特征，按形旁或声旁归类"的思路，符合学习者的认知规律。其次，她有意识地安排汉字出现的先后顺序，力求做到前面已经教授的部件能够为后面的汉字学习提供支持，体现了汉字的系统性和生成性特点。

2. 微观应用方面的借鉴

Z 老师的集中识字探索对字源识字微观应用也有借鉴作用，主要体现在演示文稿的设计上。Z 老师长期钻研字源识字教学，她所设计的 PPT 为一线教师的字源识字教学提供了很好的借鉴。虽然字源识字应用流程都差不多，但是为了不同的教学目标，在处理不同的教学材料时，仍需设计有针对性的表现形式。下面从两个方面简要评述几个典型的演示文稿版面。

（1）不同字数的演示文稿布局

一般每页演示文稿显示一个汉字。根据内容需要，也常见一页演示文稿显示多个汉字的情况。为此，需要根据使用目的对演示文稿进行相应的调整。

A. 单一汉字演示文稿布局

图 4-51　单一汉字演示文稿布局

图 4-51 呈现了单一汉字演示文稿布局的示例。这种布局一般包括汉字实物图片、早期古文字、汉字字体演变过程、现代文字等。为便于理解，大多数字源图片还有意识地关联了一个与之比较接近的古文字。

这种演示文稿因为内容较少，需注意排列顺序和平衡。此外，虽然每种字形的类别也有教学意义，但毕竟我们使用古文字的目的重在字形识记上，所以要有意识地将字体的字号设置得很小。

有一个细节需要注意，PPT 并没有显示汉字的读音、组词这类信息。这是为了使教学重点突出，不被其他信息干扰，使学生能够将注意力集中到字源本身。

根据内容的需要，有时可能加上一些说明，以明确内容，帮助理解，如图 4-52 所示的"手"字布局图，就加入了对各个部件的解释。

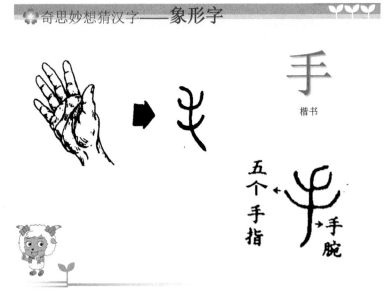

图 4-52　加了说明的单一汉字演示文稿布局

从前面的测试看来，学生对变化较大的部件识别较差，加上一些说明可以引导学生更仔细地观察汉字字形、理解字义。

B. 两个汉字对比的演示文稿布局

图 4-53 呈现了两个汉字对比的演示文稿布局示例。这种布局中包括两个汉字，含有对比的意味，因而要注意位置与内容的对应关系。要有意识地提供可

以对比的线索，便于学生观察两个内容的关系，以帮助学生辨析内容，并培养学生的观察和分析归纳能力。

当然，可能的话，我们应该更细致地将两个汉字有区别的部分用不同的颜色表现出来，以提示学生重点观察这些位置。

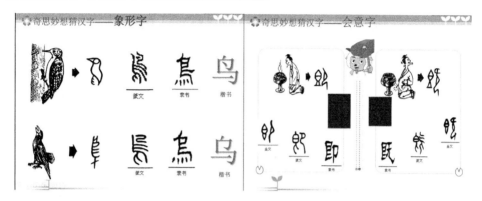

图 4-53　两个汉字对比的演示文稿布局

C. 三个汉字对比的演示文稿布局

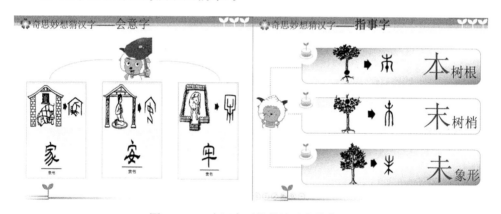

图 4-54　三个汉字对比的演示文稿布局

图 4-54 呈现了三个汉字对比的演示文稿布局示例。三个汉字的布局可以避免产生视觉疲劳，但仍要注意位置与内容的关系。考虑到内容比较多，是否能够像两个字那样更多地利用汉字字形演变为线索帮助学生理解就要根据实际情况来定。

除此之外，还要注意布局界面的平衡和美观。无论采用横式还是纵式的结构，都要充分考虑汉字整体的平衡。

D. 四个汉字对比的演示文稿布局

图 4-55　四个汉字对比的演示文稿布局

图 4-55 呈现了四个汉字对比的演示文稿布局示例。这种布局结构稳定均衡，既增加了演示文稿的信息容量，也凸显了画面的对称与平衡。

E. 多个汉字对比的演示文稿布局

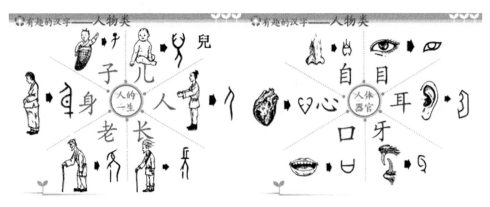

图 4-56　多个汉字对比的演示文稿布局

图 4-56 呈现了多个汉字的演示文稿布局示例。扇形展开的布局呈现出多个汉字，有利于展示出一串汉字间的逻辑关联，提高识字效率。

（2）不同文字类型的演示文稿布局

考虑到汉字生成的复杂性，不同类型的汉字需要不同的材料进行教学，为此，也需要设计不同的演示文稿界面。

A. 象形字

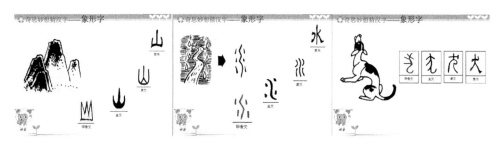

图 4-57　象形字的演示文稿布局

图 4-57 是象形字的演示文稿布局示例。象形字字数虽不多，却是汉字的基础。设计象形字的教学应首先展示字源图片，再逐一演示字形变化，帮助学生在头脑中形成汉字"物象—具象—汉字"的产生过程，这也正符合了人的认知规律。

B. 指事字

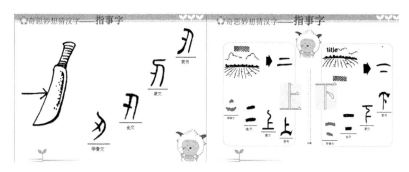

图 4-58　指事字的演示文稿布局

图 4-58 是指事字的演示文稿布局示例。设计指事字则应强调指示的部位，用红色标示出来，突出显示以示强调。

C. 会意字

图 4-59　会意字或指事字的演示文稿布局

图 4-59 是会意字或指事字的演示文稿布局示例。基于对汉字物象化特征的理解，对于会意或指事字，我们都可以首先基于字形，根据字源理解，给出由部件组成的物象化的理解，然后再根据物象的关联，分析出字理。因而，这类字的布局也要体现上述精神。这种精神主要体现在汉字字源图片的选择和使用上。上述三个例子正是其具体表现。

D. 形声字

形声字的教学对字源识字来说是一种挑战，如何以符合字源的方式进行形声字教学是一大难点。Z 老师总结出来的形声字模板（见图 4-60）以汉字的形旁为线索，联系相关汉字，让学生看到了汉字笔画和部首变幻无穷的组合，使形声字像魔方一样散发着神奇的美。

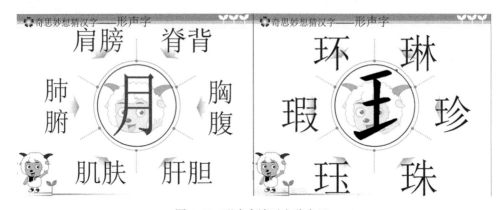

图 4-60　形声字演示文稿布局

三、L 老师利用网络进行字源识字实践

L 老师还利用网络辅助日常教学。她开设了一个网络社区，邀请全班家长参与，充分利用网络进行辅助教学。一方面给家长提供了一个与教师交流的平台，另一方面分享了教育资源和教育经验。此外，还可以通过网络让学生画字、写话，训练学生的表达能力。

这种利用网络辅助教学的形式随着信息化程度的提高会越来越广泛地深入千家万户，为更多的人接纳、使用。从家长的反馈来看，该网络社区应用较为成功，字源识字已为实验班的家长所认可。

以下单就字源识字应用做一些简单的梳理。

1. 学习资源共享

L 老师将字源识字平台中查找出来的汉字字源信息转换成图片后，一一贴到网站上，供学生学习用。图 4-61 是其中一幅。[①]

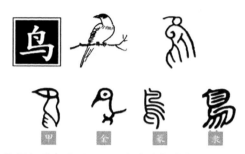

像侧视的鸟的形状。是鸟类动物的总称。

图 4-61　利用平台在线生成的字源信息图

2. 引导学生学习

由于网络的异步性，教师、家长和学生还可以通过网络开展活动。

有的家长找来一些象形字，让大家猜是哪些字。如图 4-62 所示。[②]

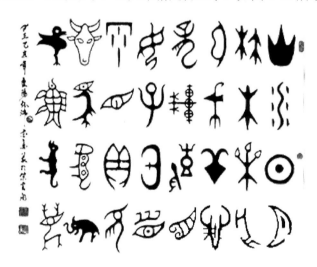

图 4-62　象形字

L 老师在答复帖中对"林"字加以说明。如图 4-63 所示。

---

① 水城经典. 豆丁家园［EB/OL］. http://bbs.xxyw.com/dispbbs.asp？boardid=70&id=151911&page=1&star=27.

② 水城经典. 豆丁家园［EB/OL］. http://bbs.xxyw.com/dispbbs.asp？boardid=70&id=151911&page=1&star=24.

其中"林"字并不是一个象形字。

两棵树并排着，表示树木多。这种把两三个同样的事物放在一起以表示数量

多的构字法，还有"多""品""晶"等字。

那么，这种构字法是什么呢？

请寻找打开汉字王国的第二把金钥匙吧！

图 4-63　L 老师利用网络讲解"林"字

同时 L 老师就学生的帖子进行回复，以期指导学生学习。如图 4-64 所示。

可见，网络的确是学习的重要辅助手段，它可以提供更好的交流手段，有效地改进交流信息的质量。

不愧是勤劳的啃啃！组词、造句样样都行！

造句"捉虫"：

1.手套：我有一付花手套。

　　"付"是用手把一件东西递交给另外一个人。本义是指交付、给予。

"副"是把东西剖成两半。本义为剖分。由于被劈开的两半儿东西

在外观上是成对儿的，所以后来凡是成对儿一套的东西就用副来做计量单位，如：一副手套、一副对联等。

图 4-64　网络异步交流

四、个案研究的启示

（一）字源识字教学的瓶颈

我们认为，由于字源识字的内在合理性，学生接受字源识字不是问题，字源识字教学的瓶颈在于是否能够提供可供教学使用的资源以及教师是否具备字源识字教学的能力。

从资源来看，字源识字基础平台基本能够满足字源识字的教学需要，但还应在资源本身和资源的呈现以及提供方式上再下些功夫，并以更好的条件提供速度更快、更稳定的服务，以方便一线教师使用。

从教师素质来看，虽然存在利用字源识字的可能，但由于教师本身工作压力大、劳动强度高、知识结构有欠缺，在教学中广泛使用字源识字还存在一定的阻力。我们需要加强对教师的引导和培训，尽量减少应用的阻力。目前可以考虑从点的实验推广到面的实验，通过实验学校来带动一般学校，以实验学校的常态应用为字源识字的大量应用奠定良好的基础。

（二）字源识字能够促进教师发展

1. 提高教师专业能力水平

通过字源识字实践，教师补充了大量与字源有关的理论知识以及与文字学相关的知识，在团队的合作研究中，通过分享教学方法、教学策略等，提高了教学能力，这些都有助于提升教师的专业水平。

在共同的研究和学习中，大家都在一起进步。作为团队带头人，笔者通过与她们的交流，越来越熟悉小学语文教学；教师们在笔者的带领下，越来越注意教学和研究的整合，越来越注意教学的理据性和合理性；团队形成了良好的学习和研究的氛围。L老师在Z老师的影响下，PPT制作技术有了一定的提升，并根据Z老师的课件《奇思妙想猜汉字》，从六书的角度出发，对常用汉字进行了归纳整理，实践着她一直想做的《字源之旅》。

在"国培计划"远程培训的学习中，Z老师的出色表现获得了大家的一致好评。她关于字源识字的多篇文章获得了大家的广泛关注。

Z老师的教学实践也受到了该区教研员、教师、学生的一致好评。

2. 提高教师的研究意识

由于字源识字是一种较新的教学方法，教师需要做很多尝试，并对这些尝试进行总结，使之更理性、更系统、更有理论价值，这无疑提高了教师的研究意识。一般教师对教学的关注更多的是一种无意识行为，而带着研究目光的教师对自己教学行为的观察则更多地具有了研究者的特点。这促使他们从自己司空见惯的教学现象和教学行为中发现问题，并力求找到更好的方法。

例如，本次实验设计中，Z老师起初的板书设计如图4-65所示。

后来，在磨课的过程中她调整了板书设计，如图4-66所示。

这一份板书设计更能体现字源识字的特色，别具一格、散发着魔力的古文字极大地吸引了学生的注意。教师的这一板书设计也有意识地引导学生从汉字部件的古文字入手追根溯源学习汉字。

【板书设计】

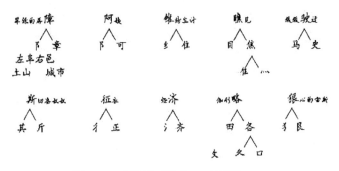

图 4-65　实验板书设计一（初稿）

【板书设计】

走进汉字王国，解码中华传统文化

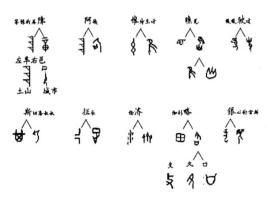

图 4-66　实验板书设计二（定稿）

3. 提升教学理念

Z 老师在谈到字源识字时讲：

识字教学是传承文化的基石。汉字字源语境是一幅由汉民族宗教、哲学、道德、伦理、科学、艺术等多元文化构成的原始生态图。利用多媒体技术可以超越时空界限，将历时久远的字源语境生动地再现出来，挖掘汉字以形表义的内在特点、规律及其富含的文化资源，感受中华民族特有的心理和思维模式，促进汉字的识记和思维的发展。

在公开课《奇思妙想猜汉字》的说课中，她谈及自己的教学理念：

汉字是中华文化的忠实记录者、传载者，其中蕴藏着历史、宗教、哲理、道德、美术、韵律等多元文化的基因，是开启儿童多元智能的一把金钥匙。

当今识字教学现状存在着机械教学、死记硬背、错别字多、高耗低效、忽略字形等现状。学生遵循课程标准"多认少写"的原则，虽然扩大了识字量，却造成了"识字不讲理"的现象。

识字教育传承着中华文化，"汉字字源语境多媒体再现"识字教学的意义不仅在于帮助儿童识字，也不仅仅是对儿童思维的培养，更重要的是播种下中华民族多元文化的基因，将滋养儿童从单一发展回归到多向性发展，推动教育由工具理性回归到价值理性的本源，使华夏民族的文化生生不已。

第四节　字源识字应用实例

字源识字如何在日常教学中应用？这是字源识字研究不可回避的问题。在研究团队的配合下，我们以字源识字实验研究为契机，在总结教师已有教学实践的基础上，根据实验的要求，进行了字源识字在教学中应用的初步探索。为了便于讨论问题，以下仅以 Z 老师的本次实验教学内容为研究对象展开。①

一、教学设计

（一）教学理念

汉字是世界上唯一不曾中断、仍在发挥着不可替代作用的表意文字。汉字是中国的第五大发明，是中国文化之根，是国家统一之本，是国人安身立命之本，是智慧和想象力的宝库。每一个汉字都是一首优美的诗、一幅美丽的画、一个奇妙的故事。它们将文化、艺术、现实完美地融为一体，成为中华文明的璀璨之星，散发着耀眼的光芒。

识字、写字是贯穿整个小学阶段的重要任务，它是阅读习作的基础。本课旨在从字源的角度探寻汉字的起源，认识汉字的演变，体会汉字的趣味，感受中华文化的博大精深，推动教育由工具理性回归到价值理性的本源。这是语文教学的重要使命。

（二）教学目标

循着汉字的起源，回忆文明的最初：认识这 20 个实验教学用字的 38 个构字

---

① 本节所有实验材料来自 Z 老师提供的字源识字实验教学设计及相关材料。恕不一一指明。

部件——阝（左阜右邑）、章、可、纟（糸）、隹、目、焦、灬、犭、艮、马、史、斤、其、彳、正、氵、齐、田、各、夂（比较攵）、口、宀、亘、刂（刀）、罒（网）、讠（言）、维（夕）、贝、工、竹、立、手、卅、广、廷、庚、米。

利用已知部件，探寻汉字的奥秘：学会 20 个生字——宣、罚、障、康、征、庭、济、笠、略、壶、奉、贡、巢、维、斯、驶、瞧、罗、狠、阿。

在学习汉字的过程中体味汉字的魅力，汲取先贤的智慧。

（三）教学内容

1. 实验用字 20 个

根据实验选择 20 个汉字：宣、罚、障、康、征、庭、济、笠、略、壶、奉、贡、巢、维、斯、驶、瞧、罗、狠、阿。

2. 汉字的相关部件

根据汉字字源，对这 20 个汉字逐一进行了拆分，找出每个汉字的基础部件和过渡部件。最终教学内容及其关系如图 4-67 所示。

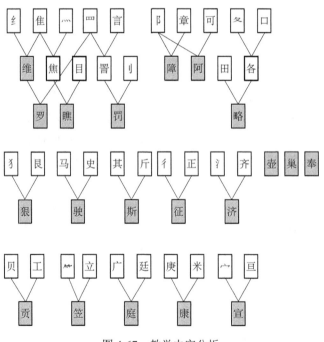

图 4-67　教学内容分析

其中，有灰色背景的为本次实验所需要掌握的 20 个汉字，白色粗边框的汉字为过渡部件，白色细边框的汉字为单纯部件。这 20 个汉字经过拆分后，产生了 33 个单纯部件，3 个过渡部件。根据教学需要，有的汉字只需要拆分为两层即可。由于本实验所选字为随机选择结构，汉字之间的部件重用率相当低，仅"维、罗、瞧、罚"四个字存在共用的部件。

（四）学习者特征分析

本节课的教学对象是四川泸州市某小学四年级四班的学生，这个班是字源识字实验班。

这是上学期新接手的班级，学习四年级上册时尝试着进行了半个学期的字源识字教学，已经错过了字源识字教学的关键期，再加上以往的学习着重于汉字笔画和结构的分析，对生字的形义未能很好地结合语境进行解析，甚至认为写字就是字形教学，忽略了汉字形音义的联系，导致学生出现大量的错别字，书写混乱潦草。经过一学期的字源识字教学后，班上学生思维较活跃，对字源很感兴趣，喜欢字源识字课，并对识字充满着强烈的渴望。

因为缺少了最关键的一、二年级的字源识字基础教学，教师在教学中不仅要讲授生字的字源语义，还得弥补以前的空缺，而四年级又是阅读教学的关键期和作文教学的启蒙期，教学任务十分繁重，因而时间相当紧。

而学生恰恰刚接触了有趣的字源识字，在教师追根溯源，再现古人造字时的原生语境中，探寻字理，发现了汉字形义音的有机结合规律，发掘了蕴藏在汉字中的历史、宗教、哲理、道德、美术、韵律等多元文化基因，感受到了汉字的神韵与美，体验到了汉字启迪着人类智慧的光芒，进而对字源识字充满向往。可以说，学生们每天都盼望着上识字课，这种渴望甚至远远超出了对阅读与习作的热情。

识字教学是语文教学的根本和着力点，阅读与习作又是中高段语文教学的重点和难点，都不可忽视。唯有充分利用每一分每一秒钟，以最低的教学成本换取最佳的教学效果。

（五）教学重点与难点

体味汉字的魅力，汲取先贤的智慧：通过具体的形体分析，剖析每个字的字形与字义的内在关系及其发展历程，了解汉字由甲骨文、金文向篆书、楷书演变的过程，挖掘汉字的文化基因，感受中华文化的源远流长和博大精深。

（六）教具

字卡、彩色粉笔。

（七）板书设计

第一课时和第二课时的板书设计分别如图 4-68 和图 4-69 所示。

图 4-68　人教版实验第一课时板书设计

图 4-69　人教版实验第二课时板书设计

（八）字卡设计

由于条件有限，Z 老师所在实验班只能采用黑板加粉笔的方式进行，为便于教学，Z 老师专门设计了字源识字字卡。该字卡为 A4 纸大小，分为正反两面：正面是字源图片和字体演变过程，背面是详解汉字字源及相关信息。

以"目"为例，如图 4-70 所示。

图 4-70　"目"字字卡正面和背面

　　这种字卡成本低、使用方便，值得在字源识字中大范围推广。它不仅提供了识字教学必需的字源信息，还提供了基本字义、组词、成语、相关字的字源释义等。教师用教学字卡提前准备好教学所需的资源，印制在字卡背后的信息又可方便教师在教学过程中查看，减轻了老师的劳动强度，以备不时之需。此外，字卡在教学中的反复使用有利于学生在复现中识记汉字。本书下一步将致力于开发这类字卡，以便在日常教学中推广字源识字。

　　（九）教学时间

　　两课时。

　　（十）教学流程

　　教学流程如图 4-71 所示。

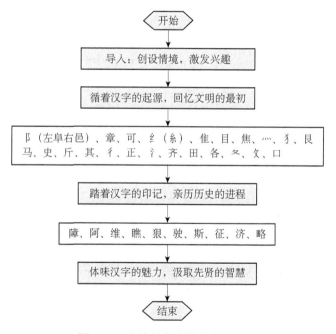

图 4-71　人教版实验教学流程设计

　　本实验课是一次集中识字课，因而教学仅针对识字来设计。教学流程方面，除了导入和总结阶段外，其重点在于合理安排汉字部件和汉字的教学顺序，尝试让学生在掌握汉字部件的基础上愉悦地识记汉字的整字。

二、教学片段

以下教学示例摘自 Z 老师的教学设计文本。

为了说明字源识字教学的特点，现从教师教学设计中抽取出"维、罗、瞧、罚"四个字的设计作为教学片段示例，以说明字源识字教学中的一些具体操作流程，并做简要评述。

从教学逻辑来看，我们需要关注教学的总体逻辑、整字与部件间的逻辑，以及单个汉字或部件的教学顺序。

教学总体逻辑需要考虑各个汉字和部件的呈现顺序。就"维、罗、瞧、罚"四个字而言，从字形关系上看，其逻辑如图 4-72 所示。

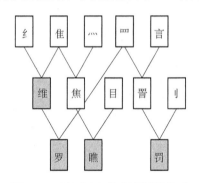

图 4-72　示例汉字的字形逻辑关系

实验课在教学逻辑上充分考虑了这四个字的字形关系，对这四个字的安排顺序为：维（纟、隹），瞧（目、灬），罚（罒、刂、讠），罗。该教学逻辑充分考虑到了汉字部件的重用，使前面学会的部件为后面的汉字教学服务。

就实验用字与部件关系的梳理来讲，基于对儿童认知特点的理解，教学采用了"整体→部件→整体"的结构方式进行。例如，"维"字的教学过程即维→纟→隹→维。

从具体操作流程来讲，就每一个汉字或部件的教学而言，采用"板演→字卡→字源分析→汉字应用"的教学顺序。

下面四个示例汉字的教案仅第一个"维"字未经删减，以提供一个完整的示例，其余示例删除了部分与汉字字源教学关系不大的内容。

（一）学习"维"字

1. 板书演示："维"字的拆分（板书：　）

猜一猜，这两个部件表示什么？

（利用学生的好奇心，直接板书古文字，引导学生猜测字形。兴趣就从问题开始了，这符合学习者的认知特点。）

2. 出示字卡"纟（糸）"

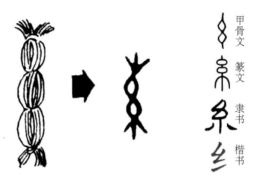

图4-73　"纟（糸）"的字卡

图4-73为"纟（糸）"的字卡（字卡设计合理，在日常教学中使用很方便）。

这是个整体象形字。瞧，一大束细丝绞在一起，两端还有散开的丝头。所以叫作"绞丝旁"。

有"糸"旁的字多跟丝或者丝织品有关系：

"丝"的繁体字写作"絲"（甲骨文　），像两束丝的形状。

"关系"的"系"（甲骨文　）像人手里抓着丝。

"紧"字的本义是丝绳拉得很紧。

"索"字（甲骨文　）像粗大的绳子。

"絮"字的本义是粗丝绵。

"紫"字的本义是指青赤色的帛。

"素"字的本义是指本色的丝绸。

"牵累"的"累"（小篆　）像大的绳索。

"紊乱"的"紊"本义是乱丝的意思。

（通过比较几个有"糸"旁的字，加深学生对该部件的理解，并使学生在多次再现中记住部件的意义。）

3. 出示字卡"隹"

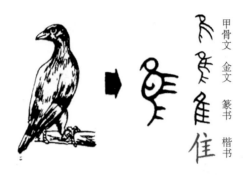

图 4-74 "隹"的字卡

图 4-74 为"隹"的字卡。甲骨文、金文的"隹"字，像一只头、身、翅、足俱全的鸟儿，其特征是尾部较短。按照《说文解字》的说法，"隹"就是短尾巴鸟的总称，而"鸟"则是长尾巴鸟的总称。（从字形上看，"鸟"与"隹"的区别不在长尾、短尾，而是有翼无翼。）

有"隹"旁的字大都跟飞禽有关系，如"雀、雁、雏、雉、雄、雌、雅、雕"等。

用作量词的"只"繁体字写作"隻"（小篆隻），像一只手抓了一只鸟。"双"的繁体字写作"雙"（小篆雙），像一只手抓了两只鸟。

"雌"和"雄"本来是指飞禽的性别。

"雅"是乌鸦的一种。

"雕"是一种大型猛禽。

有一些"隹"旁的字，现在的意思跟飞禽没有关系，但是它们最初的意思都跟飞禽有关系：

"难易"的"难"，"雇用"的"雇"，"幼稚"的"稚"，原来都是鸟名。

"集合"的"集"本义是说许多鸟在树上。

"隽"字最早的意思是指鸟肉肥美。

"分离"的"离"繁体字写作"離"，本义是鸟名。

有一些"隹"旁的字跟飞禽没有关系，它们的"隹"旁表示读音。例如，"唯、惟、维、帷、锥"等。因为古今语音发生了变化，有些字读音和以前不一样了。

（注意："唯"字有"口"旁，它的本义是应答。"惟"字有"忄"旁，它的本义是思考。"维"字有"纟"旁，它的本义是大绳子。）

有一些"隹"旁的字跟飞禽没有关系，但它们的偏旁是带有"隹"旁的字：

"雠（chóu）"字的本义是应答，它中间的"讠"表示说话的意思；"雔（chóu）"表示读音，"雠"字的意思是成对的鸟。

"售"字的本义是出售，它卜面的"口"表示说话的意思；上面原先写作"雔"，"雔"表示读音，后来省略为"隹"。

"焦"字的本义是火烧伤，下面的"火"表示烧伤的意思；上面原先写作"雥"，"雥"表示读音，后来省略为"隹"。

"杂"的繁体字写作"雜"，左上角原本是"衣"字，意思是衣料的各种颜色相配合，五彩杂烩；它的另一部分是"集"字，"集"表示读音。

"虽"的繁体字写作"雖"，本义是一种虫子。它的左下角是"虫"字，"虫"表示"雖"是虫类；它的另一部分是"隹"字，"隹"表示读音。因为古今语音发生了变化，有些字读音和以前不一样了。

（利用字卡，创设识字语境，直观展示"隹"字的由来，调动学生多种感官参与记忆活动，从而提高学习的效率和教学的效果。字卡背后的同源汉字，是对教学资源最好的扩充，供教师选用。）

4. 利用已知部件，学习"维"字

"纟"指大绳子，用以维系物体，使其稳定；隹是一种短尾鸟，有短意，车盖上的绳索都不长。维本义指车盖上的绳索。后来用作动词，如维系、维持、维护。

（1）基本字义

①系，连接：维系。

②保持：维持、维护、维修、维生素。

③纲：纲维（总纲，亦指法度）。

④数学名词：几何学及空间理论的基本概念，通常的空间有"三维"，平面是"二维"，直线只有"一维"。

⑤思考：思维（亦作"思惟"）。

⑥以，因为："维子之故，使我不能餐兮。"

⑦文言助词，用于句首或句中：维新。

⑧姓。

（2）成语

步履维艰：行走困难，行动不方便。

进退维谷：维，相当于"是"；谷，比喻困境。无论是进还是退，都是处在困境之中。形容进退两难。

（汉字如"诗"似"画"，是世界上唯一具备全脑功能的文字，依据字源、字理析解汉字，掌握形声字"形旁表义、声旁表音"的规律，学生就能透过汉字的笔画呈现出如"诗"似"画"般丰富的内心视像，从而形象地、牢固地、快速地识记汉字，进而开发全脑功能。）

（二）学习"瞧"字

1. 板书演示："瞧"字的拆分（板书：👁🐦🔥）

这些甲骨文，你能猜出几个？

2. 出示字卡"目"

图 4-75 是"目"的字卡，这个象形字画的是一只非常逼真的眼睛。"欲穷千里目"，"目"就是"眼睛"。凡是由"目"组成的字大都与眼睛或眼睛的动作有关。

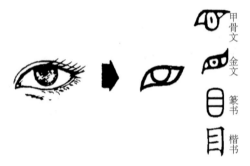

图 4-75 "目"的字卡

3. 出示字卡"灬"

图 4-76 是"火"的字卡。瞧，熊熊的大火烧起来了。"火"在字的下边时多写成"灬"，叫作"四点底"。

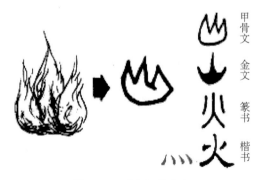

图 4-76 "火"的字卡

有"灬"的字大都跟火有关系："热、煮、熟、烹、煎、烈、照、熬、焦、熏、蒸"等。

有一些"灬"底的字，现在的意思跟火没有关系，但是它们最初的意思都跟火有关系：

"黑"字（小篆𤋱）上边是透气出烟的窗户，下边是火，"黑"的本义是指窗户上被烟火熏出的颜色。

"然"字的本义是烧火烤肉，狗寻味而来的情境。

"熙"字最早的意思是用火烤干。

"蒸"字的本义是用火蒸烤。

"庶"字的本义是用火烧石头。

有些字的"灬"跟火没有关系，它们的下边原先不是四点"灬"，后来在文字发展过程中字的形体发生了变化，把它们写成"灬"了。例如，

"鱼"的繁体字写作"魚"，它的"灬"表示鱼尾巴。

"燕"字的"灬"表示燕子尾巴。

"鸟"字的繁体字写作"鳥"，它的"灬"表示鸟的爪子和尾巴。

"焉"字的本义是一种鸟，下边"灬"表示鸟的爪子和尾巴。

"马"字的繁体字写作"馬"，它的"灬"表示马腿和马尾巴。

"熊"字的"灬"表示熊的脚。

（"灬"的归纳和总结很有意义，让汉字不再是抽象的符号，而是一幅幅图画，学生愉悦地识字，仔细比较这些汉字的异同，甚至会浮现出动态性的内心视像，祖国汉字深厚的文化内涵也就自然地融入学生的心里。）

4. 出示字卡"焦"

图 4-77 是"焦"的字卡。瞧，鸟儿在火上烤着。"焦"字的本义是烤鸟，引申为物体经火烤而呈干枯状态，又泛指干枯、干燥；还可以用来表示人的心里烦躁、烦忧，焦急、焦虑、焦躁不安。

（讲解"焦"字，利用了前面已经学过的"隹"字。通过"字源图片"的展示，将"焦"的原生语境展示出来，帮助学生理解字义，了解文字的由来。生动形象的演示让学生不仅知其然还知其所以然。）

5. 利用学到的部件知识，学习"瞧"字

"然"字描绘的是烧火烤肉，狗寻味而来的情境。"瞧"字呢？鸟儿在火上

烤着，稍不留神，鸟儿就烤糊了，所以得睁大眼睛盯着点儿。"瞧"字描绘的正是烧火烤鸟，睁着眼睛仔细观察的情境。（将"然"与"焦"联系，有助于学生利用旧知识学习新知识。）

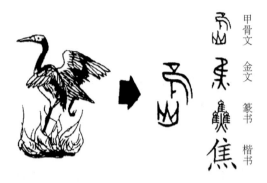

甲骨文
金文
篆书
楷书

图 4-77 "焦"的字卡

"瞧"字的本义是偷偷看。

吃着碗里瞧着锅里：比喻贪心不足。

东瞧西望：指到处乱看。

走着瞧：等着瞧。等过一段时间再下结论，再见分晓。

每一个汉字都来源于一幅美丽的画，每一个汉字也都蕴藏着一个动人的故事。

（识字教学重要的是要教给学生识字的能力。当学生学了部件"目""焦"并懂得形声字"形旁表义声旁表音"的特点后，就会依据汉字本身的规律和学生认知的规律，"无师自通"，形成一定的识字能力。）

（三）学习"罚"字

1. 板书演示："罚"字的拆分（板书：罰 刂 罒 讠 刂）

"罚"字拆分为" 刂（刀）"和"詈"两个部件。"詈"是"骂"的意思，它又可以拆分为"罒（网）"和"讠（言）"两个部件。

2. 出示字卡"罒（网）"

图 4-78 是"罒（网）"的字卡。"网"甲骨文的左右两边是插在地上的两条木棍，中间挂的是一面网，可见我们的祖先最初是在陆地上张网捕兽。"网"字的本义就是一张网，一种用于捕猎鱼、禽、兽的工具。

"网"字是个部首字。"网"在组合成字时写作"罒"，在汉字中凡由网字和它的变形"罒"所组成的字大都与"网"和网的作用有关，如"买""罗""罢""署"等字。

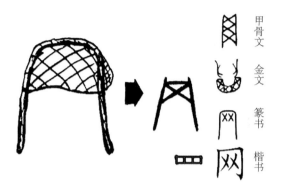

图 4-78　"罒（网）"的字卡

汉字是象形字，字形是通达语音、语义的基础。我们在教学中可以通过字形展示，率先激活字义（形旁），最后通达字音（声旁）。掌握了这些常用的、组字率较高的象形字以及用它作形旁时用于表义的特点，就能形成识字的能力，进而"无师自通"地创造性地学习大量的形声字以及会意字。

3. 出示字卡"刂（刀）"

图 4-79 是"刂（刀）"的字卡。这就是"大雪满弓刀"的"刀"字，有柄有刃。"刀"字是个独体象形字，刀是用于切、割、砍、削的器具总名。（与"刀"有关的字略。）

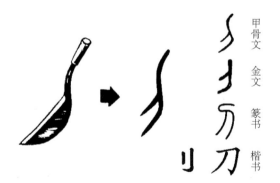

图 4-79　"刂（刀）"的字卡

4. 出示字卡"讠（言）"

图 4-80 是"讠（言）"的字卡。这是一个指事字。"言"字（小篆言）像人张

开嘴说话的形状，古文在舌上加一小横作为指示符号，表示从口中、由舌头发出的声音。本义是指说话，引申为名词，指说话的内容，即言论、言语；引申指见解、建议、学说、著作，也指语言或文章中的字、句。

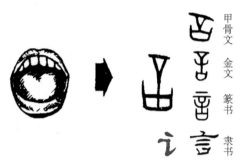

图 4-80　"讠（言）"的字卡

有"言"旁的字大都跟说话有关系，"言"在做左偏旁时简化为"讠"。例如，"说、语、读、谢、谎、课、誓、议、讲、谈、讨、论、认、识、诩"等。（与"言"有关的字略。）

5. 出示字卡"罚"

图 4-81 是"罚"的字卡。古文字"罚"是个左右结构的字，右边是把刀，左边是个"詈"字。"詈"就是"骂，骂人，用恶劣的言语对人"。在古代仅仅持刀骂别人而没有用刀杀伤别人也要受罚。"罚"字的本义是小罪，过错。没用刀杀人，仅仅是拿着刀骂人这样的过错，罪行较轻，不至于受杀头或残伤肢体的刑法。

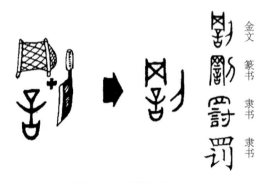

图 4-81　"罚"的字卡

现代的"罚"字由三部分构成:"网"指法网(法律),"言"指判决,"刀"指用刑。意思是触犯了法律,就要被审判、被判决,然后用刑接受惩处。

基本字义:现在指处分犯罪、犯错误或违犯某项规则的人,如罚款、罚球、惩罚、罚不当罪(处罚过严或过宽,与所犯的罪行不相当)。

(站在一个文化的角度来讲一个字,孩子记住的不仅仅是一个字,同时还有对汉字的审美。"罚"字是个容易写错的字。错别字令许多老师伤透了脑筋,也花费了大量的精力,教师不厌其烦地更正强调,但收效甚微,而且到了高年级回生率还是很高。教师苦恼埋怨中却常常忽略了追根溯源到教法中去。)

(四)学习"罗"字

1. 板书演示:"罗(羅)"字的拆分【板书:𦋐羅】

奇思妙想猜猜看。

2. 出示字卡"罗(羅)"

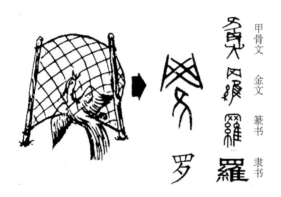

图 4-82 "罗(羅)"的字卡

图 4-82 是"罗(羅)"的字卡。这就是"天罗地网"的"罗"字。夕是从繁体"维"简化而来,"罗"字的繁体是"羅"。

"维"由"纟"和"隹"两个部件组成,表示丝和鸟;"罒"表示网。三形会意为用丝织的网捕捉鸟。

(讲解"罗"字,由于其部件"罒"前面已经讲过,此处一笔带过即可。)

甲骨文"羅"字,上面是一张网,下面有一只鸟,表示鸟被网扣住,有翅难飞,可见这是个会意字。小篆的网中除了鸟(隹)之外,还增加了"系"(丝),这就表示网是用丝织的。

"羅"字的本义是指以网捕鸟，也指捕鸟的"网"，如《韩非子·难三》："以天下为之罗，则雀不失矣。"意思是以天为网来捕鸟，那么连小雀都不会失掉。成语"天罗地网"就是从这里来的。（与"罗"有关的字及其本义略。）

（"形象感知"和"意义识记"是学生学习汉字的认知规律。对于由独体字组合而成的会意字，教师通过拆分组合的方式，引导学生体会其"会意"的方法。例如，"羅"由部件"罒"和"维"组成，通过字卡想象出鸟被网扣住有翅难飞的情境。通过字理的析解和意象的透视，将学生带入汉字无比美妙的构形情境中，浮现出有声、有形、有动感的"罗"。字源识字引领着孩子们在悠悠文化的长河中遨游，聆听着一段段美丽的汉字故事，感受着祖先无穷的智慧。）

三、教学后记

在完成本实验课后，Z老师写了如下教学后记。通过该教学后记，我们可以进一步了解她的设计思想，并体会字源识字带给识字教学，乃至语文教学的变化和收获。

多年以来，汉字教学机械识记、高耗低效的状况始终困惑着我们，语文教学的根在哪里？汉字教学的着力点究竟在哪里？一个字为什么这样写，为什么这样念，为什么是这个意思？如何让学生生动、有趣、活泼地学习汉字，甚至乐学好学？

多年来我们一直在苦苦寻找，终于发现了字源汉字教学资源平台。凭借着字源平台强大的数据支持，我开始了字源识字教学的探索。

这两节课对20个汉字做具体的形体分析，剖析每个字的字形与字义的内在关系及其发展历程，了解它们是如何由甲骨文、金文向篆书、楷书演变的。字源识字可以帮助你快速、正确地掌握汉字的字形，准确、透彻地理解汉字的字义，体味博大精深、古老又神秘的方块汉字的魅力。

汉字字形分为三级：由笔画合成部件，部件又合成整字，在笔画、部件、整字这三个层次上，部件处于承上启下的过渡位置，因而也是最重要的。于是我就从部件入手，帮助学生认识部件，进而通过部件的叠加理解汉字。

没有多媒体辅助教学，我只好设计了一些教学辅助卡片（教师用字卡），向学生展示字源图片、字形演变，帮助学生建立起直观的感知：实物图片—甲骨文、金文—现代汉字。

　　测试数据显示，全班绝大多数学生对这 20 个生字掌握得较好，学生们说：

　　"我喜欢古文字，古文字就是一幅幅图画。"

　　"古文字很有趣，而且老师画古文字时，也在给我们讲意思，让我们更好地记住字。"

　　"学了古文字可以分辨错别字。"

　　"我认为借助图画来学古文字蛮有趣的。我认为学习古文对学好汉字有很大的帮助，我很愿意学古文字。"

　　"因为可以了解中华文化。"

　　"因为每一个汉字都有一个故事，所以我喜欢汉字"。

　　"我喜欢古文字，所以我要学好古文字。"

　　呵呵，这不是最令人开心的事儿吗?

第五章 | 藏族地区小学汉字教学实践研究

第一节 理 论 探 讨

一、实验对象

本实验在四川省甘孜藏族自治州丹巴县巴底小学进行。该校在嘉绒地区。在实地考察中，我们发现其民居、服饰、语言等都与我们所熟悉的藏族有一些差异。在与一些学者交流时，我们对该地区居民的民族认定存在一些争议，因而拟定对其所属民族进行一些探讨，以确保实验对象能够代表藏区。为此，我们首先查阅了关于藏族有关行政区划、人种学、语言等方面的资料，试图对这一问题有一些比较客观的认识。

藏族是中国少数民族之一，自称博巴或博日、博米。因地区不同，又称康巴、安多哇、嘉绒哇等。据 1990 年人口普查，人口约 459.3 万，主要分布在约占全国总面积 1/4 的青藏高原上，在行政区上包括西藏自治区，青海省的玉树藏族自治州、海南藏族自治州、海北藏族自治州、黄南藏族自治州、果洛藏族自治州、海西蒙古族藏族自治州，甘肃省的甘南藏族自治州、天祝藏族自治县，四川省的甘孜藏族自治州、阿坝藏族羌族自治州、木里藏族自治县，云南省的迪庆藏族自治州等。藏族与汉族、蒙古族、回族、土族、撒拉族、羌族、门巴族、珞巴族等民族杂居。藏族是融合诸如羌人、羊同人、苏毗人、弥药人、吐谷浑人等氏族、部族逐渐形成的。

藏族有自己的语言文字，藏语属汉藏语系藏缅语族藏语支，分为卫藏方言、康巴方言和安多方言三种方言，藏文系参照梵文创制而成，为自左向右横写的拼音文字。藏族方言差别明显，但可通话，以拉萨话为通用。藏文为通用文字，有行、楷之分。①

　　从上述资料来看，四川阿坝藏区的嘉绒地区应该属于藏区。考虑到对嘉绒地区的人的民族的争议，我们查阅了以下资料。

　　有学者认为，嘉绒人的祖先是羌人。关于嘉绒藏族的族源，学术界也多有学者论及。格勒在《古代藏族同化、融合西山诸羌与嘉绒藏族的形成》一文中认为，嘉绒藏族是唐代西山诸羌部落，在吐蕃东进时形成的，其主要族源是羌人；邓廷良在《嘉绒族源初探》中认为，嘉绒（甲戎）即汉代的"嘉良夷"，隋代的"东、西嘉良（梁）"，唐代的西山八国中之"哥邻"等部；马长寿先生在《嘉绒民族社会史》中认为，汉之冉、唐之嘉良夷即今嘉绒的先民。很显然，嘉绒藏族源于羌人，在学术界已经形成了共识，即学术界认为嘉绒藏族的先民是羌人，后来与吐蕃发生融合后才形成嘉绒藏族。图 5-1 显示了嘉绒民居常见的星月标记和白石崇拜，这可能与嘉绒藏族的先民是羌人有关。

图 5-1　嘉绒民居常见的星月标记和白石崇拜

———————
　　①　主要依据：高文德. 1995. 中国少数民族史大辞典. 长春：吉林教育出版社. 也参考了：徐万邦，王齐国. 1995. 民族知识辞典. 济南：济南出版社.

虽然嘉绒人的祖先可能是羌人，但现在他们更普通地被视为藏族。例如，雀丹在《嘉绒藏族史志》一书中讲道：从 1912 年到 1953 年的众多文献著述都将其地民族称为嘉绒族。1950 年开始中央民族学院有专设的嘉绒族研究班，用拼音创制了嘉绒民族文字，将该地民间故事，用该文字拼音写记并在马尔康、理县、金川一带嘉绒人中去普及，反映很好。该文字比藏文译音准确易懂，该文字课本和昔日的译稿，今理县籍当年中央民院的学生还有保存。1954 年人们才正式将"嘉绒族"识别为藏族，列为一支系至今。图 5-2 是村民在路边书写的藏文。

图 5-2　村民在路边写的藏文

从中国现代的行政区划来看，嘉绒藏族居住在阿坝藏族羌族自治州和甘孜藏族自治州。"嘉绒"是藏语"嘉摩察瓦荣"的简称，因位于大渡河流域而得名；"察瓦荣"是藏语"炎热峡谷地带"的意思，是大渡河流域十八个小王国的总称，在藏区传统的卫藏、安多、康巴的划分中，一般将嘉绒划归为安多，但其中的大泽多（康定）等地又划为康区，这主要是因为他们的语言是保存古藏语最多的，与康区和安多的方言都有联系但又不完全一致而造成的。嘉绒语属于汉藏语系藏缅语族的嘉绒语支，被认为是汉藏语系内的活化石。嘉绒人是藏族的分支。[①]

巴底小学地处丹巴县。该县位于四川省甘孜藏族自治州东部邛崃山脉与大雪山脉之间的峡谷地带，大渡河上游。位于康定以北 225 千米处。任乃强的

---

① 雀丹. 1995. 嘉绒藏族史志. 北京：科学出版社，40.

《西康图经（地文篇）》《正释·七十九·西康三十六县名义》讲道：丹巴包括丹东、巴底、巴旺三土司，与明正土司属鲁密二十四村及旧屯地，命名为丹巴，集三土司属之首字也，因而，"丹巴"一名是根据当地有丹东、巴底、巴旺土司而命名的。因该地地处高山峡谷，故藏语称为"绒麦查郭"，意为山岩上之城。丹巴旧为丹东、巴旺、巴底三土司辖地，清宣统三年（1911 年）改土归流时，置设治委员。1913 年，改设丹巴县，隶属康定府。1926 年置丹巴县，辖1 镇 14 乡，面积 4659 平方千米，人口 5.46 万，藏族占 72%，其他为汉族、羌族、回族等民族，操嘉戎语西部方言，现为甘孜藏族自治州辖县。[①]图 5-3 是本书所提及的巴底小学的正门。

图 5-3　巴底小学

　　从上述材料来看，我们认为嘉绒地区的民族应该被视为藏族。我们的实验也应该被视为以藏族的一个地域为代表的实验。根据笔者的实地考察，该校学生来源大体分为两类：一类是农区，一类是牧区。前者家庭以农业生产为主，一般生活在交通较为便利的河边或者山脚下，有的也在比较平坦的山上；后者家庭以牧业为主，一般生活在山上，有的牧区位于较为寒冷的雪山上。由于交通的影响，农区的家庭一般熟悉汉语，有的甚至汉语很流利，生活中基本完全依赖汉语，因而其汉语水平较高；牧区的家庭一般不熟悉汉语，生活中基本讲当地方言，因而汉语水平较差，有的家庭甚至从来不用汉语，汉语基本要从零开始学习。可见，该校和学生既能代表汉语水平较高的农区，也能代表汉语水平较差的牧区，因而虽然是个案，但却有较好的代表性。故而我们试图通过这一个案的深入研究来考察在民族地区进行基于字源汉字教学的合理性。图 5-4 是巴底小学所在的巴底乡的全景。

图 5-4 巴底乡全景

与全国其他民族地区一样，虽然该校部分学生的家庭已经不怎么使用藏语或当地方言，而以汉语为其主要语言，但我国的民族语言政策要求在教学中必须在使用汉语的同时使用民族语言，因而学生既要学习民族语言，又要学习汉语，因而从本质上来讲，不管汉语在其生活和教学中的地位如何，民族地区汉语教学必然是一种双语教学，甚至可能是多语教学。由于只要教学中使用两种语言，就是双语教学，因而我们有必要对双语教学进行一些探讨。

二、双语的概念

对于"双语"一词，应该如何理解，滕星教授曾经对国内主要观点进行过梳理，认为可以归纳为六大类。①过程说。这种观点认为："双语教育是指在一定的教育阶段，同时进行母语和第二语言的教育，使受教育者学会使用两种语言。双语教育不是两种语言的机械相加，而是在两种语言教育同时进行的条件下所构成的整体。"②体制说。这种观点认为："双语教学是一个教学体制问题，即指在少数民族学校里，有计划地开设少数民族语文和汉语文两种课程，以达到少数民族学生民、汉两种语言兼通，民、汉两种语言文字都得到发展的目的。"③方法说。这种观点认为："双语教学是一个教学方法问题。鉴于少数民族群众和学生不懂汉语，教师在教育教学过程中，使用当地少数民族的语言或文字对汉语汉文进行翻译解释，使他们真正理解教育教学内容，尽快学会汉语汉文。"④体制与方法说。这种观点认为："双语教学既是教学方法问题，也是教学体制问题。一是指教师在进行第二语言教学时，用学生的母语或学生已懂得的其他语言来讲解课文，达到'懂'和'用'的目的；二是指在同一段时期内，同时教授两种文字课程，实行双语教学体制，使学生经过一定时间的学习之后，能掌握两种语言文字。"⑤目的说。这种观点认为："双语教学是民族中小学有计划地以民族语言文字和汉语言文字两种语文作为教学媒介的教学系统，其目的就是通过专门系统的教学活动，使少数民族学生既能熟练掌握和运用本民族语文，又能在此基础上掌握汉语文的知识和运用汉语文进行交流与学习的技能，尤其是运用汉语文进行思维和表达思维成果的能力。"⑥课程说。这种观点认为双语教育包括在学校中设置母语和第二语言课程。①

事实上，这些概念并不具备排他性，它们是"双语"在不同的语境下具体化表述的产物，"双语"的概念事实上应该包含上述的方方面面，即双语教育是在一定的教育阶段（过程），在少数民族学校里，有计划地开设少数民族语文和汉语文两种课程（体制和课程），利用民族语言来帮助学生掌握汉语（方法），以达到既能熟练掌握和运用本民族语文，又能在此基础上掌握汉语文的知识和运用汉语文进行交流与学习的技能，尤其是运用汉语文进行思维和表达思维成果的能力的目的（目的）。可见，双语是在国家语言教育政策支持下，在民族学校的特定阶段利用双语课程进行双语教学，以达到使学生掌握双语知识、形成双语能力的综合过程。

考虑到在教育学领域，教育和教学经常表达同一个意思，因而，双语教学也常常用双语教育这一术语。双语教育可以理解为使用双语进行的教育。加拿大的麦凯教授和西班牙的西格恩教授在其著作《双语教育概论》中将双语教育定义为："以两种语言作为教学媒介的教育系统，其中一种语言常常但并不一定是学生的第一语言。"②

三、双语的分类

根据不同的分类标准，双语有很多种不同的分类。

---

① 滕星.1996.中国少数民族双语教育研究的对象、特点、内容与方法.民族教育研究，(2)：44-53.

② 〔加拿大〕M. F. 麦凯，〔西班牙〕M. 西格恩.1989.双语教育概论.严正，柳秀峰译.北京：光明日报出版社，45.

根据学生掌握双语的先后，可以分为如下几种。理想型双语，指能够同时完美地掌握两种语言。早熟型双语，指一种语言在第二种语言的语法学习之前已经掌握。共时型双语，指两语言的获得是同时进行的，一般是指一个人生活在两种语言同时存在和同时使用的家庭中。连续型双语，指先学会母语，再学习另一种语言。这种情况一般是指移民到另一个使用不同语言的国家，需要改变到目的国的语言的情况。被动型双语是指当两种语言的一种只能被理解而不能产出时，对双语学家而言，这是一种特殊的双语。这两种语言不能被认为处于同一水平，因为使用者对这两种语言的熟悉程度是不同的。[①]

根据双语中使用母语的情况，双语可以分为以下几种类型。①浸没型双语教育：完全不用儿童的母语或本族语言，而只使用学校采用的语言讲授；②保留型双语教育：儿童入学时使用其本族语言，某些课程逐渐改用学校采用的语言讲授，某些课程则用本族语言讲授；③过渡型双语教育：儿童入学时部分或全部使用本族语言，以后全部改用学校采用的语言讲授。[②]

四、美国双语教育的启示

美国作为一个新生的以移民为主的国家，其国民源于多个国家，双语教育有很长的历史；作为一个成熟的现代化国家，美国的双语教育对我国有很重要的启示。

（一）美国双语教育的历史

考察美国双语教育的历史[③]，双语教育的初衷主要是帮助少数民族移民子女解决在学校学习时因语言上的障碍所遇到的困难，以渐进的学习方式进行并且希望他们能够早日适应美国社会而同化于美国主流文化之中。

一方面，从语言学习的角度来看，双语教育对于完全不懂或英语能力有限的移民子女而言是有帮助的，它除了为移民子女提供学习英语的机会，对其他学科的学习也有帮助。

另一方面，从更深的角度来看，双语教育可以促进国民对主流文化的认同，进而增强国家认同，对于形成一个强有力的国家有重要的意义。

---

① Wikipedia. 2016. Bilingualism. https://en.wikipedia.org/wiki/Bilingualism.
② Wikipedia. 2016. Bilingualism. https://en.wikipedia.org/wiki/Bilingualism.
③ 冯广兰.2008.美国双语教育政策嬗变及其实践.民族教育研究,(1):55-59.

　　美国的双语教育自一开始便是一种补偿性教学，其重要性不太为一般社会大众所关心。少数民族学童学习第二语言的主要目的是进入主流文化。

　　当讲不同语言的族群相遇时，由于彼此不同的生活习惯，风俗、宗教及价值观种种因素的差异，透过接触的结果便会互相影响。此种互相影响的过程在社会学的认知中称为同化（assimilation），而从人类学的角度来看称为顺应（acculturation）。

　　（二）美国的主流语言教学

　　美国的主流语言是英语。1981 年前只有两州规定英语为官方语言，之后有二十一州通过英语为官方语言的法案。1996 年美国国会更进一步通过法案，联邦政府的一切公务只能以英语作为唯一使用语言。这样的法案无疑对少数民族、从事双语教育工作者、民权团体等造成威胁。毋庸置疑，支持双语教育者批评此法案的通过是支持种族主义的表现，更是排外的象征。赞成与反对英语化者对于是否应该将英语制定为国家官方语言经常辩论不休。分析其中原因，我们可以了解他们所关切的问题是国家认同及平等权利。

　　与美国的双语教育相比，加拿大双语教育班的学生来自中等或高等经济阶层。加拿大人视双语教育为可丰富文化、增加语言能力的积极性教育措施。学生进入双语班的目的是同时学习两种语言。美国双语教育中学童的语言背景相当复杂，这样的情形造成了教学上的困难及不便。除了语言背景的复杂性，美国双语教育较缺乏家长参与以及小区的支持。

　　（三）美国双语教学的争议

　　1. 反对双语教学的原因

　　（1）无法被主流文化同化

　　同化论者认为如果没有共同的特征，则整个国家将四分五裂。语言是增进彼此了解的最佳方法，英语则是代表同化最佳的象征。因此同化论者反对双语教育的实施，因为它阻碍了少数民族学习语言的动机，而促进了族群的对立。

　　有关国家认同问题，特别是在 20 世纪多元文化的美国，有什么力量可以将不同文化的人结合在一起并认同其生活的地方？有什么力量可以促进彼此之间的感情联系及沟通？答案便是共通的语言。有了共通的语言，但保持各自文化的特色，如此不但能有共同的沟通语言，并且还保留文化特征，这是两全其美的事。反对双语教育者认为双语教育导致受教育者无法与主流文化完成同化，原因有三。

A. 无法真正融入主流社会

双语教学中半沉浸式教育模式（submersion education），将英语作为教学的唯一语言。反对双语教学者认为完全的英语教学的环境是促使少数民族子女能够真正投入美国社会的方法，而半沉浸式教育则使受教育者不能真正融入主流社会。

B. 无法尽快认同主流文化

同化的过程中，语言扮演着相当重要的角色。没有语言就没有文化。反对双语教育者认为双语教育的结果无法使少数民族学童尽快认同主流文化而降低他们进入美国主流文化的意愿及速度。语言是促进同化的主要工具。主张废除双语教育者认为双语教育为少数民族提供了一个延迟学习英语的借口，特别是讲西班牙语的人口。

反对双语教学者认为，移民后代的语言会在自然情况下顺应主流文化的语言。移民如果认同美国自然会将这块生活的土地视为永久居留的地方，也会在短时间内学习主流社会的语言以早日进入主流社会。这种方式的语言学习是最有效也最经济的，不需由政府耗时又浪费经费在语言政策上。

C. 促进了分离主义

反对双语教育者认为双语教育的实施在无形中促使分离主义，阻碍同化之进行。秉承这一观点的人将美国比喻为一大熔炉，经由融合的过程制造出一个全新的民族，他不属于原来融合之前任何一个民族。在今日美国社会里，虽然有人支持此论调，但这仍只算是一种理想。

（2）保存式双语教育不易实施

反对者提出师资不足、经费分配及使用未达真正公平原则等理由，甚至认为多元文化会造成国家分裂，因而提倡英语化运动来维护盎格鲁白人文化之地位。

2. 赞成双语者的原因

（1）为民族学生提供融入主流社会的机会

提倡文化多元论的犹太籍哲学家霍勒斯·卡兰（Horace Kallen）认为，一个理想的国度是不同族裔生活在一准则文化下并且保持族裔个别独立性的情况。在这种理想下美国的确呈现出多彩多姿的文化特性，尤其在美国国内移民涌入的大都市里，其所展现出的是集合世界文化的缩影。赞成双语教育者认为双语教育为少数民族提供早日融入于美国主流社会的机会。

（2）保存式双语教育有助于维护及保存文化遗产

双语教育教学模式中有一种便是为了保存少数民族之语言文化所设计出的模式。此模式被称为保存式双语教育（maintenance bilingual education），其目的不仅教导语言与沟通，同时更维护及保存文化遗产。此模式强调，少数民族保留其固有之语言文化有助于维护及保存民族文化遗产。

五、我国的双语政策

美国学者乔纳森·普尔（Jonathan Pool）对国家的发展和语言的多样性进行了论述。他有一个鲜明的观点，即一个国家的发展程度和这个国家语言的使用有着很大的关系，在一个语言极其复杂的国家，不能可有发达的社会和经济，而一个发达的国家总有高度统一的语言。[①]这些理论的论述对于中国学者理解语言政策与国家政治以及发展之间的关系具有很大的启发意义。事实上，中国的语言政策研究也循着这条路在走。

如果语言政策失当，可能造成严重的后果。例如，语言政策的失败一定程度上导致了一个新的国家巴基斯坦的诞生。还有很多中国学者认为苏联的解体与其俄语为尊的语言政策有着密不可分的关系。

美国的双语教育对于我国的双语教育何去何从，有一定的借鉴意义。美国在处理国家的语言政策时十分巧妙，即没有规定官方语言，但英语是实质上的官方语言，美国在历史上采取了一些保护印第安和移民的语言政策。但是，由于英语的强势地位，这些政策并没有在根本上改变少数族群语言在国家语言中的处境。

中国是一个民族众多的国家，各个民族社会经济和文化发展各异，在语言上亦有很大的差别。如何在国家和少数民族共同的发展中保护少数民族的文化？如何在国家统一官方语言的基础上使少数民族的语言得以保存并在其社会中充当文化传承载体的角色？这都需要进一步进行深入探讨和研究。处理普通话和少数民族语言之间关系的问题是制定中国语言政策最主要的依据。

汉语的地位是由使用汉字的人口数量和汉语本身的特点决定的。汉民族强

---

① 周庆生. 2001. 国外语言政策与语言规划进程. 北京：语文出版社.

大的凝聚力与汉字有直接的关系。汉民族的过去和现在以及未来由汉字联系，其民族精神生活的全部历程，都完整地、系统地保存在汉字文献的宝库之中。[①]

关于我国双语教育的研究反映出以下几个问题：一是中国对少数民族的语言政策在教育中体现最为明显，即双语教学在少数民族地区的推行，因而少数民族语言问题很大程度就是双语教学的问题；二是由于社会发展和少数民族同胞个人发展的需要，少数民族的语言在其生活和教育中相对汉语处于劣势地位，语言的使用和留存问题在某些少数民族中比较突出；三是研究者认为双语教育和国家的语言政策对少数民族的语言总体呈现出积极、保护的态度，但在具体的实践中存在着一些问题，且往往得不到有效的解决。[②]

新中国成立以后，党和政府坚持民族平等、语言平等的民族政策，帮助少数民族设计、完善语言文字，把"各民族都有使用和发展自己的语言文字的自由"以法律形式确定下来。少数民族学校应使用本民族语文教学，同时鼓励少数民族根据需要和意愿学习汉语文。因此，这一阶段主要使用"少数民族语文教学"这一术语。20 世纪 80 年代开始，鉴于汉字已经成为各民族事实上通用的语言文字，教育部制定颁布《民族中小学汉语文教学大纲》，规范少数民族汉语文教学，同时指出："使用少数民族语言文字教学的民族中小学，首先要学好民族语文，也应该学好汉语文。"此后，"双语教学"这一概念开始广泛使用。随着"双语教学"研究和实践的不断深入，国际学术交流广泛开展，"bilingualeducation"被译成"双语教育"，出现在国内双语教学研究领域。此后，国内双语教学研究领域出现"双语教学"和"双语教育"交叉使用，"各顶半边天"的局面。

1949 年，中华人民共和国成立，中央人民政府和政务院延续了在各个时期党的民族语言政策，将民族语言平等作为国家的重要语言政策之一。中央政府制定了较为合理的语言政策，确立起"主体—多样性"的语言政策。[③] 1949 年9 月在北平召开的中国人民政治协商会议制定的《共同纲领》（第五十三条）指出："各少数民族均有发展其语言、文字，保持或改革其风俗习惯及宗教信仰的自由。"人民政府应帮助各少数民族的人民大众发展其政治、经济、文化、教育的建设事业。从此，民族语言文字平等的政策一直是中国政府一贯坚持的民族政策的重要内容之一。2000 年 10 月 31 日，第九届全国人民代表大会常务委员

① 徐杰舜. 2010. 汉民族研究的"雪球"理论. 云南大学学报（社会科学版），(2)：34-41.
② 沈海英. 2014. 中国语言政策研究综述. 昆明理工大学学报（社会科学版），(6)：93-101.
③ 徐杰舜. 2010. 汉民族研究的"雪球"理论. 云南大学学报（社会科学版），(2)：34-41.

会第十八次会议审议通过了《中华人民共和国国家通用语言文字法》。这部法律是中华人民共和国第一部语言法，这部法律在后来的国家语言文字规范和统一中发挥了重要作用。

第二节　藏族地区小学汉字教学设计

一、藏族地区汉字教学的要求

（一）民族中小学汉语课程标准（义务教育）

2013 年 12 月 25 日，教育部以教民〔2013〕4 号印发《民族中小学汉语课程标准（义务教育）》。《民族中小学汉语课程标准（义务教育）》分前言、课程目标、学段标准、实施建议 4 部分。

本课程标准适用于母语为非汉语、汉语作为第二语言的少数民族学生，适用于以民族语言文字授课为主、单科加授汉语（包括采用其他双语教学模式）的义务教育阶段学校的汉语教学。

对于汉语教学的目标，本课程标准指出：我国是统一的多民族的社会主义国家。根据我国有关法律规定，普通话和规范汉字是国家通用语言文字。少数民族学生在学习和使用民族语言文字的同时，应该加强对国家通用语言文字的学习和使用。民汉双语教学有利于促进各民族学生之间的沟通和交流，有利于促进各民族学生的全面发展和终身发展，有利于增强各民族学生的祖国意识，有利于增强中华民族的凝聚力。本课程标准要求"遵循汉语作为第二语言的规律，正确把握汉语教育的特点"。

（二）义务教育语文课程标准

中华人民共和国教育部制定的 2011 年版《义务教育语文课程标准》明确了小学阶段在识字、阅读、习作、综合实践能力等方面所要达到的目标。其中小学阶段的识字与写字的目标和内容如下。第一学段（1～2 年级）：①喜欢学习汉字，有主动识字、写字的愿望；②认识常用汉字 1600 个左右，其中 800 个左右会写；③掌握汉字的基本笔画与常用的偏旁部首，能按笔顺规则用硬笔写字，注意间架结构。第二学段（3～4 年级）：①对学习汉字有浓厚的兴趣，养成主动识字的习惯；②累计认识常用汉字 2500 个左右，其中 1600 个左右会写；③有初步的独立识字能力，会运用音序检字法和部首检字法查字典、词典。第三学段（5~6 年级）：有较强的独立识字能力，累计认识常用汉字 3000 个，其中 2500 个左右会写。

为实现识字目标，2011 年《义务教育语文课程标准》中的具体教学建议是识字教学要注意儿童心理特点，将儿童熟识的语言因素作为主要材料，同时充分利用儿童的生活经验，引导他们利用各种机会主动识字，力求识用结合。运用多种识字教学方法和形象直观的教学手段，创设丰富多彩的教学情境，提高识字教学效率。具体评价建议是识字的评价要考查学生认清字形、读准字音、掌握汉字基本意义的情况，以及在具体语言环境中运用汉字的能力，借助字典、词典等工具书识字的能力。不同的学段应有不同的侧重。

二、研究设计与实施

（一）研究方法

从研究模式来说，本书采用了行动研究的方式。研究者既是研究的设计者，也是研究的执行者。这保证了随着研究的进行，我们可以根据研究的效果调整研究的设计，以求达到更好的效果。

本书主要采用了准实验法。实验对象为巴底小学一年级到五年级的学生，实验组为一年级、三年级和四年级学生，对照组为二年级、五年级学生。考虑到学校的具体情况，以原有的各年级各班为实验单位，根据原有课表进行教学实验，不做任何调整。其中，一年级为本书研究的重点，其次是三年级、四年级。

就总体设计而言，实验采用了组间对比和组内对比，试图证实字源汉字教学法的有效性。组间对比在实验组内开展。研究收集了同一教学内容一年级和四年级教学前后的数据来进行组间对比；研究也收集了一年级和四年级同一教学内容实验前后的数据来进行组内对比。

研究的数据主要通过问卷法来获取。根据实验设计，我们在实验前分别对实验组和对照组进行了前测，以了解学生的基本情况，初步了解他们对汉字的一些理解和看法，以及他们对字源的了解情况。在进行实验教学时，研究者会认真准备好教学内容，根据实验设计确定是否安排前测，并在教学过程中注意根据学生的表现进行记录和安排教学进度，实验完成后，确定是否需要后测以及后测内容。实验中研究者还与学校老师一起分析实验进展，并试图培养一些种子教师，为后期实验打下基础。所有实验完成后，根据实验的安排，实验组进行了后测，以便了解实验前后的变化。

此外，实验还进行了一些个案研究，以比较深入地了解学生学习字源的情况。

（二）教学内容

根据字源汉字教学的设计，我们准备以汉字的基础部件为主要教学内容，辅以与汉字相关的动画，讲解一些合体字，以便让学生能够比较全面而系统地理解汉字的构形规律，进而初步建立汉字的系统结构意识。据此，本次实验的教学内容包括以下内容。

1. 基础部件

根据我们的研究成果，我们将基础部件按我们的汉字分类体系进行排列，以便进行系统化教学。本次实验涉及前50个基础部件。

1～10：大、子、人、女、尸、目、耳、自、口、手。

11～20：又、止、心、日、月、云、雨、土、山、石。

21～30：田、水、火、鸟、隹、燕、鱼、贝、虫、马。

31～40：牛、羊、角、羽、中、木、林、禾、米、衣。

41～50：巾、酉、臼、用、井、穴、舟、力、网、弓。

这些部件大体包括人体类（正面、侧面、头部、四肢、组织等），自然类（天象、地理），动物类（鸟、兽、鱼、虫），植物类（草、木、竹、禾）和生活类（衣、食、住、行、工具）等。

2. 多媒体动画

目前能够支持字源汉字教学的多媒体动画比较少，成系统的几乎没有。经过大量检索，我们发现上海电影制片厂的动画《三十六个字》和《汉字的艺术》系列动画比较接近我们的想法，因而选择了这两个材料。

（1）《三十六个字》

《三十六个字》是一部中国上海美术电影制片厂制作的动画短片，该片获得了南斯拉夫第七届萨格勒布国际动画电影节教育片奖。该动画讲的是爸爸把一些中国的象形文字绘制成了动画教儿子识字。

故事的内容是："夫"骑着"马"儿穿竹"林"过"田"野，来到河边（河边有红"山"和绿"草"地）时，马把夫甩下跑走。为过河，夫用"刀"砍

"木"造"舟","象"把夫卷入舟并推舟下"水"。夫看到"鱼"儿，撒"网"捕鱼。"燕"子从空中飞过，乌"云"从"日"边飘过，"雨"下起来，夫用"伞"遮雨。舟翻夫落水，浪将夫推到"石"上，浑身湿透的夫用"火"取暖。一"龟"游来，把夫驮到舟上，夫在小"鸟"的引导下向前。"虎"追"鹿""猪"和一"叟"，夫见状拉"弓"射虎。叟进入"舍"内，将"羊"送给夫作答谢。夫带着羊和地上的"花"及哭泣的小虎过河，很是难为一番后终顺利将它们送到对岸。马又回到夫身旁，夫骑着马带着一批动物上路，将动物送回"森"林后，夫回到家，"犬"和"子"从"门"里走出，随后，"女"子也从门里走出迎接他，夫将花插在女子的头上。一弯明"月"升上天空。

　　故事涉及的汉字大体为：夫、马、林、田、山、草、刀、木、舟、象、水、鱼、网、燕、云、日、雨、伞、石、火、龟、鸟、虎、鹿、猪、叟、弓、舍、羊、花、森、犬、子、门、女、月，共三十六个字，所以这个动画的名称为《三十六个字》。

　　考虑到部分汉字学生可能不太熟悉，我们选择了以下三十三个汉字作为教学内容：日、山、鸟、象、森、林、艹、夫、马、竹、田、刀、木、舟、水、鱼、网、燕、云、雨、石、火、龟、虎、鹿、叟、弓、羊、豕、门、犬、子、女、月。

　　图5-5是电影《三十六个字》的一些场景。

图5-5　《三十六个字》场景

（2）《汉字的艺术——人体篇》

《汉字的艺术——人体篇》是台湾一个团队的系列作品之一。他们创作了很多动画来讲汉字（参见 http://www.ccube.com.tw/）；一般会根据某一个部件，用动画的方式来讲与之有关的汉字。利用动画，学习者可以在观看动画的时候自然地理解汉字，进而掌握汉字。

该动画涉及：笑、呵、眉、目、耳、自、口、人、孕、又、夫、窗、戶、戈、木、田、榮、量、父、尹、乳、母、女、兒、子、口、夭、交、大、文、相、身、乘、尾、舞、字，三十六个汉字。

我们选择了以下二十四个汉字作为教学内容：耳、目、自、口、子、又、人、身、戈、户、囟、夫、山、日、田、木、荣、云、耒、女、母、夭、文、见。

图 5-6 是《汉字的艺术——人体篇》的一个场景。

图 5-6　《汉字的艺术——人体篇》场景

（三）教学设计

1. 基础部件教学设计

（1）一年级导入课设计

一年级学生入学后，已经学习了一些汉字，但学生对汉字字源并没有多少了解，为帮助学生熟悉字源汉字教学的思路，我们设计了这次教学。

实验以绘画为主要教学方法。利用古文字象形的特点，我们把古文字作为绘画的要素，一边说，一边画，在说的过程中让学生无意识地认识了汉字的字源，不再觉得古文字是怪异的东西。

老师在绘画过程中，要求学生也模仿老师的画法，自己在白纸上画画，以培养学生画古文字的感觉。

绘画脚本大体为：这是一间房屋（宀），房屋前面有门（门），在门前有一只狗（犬），门的后面，有很多树（木），是一片树林（林），太阳（日）的周围有很多云（云、晕），看起来好像挂在树梢上一样。房屋前面有一条小河（水、川），河里有只小船（舟），一个人（大）站在上面；河岸是石头（石）做的。树林前面有很大一块地（田），地里种着禾苗（禾）。天空突然下起雨来（雨），雨停了后，出现了美丽的彩虹（虹）。

导入课共涉及以下 17 个汉字：宀、门、犬、木、林、日、云、晕、水、川、舟、大、石、田、禾、雨、虹。

老师在黑板上画的图如图 5-7 所示。

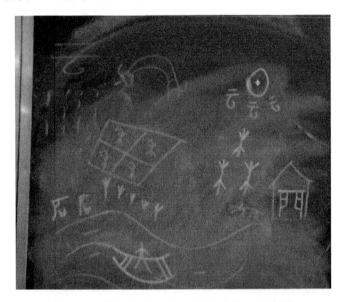

图 5-7　字源汉字教学导入课所绘制的古文字图

由于这个图学生都很容易理解，老师注意到了教学生画图的方法，同学们的积极性很高，不但跟老师学会了画这些基础部件，还自己创造了一些场景。

（2）基础部件教学设计

基础部件的教学是本次实验的重点内容。利用前期研究成果，我们专门设计了字卡，并打印出来印发给学生，作为教学材料。由于学校有电子白板，我们直接用 PPT 投影到电子白板上进行教学。电子白板良好的交互性对提高学生的学习积极性起到了重要的作用。

基于字源的汉字教学试图以古文字为桥梁，建立汉字与其所代表的事物之间的联系。考虑到民族地区一年级学生的汉语水平有限，我们一般的教学流程是：先出示图片，让学生回答图片指的是什么东西；再呈现最早的古文字，在画古文字的同时，让学生体会古文字与其代表的事物之间的关系；然后利用精选的古文字，展示汉字的演变过程，每出示一个古文字，都要求学生理解它与前一个古文字的关系，以及这个古文字与它所代表的事物之间的联系的细节；最后出示现代汉字，并要求学生理解现代汉字的每一个笔画与这个汉字所代表的事物之间的联系。注意在使用古文字时，不要求学生记住怎样画，而要求学生能够从总体上认知这个古文字，并能够理解它与其所代表的事物以及它与现代汉字之间的关系。总之，要把古文字作为一种图像化的材料来使用，只要求能够识别（再认）即可，不要求写出来（回忆）。

字源汉字教学的关键是建立文字特别是现代汉字与它所代表的事物之间的关系，从而有理据地理解现代汉字。本次教学所用字卡样式如图 5-8 所示。

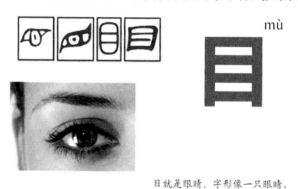

目前，项目，目标，目的，节目，目光，栏目，心目

mù

目就是眼睛。字形像一只眼睛，外面是眼睛的轮廓，中间是眼珠。

图 5-8　字卡样式

根据实验的需要，教学前后可能需要做测试。有时会在教学前安排上次教学的后测，有时会在教学前做本次教学的前测，教学完成后有时会安排本次教学的后测。

2. 多媒体字源汉字教学设计

由于学校有电子白板，为了测试短期字源汉字教学的效果如何，我们在三、四年级利用动画进行了字源汉字教学的尝试。所用的材料分别是《三十六个字》和《汉字的艺术——人体篇》。

利用动画进行字源汉字教学的步骤是：首先明确教学内容，告知要看的视频内容，引起学生的兴趣；再提出教学要求，一般要求边看边做记录（老师会在需要记录的地方暂停，留下记录的时间）；学生准备好纸笔后，开始观看视频。视频观摩完后，实验者利用 PPT 组织基于字源的汉字教学。

根据实验的设计，有时需要在实验前做前测，在实验后做后测，以验证实验的有效性。

（四）教学安排

根据学生的特点，我们做了如下实验安排，如表 5-1 所示。

表 5-1　教学安排

学生	教学内容	备注
一年级	导入课程、基础部件 1～50 教学、《汉字的艺术——人体篇》教学	
二年级	基础部件 11～30 教学	与一年级合班课
三年级	基础部件 11～30 教学	
四年级	基础部件 11～30 教学、《汉字的艺术——人体篇》教学、《三十六个字》教学	
五年级	《三十六个字》教学	与四年级合班课

为了教学方便，我们一、二年级的基础部件 11～30，以及四、五年级的基础部件和《三十六个字》教学均合并教学。

根据实验设计，我们进行了如下测试，如表 5-2 所示。

表 5-2　测试安排

学生	测试内容
一年级	第一次教学后测、基础部件 1～20 再认测试、基础部件 21～40 再认测试、基础部件 41～50 再认测试、《汉字的艺术——人体篇》测试
二年级	基础部件 11～30 再认测试、基础部件 11～30 回忆测试
三年级	基础部件 11～30 再认测试、基础部件 11～30 回忆测试
四年级	基础部件 11～30 再认测试、基础部件 11～30 回忆测试、《汉字的艺术——人体篇》前测、《汉字的艺术——人体篇》后测、《三十六个字》测试
五年级	《三十六个字》测试

由于时间限制，我们每天最多安排一次教学实验；为保证学生从长时记忆中提取相关信息，我们的教学和测试时间间隔至少一天，中间没有安排学生进行复习；一般第二天教学开始时安排大约五分钟进行测试。

第三节　藏族地区小学汉字教学效果研究

一、前测

（一）基本情况

前测带有普查性质，从全校五个年级每个年级随机抽取一个班作为调查对象，由研究者与班主任老师共同实施了前测。其中，一年级 33 人，二年级 30 人，三年级 31 人，四年级 37 人，五年级 23 人。

前测包括学生背景调查、对汉字的基本认识、汉字字源的基本知识能力等方面的测试。其中学生的背景调查主要是学生的父母的职业和文化程度，以及家庭中汉语使用情况；学生对汉字的基本认识包括对学习汉字的兴趣和对形音义的理解，以及学习和记忆汉字的方法；学生的字源知识主要通过连线、划圈、画图等方式考查学生对字形演变的了解以及对汉字字形的意义的分析。

考虑到学生的汉语水平，为了照顾低段学生，前测不需要学生书写汉字，通过勾画即可完成测试。

（二）前测数据分析

1. 背景调查

（1）性别

从前测来看，除 2.6%的学生未填写性别信息外，男生占 50.6%，女生占 46.8%，男女学生的比例基本一样。

（2）父母职业背景

由于巴底小学所在的巴底乡既有农区，也有牧区，因而其人口的绝大多数是农牧民。从调查结果来看，其父亲职业为工人的占 16.9%，为农民的占 65.6%；其母亲职业为工人的占 8.4%，为农民的占 78.6%。这与该校学生的家庭背景比较吻合。考虑到有的学生选择"其他"作为父亲的职业（比例为 9.1%），事后访谈，是因为部分高年级学生认为其父母的职业是"牧民"，而不是"农民"。总体来讲，父亲为工人的比例比母亲为工人的比例高一些。

从一年级到五年级，父亲为工人的比例分别为：9.1%，20.0%，16.1%，

32.4%，0；而父亲为农民的比例为：78.8%，66.7%，71.0%，35.1%，87.0%，对母亲职业的回答与之类似，从一年级到五年级，母亲为工人的比例分别为：9.1%，26.7%，3.2%，2.7%，0；母亲为农民的比例分别为：84.8%，56.7%，87.1%，78.4%，87.0%。从统计数据来看，除了二年级外，其余各年级父母的职业比较一致，农牧民占绝大多数，而工人占少数。

（3）父母文化程度

学生父亲的文化程度集中在小学、初中及高中三个阶段，其百分比分别为：42.2%，29.2%，11.7%；学生母亲的文化程度也集中在小学、初中及高中三个阶段，其百分比分别为：47.4%，26.6%，9.7%。总体来讲，学生家长的文化程度比较低，母亲的文化程度相对来说更低。从父亲的文化程度来看，单就文化程度为大学及其以下这一项指标而言，一年级有6人，二年级有4人，三年级没有，四年级3人，五年级仅1人，可见，家长的文化程度在逐渐提高；学生的母亲的文化程度有类似的结果，单就文化程度为大学及其以下这一项指标而言，一年级有6人，二年级有1人，三年级没有，四年级为1人，五年级为1人，也有逐渐变高的趋势。

（4）家庭汉语使用情况

家庭是学习语言的重要场所，如果家庭成员经常使用汉语，无疑会给孩子学习汉语提供很好的学习环境。根据调查，父母在家很少讲汉语的比例最高，平均占56.5%，从一年级到五年级分别为：21.2%，36.7%，80.6%，56.8%，56.5%。特别需要注意的是，一年级学生父母在家从不讲汉语的比例最高，为42.4%。据笔者观察，这可能跟这批学生有不少来自牧区有关。而一、二年级学生家长经常讲汉语的比例均为30%以上，远高于三、四、五年级，为五个年级最高。可见，该校家长的汉语水平在逐渐提高，这可能说明了汉语在民族地区影响越来越大，但并没有大到影响其母语的程度。

相对讲汉语而言，写汉字难度更大。如果家长能够熟练书写汉字，说明其汉语水平比较高。根据统计，有67.5%的家长能够书写汉字，能够熟练书写汉字的有24.0%，仅5.8%的家长不能写汉字。可见，该校学生家长的汉语书写水平还不错。从不同年级来看，三年级学生的家长有35.5%能熟练书写汉字，其他年级的家长统计结果类似，有大于20%的家长能够熟练书写。一、二年级学生家长中，几乎不能写汉字的家长比例最高，在10%左右，这可能与部分学生来自牧区有关，与上述家长在家讲汉语的统计结果类似。

2. 对汉字的基本认识

（1）对汉字是否感兴趣

调查发现，学生都比较喜欢学习汉字，79.2%表示很喜欢，不喜欢的仅占1.9%，这说明书写汉字对他们来说并不困难。从年级来看，一年级喜欢写汉字的比例最小，仅占66.7%，远低于其他年级，这可能与他们刚开始学习汉字、感觉到比较困难有关。

（2）对汉字字形是否有定势

调查发现，把汉字看成图的学生约占48.7%，比例比较高。相关学者对汉族地区学生的研究发现，其三年级开始建立了部件意识。我们在汉族地区的调查表明，不管哪个年级，大部分学生都会把汉字的字形当成笔画的组合。本次调查表明，三、四年级学生认为有些汉语像图的比例相当高，分别达到87.1%和62.2%，这可能说明民族地区学生的笔画意识还没有完全建立，在需要记忆大量汉字的三、四年级反而会更倾向于把汉字看成图片。这要求我们在汉字教学中要帮助学生建立汉字学习的正确策略，不然会大大影响以后的学习。当然，我们也不能排除教师教学能力和策略的影响。

（3）学习汉字的方式

汉字由于数量众多，如果每个汉字都死记硬背，那将会是无法想象的困难。因此，学生对汉字理据的掌握对于汉字的学习有重要的影响。调查表明，绝大多数学生认为汉字有理据（72.1%）。从结果来看，从一年级到五年级，认为汉字有理据的比例分别为：66.7%，56.7%，77.4%，78.4%，82.6%。可见，随着年级的升高，学生认为汉字有理据的比例也越高。这可能是因为随着年级升高，学生对汉字的规律越来越理解，因而认为汉字有理据。

由于民族地区家长汉语水平不高，因而仅6.5%的学生选择了主要是家长教自己识字；而有81.2%的学生选择了老师教是其主要的学习方式。有意思的是二年级有26.7%的学生选择了自学作为自己学习汉字的主要方式，而其他年级这一比例基本在10%以下，原因未明。

记忆汉字的方式对汉字学习有重要的影响。从笔画的角度来看，汉字是二维结构，因而如果通过笔画来记忆汉字可能会比较困难；但在学生没有掌握足够汉字部件的时候，又必须通过机械记忆来学习汉字。调查表明，该校有41.6%的学生采用机械记忆的方式来学习汉字，而55.2%会根据形体分析来学习汉字，从一年级到五年级，采用机械记忆的学生的比例分别为：48.5%，36.7%，

87.1%，18.9%和13.0%。可见，除了三年级外，随着年级的升高，采用机械记忆方式的学生越来越少，这与我们的预期类似；特别是五年级，仅有13.0%的学生采用机械记忆，这说明其汉字记忆策略已经发展得比较好，有利于学习汉字。

（4）对汉字形音义的理解

汉字是形音义的结合体，根据调查，从一年级到五年级，认为汉字字音难记的比例分别为：15.2%，30.0%，19.4%，16.2%，0；而认为字形难记的比例分别为：33.3%，20.0%，16.2%，16.2%，4.3%；认为字义难记的比例分别为：48.5%，43.3%，77.4%，67.6%，95.7%。综合起来看，字义是学生学习汉字的最大困难，其次是字形，最后是字音。随着年级的升高，字音越来越简单，字形越来越简单，字义却越来越困难。这一结果与越南的统计结果有比较大的差异，对外汉语教学中的越南有高达93%的学生认为字形学习最困难，而仅有6.6%的学生认为汉字字义比较困难，几乎没有学生认为汉字读音困难。这可能是因为越南学生采用的是拼音文字，但其字的发音与汉语有些关联，因而有那样的结果；而该藏族学校的学生对其母语的文字并不熟悉，故反而受的影响并不大，但毕竟所处环境与汉族地区差异比较大，因而理解汉语比较困难，特别是随着年级越来越高，接触的汉语越来越难，对汉字的意义也可能会更觉得比较难于掌握，因而会觉得汉字的意义最难记忆。这对民族地区汉语教学的重要启示是，我们一定要研究藏族地区与汉族地区、国外汉语教学的差异，做到有的放矢，从而提高教学的效率。

为了进一步确定学生学习汉字的困难，我们又要求学生回答是读音好记还是意思好记，结果有72.7%的学生认为汉字的读音好记。而仅有24.0%的学生认为汉字的意思好记。从一年级到五年级，认为读音好记的比例分别为：66.7%，56.7%，83.9%，73.0%，87.0%。可见，随着年级的升高，认为读音容易的学生越来越多。同理，对于读音和字形哪个更容易记忆而言，有51.9%的学生认为读音更好记一些，从一年级到五年级，认为读音容易些的比例分别为：33.3%，43.3%，90.3%，37.8%，60.9%。总体而言，随着年级的升高，越来越多的学生认为汉字的读音更好记。

汉语认知心理学的相关研究表明，汉字读音的激活是自动的。总体而言，48.7%的学生认为会首先想到字音，从一年级到五年级，其比例分别为：45.5%，60.0%，80.6%，29.7%，26.1%。可见，随着年级的升高，更少的学生会关注到字音。从一年级到五年级，首先想到字形的学生的比例分别为：

24.2%，20.0%，3.2%，54.1%，73.9%。可以很清楚地看到，随着年级的升高，越来越多的学生首先想到汉字的字形。

3. 汉字字源的基本知识能力

（1）字源知识

总体来讲，57.1%的学生不知道汉字是由古代文字演变而来的，可见，学生的字源信息很贫乏。

（2）字源理解能力

为了考察学生理解汉字字源的可能性以及不同年级的特点，我们设计了字源图片、古文字、现代汉字的连线题。

宀→个：各年级准确率都比较高，平均达92.2%；除三年级外，其余都达90%以上，四、五年级准确率最高，为100%。因外形相似，有3.9%的学生把个误认为"贝"字的古文。

宀→现代文：准确率达62.3%，五年级学生准确率最高，为95.7%；四年级次之，为70.6%；24%的学生把"宀"错误地认为是"贝"了，可能还是外形比较容易混淆。

贝→：本题准确率达70.8%，从一年级到五年级，其正确率分别为：57.6%，66.7%，71.0%，70.3%，95.7%。可见，随着年级的升高，准确率有明显提高。有12.3%的学生选择了"攵"的古文。

贝→现代文：本题准确率较差，平均为37.0%，从一年级到五年级，其准确率分别为：30.3%，23.3%，38.7%，35.1%，65.2%。可见，五年级准确率最高，随着年级的升高，准确率越来越高。有11.7%选择了"攵"，9.1%的学生选择了"宀"和"佳"。

佳→：本题准确率达75.3%，各年级准确率分别为：57.6%，60.0%，71.0%，91.9%，100%。可见，随着年级的升高，准确率越来越高。有11.7%的学生选择了"攵"的古文。

佳→现代文：本题准确率较差，为34.4%，各年级准确率分别为：12.1%，16.7%，77.4%，16.2%，60.9%。可见，随着年级的升高，准确率越来越高。有19.5%的学生将"佳"与"攵"混淆，有14.3%的学生将"佳"与"攵"混淆。

攵→：本题准确率为41.6%，各年级准确率分别为：27.3%，33.3%，41.9%，48.6%，60.9%。可见，随着年级的升高，准确率越来越高。有17.5%的学生将与"攵"的古文混淆。

攵→现代文：本题准确率较低，仅 21.4%；一年级到五年级的准确率分别为6.1%，23.3%，32.3%，24.3%，21.7%。可见，随着年级的升高，准确率越来越高。有部分学生将 𝅘 与"攵"的古文 ⻖ 混淆，而这个古文与"斤"类似，因而有15.6%的学生将"攵"与"斤"混淆，有 13.6%将"攵"与"夂"混淆。

攵→ ⻖：本题准确率为 44.8%，从一年级到五年级，准确率分别为：27.3%，40.0%，29.0%，73.0%，52.2%。可见，随着年级的升高，准确率也越来越高。有 14.9%的学生把 𝅘 与 ⻖ 混淆。

夂→现代文：本题准确率仅为 18.8%。22.1%的学生把"夂"与"斤"混淆，原因是其古文 ⻖ 与"斤"的外形相似；18.8%的学生把"夂"与"攵"混淆，原因是它们本来就很相似。

斤→ ⻖：其准确率为 62.3%，从一年级到五年级，准确率分别为：57.6%，73.3%，38.7%，64.9%，82.6%。可以明显看出，随着年级的升高，准确率也越来越高。17.5%的学生把 ⻖ 与 ⻖ 混淆，因为其实物图与 ⻖ 比较相似。

斤→现代文：本题仅有 17.5%的学生选择正确。25.3%的学生将其与"阝"混淆，20.1%将其与"攵"混淆。

网→ ⻖：本题准确率较高，为 70.1%，从一年级到五年级，其准确率分别为：42.4%，66.7%，64.5%，94.6%，82.6%。可见，随年级的增长，准确率也在增加。8.4%的学生把 ⻖ 与 ⻖ 混淆，可能是把看成了网的一部分。

网→现代文：本题有 41.6%的准确率，从一年级到五年级，其准确率分别为：36.4%，36.7%，51.6%，32.4%，56.5%。可见，随年级的增长，准确率也在增加。

阝 → ⻖：本题有 70.1%的准确率，从一年级到五年级，其准确率分别为：51.5%，66.7%，67.7%，78.4%，91.3%。可见，随年级的增长，准确率也在增加。

阝→现代文：本题准确率为 24.7%，从一年级到五年级，其准确率分别为：9.1%，26.7%，16.1%，29.7%，47.8%。可见，随年级的增长，准确率也在增加。26.0%的学生把"阝"与"罒"混淆。

根据上述统计，按图片与古文字对应的准确率排序，上述各个字的图片与古文字对应的准确率以及古文字与现代汉字对应的准确率分别为：宀，92.2%，62.3%；隹，75.3%，34.4%；贝，70.8%，37.0%；网，70.1%，41.6%；阝，70.1%，24.7%；斤，62.3%，17.5%；攵，44.8%，18.8%；夂，41.6%，21.4%。根据上述数据，综合前面根据年级分组的结果，可以得出如下结论：

①图片与古文字对应的准确率要远远高于古文字与现代汉字对应的准确率，说明古文字兼有具象和抽象的特点，因而比较容易识别。

②随着年级的升高，准确率在增加，说明分析能力的提升有利于学习字源。

③如果干扰信息比较多会影响识别的效果。

（3）分析汉字字形能力

第三大题要求圈出"犬"字不同形体中，表示其头部的部分。测试题从前到后分别呈现了金文 𝕏、甲骨文 𝕐、篆文 𝕑 和隶书 𝕎 等字形，可以明显看出，其象形程度越来越低。我们简单地把学生的结果划为三级：A（准确），B（部分准确），C（完全不准确）。A（准确）要求全部正确，既不能多，也不能少；B（部分准确）必须包括一部分正确内容；C（完全不准确）则不包含正确的内容。

从结果来看，金文的正确率达 70.8%。从年级来看，除二年级表现比较异常，为 16.7% 外，其余各年级的正确率均在 80% 以上。需要注意的是，部分准确的学生很少，仅一年级和四年级各有 1 名学生。

甲骨文的准确率稍低，为 62.3%，各年级的正确率分别为：87.9%、3.3%、54.8%、73.0%、95.7%。可见，一年级和五年级准确率最高，二、三年级最差。同样很少学生部分正确，二年级学生完全不正确的比例高达 96.7%。

篆文的准确率更低，仅为 39.0%。其中五年级最高，为 78.3%；二年级最差，为 0；其余各级均为 30%～40%。完全不准确的比例升至 35.7%，其中二年级最高，为 100%。

隶书完全准确的比例为 11.0%，其中一年级和三年级学生表现较好，均为 20% 以上；二年级和五年级表现最差，为 0。部分准确的比例最高，平均为 52.6%，其中五年级高达 95.7%，四年级达 75.5%，一年级达 60.6%，二年级表现最差，为 0。

综合上述结果，我们可以看出：

①随着字形从具象到抽象的变化，学生回答的准确率越来越低，说明具象的字形更容易理解。

②从总体表现来讲，一年级学生和五年级学生表现较好，原因可能是一年级学生学的汉字还比较少，还没有被汉字的字形困扰，反而能够将汉字看成图形来进行比较，结果较好；五年级学生则因为分析能力比较强，因而能够较好地理解汉字字形，但由于没有接受过汉字字形分析的训练，在分析比较抽象的

隶书时，其准确率反而没有一年级学生高。这说明字源汉字教学从小学低段开始教学有可能，如果这种方式被学生接受，随着学生年级的升高，分析能力会逐渐提升，会更好地利用字源来学习汉字。

（4）画图题

第四题要求画图表示"美"和"坐"。从汉字字形来看，"美"的早期图形文字写作 🧍，字形像一个头上有羽毛的人的形象；此后金文简化了羽毛状的装饰 🌿，或者变成了像羊头一样的装饰 🐑；篆文规范了其笔画 🌾；隶书化曲为直，变成了现在的样子 **美**。可见，"美"字的图画应该包括两个元素：一是正面的人形，二是头上的装饰，而且装饰应该在头上。"坐"的甲骨文为 🔥，后来其古文写作 🔥，篆文写作 🔥，隶书写作 🔥。可见，"坐"字的图画应包括两个侧面的人形、一个坐具，且人形应该在坐具上面。

根据上述要件，我们将画图表示这两个字的判断分为三类：一类为 A（很符合字源），要求要完全符合上述要件；第二类为 B（比较符合字源），要求部分符合字源，不能乱加东西；第三类为 C（不符合字源），即不符合字源的解释。

从结果来看，学生所画"美"字的图很符合字源的比例很低，平均仅 2.6%。其中，一年级和五年级表现较好，其他年级较差。比较符合字源的比例也较低，平均为 20.8%。其中三年级表现最好，为 41.9%；一年级次之，为 24.2%；其次是五年级。不符合字源的比例很高，平均达 76.6%。从比例来看，各年级的比例分别为：69.7%，90.0%，54.8%，89.2%，78.3%。可见，二年级、四年级表现最差。

学生所画"坐"字的图基本没有完全符合字源的，部分符合的比例也很低，平均仅为 10.4%，高达 89.6% 的学生的作品不符合字源。

综合上述结果，学生缺少将汉字与图画进行联系的能力，关于汉字字源的知识很少。

二、后测

（一）基本情况

考虑到识字主要在低段和中段进行，本次研究主要选择了一年级和四年级作为样本，故后测仅在一年级和四年级进行。

后测设计的目的有两个：一是考察在与前测相同或相似的项目上学生的表现，以观察前后测的变化；二是针对字源汉字教学，考察学生的变化；三是测试学生对所教内容的掌握情况，以考查学生学习汉字字源的效果。

考虑到一年级学生书写汉字的能力很弱，需要书写的部分无法完成，故其书写部分不要求全部用汉字，可用拼音代替，在分析时也会充分考虑到这一客观现实。

由于种种原因，有部分学生未完全完成后测，有的项目未作答的比例较高，在一定程度上会影响测试的效果。

（二）后测数据分析

1. 与前测相对的效果

前后测中，部分题目基本一致，主要是为了通过字源汉字教学的前后对比分析，了解学生的变化，进而分析字源汉字教学的意义，下面一一分析。

（1）你觉得汉字怎样？

本题考察了字源汉字教学对学生理解汉字具象特征的影响。

前测时，一年级学生认为有的汉字像图的比例仅有 15.6%，后测这一比例已升至 43.3%，考虑到有 20.0% 的学生没有回答，应该说经过实验，很多学生已经从只把汉字看成抽象的笔画变成能够部分理解汉字的象形特点了，这无疑能够比较好地给字源汉字教学带来变化。从字源的角度理解汉字的笔画，能够更好地理解汉字的理据，有助于学习汉字。四年级学生，前测为 62.6%，后测为 62.9%，前后测变化不大，这可能与学生实验前已经有一些相关的知识有关。

（2）你觉得汉字写成现在这个样子有没有依据？

本题考察了字源汉字教学对学生理解汉字的影响。

从测试来看，四年级学生对汉字理据的认识基本没有变化，均为 78.4%；而一年级学生前测中有 65.6% 认为汉字有理据，后测有 43.3% 认为汉字有理据。单从数据来看，一年级学生认为汉字有理据的比例反而变小了，这可能与 26.7% 的学生未回答该题有关。认识汉字的理据，自觉地根据汉字的理据来学习汉字可以降低汉字学习的复杂性，增强汉字学习的兴趣，对汉字教学有相当正面的意义。

（3）你认为汉字最难记的是什么？

本题试图了解字源汉字教学对学生理解汉字形音义的帮助。

从形音义三要素来看汉字学习的难点，前后测结论一致，均认为汉字的字义比较困难。但是，经过字源汉字教学，一年级认为字义困难的比例由46.9%降低为33.3%，四年级从67.6%下降到57.1%；而一年级觉得字形较难的比例由34.4%降至16.7%，四年级认为字形较难的比例由16.2%变为20.0%，比例略有上升。可见，字源汉字教学有助于学生掌握汉字字义和字形。而这一点对于民族地区的学生特别有意义，因为汉字的字义和字形正是学生感到最困难的两个要素。相对而言，前测学生感到最容易的还是字音，仅16.9%的学生认为读音难记；而后测中，这一比例变为23.1%，有所上升，这与字源汉字教学法主要解决字形与字义的联系这一核心问题，而对字音作用不大的特点相吻合。

（4）你认为汉字的读音好记还是字形好记？

本题是为了进一步确认字源汉字教学对学生理解汉字字形的帮助比汉字字音更大。

对于读音和字形哪个更容易记忆而言，前测结果表明，65.6%的一年级学生、73.0%的四年级学生认为字音更容易记忆；而后测数据表明23.3%的一年级学生、40.0%的四年级学生认为字音好记。可见，经过实验，认为字音更好记的学生的数量已经大大减少，而认为字形更好记的学生的数量则大大增加。由此可以推测，字源汉字教学对于学生掌握字形的帮助要远大于对学生掌握字音的帮助，而掌握字形是民族地区学生掌握汉字的两大难点之一，可见这种教学方法对于解决民族地区的汉字教学的确有重要的意义。

（5）你知道现在的汉字是由古代文字演变而来的吗？

本题是为了了解学生对汉字形体演变历史的认知。

对于学生是否知道汉字是古文字演变过来这一问题，一年级学生和四年级学生在前测中分别有50.0%和35.1%的人回答知道，而后测仅有26.7%和28.6%表示知道汉字的演变，这可能与实验者在教学中并未强调所用材料除了现代汉字外，都是古文字有关。从好的方面来讲，这种方法没有增加学生的记忆负担；从坏的方面来讲，学生没有理解到汉字形体演变的知识。如果学生能够没有太多压力，纯粹把这些古文字材料看成图片来帮助自己理解汉字的形体也许更有意义；但如果学生没有认识到这些材料实际是古文字，那么他们能正确理解汉字的理据吗？这也许需要后续的实验研究来加以说明。

2. 字源汉字教学对汉字学习的意义

（1）通过这段时间的实验，你是否更喜欢学习汉字了？

本题是为了了解实验对学生学习汉字兴趣的影响。

通过调查，43.3%的一年级学生表示更喜欢汉字了，这一数字虽然并未过半，但也远远超过选择没感觉（6.7%）或更不喜欢（16.7%）的学生比例，这说明实验已经有了一些效果，但还没取得突出的成绩，下一阶段还要研究问题所在，以反思学情分析、教学内容、教学过程和教学方法方面可能存在的问题。

四年级的反馈比较让人满意，高达80%的学生表示通过实验更喜欢学习汉字了，这说明四年级的字源汉字教学适应了学生的需要，学生能够较好地理解汉字字源。这也许是因为四年级学生已经有较好的汉字基础，能够较好地理解这种方法，并认识到这种方法对于理解和记忆汉字的好处。

（2）通过这段时间的实验，你是否觉得汉字很有意思？

与上题类似，本题也是为了了解实验对学生学习汉字兴趣的影响。

结果与上一题类似，40.0%的一年级学生觉得汉字很有意思，71.4%的四年级学生觉得汉字很有意思。可见，实验的确对学生学习汉字的兴趣有了积极的作用。

（3）用这个方法来学习汉字你觉得哪方面最有意思？

43.3%的一年级学生和45.7%的四年级学生认为猜对应的东西最有意思；其次是20.0%的一年级学生和28.6%的四年级学生认为跟老师一起画字有意思。一年级有部分学生同时选择了画字与猜字两项或猜字与理解笔画来历两项，但却没有学生同时选择画字与理解汉字笔画的来历这两项，可见，学生并没有形成利用字源来理解现代汉字笔画的能力，这一点与我们预期的目标有差异，学生更多的是从整体来理解汉字的字源的，而没有形成精细地理解现代汉字字源的能力。这可能跟一年级学生的理解能力较弱有关。相应地，四年级学生没有人同时选择两项，可见，他们对题目的理解能力更强，这与他们的汉语水平已经比较发达有关。就本题设计而言，知道汉字笔画的来历最难，其次是与老师一起画字，最简单的任务才是猜汉字对应的东西。从结果来看，17.1%的四年级学生选择知道汉字笔画的来历，远远超过一年级学生的6.7%；愿意跟老师一起画汉字的比例为28.6%，也比一年级的20.0%要高许多。可见，四年级学生比一年级学生更能接受较难的任务，其理解的层次也比一年级要高得多。

3. 字源汉字教学法对汉字学习的益处

（1）通过这种方法，你是否觉得更容易记住汉字的意思？

本题是为了了解字源汉字教学法是否有助于记忆汉字意义。

考虑到民族地区学生普遍认为记忆汉字意义比较困难，我们特别关注字源汉字教学法是否有助于学生记忆汉字意义。调查表明，52.3%的学生认为这种方法很有作用，35.4%的学生认为这种方法比较有用，仅6.2%的学生认为这种方法没什么作用。可见，总体而言，90%以上的学生认为利用这种方法可以更容易地记住汉字意义。就这一点来讲，我们认为这种方法对于民族地区汉字教学的确很有价值。与一年级学生相比，四年级学生的回答更积极一些，仅2.9%的学生认为没有什么作用，可见，在民族地区对中高段学生进行汉字教学可能更有价值。

（2）字源汉字教学法是否有助于学生记忆汉字？

调查表明，有60%的一年级学生和70.8%的四年级学生认为这种方法有助于记忆汉字，可见，这种教学方法的质量受到了学生的一致好评。四年级学生比一年级学生评价更好，这可能与四年级学生的理解能力更强有关，也可能与教学内容、教学方法等有关。

（3）你觉得用这个方法来学习汉字是不是很容易？

本题是为了了解这种方法是否会降低汉字学习的难度。

30.0%的一年级学生和34.3%的四年级学生认为这种方法使汉字学习更容易，而46.7%的一年级学生和51.4%的四年级学生认为这种方法使汉字学习比较容易，仅23.3%的一年级学生和11.4%的四年级学生认为这种方法使汉字学习更困难。可见，绝大部分学生认为这种方法有助于学习汉字。四年级学生整体上更认可这种教学方法。

（4）你觉得汉字和它代表的东西在外形上有没有关系？

现代汉字以基本笔画为基本单位来构成其字形的特点，很容易让人把汉字作为抽象的符号来教学，即使部分教材涉及一些汉字形体演变的知识，但由于内容过于简单而语焉不详，无法让学生真正理解汉字的字形其实是由具象的符号演变而来的，因而学生不可能理解汉字与其所代表的东西在外形上的关系。字源汉字教学法从汉字具象到抽象的认知规律出发，利用图片和古文字来帮助学生理解汉字的形体，更容易建立现代抽象的汉字与其所代表的事物的联系，能够帮助学生利用具象的思维来理解汉字，因而具有重要的价值。从调查来看，56.7%的一年级学生和82.9%的四年级学生通过学习都认识到了汉字和它所代表的事物在外形上有关联。可见，实验的确达到了预期的目的。四年级学生比一年级学生表现更符合预期，这可能跟其理解力较好有关。

4. 对字源汉字教学法的评价

（1）你是否喜欢现在这个教汉字的方法？

本题是为了了解学生是否喜欢这种方法。

一年级学生中有 63.3% 的学生喜欢这种教学方法，有 77.1% 的四年级学生喜欢这种教学方法；仅有 6.7% 的一年级学生不喜欢这种方法，而四年级学生中没有人不喜欢这种方法。可见，总体来讲，学生对这种教学方法都很感兴趣，尤其是中高段有了一定汉语基础的学生，因为对这种教学方法更能理解，所以效果更好，对这种方法更感兴趣，更喜欢这种教学方法。

（2）你以后还想用这个办法识字吗？

与上一题类似，本题也是为了了解学生是否对这种方法感兴趣。

74.3% 的四年级学生回答以后很想用这种方法学习汉字，加上比较想用这种方法的 22.9%，就有 97.2% 的四年级学生认可这种方法；一年级有 46.7% 的学生以后很想用这种方法学习汉字，加上 33.3% 的学生比较想用这种方法，一共有 80% 的学生认可这种方法。考虑到 13.3% 的学生没有选择，加上这部分学生的一部分，至少有 80% 的学生认可这种学习方法。反之，一年级仅有 3.3% 的学生不想用这种方法，四年级仅有 2.9% 的学生不想用这种方法。可见，学生对这种方法很认可，愿意继续尝试这种汉字教学方法。这也说明这种方法是一种适应民族地区汉字教学实际需要的教学方法。

5. 字源汉字教学效果细节测试

（1）书面回答测试

为了考查学生是否掌握了汉字字源的细节知识，我们挑选了一些教过的汉字让学生回答一些问题。由于这种回答没有提供相关线索给学生，必须全靠回忆才可能知道；加之民族地区学生的表达能力不强，即使知道答案也不一定能够写出来，因而难度较大。我们假设学生如果能够回答这些问题，那么他对汉字的字源应该真正理解了。

A. "耳"字里面的两横代表什么？

根据字源，"耳"字里面的两横和"耳"字外面的两竖连在一起，代表的是"耳洞"。结果表明，一年级学生有 33.3% 的人能够准确回答；而四年级仅有 14.3% 的学生能够准确回答，5.7% 的学生能够比较准确地回答，准确率为 20%。综合来看，有近三分之一学生能够回答"耳"字的字源。

B. "目"字里面的两横代表什么?

根据"目"字的字源,"目"字里面的两横和"目"字外面的两竖合起来,代表眼睛的瞳仁。结果表明,一年级学生没有人回答该题目,而四年级有34.3%的学生准确回答出了意义,4.6%的学生部分准确地回答出了题目的意义。总体来讲,有近40%的四年级学生能够回答"目"字的字源。

C. 为什么"乌"字比"鸟"字少一点?

乌鸦是藏区比较常见的一种动物,在学校周围也经常遇到。讲解"乌"字时,我们会联系"鸟"字,提示学生观察其外形特点,然后告诉他们,由于乌鸦全身漆黑,眼睛也是黑色的,反而不容易看到眼睛,因而就用不画眼睛的"乌"来表示乌鸦,因此,"乌"字就比"鸟"字少了一点。一年级学生由于汉语组织能力较差,仅有6.7%的学生能够准确回答出为什么,其余学生都有回答;而四年级学生由于语言组织能力较好,虽然能够准确回答的比例仅为5.7%,比一年级还低,但有48.6%的学生能够比较准确地回答出本题。这说明字源汉字教学所提供的信息能够联系学生的生活经验,让学生比较准确地理解汉字。这有助于学生准确掌握汉字的书写,弄清楚相似字的区别方法,对学习汉字有很大意义。

D. 为什么"燕"字上面不是草字头?

根据经验,很多学生容易将"燕"字最上面部分误写为"艹",这是因为带"艹"的汉字很多,学生容易产生认知上的负迁移。一年级有3.3%的学生能够准确回答出为什么"燕"上面不是"艹",有6.7%的学生能够比较准确地回答本题,合计共有10%的学生能够比较准确地回答本题,但有90%的学生没有回答本题。四年级学生则有42.9%能够比较准确地回答,这说明学生对"燕"的字源把握还是较好的。

E. 小结

一年级学生由于汉语水平有限,表达能力所限,因而理解汉字字源本身存在一定困难,况且即使知道字源的相关信息,也可能无法表述出来。但从上述各题来看,除了"目"字里面的两横代表什么这一题外,其余三题一年级学生反而都比四年级更准确,可见一年级学生也能够掌握汉字字源。从四年级各题的准确率来看,基本上各题均有40%左右的准确率。考虑到学生学习完相关的汉字字源后,没有经过任何复习或测试,这一准确率已经能够比较有力地证明学生能够比较容易地掌握汉字字源。这为民族地区进行基于字源的汉字教学的可能性提供了有力的证明。

（2）画圈测试

由于一年级学生无法自如地书写汉字，我们设计了这个题目，要求学生圈出这些汉字中包含"手"的部分，以考察低段与中高段学生字源汉字学习的结果是否存在明显差异，结果如表5-3所示。

表5-3　画圈测试结果

汉字	年级	准确	比较准确	完全不准确
大	一年级	73.3%	0	26.7%
	四年级	48.6%	0	51.4%
夫	一年级	43.3%	10.0%	46.7%
	四年级	25.7%	5.7%	68.6%
人	一年级	13.3%	6.7%	80.0%
	四年级	22.9%	11.4%	65.7%
文	一年级	50.0%	6.7%	43.3%
	四年级	34.3%	0	65.7%
子	一年级	66.7%	0	33.3%
	四年级	54.3%	0	45.7%
女	一年级	3.3%	0	96.7%
	四年级	14.3%	11.4%	74.3%
立	一年级	46.7%	0	53.3%
	四年级	34.3%	8.6%	57.1%
卩	一年级	10.0%	16.7%	73.3%
	四年级	20.0%	0	80.0%

从结果来看，除了"人""女""卩"三个字外，一年级学生所圈部分的完全准确和比较准确的比例都大于四年级学生；除了"女"和"人"字外，一年级学生完全不准确的比例均小于四年级学生。可见，从总体上来讲，一年级学生的表现比四年级学生要好。我们注意到，在前面需要书写的部分，四年级学生的表现要比一年级学生好得多，而从不需要书写的本题来看，一年级比四年级的表现要好得多，我们可以推测，一年级学生掌握字源并不见得比四年级学生差，只是限于表述能力，可能无法准确地表述而已。这一结论说明，民族地区小学低段的学生虽然汉语水平普遍比较低，但由于字源本身是有意义的学习材料，因而他们能够理解字源。可见，民族地区小学完全可以从低段就开始进行字源汉字教学。这为在民族地区小学从低段就开始进行字源汉字教学提供了有力的支持。当然，我们也要看到，由于"人""女""卩"三个字中"手"所在的位置不太好理解，四年级学生表现较好跟他们的汉语水平较高、理解能力较强有关。

6. 字源汉字能力迁移测试

利用分析汉字字源的技巧理解未学过的汉字的字源能力测试，结果如表 5-4 所示。

表 5-4 字源汉字能力迁移测试

测试项目	年级	准确	比较准确	完全不准确
甲骨文	一年级	70.0%	13.3%	16.7%
	四年级	57.1%	34.3%	8.6%
金文	一年级	73.4%	13.3%	13.3%
	四年级	45.7%	42.9%	11.4%
篆书	一年级	43.3%	20.0%	36.7%
	四年级	14.3%	14.3%	71.4%
隶书	一年级	36.7%	20.0%	43.3%
	四年级	5.7%	11.4%	82.9%

本题要求学生将"能"字表示"大嘴巴"的部分圈出来。学生由于已经进行了一段时间的字源汉字教学，有了初步的利用字源分析汉字的能力，能够有意识地将图片、古文字对应起来进行对比分析，因而对现代汉字的理解更深，避免了将现代汉字当成抽象的符号。

从结果来看，对于各种字体来说，一年级学生的结果完全准确的比例都比四年级要高得多，四年级学生比较准确的比例都比一年级要高得多；除了篆书外，一年级学生完全不准确的比例都比四年级要高一些。由此可见，一年级学生的结果呈现出两极分化的特点，即有部分学生的理解很准确，而又有相当部分学生的理解很不准确；四年级学生则理解比较准确的比例最高。

上题再次证明，与中高段的四年级学生相比，低段的一年级学生也能理解字源，因而民族地区学校可以在低段开始对学生进行基于字源的汉字教学，以提高汉字教学的效率和质量。

三、其他测试

（一）一年级相关测试

1. 第一次测试

第一次基础部件教学涉及"大""子""人""女""尸""目""耳""自"

"口""手"等字，为了确定学生是否能够理解字源，设计了第一次测试，所用字形分别为：𣎆、𠬝、人、女、𠂆、𠥩、目、自、𠂤，要求学生根据古文字或隶书写出现代汉字，结果如表5-5所示。

表5-5　一年级第一次教学回忆测试结果

编号	汉字	未填写	正确率	易混字（≥5%）
1	大	20.0%	80.0%	
2	子	31.4%	57.1%	日 5.7%
3	人	2.9%	88.6%	子 8.6%
4	女	22.9%	74.3%	
5	尸	40.0%	25.7%	人 17.1%，目 8.6%，子 5.7%
6	耳	34.3%	65.7%	
7	目	5.7%	77.1%	自 17.1%
8	自	0%	94.3%	
9	手	31.4%	60.0%	

各测试字按准确率由高到低排列分别为：自（94.3%）、人（88.6%）、大（80%）、目（77.1%）、女（74.3%）、耳（65.7%）、手（60%）、子（57.1%）、尸（25.7%），实验材料中古文字与现代汉字的相似度由高到低排列分别为：自、目、人、大、女、手、子、耳、尸，这一排列顺序与学生回答的准确率从高到低的排列顺序很接近。"耳"字虽然与现代汉字差别较大，但与耳朵的轮廓比较像，因而也容易被学生理解；"目"字由于只比"自"字少了一笔，因而有17.1%的学生将其与"自"字混淆，有意思的是基本没有学生把"自"混淆为"目"字（目前暂不清楚原因）；"尸"字代表的是一个坐姿的人形，有17.1%的学生将其与"人"混淆，可能的原因是，一"尸"的古文𠂆与"人"的古文𠂉易混淆，二其意义也与人有关，更容易混淆。

从测试结果来看，虽然"尸"字的准确率仅有25.7%，但是其他所有字形，包括"大""人""耳""手"的准确率都基本在60%以上。可见，学生能够理解汉字字源，能够利用汉字从具象到抽象的演变规律来理解汉字，因而可以适应字源汉字的需要。

2. 基础部件测试

（1）基础部件1～20再认测试

如下是基础部件1～20的测试结果，该测试包括"大""子""人""女"

"尸""目""耳""自""口""手""又""止""心""日""月""云""雨""土""山""石"共20个字。为了更好地比较数据，以便理解测试结果，我们把数据以每个字的"图→古文字"或"古文字→现代汉字"准确率的最大值进行排序，即先按准确率从大到小排列，再把后面同一字的数据罗列到前面，以便比较某个字的最高准确率以及同一个字的"图→古文字"或"古文字→现代汉字"的准确率的差值，结果如表5-6所示。

表5-6　一年级基础部件1～20教学再认测试结果

汉字	类型	准确率	易混字（≥5.0%）	汉字	类型	准确率	易混字（≥5.0%）
耳	②	92.9%	未选择（7.1%）	女	①	82.1%	尸（10.7%）
耳	①	92.6%		女	②	82.1%	目（7.1%）
日	①	92.9%		云	①	82.1%	
日	②	75.0%	尸（10.7%）、未选择（7.1%）	云	②	64.3%	未选择（21.4%）
雨	②	92.9%		手	①	78.6%	未选择（10.7%）
雨	①	92.9%		手	②	71.4%	未选择（14.3%）、自（10.7%）
口	①	89.3%	未选择（7.1%）	月	①	78.6%	未选择（10.7%）、子（7.1%）
口	②	85.2%	未选择（7.4%）	月	②	78.6%	未选择（7.1%）
大	①	85.7%	人（7.1%）	止	①	78.6%	耳（7.1%）
大	②	71.4%	未选择（10.7%）、手（7.1%）	止	②	64.3%	未选择（17.9%）、耳（7.1%）
目	①	85.7%		子	①	78.6%	手（10.7%）
目	②	75.0%	未选择（14.3%）	子	②	70.4%	耳（11.1%）、未选择（7.4%）
土	①	85.7%	女（10.7%）	尸	①	75.0%	目（10.7%）、未选择（7.1%）
土	②	78.6%	未选择（7.1%）、自（7.1%）	尸	②	69.2%	未选择（7.7%）、人（7.7%）
自	①	85.7%	女（7.1%）	心	②	74.1%	未选择（14.8%）
自	②	67.9%	口（10.7%）	心	①	71.4%	目（14.3%）、未选择（7.1%）
人	①	85.2%	未选择（7.4%）	山	①	71.4%	口（10.7%）、目（7.1%）
人	②	70.4%	未选择（14.8%）、人（7.4%）	山	②	64.3%	未选择（10.7%）、手（10.7%）、目（7.1%）
石	①	85.2%		又	①	60.7%	尸（21.4%）
石	②	57.1%	未选择（17.9%）、目（7.1%）、耳（7.1%）	又	②	53.6%	未选择（25.0%）、目（7.1%）

注：①图→古文字，②古文字→现代汉字

可见，综合而言，上述汉字的准确率从高到低分别为："耳""日""雨""口""大""目""土""自""人""石""女""云""手""月""止""子""尸""心""山""又"。从统计结果来看，绝大部分题目的准确率都比较高，一般都在 70%以上，这说明学生能够比较好地掌握图像与古文字的关系，以及古文字与现代汉字的对应关系；这也说明民族地区学生对字源有比较好的理解，民族地区推行基于字源的汉字教学有较高的可能性。

准确率较低的原因大致有两个。一是形体差异大，导致不容易理解。比如，"止"字，图片与古文字差别较小，因而图→古文字的准确率较高；而其古文字与现代汉字形体差别较大，因而古文字→现代汉字的准确率较低。二是该字的意义与其最初的意义差别较大，因而不容易理解。"又"之所以准确率最低，是因为它是现代汉语中的一个常用字，但其字义完全没有"侧面手形"的含义，因而学生不易理解和记忆。

需要注意的是，由于各种原因，有些题目学生未选择的比例较大。比如，"又"字，古文字→现代汉字未选择的比例高达 25.0%；"云"字，古文字→现代汉字未选择的比例高达 21.4%；"人"字，古文字→现代汉字未选择的比例达 14.8%，这些未选择的比例大大影响了整体的准确率。此外，分析易混字可以看出，部分易混字的比例虽然比较高，但的确无论怎么分析都不容易找到为什么会混淆，这也可能影响总体的准确率。

比较同一汉字的"图→古文字"与"古文字→现代汉字"的准确率，我们可以发现：除了"心"字外，所有其他汉字的"图→古文字"的准确率都大于"古文字→现代汉字"的准确率，有的甚至近 30%，如石（28.1%），很多近 20%，如日（17.9%）、自（17.8%）、云（17.8%）。这说明因为古文字与它的具象事物比较相似，学生能够更好地理解古文字，因而只要把古文字当成图像来分析，学生就能够比较容易地完成再识作业。这一点与我们在对外汉语中所做的研究类似，学生都能比较好地理解古文字与其所代表的事物之间的联系，这说明古文字并不会增加学生的记忆负担。

（2）基础部件 21～40 再认测试

测试结果如表 5-7 所示。

表 5-7　一年级基础部件 21～40 教学再认测试结果

汉字	类型	准确率	易混字（≥6.0%）	汉字	类型	准确率	易混字（≥6.0%）
田	①	93.8%		燕	②	65.6%	未选择（15.6%）
田	②	84.4%	未选择（9.4%）	燕	①	62.5%	鸟（12.5%）、米（9.4%）
水	①	93.8%		贝	①	62.5%	虫（12.5%）、未选择（9.4%）
水	②	90.3%	未选择（9.4%）	贝	②	56.3%	未选择（21.9%）、虫（9.4%）

续表

汉字	类型	准确率	易混字（≥6.0%）	汉字	类型	准确率	易混字（≥6.0%）
马	②	90.6%		角	①	59.4%	未选择（12.5%）、贝（6.3%）、燕（6.3%）、火（6.3%）
马	①	71.0%	隹（12.9%）	角	①	59.4%	未选择（15.6%）、中（9.4%）、羽（9.4%）
火	①	81.3%	贝（12.5%）	竹	①	56.3%	未选择（12.5%）、米（9.4%）、中（9.4%）
火	②	46.9%	未选择（28.1%）	竹	②	50.0%	未选择（37.5%）
羊	①	81.3%	未选择（9.4%）	鸟	①	50.0%	未选择（15.6%）、燕（15.6%）
羊	②	71.9%	未选择（12.5%）、贝（9.4%）	鸟	②	46.9%	未选择（28.1%）、燕（15.6%）、隹（9.4%）
鱼	②	81.3%	未选择（18.7%）	羽	①	50.0%	未选择（12.5%）、米（12.5%）
鱼	①	77.4%	未选择（9.7%）	羽	①	50.0%	未选择（18.8%）、中（12.5%）、角（9.4%）
牛	②	78.1%	未选择（9.4%）	隹	①	50.0%	鸟（25.0%）、未选择（15.6%）
牛	①	65.6%	米（12.5%）、中（9.4%）	隹	①	46.9%	鸟（28.1%）
虫	①	75.0%	未选择（9.4%）、燕（12.5%）	中	①	46.9%	禾（15.6%）、未选择（9.4%）、羽（9.4%）
虫	②	62.5%	未选择（18.8%）	中	②	35.5%	未选择（19.4%）、禾（16.1%）、米（9.7%）、羽（9.7%）
木	①	71.9%	未选择（18.8%）	禾	①	40.6%	未选择（25.0%）、米（9.4%）
木	②	50.0%	未选择（28.1%）、竹（9.4%）	禾	②	25.0%	未选择（37.5%）、木（15.6%）
衣	②	71.9%	未选择（12.5%）、木（9.4%）	米	②	40.0%	未选择（36.7%）、竹（10.0%）
衣	①	67.7%	未选择（12.9%）	米	①	31.3%	未选择（28.1%）、禾（28.1%）

注：①图→古文字，②古文字→现代汉字

　　为了方便比较，我们根据同一汉字"图→古文字"以及"古文字→现代汉字"的最大准确率来排序，再把相同汉字放在一起。从统计结果来看，准确率由高到低分别是："田""水""马""火""羊""鱼""牛""虫""木""衣""燕""贝""角""林""鸟""羽""隹""中""禾""米"。

　　分析此顺序可以看出，影响准确率的因素有如下几个。

　　一是图与古文字之间以及古文字与现代文字之间的相似度。越相似，准确率越高。上述所有汉字除了"马"字（其古文字→现代汉字的准确率达90.60%，而图→古文字的准确率仅71.00%，这是因为马的外观 与古文字 的形状差别很大，而古文字 与简体的"马"形状虽然也有些差异，但轮廓毕竟还在）外，其余都是"图→古文字"的准确率比"古文字→现代汉字"的准确率大。事实上，有的字"图→古文字"的比例比"古文字→现代汉字"要高得多。比如，火（"图→古文字"的准确率为81.30%，而"古文字→现代汉字"的准确率为46.90%）；木（"图→古文字"的准确率为71.90%，而"古文字→现代汉字"的准确率为50.00%）。原因可能是古文与其所代表的实物很相似，而古文字与现代汉字差别却比较大。这一点再次说明古文字由于更具象，因而理解起来更容易，这也说明字源汉字教学选择汉字作为现代汉字与具象事物之间的中介有其内在合理性。

二是有些汉字在现代汉语中单独使用的概率较小，这也会影响学生对该汉字的认知。比如，"木"字，现在很少单独使用，学生对它很陌生，这会影响学生的判断；"日"字也有类似的问题。

三是选择项的干扰情况。比如，本次测试中"米"与"禾"由于意义上有关联，因而学生易混淆，所以米的古文字有28.1%的学生误选择了"禾"。"鸟"字与"隹"字外观相似，学生也易混，因而"隹"字的古文与现代文字都有很多学生选择了"鸟"字（均大于25%）。同样，"燕"字与"鸟"字因燕子也是一种鸟，因而也容易混淆，有15%以上的学生在选择"鸟"字时，错误地选择了"燕"字。

（3）基础部件41～50再认测试

测试结果如表5-8所示。

表5-8　一年级基础部件41～50教学再认测试结果

汉字	类型	准确率	易混字（≥6.0%）	汉字	类型	准确率	易混字（≥6.0%）
网	①	94.3%		臼	①	82.9%	
网	②	82.9%		臼	②	68.6%	未选择（11.4%）
力	①	91.2%		井	①	82.9%	用（8.6%）
力	②	80.0%	未选择（8.6%）	井	②	74.3%	未选择（11.4%）
西	①	88.6%	井（8.6%）	弓	①	79.4%	
西	②	82.9%	未选择（8.6%）	弓	②	62.9%	未选择（17.1%）
穴	①	88.6%		巾	①	74.3%	未选择（11.4%）
穴	②	77.1%		巾	②	68.6%	未选择（17.1%）
舟	①	88.6%	未选择（11.4%）	用	①	70.6%	巾（11.8%）、未选择（8.8%）
舟	②	68.6%	未选择（20.00%）	用	②	61.8%	未选择（8.8%）、臼（8.8%）、巾（8.8%）

注：①图→古文字，②古文字→现代汉字

从统计结果来看，所有汉字的"图→古文字"的准确率都大于"古文字→现代汉字"的准确率，这再次证明即使汉语水平较低，一年级学生还是可以理解古文字的，可见，古文字的确不会增加学生理解的难度。

所有汉字的准确率都基本大于 70%，可见，学生的确能够理解字源。

与前面几次测试相比，本次测试的结果较为理想，排除材料的影响，也许学生越来越熟悉字源汉字教学的思路，因而理解能力也在逐渐增强。

与前几次测试类似，如果该汉字与学生的经验不太相关，可能会影响学生的学习，因而，学生的经验是字源汉字教学必须考虑的一个因素。

3. 一年级人体篇测试

经过一段时间的基础部件教学后，由于在四年级利用动画辅助汉字教学充分调动了学生的积极性，我们决定在一年级也尝试利用动画进行教学。为此我们选择了《汉字的艺术——人体篇》作为教学材料，尝试进行字源汉字教学。为了避免学生单纯把这些视频看成娱乐材料，我们首先介绍了视频的内容，然后要求大家在观看时注意与汉字有关的内容，并提示看完后要讲这些汉字，最后还要测试。为方便学生记录，我们在播放前发放了教学辅助材料。根据相关统计，本视频包含了以下汉字：笑、呵、眉、目、耳、自、口、子、人、孕、又、夫、卤、户、戈、何、宀、木、田、荣、晕、云、日、山、耒、父、尹、乳、母、女、子、儿、夭、交、大、文、见、相、身、乘、尾、舞、字等。我们从中选择了耳、口、人、田、女、子、日、云、母、又、身、山、目、自、木、卤、夭、夫、戈、户、荣、文、见、耒，共 24 个汉字作为教学内容。

我们采用的方式是先观看视频，再讲解，最后进行测试。测试结果按准确率由高到低排列如表 5-9 所示。

表 5-9 一年级《汉字的艺术——人体篇》教学再认测试结果

汉字	准确率	易混字（≥6.0%）	汉字	准确率	易混字（≥6.0%）
耳	100.0%		目	86.2%	自（10.3%）
口	100.0%		自	86.2%	目（10.3%）
人	100.0%		木	86.2%	
田	96.6%		卤	82.8%	户（10.3%）
女	96.6%		夭	82.8%	耒（6.9%）、荣（6.9%）
子	93.1%		夫	79.3%	戈（13.8%）
日	93.1%		戈	75.9%	夫（10.3%）、木（10.3%）
云	93.1%		户	75.9%	卤（6.9%）、日（6.9%）
母	93.1%	文（6.9%）	荣	69.0%	文（17.2%）、耒（6.9%）
又	89.7%	身（6.9%）	文	65.5%	耒（13.8%）、见（6.9%）
身	89.7%	又（6.9%）	见	51.7%	耒（27.6%）、荣（6.9%）、夭（6.9%）
山	89.7%	卤（6.9%）	耒	44.8%	见（31.0%）、荣（6.9%）、文（6.9%）

可以看出，本次测试的结果比原来的测试效果都要好得多。前9个汉字的准确率均在90%以上，仅最后7个汉字的准确率低于80%。即使部分汉字对于小学一年级学生来讲不太好理解（如卤、天、荣、见、未等），但除"见"和"未"字外，其准确率均大于60%。

从上述结果来看，由于视频信息量更大，学生更感兴趣，学习更有情境性，学生通过视频来学习汉字字源比单纯利用PPT学习效果要好得多，这可能是以后教学可以借用的一种方法。

（二）其他年级相关测试

1. 二、三、四年级基础部件11～30再认测试

一年级与三年级合班教学后，进行了再认测试。四年级与五年级进行了合班教学后，进行了再认测试。测试内容为基础部件11～30，涉及"又""止""心""日""月""云""雨""土""山""石""田""水""火""鸟""隹""燕""鱼""贝""虫""马"20个汉字。为便于查看，表5-10把各个汉字的"图→古文字"和"古文字→现代汉字"的结果放在一起，按部件出现的先后顺序排序。该表只统计了各年级准确率，并记录了各年级百分比为10%及以上的易混字。为了比较不同年级的测试结果，我们把一年级的测试结果加到本表中。

表5-10　二、三、四年级基础部件11～30再认测试结果

汉字	类型	一年级准确率	一年级易混字	二年级准确率	二年级易混字	三年级准确率	三年级易混字	四年级准确率	四年级易混字
又	①	60.7%	尸（21.4%）	76.7%	心（13.3%）	82.8%	心（10.3%）	73.3%	止（6.7%）
又	②	53.6%	未选择（25.0%）、目（7.1%）	66.7%	止（20.0%）	96.6%		63.3%	止（33.3%）
止	①	78.6%	耳（7.1%）	83.3%	又（10.0%）	89.7%		63.3%	又（20.0%）
止	②	64.3%	未选择（17.9%）、耳（7.1%）	70.0%	又（20.0%）	96.6%		56.7%	又（33.3%）
心	①	71.4%	目（14.3%）、未选择（7.1%）	75.9%		82.8%		80.0%	止（16.7%）
心	②	74.1%	未选择（14.8%）	86.7%		100.0%		93.3%	
日	①	92.9%		96.7%		96.6%		100.0%	
日	②	75.0%	尸（10.7%）、未选择（7.1%）	93.3%		96.6%		100.0%	

续表

汉字	类型	一年级准确率	一年级易混字	二年级准确率	二年级易混字	三年级准确率	三年级易混字	四年级准确率	四年级易混字
月	①	78.6%	未选择（10.7%）、子（7.1%）	93.3%		89.7%		100.0%	
月	②	78.6%	未选择（7.1%）	100.0%		100.0%		100.0%	
云	①	82.1%		100.0%		96.6%		96.7%	
云	②	64.3%	未选择（21.4%）	100.0%		96.6%		96.6%	
雨	①	92.9%		100.0%		100.0%		100.0%	
雨	②	92.9%		100.0%		100.0%		100.0%	
土	①	85.7%	女（10.7%）	93.3%		100.0%		90.0%	
土	②	78.6%	未选择（7.1%）、自（7.1%）	93.3%		100.0%		90.0%	山（10.0%）
山	①	71.4%	口（10.7%）、目（7.1%）	96.6%		100.0%		100.0%	
山	②	64.3%	未选择（10.7%）、手（10.7%）、目（7.1%）	93.3%		100.0%		90.0%	土（10.0%）
石	①	85.2%		100.0%		100.0%		96.7%	
石	②	57.1%	未选择（17.9%）、目（7.1%）、耳（7.1%）	100.0%		100.0%		96.7%	
田	①	93.8%		96.7%		100.0%		100.0%	
田	②	84.4%	未选择（9.4%）	93.3%		100.0%		100.0%	
水	①	93.8%		96.7%		100.0%		96.7%	
水	②	90.3%	未选择（9.4%）	93.3%		100.0%		96.7%	
火	①	81.3%	贝（12.5%）	96.7%		96.7%		96.7%	
火	②	46.9%	未选择（28.1%）	100.0%		100.0%		96.7%	
鸟	①	50.0%	未选择（15.6%）、燕（15.6%）	66.7%	隹（13.3%）	72.4%	隹（17.2%）	70.0%	隹（13.3%）
鸟	②	46.9%	未选择（28.1%）、燕（15.6%）、隹（9.4%）	80.0%		69.0%	隹（27.6%）	63.3%	隹（20.0%）
隹	①	46.9%	鸟（28.1%）	79.3%	鸟（10.3%）	75.9%	鸟（13.8%）	76.7%	鸟（10.0%）
隹	②	50.0%	鸟（25.0%）、未选择（15.6%）	70.0%	鸟（20.0%）	65.5%	鸟（34.5%）	60.0%	鸟（23.3%）
燕	①	65.6%	未选择（15.6%）	96.6%		100.0%		96.7%	
燕	②	62.5%	鸟（12.5%）、米（9.4%）	96.7%		100.0%		96.7%	
鱼	①	77.4%	未选择（9.7%）	80.0%	山（10.0%）	93.1%		90.0%	

续表

汉字	类型	一年级准确率	一年级易混字	二年级准确率	二年级易混字	三年级准确率	三年级易混字	四年级准确率	四年级易混字
鱼	②	81.3%	未选择（18.7%）	96.7%		100.0%		96.7%	
贝	①	62.5%	虫（12.5%）、未选择（9.4%）	75.0%		89.7%		82.8%	山（13.3%）
贝	②	56.3%	未选择（21.9%）、虫（9.4%）	76.7%	佳（10.0%）	89.7%		76.7%	
虫	①	75.0%	未选择（9.4%）、燕（12.5%）	83.3%		93.1%		93.3%	
虫	②	62.5%	未选择（18.8%）	83.3%	贝（10.0%）	93.1%		93.3%	
马	①	90.6%		79.3%	山（10.3%）	89.7%	山（10.3%）	96.6%	
马	②	71.0%	佳（12.9%）	100.0%		100.0%		100.0%	
平均	①	76.8%		88.31%		92.44%		89.98%	
平均	②	67.8%		89.67%		95.19%		88.34%	

注：①图→古文字，②古文字→现代汉字

分析上表，可以看出：

就均值而言，三年级不论是"图→古文字"对应还是"古文字→现代汉字"对应都表现最好，前者准确率达 92.4%，后者达 95.2%；二年级和四年级次之，两者准确率均近 90.0%；一年级最差，前者为 76.8%，后者为 67.8%。

实验组的一年级"图→古文字"的准确率比"古文字→现代汉字"的准确率高近 10 个百分点，实验组的四年级"图→古文字"的准确率比"古文字→现代汉字"的准确率高近 2 个百分点；对照组的三年级"图→古文字"的准确率反而比"古文字→现代汉字"的准确率低近 3 个百分点，对照组的二年级"图→古文字"的准确率反而比"古文字→现代汉字"的准确率低近 2 个百分点。可见，通过字源汉字教学，学生更能够理解古文字，能够更好地理解古文字与其对应的事物之间的关系。

匹配项的相似程度与干扰项的相似程度对准确率有很大影响。比如，"佳"的图→古文字以及古文字→现代汉字都容易与"鸟"混淆，因为学生不容易区分"鸟"和"佳"在字源上的区别；"又"的图→古文字容易被误认为"心"，而"又"的古文字→现代汉字却容易被误为"止"，还是因为形体差别较小的原因；"止"的图→古文字和古文字→现代汉字都容易被误认为"又"；"虫"的图→古文字容易被误为"燕"；"土"和"山"的古文字→现代汉字容易被相互影响。这些错误说明学生对细节的观察和理解能力存在不足，这是我们下一步教学需要注意的地方。

虽然实验组的准确率并不见得比对照组好，但并不意味着字源汉字教学没有意义。一年级准确率最低的原因可能有两个，一是其汉语水平较低，因而理解力存在问题；二是缺少完成问卷的技能，问卷中空白较多，有的未选择比例近 20%，这大大影响了准确率。四年级则可能与其字源汉字教学实施时间较少、原有基础较差有很大关系。比如，一年级学生虽然接触字源的时间较短，但已经有了比较明显的字源意识。比如，"鸟"的图→古文字（ → ），只有一年级学生会把它与"燕"（因为燕的字形 是一只飞着的鸟）混淆，而其他年级更趋向于将其与"隹"字（ ）混淆；"鸟"字的古文字→现代汉字，一年级学生也容易将其与"燕"混淆，而其他年级则可能将其与"隹"混淆；"燕"字的古文字→现代汉字，一年级学生容易与"鸟"混淆，其他年级则没有这种情况。

我们认为应该进行更多的实验来证明基于字源的汉字教学的有效性。

2. 二、三、四年级基础部件 11～30 回忆测试结果

从认知心理学加工深度来看，再认过程比回忆过程要简单得多，因而从结果来看，再认的准确率应该比回忆的准确率要高些。为了验证学生掌握字源的情况，我们提供了每个字的图和对应的古文字，要求学生写出其现代汉字。测试结果统计了回忆的准确率以及百分比达 6% 的易混字。

为了更方便比较再认与回忆的结果，我们将二、三、四年级再认的结果图→古文字以及古文字→现代汉字两项准确率求平均后，放在表 5-11 中。

表 5-11　二、三、四年级基础部件 11～30 回忆测试结果

汉字	二年级再识准确率	二年级回忆准确率	二年级回忆易混字	三年级再识准确率	三年级回忆准确率	三年级回忆易混字	四年级再识准确率	四年级回忆准确率	四年级回忆易混字
又	71.7%	0	手（92.9%）	89.7%	40.0%	手（60.0%）	68.3%	0	手（96.7%）
止	76.7%	0	脚（85.7%）	93.2%	40.0%	脚（56.7%）	60.0%	0	脚（76.7%）
心	81.3%	53.6%	未填写（10.7%）	91.4%	93.3%		86.7%	80.0%	
日	95.0%	92.9%	光（7.1%）	96.6%	96.7%		100.0%	100.0%	
月	96.7%	96.4%		94.9%	100.0%		100.0%	100.0%	
云	100.0%	100.0%		96.6%	100.0%		96.7%	100.0%	
雨	100.0%	100.0%		100.0%	96.7%		100.0%	100.0%	

续表

汉字	二年级再识准确率	二年级回忆准确率	二年级回忆易混字	三年级再识准确率	三年级回忆准确率	三年级回忆易混字	四年级再识准确率	四年级回忆准确率	四年级回忆易混字
土	93.3%	96.4%		100.0%	100.0%		90.0%	100.0%	
山	95.0%	100.0%		100.0%	100.0%		95.0%	100.0%	
石	100.0%	96.4%		100.0%	96.7%		96.7%	100.0%	
田	95.0%	85.7%	路（7.1%）	100.0%	100.0%		100.0%	100.0%	
水	95.0%	57.1%	河（21.4%）、路（7.1%）	100.0%	83.3%	虫（10.0%）	96.7%	100.0%	
火	98.4%	100.0%		98.4%	100.0%		96.7%	100.0%	
鸟	73.4%	85.7%	隹（13.3%）	70.7%	83.3%		66.7%	93.3%	
隹	74.7%	17.9%	雀（57.1%）、鸟17.9%	70.7%	50.0%	雀（20%）、鸟（20.0%）	68.4%	16.7%	雀（76.7%）、鸟（6.7%）
燕	96.7%	92.9%		100.0%	100.0%		96.7%	100.0%	
鱼	88.4%	100.0%		96.6%	96.7%		93.4%	100.0%	
贝	75.9%	17.9%	嘴（14.3%）、口（10.7%）、牙（7.1%）	89.7%	73.3%	隹（6.7%）	79.8%	33.3%	嘴（26.7%）、牙（10%）、口（6.7%）
虫	83.3%	39.3%	未填写（21.4%）、纯（7.1%）	93.1%	86.7%	蛇（10.0%）	93.3%	70.0%	兔（6.7%）
马	89.7%	96.4%		94.9%	100.0%		98.3%	100.0%	
平均值	89.9%	71.43%		93.8%	86.8%		89.1%	79.7%	

从结果可以看出：

除了"鸟"之外，所有其他汉字的再识效果都与回忆效果至少差不多（假定为3%左右）；从各年级再认和回忆的准确率的平均值可以看出，各年级的再认准确率均值都大于回忆均值，这证实了再认的效果优于回忆的效果。特别是"又""止""心""水""隹""贝""虫"等字，各年级再认的准确率一般大于回忆准确率20%以上，更说明了这一事实。

总体来讲，三年级学生不但再认的准确率（均值为93.81%）大于二年级（均值为89.85%）和四年级（均值为89.12%），其回忆的准确率（均值为86.84%）也大于二年级（均值为71.43%）和四年级（均值为79.67%），这说明从认知的角度来讲，三年级学生的表现要优于其他年级。

通过课堂观察我们发现，一年级学生的书写能力较差，无法在短时间内

（每节课平均 10 个部件）学会书写，故未做对比实验；三年级学生与一年级学生共同上过三次课，因而对字源也有相当程度的了解，由于其汉语水平较一年级学生好得多，因而其表现较好可以理解，四年级学生虽然接触过字源（两次通过视频学习字源，一次为《汉字的艺术——人体篇》，一次为《三十六个字》），但没有系统地学习，因此，反而效果不如三年级。当然也不能排除学生本身素质的影响，因为从背景来看，三年级学生的父母有很多是工人，也许家庭教育要好一些。这说明字源能够被学生理解，能够在民族地区实施。

3. 四年级《汉字的艺术——人体篇》教学前后测

我们在四年级实施的字源汉字教学实验以多媒体视频《汉字的艺术——人体篇》和《三十六个字》为教学内容。为了研究学生前后测的差异，我们在《汉字的艺术——人体篇》教学前进行了前测，教学完成后，进行了后测。所采用的教学过程大体是介绍教学内容、明确教学和测试要求、进行前测、观看视频、讲解汉字、进行后测。

我们统计了前后测各个汉字的准确率，以及百分比大于 5% 的易混字，并按后测准确率进行了排序。为了比较一年级和四年级的学习情况，我们把一年级后测的数据附在表 5-12 中。

表 5-12 四年级《汉字的艺术——人体篇》教学前后测结果

汉字	四年级前测准确率	四年级前测易混字（≥5.0%）	四年级后测准确率	四年级后测易混字（≥5.0%）	一年级后测准确率	一年级后测易混字（≥6.0%）
耳	100.0%		100.0%		100.0%	
田	100.0%		100.0%		96.6%	
日	100.0%		100.0%		93.1%	
子	97.3%		100.0%		93.1%	
山	100.0%		100.0%		89.7%	囱 6.9%
木	94.6%	戈（5.4%）	100.0%		86.2%	
口	100.0%		97.3%		100.0%	
女	94.6%		97.3%		96.6%	
云	100.0%		97.3%		93.1%	
母	94.6%		97.3%		93.1%	文 6.9%
身	91.9%	人（8.1%）	97.3%		89.7%	又 6.9%
目	95.9%		97.3%		86.2%	自 10.3%
夫	97.3%		97.3%		79.3%	戈 13.8%

续表

汉字	四年级前测准确率	四年级前测易混字（≥5.0%）	四年级后测准确率	四年级后测易混字（≥5.0%）	一年级后测准确率	一年级后测易混字（≥6.0%）
戈	78.4%	户（16.2%）	97.3%		75.9%	夫 10.3%、木（10.3%）
荣	8.1%	见（16.2%）、耒（10.8%）、文（64.9%）	97.3%		69.0%	文 17.2%、耒（6.9%）
又	78.4%	自（18.9%）	94.6%		89.7%	身（6.9%）
自	73.0%	目（5.4%）	94.6%		86.2%	目（10.3%）
人	89.2%	身（8.1%）	91.9%		100.0%	
卤	70.3%	戈（5.4%）、户（18.9%）、木（5.4%）	89.2%	户（8.1%）	82.8%	户（10.3%）
户	62.2%	卤（27.0%）、戈（10.8%）	89.2%	卤（8.1%）	75.9%	卤（6.9%）、日（6.9%）
夭	67.6%	见（5.4%）、耒（13.5%）、荣（13.5%）	83.8%	见（5.4%）、耒（10.8%）	82.8%	耒（6.9%）、荣（6.9%）
文	13.5%	见（16.2%）、耒（16.2%）、荣（35.1%）、夭（18.9%）	83.8%	耒（5.4%）、荣（8.1%）	65.5%	耒（13.8%）、见（6.9%）
见	35.1%	耒（18.9%）、母（5.4%）、荣（13.5%）、文（13.5%）、夭（5.4%）	73.0%	耒（18.9%）、夭（5.4%）	51.7%	耒（27.6%）、荣（6.9%）、夭（6.9%）
耒	35.1%	见（21.6%）、荣（29.7%）、文（8.1%）、夭（5.4%）	62.2%	见（16.2%）、文（13.5%）、夭（5.4%）	44.8%	见（31.0%）、荣（6.9%）、文（6.9%）
平均值	78.2%		93.3%		84.2%	

从表 5-12 我们可以看出：

四年级所有汉字的后测结果的准确率都优于前测结果的准确率。可见，通过字源汉字教学，学生在对汉字的认知中都有所进步。考虑到本次教学有 25 个汉字，其中部分汉字学生很陌生，如"戈""荣""卤""耒""夭"等；部分汉字，如"身""自""又""户"等，学生虽然熟悉，但其字源意义却未必清楚。因而，虽然学生在后测中有的汉字准确率并不高（如"耒""见"，其后测的准确率不超过80%），但的确有明显的进步，这说明字源汉字教学的确可以帮助学生学习汉字。

与一年级后测结果（均值为 84.21%）相比，四年级学生后测准确率的平均值为 93.25%。可见，四年级学生的准确率要优于一年级。这说明随着学生汉语水平的提高，对字源的理解会更容易。

分析四年级学生前后测易混字，可以看出，后测中学生有更少字与其他字混淆，即使还存在混淆，其比例也大大降低，这更说明学生后测的表现要优于前测。

考察四年级学生后测与一年级前后测易混字，可以看出，一年级学生的易混字与四年级学生的前测易混字无论从数量还是比例上都比较接近，这一方面说明了学生思维方面的一致性。当然，我们也应该看到，一年级学生的后测从总体上还是优于四年级学生的前测的，这也说明了字源汉字教学的作用。

4. 四、五年级《三十六个字》教学测试结果

本次测试是四年级和五年级一起学习了《三十六个字》后做的测试。与其他基于视频的教学类似，我们先介绍了教学内容，然后明确了教学要求，再让大家观看了视频，最后让大家完成了这个测试。我们统计了每个字四年级和五年级学生的准确率，以及百分比等于或超过5%的易混字，再按四年级准确率从大到小排列，数据如表5-13所示。

表5-13　四、五年级《三十六个字》教学测试结果

汉字	四年级准确率	四年级易混字	五年级准确率	五年级易混字	汉字	四年级准确率	四年级易混字	五年级准确率	五年级易混字
日	100.0%		100.0%		鹿	83.3%		95.2%	
山	100.0%		97.6%		木	81.7%	未选择（15.0%）	97.6%	
雨	100.0%		97.6%		虎	73.3%		78.6%	
网	98.3%		92.9%	未选择（7.1%）	廿	71.7%	竹（25.0%）	69.0%	竹（16.7%）
云	98.3%		100.0%		燕	71.7%	未选择（6.7%）、花（6.7%）	73.8%	女（9.5%）
森	96.7%		95.2%		弓	68.3%	未选择（6.7%）、刀（10.0%）	71.4%	未选择（7.1%）、刀（7.1%）
林	96.7%		92.9%		鸟	66.7%	马（23.3%）	71.4%	马（21.4%）
田	96.7%		100.0%		刀	66.7%	未选择（15.0%）、人（6.7%）	71.4%	未选择（9.5%）、人（14.3%）
龟	96.7%		100.0%		夫	65.0%	人（33.3%）	66.7%	人（21.4%）、大（9.5%）
羊	96.7%		100.0%		竹	63.3%	伞（13.3%）、草（5.0%）	64.3%	伞（9.5%）、草（11.9%）
象	93.3%		100.0%		马	60.0%	鸟（21.7%）	64.3%	鸟（16.7%）
水	91.7%	未选择（5.0%）	97.6%		舟	56.7%	未选择（11.7%）、月（6.7%）、船（18.3）	61.9%	未选择（9.5%）、船（23.8%）

续表

汉字	四年级准确率	四年级易混字	五年级准确率	五年级易混字	汉字	四年级准确率	四年级易混字	五年级准确率	五年级易混字
石	88.3%	伞（10.0%）	95.2%		豕	56.7%	未选择（6.7%）、飞（6.7%）、马（6.7%）、豚（5.0%）、猪（10.0%）	57.1%	马（7.1%）、猪（7.1%）
火	88.3%	水（5.0%）	100.0%		叟	41.7%	未选择（10.0%）、舍（8.3%）、搜（16.7%）、花（8.3%）	54.8%	搜（9.5%）、未选择（16.7%）
鱼	86.7%	燕（5.0%）	90.5%		均值	81.2%		84.7%	

从表 5-13 可以看出：

从总体上来讲，四年级与五年级差别不大，五年级略好于四年级，说明随着学生年级的增加，其汉语水平越高，理解能力越强，对字源的理解也越深刻，学习效果也越好。

就趋势来讲，同一汉字四、五年级的准确率近似、易混淆汉字也比较一致，这说明学生对汉字字源的理解具有普遍性，即字源汉字教学的效果与汉字本身的特点有很大关系。比如，"叟"字，四、五年级的准确率分别为41.70%和4.80%，在所有汉字里面，准确率都最低，且四、五年级学生都容易将其与"搜"字混淆（均为16.7%）。"叟"字是"搜"字的本字，所以学生容易与其混淆。"豕"这个字在现代汉字中很少用，学生不容易理解，因而准确率较低，四、五年级均在60%以下，学生易于与"猪"字相混淆，原因是"豕"字就是"猪"字的古文字。"舟"的情况与"豕"类似，也是因为这个字在现代汉语里很少用，学生易与现代汉字同义的"船"混淆。

整体而言，越象形的字，学生越容易理解，且如果该字在现代汉语中比较常用，学生越容易记住；反之，则容易和现代汉字中与之意义相关的汉字混淆。这可能是字源汉字教学特别需要注意的问题，毕竟汉字演变至今，很多字的字形和字义已经发生了变化，并不见得象形就好记。

四、实验总结

（一）总体结果

总体而言，实验组各项测试任务的准确率都基本在60%以上，可见学生能够理解汉字字源，能够利用汉字从具象到抽象的演变规律来理解汉字，因而可以适应字源汉字的需要。这从一定程度上说明了基于字源的汉字教学的有效性。

（二）总体趋势

就总趋势来讲，对同一测试任务，各年级的准确率近似、易混淆汉字也比较一致，这说明学生对汉字字源的理解具有普遍性，即字源汉字教学的效果与汉字本身的特点有很大关系。可见，学生能够理解汉字字源，能够利用汉字从具象到抽象的演变规律来理解汉字，因而可以适应字源汉字的需要。

（三）不同年级比较

就不同年级而言，对同一测试内容，在实验组或对照组中，高年级学生的准确率都比低年级学生的准确率要高，这说明随着学生年级的增加，其汉语水平越高，理解能力越强，对字源的理解也越深刻，学习效果也越好。

（四）实验组与对照组比较

就实验组与对照组对比而言，对同一教学内容的同一类型（如再认的"图→古文字"或再认的"古文字→现代汉字"）的测试，实验组的效果要优于对照组。这说明字源汉字教学能够有效帮助学生学习汉字。这为字源汉字教学在民族地区的推广提供了有力的支持。

（五）古文字的应用

实验组内，同一汉字的"图→古文字"的准确率均高于"古文字→现代汉字"的准确率，而对照组则有可能相反，这说明实验组的学生能够有效地理解汉字的字源意义；学生都能比较好地理解古文字与其所代表的事物之间的联系，这说明古文字并不会增加学生的记忆负担，同时说明古文字的引入虽然增加了学习的内容，但并不见得增加了学习的难度，学生能够理解古文字（这里指再认，不要求回忆）。这说明因为古文字与它的具象事物比较相似，学生能够更好地理解古文字，因而只要把古文字当成图像来分析，学生能够比较容易地完成再认作业。这为以古文字为桥梁进行字源汉字教学提供了有力的证据。

（六）影响准确率的因素

影响再认任务"图→古文字"准确率的主要因素是古文字与其所代表的事

物之间的相似性，古文字越象形，学生越容易理解，记忆越好。

影响再认任务"古文字→现代汉字"准确率的因素有三个。一是古文字与现代汉字的相似性。两者越相似，越容易记忆，即古文字越能为现代汉字提供更多的记忆线索，也就是说古文字的线索有效率越好。二是现代汉字是否常用。越是常用的汉字，越可能与学生的生活发生联系，越容易被学生理解，越容易记忆。三是现代汉字与古文字的意义差别。两者越相近，越容易记忆；越远，越难记忆。

影响回忆任务的因素与之类似。整体而言，越象形的字，学生越容易理解，且如果该字在现代汉语中比较常用，学生越容易记住；反之，则容易与现代汉字中与之意义相关的汉字混淆。

（七）教学方法比较

就教学方法来看，利用多媒体动画来学习汉字的效率比仅使用 PPT 讲授汉字的效率要高得多。这是由于视频信息量更大，学生更感兴趣，学习更有情境性，更容易与学生的经验发生联系。这可能是以后可以借用的一种方法。

参考文献

〔英〕阿兰·巴纳德. 2006. 人类学历史与理论. 王建民等译. 北京：华夏出版社.

〔美〕艾尔·巴比. 2005. 社会研究方法（第10版）. 邱泽奇译. 北京：华夏出版社.

安然. 2009. 从多元认知的角度看留学生汉字书写过程. 云南师范大学学报（对外汉语教学与研究版），（1）：10-15.

白乐桑. 1996. 汉语教材中的文、语领土之争：是合并，还是自主，抑或分离？. 世界汉语教学，（4）：98-100.

白毅，易军凯. 2007. 基于编码的生僻汉字输入方法理论与测试研究. 北京化工大学学报（自然科学版），（S1）：21-24.

鲍宗豪. 2003. 数字化与人文精神. 上海：上海三联书店.

北大中文论坛. 2009-11-1. 汉字字形数据库. http://okuc.net/sunwb/.

蔡富有. 1996. 小学识字教学理论探微——兼论"字族文识字教学法"的理论基础. 语言文字应用，（4）：55-60.

曹璐. 2006. 现代汉字的构形特点与对外汉字教学——以《汉字等级大纲》汉字的构形分析为例. 厦门：厦门大学硕士学位论文.

陈桂生. 1997. "教育学视界"辨析. 上海：华东师范大学出版社.

陈向明. 2000. 质的研究方法与社会科学研究. 北京：教育科学出版社.

陈原. 1993. 现代汉语用字信息分析. 上海：上海教育出版社.

陈宗明. 2001. 汉字符号学：一种特殊的文字编码. 南京：江苏教育出版社.

辞海编辑委员会. 1980. 辞海. 上海：上海辞书出版社.

邓启耀. 2015. 物象的图像化及符号转型——以岩画的创制和解读为例. 民族艺术，（5）：33-39.

邓祥文. 2008. 幼儿字源识字教学新构想及可行性研究. 武汉：华中师范大学硕士学位论文.

邓晓健，李彬，张俊松. 2015. 基于统计的汉字字形视觉重心计算. 中文信息学报，（2）：159-165.

刁静. 2010. 多媒体字源识字法在对外汉语教学中的应用研究. 重庆：西南大学硕士论文.

丁锦红，张钦，郭春彦. 2010. 认知心理学. 北京：中国人民大学出版社.

窦文宇. 2005. 汉字字根. 长春：吉林文史出版社.

窦文宇，窦勇. 2005. 汉字字源——当代新说文解字. 长春：吉林文史出版社.

杜渊天庄. 2009. 越南的汉字教学与汉字习得调查研究. 北京：北京语言大学硕士学位论文.

〔德〕恩斯特·卡西尔. 1985. 人论. 甘阳译. 上海：上海译文出版社.

繁体字网. 2016-06-06. 形似字查询. http://www.fantizi5.com/xingjinzi/.

费锦昌. 1996. 现代汉字部件探究. 语言文字应用，(2)：20-26.

费锦昌. 1997. 现代汉字笔画规范刍议. 世界汉语教学，(2)：10-12.

冯广兰. 2008. 美国双语教育政策嬗变及其实践. 民族教育研究，(1)：55-59.

冯丽萍. 1998. 汉字认知规律研究综述. 世界汉语教学，(3)：97-103.

冯友兰. 1985. 中国哲学简史. 北京：北京大学出版社.

高洪涛，刘振前. 2007. 试析汉字教学的心理学基础. 当代教育科学，(13)：42-44.

高立群，孟凌. 2000. 外国留学生汉语阅读中音、形信息对汉字辨认的影响. 世界汉语教学，(4)：67-76.

高利明，高瑜珊. 2005. 教育技术的学科走向与人员素质. 电化教育研究，(9)：13-17.

高文德. 1995. 中国少数民族史大辞典. 长春：吉林教育出版社.

革兆娥. 2011. 基于多媒体字源识字法的小学语文教师专业技能训练研究. 重庆：西南大学硕士学位论文.

管国仁. 2011. 越南的汉字教学方法研究. 武汉：华中科技大学硕士学位论文.

桂诗春. 1991. 实验心理语言学纲要. 长沙：湖南教育出版社.

桂诗春. 1993. 认知和语言. 外语教学与研究，(3)：3-9.

郭华，许龙飞，张仲. 2006. 嵌入式系统简繁混排、转换与字库扩充技术研究. 计算机工程与设计，(3)：475-478.

国家语言文字工作委员会. 2000. GB13000.1 字符集汉字字序（笔画序）规范. 上海：上海教育出版社.

郭可教，杨志奇. 1995. 汉字认知的"复脑效应"的实验研究. 心理学报，(1)：78-83.

国家语言文字工作委员会汉字处. 1988. 现代汉语常用字表. 北京：语文出版社.

韩丽艳，王秀敏，安立奎. 2006. 信息技术教育的概念研究. 现代教育技术，(2)：19-21.

韩伟. 2001. 试论字形为汉字本体观的形成. 深圳教育学院学报，(1)：78-81.

何克杭. 2004. 儿童思维发展新论和语文教育的深化改革——对皮亚杰"儿童认知发展阶段论"的质疑. 教育研究，(1)：55-60.

何克杭. 2005. 关于教育技术学逻辑起点的论证与思考. 电化教育研究, (11): 19-35.

何克杭, 李文光. 2002. 教育技术学. 北京: 北京师范大学出版社.

贺友龄. 1999. 汉字与文化. 北京: 警官教育出版社.

洪明. 2001. 行动研究与幼儿教育. 学前教育研究, (4): 27-29.

扈中平. 1988. 人的全面发展——历史、现实与未来. 成都: 四川教育出版社.

黄晋书. 2006. 汉字·字原篇. 上海: 学林出版社.

黄伟嘉, 敖群. 2008. 汉字部首例解. 北京: 商务印书馆.

黄雪梅. 2001. 幼儿甲骨象形识字教学可行性研究. 重庆: 西南大学硕士学位论文.

黄宇鸿. 2004. 古代汉字教学方法探索. 广西社会科学, (8): 168-173.

黄卓明. 2000. 从"图式"理论角度谈留学生的汉字学习问题. 汉语学习, (3): 57-60.

江新, 赵果. 2001. 初级阶段外国留学生汉字学习策略的调查研究. 语言教学与研究, (4): 10-17.

江新. 2003. 不同母语背景的外国学生汉字知音和知义之间关系的研究. 语言教学与研究, (4): 51-54.

柯传仁, 沈禾玲. 2003. 回顾与展望: 美国汉语教学理论研究述评. 语言教学与研究, (3): 1-17.

〔捷〕夸美纽斯. 1984. 大教学论. 北京: 人民教育出版社.

雷登兰. 2014. 汉字"多媒体字源识字教学"绩效评价模型研究. 重庆: 西南大学硕士学位论文.

李恩江. 1993. 略谈汉字部件系统的演革. 郑州大学学报 (哲学社会科学版), (2): 50-58.

李梵. 2001. 汉字的故事. 西安: 陕西师范大学出版社.

李梵. 2005. 汉字简史. 北京: 中国友谊出版社.

李海林. 2005. 语文教育研究大系 (理论卷). 上海: 上海教育出版社.

李辉, 吴云霞. 1999. TPR 全身活动识字法. 北京: 科学出版社.

李静. 2004. 全息汉字教育——促进幼儿发展的有效途径. 学前教育研究, (Z1): 35-37.

李静. 2004. 幼儿汉字多元化教育研究. 重庆: 西南大学博士学位论文.

李静. 2010. 小学低年级字源识字法浅谈. 文教资料, (11): 60-61.

李静峰. 2002. 论汉字形音义相结合的特点及其在识字教学领域当中的应用. 广西大学学报 (哲学社会科学版), (5): 63-67.

李克东. 2003. 教育技术学研究方法. 北京: 北京师范大学出版社.

李芒. 2006. 信息化学习方式. 北京: 北京师范大学出版社.

李明. 2006. 常用汉字部件分析与对外汉语教学研究. 北京: 北京语言大学硕士学位论文.

李彭曦. 2008. 多媒体字源识字教学系统在藏汉双语教学中的应用研究——以阿坝藏族地区为例. 重庆：西南大学硕士学位论文.

李圃. 2000. 字素理论及其在汉字分析中的应用. 学术研究，（4）：102-110.

李香平. 2006. 对外汉字教学中的"新说文解字"评述. 语言教学与研究，（2）：31-34.

李香平. 2006. 汉字教学中的文字学. 北京：语文出版社.

李香平. 2008. 对外汉字教学中的字理阐释. 暨南大学华文学院学报，（1）：30-36.

李晓盼. 2013. 民族地区多媒体字源识字教学设计研究——以凉山彝族为例. 重庆：西南大学硕士学位论文.

李宣. 1986. "字源图解·注音·电教识字"的实验与研究. 教育理论与实践，（5）：46-48.

李艳. 2008. 汉字结构理论的研究. 天津：天津师范大学硕士学位论文.

李银屏. 2006. 欧美留学生汉字部件难易度调查及部件成字性的实验研究. 北京：北京语言大学硕士学位论文.

李运富. 2005. 字理与字理教学. 吉首大学学报（社会科学版），（2）：129-134.

林民，韩冬妹，宋柔. 2007. 基于GDI＋路径技术的汉字笔顺和部件自动绘制. 计算机应用研究，（8）：228-230.

林民，宋柔. 2007. 汉字字形形式化描述方法研究. 计算机科学，（11）：185-188.

〔瑞典〕林西莉. 2007. 汉字王国. 李之义译. 北京：生活·读书·新知三联出版社.

林沄. 1986. 古文字研究概论. 长春：吉林大学出版社.

刘斌. 2008. 浅谈对外汉语教学中的汉字教学. 云南电大学报，（10）：84-86.

刘鸣. 1993. 汉字分解组合的表象操作与汉字字形学习的关系. 心理学报，（3）：241-249.

刘庆俄. 1994. 研制汉字教学软件的几点体会. 汉字文化，（2）：43-46.

刘翔，张诗亚. 2010. 汉字字源识字教学资源库的设计与实现. 电化教育研究，（1）：57-59，73.

刘翔. 2011. 汉字生成系统构建探索. 重庆：西南大学博士学位论文.

刘晓东. 1997. "幼儿园究竟应该教些什么"讨论之十三：超前识字：文化根源与危害性. 学前教育研究，（5）：34-36.

刘志基. 1999. 汉字体态论. 南宁：广西教育出版社.

刘志基. 2002. 古文字信息化处理基础平台建设的几点思考. 语言研究，（3）：101-104.

刘志基. 2002. 谈古文字信息化处理中"字"的处理问题. 古籍整理研究学刊，（3）：23-27.

刘志基，王平. 2004. 新汉字读本. 南宁：广西教育出版社.

刘志基. 2005. 面向古文字数字化的文本处理刍议. 华东师范大学学报（哲学社会科学版），（7）：55-60.

柳燕梅. 2009. 汉字教学中部件策略训练效果的研究. 语言教学与研究，（2）：61-66.

陆有铨. 1997. 躁动的百年：20世纪的教育历程. 济南：山东教育出版社.

〔美〕马克·波斯特. 2001. 信息方式：后结构主义与社会语境. 范静哗译. 北京：商务印书馆.

马宪春，周速，刘巍. 2005. 学习资源与学习环境辨析. 电化教育研究，（11）：30-32.

南国农，李运林. 1998. 电化教育学. 北京：高等教育出版社.

潘建忠. 2001. 字形系联与幼稚园的识字教学. 心理科学，（6）：687-689.

彭聃龄，张必隐. 2004. 认知心理学. 杭州：浙江教育出版社.

彭聃龄. 2006. 汉语认知研究——从认知科学到认知神经科学. 北京：北京师范大学出版社.

彭万勇. 2008. 教学对外汉语汉字字源教学法论略. 重庆文理学院学报（社会科学版），（6）：110-111.

彭万勇. 2009. 关于对外汉字教学研究的思考和探索——兼论"字源理论"在对外汉字教学中的应用. 现代教育论丛，（2）：55-59.

齐元涛，符渝. 2006. 汉字的理据缺失与重构. 北京师范大学学报（社会科学版），（1）：88-93.

秦启梅. 2004. 游戏在幼儿科学识字教育中的作用. 青海教育，（4）：21-22.

裘锡圭. 1987. 谈谈汉字整理工作中可以参考的某些历史经验. 语文建设，（2）：3-6.

裘锡圭. 1988. 文字学概要. 北京：商务印书馆.

曲田. 2012. 面向轻度智障学生的多媒体字源识字教学研究. 重庆：西南大学硕士学位论文.

雀丹. 1995. 嘉绒藏族史志. 北京：民族出版社.

任春亮. 2006. 信息技术与学科教学整合相关概念辨析. 产业与科技论坛，（3）：124-125.

任可心. 2013. 字源识字法促进幼儿思维发展的实证研究. 重庆：西南大学硕士学位论文.

桑新民. 1999. 技术—教育—人的发展（上）——现代教育技术学的哲学基础初探. 电化教育研究，（2）：3-7.

桑新民. 1999. 技术—教育—人的发展（下）——现代教育技术学的哲学基础初探. 电化教育研究，（3）：30-32.

桑新民. 2004. 学习科学与技术——信息时代大学生学习能力培养. 北京：高等教育出版社.

邵志芳. 2006. 认知心理学——理论、实验和应用. 上海：上海教育出版社.

沈海英. 2014. 中国语言政策研究综述. 昆明理工大学学报（社会科学版），（6）：93-101.

施正宇. 2008. 词·语素·汉字教学初探. 世界汉语教学，（2）：109-118.

石井. 1999. "汉字教育"对幼儿智力的影响. 现代特殊教育，（6）：25.

四川百科全书编纂委员会. 1997. 四川百科全书. 成都：四川辞书出版社.

宋均芬. 2005. 汉语文字学. 北京：北京大学出版社.

苏培成. 1994. 现代汉字的构字法. 语文文字应用，（3）：71.

苏培成. 1994. 现代汉字学纲要. 北京：北京大学出版社.

苏培成. 2001. 二十世纪的现代汉字研究. 太原：书海出版社.

苏新春. 1996. 汉字文化引论. 南宁：广西教育出版社.

孙星明，殷建平，陈火旺等. 2002. 汉字的数学表达式研究. 计算机研究与发展，（6）：707-711.

孙雍长. 1994. 汉字构形的心智特征（上）. 古汉语研究，（2）：80-85.

孙雍长. 1994. 汉字构形的心智特征（下）. 古汉语研究，（3）：5-9.

唐汉. 2002. 汉字密码. 上海：学林出版社.

滕星. 1996. 中国少数民族双语教育研究的对象、特点、内容与方法. 民族教育研究，（2）：44-53.

佟乐泉，李文馥，冯申禁，宋钧. 1979. 笔画繁简和词性差别对初识字儿童识记汉字的影响. 心理学报，（2）：202-206.

涂涛. 2004. 基于多媒体技术的字源识字教学的理论与实践探索. 电化教育研究，（8）：62-65.

涂涛. 2005. 汉字字源语境多媒体再现之教育研究. 重庆：西南大学博士学位论文.

涂涛. 2006. 天地化生——汉字字源语境多媒体再现之教育研究. 桂林：广西师范大学出版社.

涂涛. 2006. 原生语境再现：多媒体字源识字教学研究. 电化教育研究，（11）：52-54.

万业馨. 2001. 文字学视野中的部件教学. 语言教学与研究，（1）：13-19.

王初明. 1990. 应用心理语言学. 长沙：湖南教育出版社.

王贵元. 1991. 汉字构形系统及其发展阶段. 中国人民大学学报，（1）：104-109.

王辉，涂涛. 2014. 多媒体字源识字教学法应用于民族地区汉字教学中的可行性分析. 湖北广播电视大学学报，（5）：110-111.

王建勤. 2005. 外国学生汉字构形意识发展的模拟研究——基于自组织特征映射网络的汉字习得模型. 北京：北京语言大学博士学位论文.

王杰. 2015. 廖文豪《汉字树：活在字里的中国人》评析. 濮阳职业技术学院学报，（4）：85-87.

王筠. 1962. 文字蒙求. 北京：中华书局.

王均. 1996. 语文现代化论丛第二辑. 北京：语文出版社.

王骏. 2006. 字本位与认知法的对外汉语教学. 上海：华东师范大学博士学位论文.

王力. 1982. 同源字典. 北京：商务印书馆.

王立军. 1999. 汉字构形分析的科学原则与汉字文化研究. 河南师范大学学报（哲学社会科学版），（3）：76-80.

王玲香，许丽芹，熊燕. 2006. 国外数字化教育技术应用于外语教学的若干理论与实践研究. 江西中医学院学报，（6）：68-69.

王宁. 1997. 汉字构形理据与现代汉字部件拆分. 语文建设，（3）：4-9.

王宁. 2000. 系统论与汉字构形学的创建. 暨南学报（哲学社会科学），（2）：15-21.

王宁. 2002. 汉字构形学讲座. 上海：上海教育出版社.

王宁. 2002. 汉字教学的原理与各类教学方法的科学运用（上）. 课程·教材·教法，（10）：1-5.

王宁. 2002. 汉字教学的原理与各类教学方法的科学运用（下）. 课程·教材·教法，（11）：23-27.

王宁. 2012. 书写规则与书法艺术——纪念启功先生 100 周年诞辰. 清华大学学报（哲学社会科学版），（6）：53-58.

王玺玉. 2000. 幼儿韵文识字 提前阅读. 教育探索，（1）：63.

王晓莉. 2014. 儿童字源识字绘本的开发研究. 重庆：西南大学硕士学位论文.

王心怡. 2015-10-11. 宝兔开运. http://cdp.sinica.edu.tw/token/wordpainting/part/pt04.htm.

王颖，姜鑫. 2007. 促进英语学习中四个世界的正迁移. 广西民族大学学报（哲学社会科学版），127-128.

维基百科. 2011-10-1. 知识. http://zh.wikipedia.org/wiki/%E7%9F%A5%E8%AF%86.

魏顺平，傅骞，何克抗. 2008. 低年级小学生用字情况调查与分析——以广东、北京两地 6 所小学为例. 语言文字应用，（3）：81-89.

吴彩莲. 2002. 幼儿早期汉字教育初探. 教育艺术，（11）：43-44.

吴康宁. 1998. 教育社会学. 北京：人民教育出版社.

吴世雄，陈维振. 1996. 论语义范畴的家族相似性. 外语教学与研究，（4）：14-19.

吴世雄. 1996. 从认知心理学的角度看法语词汇教学. 解放军外语学院学报，（6）：43-45.

吴世雄. 1996. 认知心理学关于记忆的研究对英语词汇教学的启迪. 外语教学，（3）36-40.

吴世雄. 1998. 认知心理学的记忆原理对汉字教学的启迪. 语言教学与研究，（4）：85-94.

吴晓蓉，任可心. 2014. 通过字源识字提高幼儿汉字理解与记忆的实证研究. 当代教育与文化，（5）：42-49.

象形文字—线描画作品—儿童画网. 2012-09-14. http://www.henanart.com/ertonghua/xianmiao/2012/0914/16273.

谢光辉. 1998. 常用汉字图解. 北京：北京大学出版社.

刑红兵. 2007. 现代汉字特征分析与计算研究. 北京：商务印书馆.

徐彩华. 2000. 汉字教学中的几个认知心理问题. 北京师范大学学报（人文社会科学版），（6）：127-130.

徐德江. 1999. 开发脑潜能与婴幼儿科学汉字教育. 教育研究，（10）：14-19.

徐杰舜. 2010. 汉民族研究的"雪球"理论. 云南大学学报（社会科学版），（2）：34-41.

徐通锵. 2007. 语言学是什么. 北京：北京大学出版社.

徐万邦，王齐国. 1995. 民族知识辞典. 济南：济南出版社.

徐中舒. 1980. 汉语古文字字形表序. 四川大学学报（哲学社会科学版），（4）：3-5.

许国璋. 1991. 许国璋论语言. 北京：外语教学与研究出版社.

许进雄. 2008. 中国古代社会：文字与人类学的透视. 北京：中国人民大学出版社.

许良. 2005. 技术哲学. 上海：复旦大学出版社.

（东汉）许慎. 1963. 说文解字. 北京：中华书局.

雅言博客. 2015-11-10. 甲骨文贺卡之"太平有象""鱼跃龙门". http：//www.fantizi5.com/blog/post/231.html.

杨昌勇. 2004. 新教育社会学：连续与断裂的学术历程. 北京：中国社会科学出版社.

杨润陆. 2000. 现代汉字学通论. 北京：长城出版社.

〔美〕杨晓能. 2008. 另一种古史：青铜器纹饰、图形文字与图象铭文的解读. 北京：生活·读书·新知三联书店.

杨瑛霞，田爱奎，夏天等. 2007. 从技术哲学看教育技术的内涵与本质. 电化教育研究，（3）：17-21.

姚本先. 2002. 儿童发展与教育心理学. 合肥：安徽大学出版社.

叶秀山. 2000. 叶秀山文集·美学卷. 重庆：重庆出版社.

疑难字查询网. 2011-11-1. 疑难汉字速查手册. http://www.haosystem.com/.

余胜泉，毛芳. 2005. 非正式学习——e-Learning 研究与实践的新领域. 电化教育研究，（10）：19-24.

曾红. 2008. 试论汉字教学中字理分析的适用性原则. 中国科教创新导刊，（10）：179-181.

张滨. 2008. 汉字构形研究的历史与现在. 长春：吉林大学硕士学位论文.

张晨华，吕盈盈. 2005. 识字教学中的审美教育. 现代语文：理论研究，（12）：73.

张金玉，夏中华. 2001. 汉字学概论. 南宁：广西教育出版社.

张普. 1984. 汉字部件分析的方法和理论. 语文研究，（1）：37-43.

张庆. 2009. 张庆文集（卷一）. 南京：江苏教育出版社.

张绍梅. 2007. 试探汉字教学的网络整合策略. 文学教育（上），（12）：120-121.

张诗亚，周谊. 1995. 震荡与变革——20 世纪的教育技术. 济南：山东教育出版社.

张诗亚. 2005. 强化民族认同——数码时代的文化选择. 北京：现代教育出版社.

张旺熹. 1990. 从汉字部件到汉字结构——谈对外汉字教学. 世界汉语教学，（2）：112-120.

张小衡. 2004. 《信息处理用 GB13000.1 字符集汉字部件规范》在输入法应用中的难点讨论. 中文信息学报，（4）：61-66.

张晓涛. 2008. 基于认知规律的汉字教学研究. 汉字文化，（6）：43-45.

张毅，金洁. 2017. 浅谈古文字学在对外汉字教学中的益处和运用. 沈阳建筑大学学报（社会科学版），（7）：316-318.

张震. 2002. 网络时代伦理. 成都：四川人民出版社.

赵光. 2000. 原始思维对汉字构形理据的影响. 语言研究（S1）：105-107.

赵果. 2003. 初级阶段欧美留学生识字量与字的构词数. 语言文字应用，（3）：106-112.

赵彤. 2015. 基于关系数据库的汉字构形分析及其应用. 语言文字应用，（3）：119-132.

赵妍. 2006. 现代汉字的理据性与对外汉字教学. 语言文字应用，（12）：20-22.

郑振峰. 2004. 论甲骨文字构形系统的特点及其演变. 语言研究，（3）：84-88.

中国优生优育协会婴幼儿科学汉字教育工作委员会. 1999. "婴幼儿科学汉字教育"简介. 汉字文化，（1）：9-12.

钟志贤. 2005. 论学习环境设计. 电化教育研究，（7）：35-41.

周庆生. 2001. 国外语言政策与语言规划进程. 北京：语文出版社.

朱岩. 2001. 语源和字源. 盐城师范学院学报（人文社会科学版），（4）：41-44.

朱智贤，林崇德. 1986. 思维发展心理学. 北京：北京师范大学出版社.

祝智庭，顾小清，闫寒冰. 2005. 现代教育技术——走进信息化教育（修订版）. 北京：高等教育出版社.

祝智庭，王佑镁，顾小清. 2005. 教育技术的实践场分析. 电化教育研究，（12）：7～11.

祝智庭. 2001. 教育信息化：教育技术的新高地. 中国电化教育，（6）：5～8.

邹晓丽. 2007. 基础汉字形义释源（修订本）. 北京：中华书局.

左安民. 2005. 细说汉字——1000 个汉字的起源与演变. 北京：九州出版社.

〔苏〕B. A. 苏霍姆林斯基. 2014. 给教师的建议. 周蕖等译. 武汉：长江文艺出版社.

〔美〕David A. Sousa. 2005. 脑与学习. "认知神经科学与学习国家重点实验室，脑与教育应用研究中心译". 北京：中国轻工业出版社.

〔加拿大〕M. F. 麦凯，〔西班牙〕M. 西格恩. 1989. 双语教育概论. 严正，柳秀峰译. 北京：光明日报出版社.

Beebe, L. M. 1988. *Issues in second language acquisition: Multiple perspectives*. New York: Newbury House.

Biemiller, A. 2003. Vocabulary: Needed if more children are to read well. *Reading Psychology*, 24（3-4）：323-335.

Boltz, W. G. 1994. The origin and early development of the Chinese writing system. Language, 72（4）：801-804.

Cheng, Z. 2000. Word structure and vocabulary acquisition: Theory and application to Mandarin Chinese as a second/foreign language. University of Florida.

Cook，V. 2013. Second language learning and language teaching. New York：Routledge.

Guo，T. & Peng，D. 2007. Speaking words in the second language：From semantics to phonology in 170 ms. *Neuroscience Research*，57（3）：387-392.

Norman，D. A. 1969. Memory and attention：An introduction to human information processing （1st，2nd editions）. *Indian Journal of Palliative Care*，16（2）：70-73.

Poon，W. Y，& Hong，P. M. 2003. *A study of the Chinese characters recommended for the subject of Chinese Language in primary schools.* Hong Kong：Hong Kong Baptist University，Faculty of Arts Language Centre.

Wang，A. Y，& Thomas，M. H. 1992. The effect of imagery-based mnemonics on the long-term retention of Chinese characters. *Language Learning*，42（3）：359-376.

Zechmeister，E. B.，& Nyberg E. 1982. *Human memory：An introduction to research and theory.* Pacific Grove，California：Brooks/Cole Publishing Company.

后 记

　　大约三年前，蒙诗亚老师挂记，托师姐约我出版此书，甚是高兴，自然下定决心认真撰写，不负老师期待。然而，今天看来却只有"惭愧"二字了，因为我的一再拖延，这本书一再推迟出版，给很多人带来了不必要的工作负担，真的抱歉。

　　由于写作经验欠缺，对于写作，我总有发自本能的恐惧，以至于一再以各种理由逃避；幸而有师姐、出版社编辑老师、家人的一再督促，才最终使本书得以出版，实在万分感谢。这个过程对我来说极其宝贵，我相信以后我会走得更好。

　　博士毕业至今，转眼五年有余，我对汉字教学研究的兴趣却丝毫未改，我一直不敢忘记自己最初选择这个方向的决心，一直希望做一些实事来践行自己的想法。因而，不管自己在做什么，总不敢忘记这个研究，或补充相关的知识，或修改平台代码、积累字卡，总想为以后的研究打基础。这些年一直有无数的人在帮助我，让我有机会去做一些实践研究，使我慢慢对汉字教学有了最切实的认识。最初是张焱和李静两位老师帮我在小学做实验，使我顺利完成博士论文。我博士毕业后，学院学前教育专业的一群同学每周五聚在实验室，听我讲汉字，和我一起整理汉字字卡，做出了第一批磁片教具。可心和晓莉两位师妹帮着我，与四川师范大学附属幼儿园的一群老师一起开始在幼儿园进行字源汉字实践。越南的张氏燕儿参加我的培训班，回到越南后与我合作开展了字源汉字教学实践研究。四川师范大学国际教育学院的汤洪院长让我在国际学院开设汉字文化课程，让我有机会一直研究外国人如何利用字源学习汉字。我们学院的桑朗翁姆老师帮我联系了巴底小学，住在她们家，承蒙她父母照顾，并在老师们的无私帮助下，我顺利完成了民族地区字源汉字教学实验……如此种种，细细想来，无不让人感动，没有他们的辛苦和帮助，就不可能有这本书。

自 2013 年起，我开始进入西南大学汉语言文献研究所师从喻遂生老师，做博士后研究。喻老师的学识和做学问的方法与态度让我大大受益，使我有机会从一个文字学教育者变成文字学研究者，让我更有底气把这个研究做下去，这是我一生的幸事。

小女含章是我研究汉字最直接的动力，也是我最重要的研究和分享对象，她的学习和成长给了我很多启示，希望她一直开心快乐地长大。

这本书仅仅是开头，要做的事情还很多，我当勉力前行，是以为记。